国家出版基金项目
NATIONAL PUBLICATION FOUNDATION

中国近代思想家文库

◎

张荣华 编

钱玄同卷

中国人民大学出版社
·北 京·

总　序

对于近代的理解，虽不见得所有人都是一致的，但总的说来，对于近代这个词所涵的基本意义，人们还是有共识的。一个国家、一个民族走入近代，就意味着以工业化为主导的经济取代了以地主经济、领主经济或自然经济为主导的中世纪的经济形态，也还意味着，它不再是孤立的或是封闭与半封闭的，而是以某种形式加入到世界总的发展进程。尤其重要的是，它以某种形式的民主制度取代君主专制或其他不同形式的专制制度。中国是个幅员广大、人口众多、历史悠久的多民族国家，由于长期历史发展是自成一体的，与外界的交往比较有限，其生产方式的代谢迟缓了一些。如果说，世界的近代是从 17 世纪开始的，那么中国的近代则是从 19 世纪中期才开始的。现在国内学界比较一致的认识，是把 1840 年到 1949 年视为中国的近代。

中国的近代起始的标志是 1840 年的鸦片战争。原来相对封闭的国门被拥有近代种种优势的英帝国以军舰、大炮再加上种种卑鄙的欺诈打开了。从此，中国不情愿地加入到世界秩序中，沦为半殖民地。原来独立的大一统的中央集权的君主专制国家，如今独立已经极大地被限制，大一统也逐渐残缺不全，中央集权因列强的侵夺也不完全名实相符了。后来因太平天国运动，地方军政势力崛起，形成内轻外重的形势，也使中央集权被弱化。经历第二次鸦片战争、中法战争、甲午战争、八国联军入侵的战争以及辛亥革命后的多次内外战争，直至日本全面侵略中国的战争，致使中国的经济、政治、教育、文化，都无法顺利走上近代发展的轨道。古今之间，新旧之间，中外之间，混杂、矛盾、冲突。总之，鸦片战争后的中国，既未能成为近代国家，更不能维持原有的统治秩序。而外患内忧咄咄逼人，人们都有某种程度"国将不国"的忧虑。

"天下兴亡，匹夫有责"，读书明理的士大夫，或今所谓知识分子，尤为敏感，在空前的危机与挑战面前，皆思有所献替。于是发生种种救亡图存的思想与主张。有的从所能见及的西方国家发展的经验中借鉴某些东西，形成自己的改革方案；有的从历史回忆中拾取某些智慧，形成某种民族复兴的设想；有的则力图把西方的和中国所固有的一些东西加以调和或结合，形成某种救亡图强的主张。这些方案、设想、主张，从世界上"最先进的"，到"最落后的"，几乎样样都有。就提出这些方案、设想、主张者的初衷而言，绝大多数都含着几分救国的意愿。其先进与落后，是否可行，能否成功，尽可充分讨论，但可不必过为诛心之论。显而易见，既然救国的问题最为紧迫，人们所心营目注者自然是种种与救国的方案直接相关的思想学说，而作为产生这些学说的更基础性的理论，及其他各种知识、思想，则关注者少。

围绕着救国、强国的大议题，知识精英们参考世界上种种思想学说，加以研究、选择，认为其中比较适用的思想学说，拿来向国人宣传，并赢得一部分人的认可。于是互相推引，互相激励，更加发挥，演而成潮。在近代中国，曾经得到比较广泛的传播的思想学说，或者够得上思潮的，主要有以下几种：

（一）进化论。近代西方思想较早被引介到中国，而又发生绝大影响的，要属进化论。中国人逐渐相信，进化是宇宙之铁则，不进化就必遭淘汰。以此思想警醒国人，颇曾有助于振作民族精神。但随后不久，社会达尔文主义伴随而来，不免发生一些负面的影响。人们对进化的了解，也存在某些片面性，有时把进化理解为一条简单的直线。辩证法思想帮助人们形成内容更丰富和更加符合实际的发展观念，减少或避免片面性的进化观念的某些负面影响。

（二）民族主义。中国古代的民族主义思想，其核心是"非我族类，其心必异"，所以最重"华夷之辨"。鸦片战争前后一段时期，中国人的民族思想，大体仍是如此。后来渐渐认识到"今之夷狄，非古之夷狄"，"西人治国有法度，不得以古旧之夷狄视之"。但当时中国正遭受西方列强的侵略和掠夺，追求民族独立是民族主义之第一义。20世纪初，中国知识精英开始有了"中华民族"的概念。于是，渐渐形成以建立近代民族国家为核心的近代民族主义。结束清朝君主专制，创立中华民国，是这一思想的初步实现。第一次世界大战爆发，中国加入"协约国"，第一次以主动的姿态参与世界事务，接着俄国十月革命爆发，这两件事对近代中国的发展历程造成绝大影响。同时也将中国人的民族主义提升到一个新的层次，即与国际主义（或世界主义）发生紧密联系。也可以说，中国人更加自觉地用世界的眼光来观察中国的问题。新生的中国共产党和改组后的国民党都是如此。民族主义成为中国的知识精英用来应对近代中国所面临的种种危机和种种挑战的一个重要的思想武器。

（三）社会主义。社会主义作为一种模糊的理想是早在古代就有的，而且不论东方和西方都曾有过。但作为近代思潮，它是于 19 世纪在批判近代资本主义的基础上产生的。起初仍带有空想的性质，直到马克思和恩格斯才创立起科学社会主义。20 世纪初期，社会主义开始传入中国。当时的传播者不太了解科学社会主义与以往的社会主义学说的本质区别。有一部分人，明显地受到无政府主义的强烈影响，更远离科学社会主义。直到五四新文化运动兴起之后，中国人始较严格地引介、宣传科学社会主义。但有一段时间，无政府主义仍是一股很大的思想潮流。中国共产党的成立，从思想上说，是战胜无政府主义的结果。中国共产党把在中国实现社会主义乃至共产主义作为自己的奋斗目标。此后，社会主义者，多次同各种非科学社会主义思想的信仰者进行论争并不断克服种种非科学社会主义思想的影响。

（四）自由主义。自由主义也是从清末就被介绍到中国来，只是信从者一直寥寥。直到五四新文化运动兴起，具有欧美教育背景的知识精英的数量渐渐多起来，自由主义始渐渐形成一股思想潮流。自由主义强调个性解放、意志自由和自己承担责任，在政治上反对一切专制主义。在中国的社会条件下，自由主义缺乏社会基础。在政治激烈动荡的时候，自由主义者很难凝聚成一股有组织的力量；在稍稍平和的时候，他们往往更多沉浸在自己的专业中。所以，在中国近代史上，自由主义不曾有，也不可能有大的作为。

（五）激进主义与保守主义。处于转型期的社会，旧的东西尚未完全退出舞台，新的东西也还未能巩固地树立起来，新旧冲突往往要持续很长的时间，有时甚至达到很激烈的程度。凡助推新东西成长的，人们便视为进步的；凡帮助旧东西排斥新东西的，人们便视为保守的。其实，与保守主义对应的，应是进步主义；与顽固主义相对的则应是激进主义。不过在通常话语环境中人们不太严格加以区分。中国历史悠久，特别是君主专制制度持续两千余年，旧东西积累异常丰富，社会转型极其不易。而世界的发展却进步甚速。中国的一部分精英分子往往特别急切地想改造中国社会，总想找出最厉害的手段，选一条最捷近的路，以最快的速度实现全盘改造。这类思想、主张及其采取的行动，皆属激进主义。在中共党史上，它表现为"左"倾或极左的机会主义。从极端的激进主义到极端的顽固主义，中间有着各种程度的进步与保守的流派。社会的稳定，或社会和平改革的成功，都依赖有一个实力雄厚的中间力量。但因种种原因，中国社会的中间力量一直未能成长到足够的程度。进步主义与保守主义，以及激进主义与顽固主义，不断进行斗争，而实际所获进步不大。

（六）革命与和平改革。中国近代史上，革命运动与和平改革运动交替进行，有时又是平行发展。两者的宗旨都是为改变原有的君主专制制度而代之以某种形式的近代民主制度。有很长一个时期，有两种错误的观念，一是把革命理解为仅仅是指以暴力取得政权的行动，二是与此相关联，把暴力革命与和平改革对立起来，认为革命是推动历史进步的，而改革是维护旧有统治秩序的。这两种论调既无理论根据，也不合历史实际。凡是有助于改变君主专制制度的探索，无论暴力的或和平的改革都是应予肯定的。

中国近代揭幕之时，西方列强正在疯狂地侵略与掠夺殖民地和半殖民地，中国是它们互相争夺的最后一块、也是最大的资源地。而这时的中国，沿袭了两千年的君主专制制度已到了奄奄一息的末日，统治当局腐朽无能，对外不足以御侮，对内不足以言治，其统治的合法性和统治的能力均招致怀疑。革命运动与改革的呼声，以及自发的民变接连不断。国家、民族的命运真的到了千钧一发之际，危机极端紧迫。先觉分子救国之心切，每遇稍具新意的思想学说便急不可待地学习引介。于是西方思想学说纷纷涌进中国，各阶层、各领域，凡能读书读报者，受其影响，各依其家庭、职业、教育之不同背景而选择自以为不错的一种，接受之，信仰之，传播之。于是西方几百年里相继风行的思想学说，在短时期内纷纷涌进中国。在清末最后的十几年里是这样，五四时期在较高的水准上重复出现这种情况。

这种情况直接造成两个重要的历史现象：一个是中国社会的实际代谢过程（亦即社会转型过程）相对迟缓，而思想的代谢过程却来得格外神速。另一个是在西方原是差不多三百年的历史中渐次出现的各种思想学说，集中在几年或十几年的时间里狂泻而来，人们不及深入研究、审慎抉择，便匆忙引介、传播，引介者、传播者、听闻者，都难免有些消化不良。其实，这种情况在清末，在五四时期，都已有人觉察。我们现在指出这些问题并非苛求前人，而是要引为教训。

同时我们也看到，中国近代思想无比的多样性与复杂性呈现出绚丽多彩的姿态，各种思想持续不断地展开论争，这又构成中国近代思想史的一个突出特点。有些论争为我们留下了非常丰富的思想资料。如兴洋务与反洋务之争，变法与反变法之争，革命与改良之争，共和与立宪之争，东西文化之争，文言与白话之争，新旧伦理之争，科学与人生观之争，中国社会性质的论争，社会史的论争，人权与约法之争，全盘西化与本位文化之争，民主与独裁之争，等等。这些争论都不同程度地关联着一直影响甚至困扰着中国人的几个核心问题，即所谓中西问题、古今问题与心物关系问题。

中国近代思想的光谱虽比较齐全，但各种思想的存在状态及其影响力是很不平衡的。有些思想信从者多，言论著作亦多，且略成系统；有些可能只有很少的人做过介绍或略加研究；有的还可能因种种原因，只存在私人载记中，当时未及面世。然这些思想，其中有很多并不因时间久远而失去其价值。因为就总的情况说，我们还没有完成社会的近代转型，所以先贤们对某些问题的思考，在今天对我们仍有参考借鉴的价值。我们编辑这套《中国近代思想家文库》，希望尽可能全面地、系统地整理出近代中国思想家的思想成果，一则借以保存这份珍贵遗产，再则为研究思想史提供方便，三则为有心于中国思想文化建设者提供参考借鉴的便利。

考虑到中国近代思想的上述诸特点，我们编辑本《文库》时，对于思想家不取太严格的界定，凡在某一学科、某一领域，有其独立思考、提出特别见解和主张者，都尽量收入。虽然其中有些主张与表述有时代和个人的局限，但为反映近代思想发展的轨迹，以供今人参考，我们亦保留其原貌。所以本《文库》实为"中国近代思想集成"。

本《文库》入选的思想家，主要是活跃在 1840 年至 1949 年之间的思想人物。但中共领袖人物，因有较为丰富的研究著述，本《文库》则未收入。

编辑如此规模的《文库》，对象范围的确定，材料的搜集，版本的比勘，体例的斟酌，在在皆非易事。限于我们的水平，容有瑕隙，敬请方家指正。

《中国近代思想家文库》编纂委员会

目　录

钱玄同思想中的师承因素（代导言）

众所周知，在新文化运动期间，钱玄同在文学革命、汉字改革、疑古辨经等方面均有激烈的反传统的议论和主张，与乃师章太炎隐成敌国，在学术与思想上分道扬镳，虽说尚不至于如周作人那样有"谢本师"之举，实际也处于长年中断往来的状态，以至我们可以引用《庄子·山木》所言来形容这对师生关系："君其涉于江而浮于海，望之而不见其崖，愈往而不知其所穷。送君者皆自崖而反，君自此远矣！"

但是远去的钱玄同身上始终存留着乃师的鲜明印记，即使是他批判传统的激烈态度和立场，也同样源自章太炎的启迪。钱氏自1908年听章太炎讲授小学和经史之学，并正式拜师，"自是直至十六年（按，即1916年）之春，专以保存国粹为志"。在学术和政治两方面都处于章氏思想笼罩之下。这一点在学界有关章门弟子的论著中皆有所讨论，而对两人晚年的交往则着墨不多。这里以20世纪30年代章氏北上讲学而师生重聚的史实梳理为契机，探究钱氏学术思想中的师承因素，并进而理解钱玄同晚年揭橥的"黎明运动"的理想也是渊源有自。

章太炎晚年因避战祸赴北平讲学，是影响民国学坛的盛举。黄侃、杨树达、黎锦熙、钱穆等时贤均对此作过评述，今人主要有卞孝萱《章炳麟的国学演讲》（见《现代国学大师学记》，北京，中华书局，2006）和桑兵《章太炎晚年北游讲学的文化象征》（见《晚清民国的学人与学术》，北京，中华书局，2008）两篇专题大作。这些论著从不同角度为还原历史的实相、抉发事件的意义作出了努力，惜均未注意参与其事的钱玄同的记述，因而或伤于简略，或存在明显失误。依据今存钱玄同日记稿本中记载的目击场景，可以充实章氏在京期间演讲和应酬活动的诸多细节，也能够透过章、钱交往情形感受其师生情谊的典型意义，进而考见民国时期思想传承和学说授受的特征。

章太炎于 1932 年 2 月 29 日抵京，此时钱玄同与乃师已阔别十六年，事先并不知晓，当天"阅晚报，知太炎师今午来平，寓花园饭店"（北京鲁迅博物馆编：《钱玄同日记》（影印本），福州，福建教育出版社，2002。以下未注出处同此）。3 月 2 日，他与同为章氏弟子的友人马裕藻（字幼渔）至饭店拜访老师，当天日记里作了如下描述：

> 别来十六年矣！近来态度如旧，益为和蔼，背颇驼，惟发剪极短，与当年披发大不相同。季刚亦在，检斋亦在。政客一大帮，与辛亥冬与［在］哈同花园时颇相像。询知师实避沪难而来也。四时许，朱、马、钱、黄、吴、师六人乘汽车逛中南海公园。六时雅于大陆春。

朱、马、黄、吴分别指朱希祖、马裕藻、黄侃、吴承仕，"雅"是钱玄同在日记和书信中表示吃饭的惯用语。在章太炎 5 月 21 日离京前的两个多月时间里，根据黄侃日记和杨树达《积微翁回忆录》的有关记述，章门师生频繁聚餐，其中罕见钱玄同的身影。但实际情形并非如此，据钱氏日记，除了 3 月 21 日至 25 日未写日记，这段时间内他在不同场合与章太炎同"雅"过十二次，分别在 3 月 2 日、3 月 12 日、3 月 31 日、4 月 4 日、4 月 7 日、4 月 8 日、4 月 18 日、4 月 20 日、4 月 22 日、5 月 12 日、5 月 15 日、5 月 16 日。

3 月 12 日是钱氏与黄侃在章师住处发生冲突导致决裂之日，研究者皆根据黄氏当天日记了解其中详情，"食罢，二风至。予屈意询其近年所获，甫启口言'新文学'三字（意欲言新文学，且置不言），彼即面赤，謷謷争辩，且谓予不应称彼为二风，宜称姓字。予曰：'二风之谑诚属非宜，以子平生专为人取诨名，聊示惩儆尔！常人宜称姓字，子之姓为钱耶？为疑古耶？又不便指斥也。'彼闻言，益咆哮。其实畏师之责，故示威于予，以塞师喙而已。狡哉二风！识彼卅年，知之不尽，予则浅矣。"（《黄侃日记》（排印本）下册，783 页，北京，中华书局，2007）而钱氏也在当天日记里有记述，他认为争吵起因于在宾客满堂的情形下，"他称我为'二疯'，问我近治音均有何心得，我答以无。（我们的新方法、审音、实事求是而不立宗主，皆与季刚不合者，如何可以对他说。）他忽然不耐烦地说：新文学、注音字母、白话文，屁话。我闻'屁话'二字大怒，告之曰：这是天经地义，我们道不同不相为谋，不必谈。喧哗了一场，殊可笑。移时溥泉（按，指张继）亦来，七时顷去，季刚一怒而睡，睡醒即与张同走。至晚八时客始散，钱、马、马、吴四人，与师谈学甚乐，十一时始散。"两相对比，钱记侧重于学术观点的分歧，似应综合两造之言，才可以完整了解事情原委。各种论著皆言之凿凿地引述章太炎当时从中调解之语："你们还吵什么注音字母、白话文啊，快要念ぁいうえお了啊。"但是两位当事人的日记均不见此说，似可存疑。

章太炎在京期间所作的演讲，综合各家概述共计八次，具体为：

3月22日，在民国学院演讲《代议制改良之说》。

3月24日，在燕京大学讲《论今日切要之学》。

3月28日，在中国学院讲《治国学之根本知识》。

3月31日，在北平师范大学讲《清代学术之系统》。

4月12日，在平民大学讲《今学者之弊》。

4月18日、20日、22日，在北京大学讲《广论语骈枝》。

然而实际演讲并不止八次。据钱氏日记，4月8日章氏在钱玄同、马裕藻、沈兼士、朱希祖等弟子陪同下，在北京大学作了题为《揭示学界救国之术》的演讲，内容分为四点：一、不可有好奇之见；二、不可专倚智慧；三、不可依赖群众；四、不可偏听偏信。这次演讲也未见各种章氏年谱著录，仅见于钱氏所记。

3月31日在北平师范大学的演讲由钱玄同具体经办，他定下由该校文学院国文系、历史系与研究院历史科学门合请，讲题即《清代学术之系统》。演讲经柴德赓记录，经钱氏修订，两年后刊于《师大月刊》第十期。钱氏在"附记"中写道："当柴君把这篇笔记誊清了，托方国瑜君交给我的时候，太炎先生尚未离平。我请他自己看看，他对我说'你看了就行了'；而我当时竟偷懒没有看，直到现在才来动笔修改，实在荒唐得很。所以要是还有错误，那是我的不是，我应该负责声明的。"（《钱玄同文集》，第二卷，283页，北京，中国人民大学出版社，1999）这篇六千余言的演讲对钱玄同的影响不小，此后两年多时间里，他不仅集中选购了一批有关清代学术的文献和时人论著，并在日记中留下多则长短不一的思考见解。1934年钱氏还在北平师范大学开设清代思想史研究的课程，按王学、史学、考证学、今文学四方面讲授，讲课内容中明显留下了章氏演讲稿的烙印。

4月份章氏在北京大学的三次演讲广受京城学界关注。钱穆对演说场景曾有绘声绘色的描述："太炎上讲台，旧门人在各大学任教者五六人随侍，骈立台侧，一人在旁作翻译，一人在后写黑板。……翻译者似为钱玄同，写黑板者为刘半农。玄同在北方，早已改采今文家言，而对太炎守弟子礼犹谨如此。半农尽力提倡白话文，太炎居沪时，是否曾及太炎门，则不知。要之，在当时北平新文化运动盛极风行之际，而此诸大师犹亦拘守旧礼貌。"（钱穆：《八十忆双亲　师友杂忆》，174 页，北京，三联书店，2005）张中行也在回忆文章中描绘过演说情景："（太炎）满口浙江余杭话，估计大多数人听不懂，由刘半农任翻译，常引经据典，由钱玄同用粉笔写在背后的黑板上。"（张中行：《负暄琐话》，"章太炎"条，哈尔滨，黑龙江人民出版社，1986）他们的叙述是今人了解此事的主要依据，然而八十老翁暮年追忆，难免有失真之处。好在有亲历其事的钱玄同提供的真实信息，使上述似是而非的记述得以纠正。据钱氏 4 月 18 日日记："午后一时半至马家，移时半农乘汽车来，偕往迓师。盖（北大）中国文学系及研究所国学门请他讲《广论语骈枝》也。我翻译，建功写黑板。三时到，先看明清史料。四时讲，讲了一个多钟头毕。"4 月 20 日日记："二时许至幼渔家，与同乘汽车迓师。四时至五时许讲，仍未毕，星五当续讲一次。"4 月 22 日日记："（与马裕藻、刘半农）三人同往迓师，四时起讲，至六时毕。"日记清楚提供了三次演说的日期，可纠正谢樱宁《章太炎年谱摭遗》记时之误；也指明了演说是由钱玄同担任口译，其高足魏建功承担写黑板的任务。

令钱穆感叹钱玄同执弟子礼甚敬的情景却是事实。既暌违十六年，师生间情感依旧十分融洽。4 月 7 日钱玄同做东宴请乃师，特地拉来俞樾的曾孙平伯介绍给章太炎，章称俞平伯为"世大兄"。次日章氏邀钱玄同、朱希祖、马裕藻、沈兼士等弟子在其住处午餐，钱氏当天日记载："因即请老夫子写字，我请他写'急就顾'三字，他说'字则写矣，顾实未有也'，盖说我自己没有房子也。"钱氏自 1913 年起在北平做了二十多年教授，从未买过房，始终是租赁一族。4 月 22 日北大演说完毕后，"师约我们同至其家吃南京来的大鱼，刘、马、钱、魏、朱、吴六人皆往。食毕，老夫子大拆其字，十时半始归"。

类似师生和睦相处的情景在钱氏日记里有多处记载。此时的钱玄同已经是名震海内的大学者，书法造诣也颇深，仍旧与二十多年前在日本时期一样，凡有章太炎的著作稿交给他，必定工工整整地为之誊录。《广论语骈枝》在演说前两天已交给他，"约七千字光景，午后三时起抄之，抄至夜半一时毕，手疲头胀之至。"（1932 年 4 月 16 日日记）末句并无抱怨之意，实因他正处在患病期间。在将此文交北大国学研究所刊印前，他还对全篇加了标点符号。据日记所载，4月27日"晚在孔德点《骈枝》毕"。28日"午后校勘标点之《论语骈枝》，恐引书出处有误，多检原书对之。晚撰高子篇高君附笺一则，寄炎师，拟附入也"。5月2日"得㮚斋转来高子篇高君之附笺，师略改数字，云可用"。5月6日"上午九时至北大印刷所交稿，再为最后校对一次，即上板"。可知钱玄同并非单纯抄录，还在校勘等方面花费了很多精力。在这段时间内，他同时还在用篆书和隶书誊录章氏的晚年力作《新出三体石经考》一书，其间曲折在日记中也有记载。"将老夫子三体石经之解分片而书之，拟将王遗少（按，指王国维）所解释也抄上去。未写毕，精神疲倦。"（1932年4月23日日记）"午后回孔德，将老夫子之三体石经抄毕。"（1932年4月24日日记）"灯下将老夫子文中之字取三体石经原文摹下，因精神疲倦，弄得没有多少。"（1932年5月6日日记）此书在1933年刊印时，章太炎补写了一则跋语以志其劳，"吴兴钱夏，前为余写《小学答问》，字体依附正篆，裁别至严。……忽忽二十余岁，又为余书是考。时事迁蜕，今兹学者能识正篆者渐稀，于是降从开成石经，去其泰甚，勒成一编。稿本尚有数事未谛，夏复为余考核，就稿更正，故喜而识之。"（《章太炎全集》，第七卷，上海，上海人民出版社，1999）

钱玄同对此书内容的商榷校订，及其对王国维相关研究见解的取舍，需另作专文考论。这里要探究的问题是，自新文化运动兴起之后，钱玄同在政治见解和学术观点等方面，虽然与章太炎之间存在着显而易见的分歧，但并未见他作出像周作人那样的"谢本师"之举，也未曾作过"师如荒谬，不妨叛之"（鲁迅语）之类的表白，反而从上述情形可见其敬师之情愈趋淳挚。作为章门师生关系的一个典型，其中缘由很值得探究，借由发现维系章、钱师弟情谊的纽带，可以不囿于地域划分或宗派门户的视角，深入一层地理解民国时期两代学者之间复杂关系。在这方面，被研究者普遍认可的一种解释出自钱氏友人黎锦熙的《钱玄同先生传》，黎氏认为钱玄同立说的基础在于他从章师处接受的经史关系论，"一般人以为他于章氏的'古文'经义竟无所承，殊不知他在新文化运动中大胆说话，能奏摧枯拉朽之功，其基本观念就在'六经皆史'这一点上。"今人进而推论，"钱玄同反对孔教，主张六经皆史料，与章氏的精神一脉相承"（桑兵：《章太炎晚年北游讲学的文化象征》，见

《明清民国学人与学术》)。

此观点容可再作商榷，就影响上泛论，未必能切中肯綮。且不说"六经皆史料"是胡适、顾颉刚等人的主张，章太炎本人并不赞同，钱玄同对"六经皆史"说是明白地持否定立场。钱氏认为：

> 章实斋决非"六经皆史料"，但他也是托古改制。（1922 年 12 月 11 日日记）

> 适之据章氏报孙渊如书中数语，谓"六经皆史"是说"六经皆史料"。此说我不以为然，不但有增字解释之失，实在和《文史通义》全书都不相合。（1930 年 4 月 6 日日记）

这是他对胡适等人"六经皆史料"说的否定。

> 宋以前对于六经，除最无思想之博士和经师外，凡有思想之学者并不认为一物。……自宋以后便不然了，经师、学究且不论，以章实斋、龚定庵、康有为、夏穗卿、章太炎之高明，犹认为一物。或认为历史，则六经皆史；或认为哲理，则六经皆哲理矣。这实在可笑极了。（1925 年 2 月 16 日日记）

这是他对乃师主张的"六经皆史"说的批判。

在钱玄同看来，六经只是性质不同的几部书，"六经"一名根本不能成立，"说六经是什么东西都是胡说"。从新文化运动时期到 20 世纪 30 年代中期，钱玄同对于"六经皆史"说皆作如是论。有鉴于此，从接受"六经皆史"论上强调章、钱精神相承是说不通的。至于那种着眼于功利论上的解释，说是趋新弟子需要先生光环笼罩以保住学术地位，学术已入守成的章氏也需要弟子的拱卫，从而形成师徒之间的向心力。这似乎是以时下学术界风气理解历史人物，想当然而并不实然。

从章太炎与钱玄同二十余年中多次探讨"修明礼教与放弃礼法"的问题而言，窃以为维系其师生情谊的纽带在于相同的人生观和处世态度。钱氏受业于章太炎的次年，即 1909 年，师生二人已在东瀛之地初涉此问题，钱氏在该年 6 月 12 日日记中写道：

> 今日与师讲修明礼教与放弃礼法之问题。

这一命题在其日记里又表述为"修明私德与放弃礼法"。所谓"礼教"虽是魏晋时人斥斥辩解的题目，但语境更迁，在这里是用来表示个人道德修养。"礼法"也非泛称礼仪法度，北宋张载的短文《西铭》，经程颐、朱熹的大力表彰而被奉为"入道之门"，集中体现了理学关于"事亲事天、修心养性"的道德论和人生观，而"礼法"正是《西铭》的核心概念。当时钱玄同读了明末归庄斥责金圣叹之文《诔邪鬼》后，觉得"深中下怀"，表示："余以为明末修明礼教者顾炎武、颜元，放弃礼法者傅山、归庄，盖非李贽、金喟之徒所能望其肩背矣。"（1909 年 6 月 28 日日记）他的见解明显受到章太炎的影响。1906 年 10 月章氏发表在《民报》上的《革命之道德》一文，已凸显出顾炎武在培植个人道德方面的示范意义。《訄书》重订本新增《颜学》一篇，抬举颜元为荀子以后仅见之"大儒"，此文经修订之后改题《正颜》，收入《检论》。（钱玄同谓 1909 年时章氏已在修改《訄书》重订本，并拟"更名《检论》"。）《正颜》中虽删去"大儒"之说，仍强调颜氏学行非纪昀、翁方纲缺乏私德之流所能望其项背。他在致钱玄同信里阐发放弃礼法的思想依据时，又举出颜元作为例证，"横渠礼法之谈虽近周汉，乃其《西铭》所说，则与景教同流，视他人之出入释老者，又愈卑下，固不如颜子质实也。"（1910 年 10 月 20 日函，见《鲁迅研究资料》第十八辑）章氏此见至晚年亦未改变，1932 年演讲中仍旧称颂"清初有气节者，颜氏一人而已"。

钱玄同因"章先生称为郦卿以降之大儒"，对颜元、李塨、王源以及写《颜氏学记》的戴望也是礼赞有加，还函请远在上海的邓实代觅颜、李遗书。他根据学问、操行、辞章三者作为衡文标准，将古人文章划分为四等，学、行、文兼备为上等，其余依次为有学有行而无文、有文而无学无行、无学无行而无文，而顾炎武、颜元赫然在列上等之选。（参见 1910 年 1 月 23 日日记）

1912 年师徒二人在国内相聚商讨此问题，章氏告诫弟子：

> 丁乱世，则放弃礼法未可非也。惟修明礼教者当如颜、李，不可饰伪；放弃礼法当嵇、阮，不可嫖妓。

嵇、阮是指魏晋贤士嵇康、阮籍。钱玄同闻教后当即表白："丁兹乱世，余固以服膺颜、李学说昌明礼教，举止辄如嵇、阮也。"（1912 年 11 月 10 日日记）时隔数周后，钱氏与同门康心孚、黄侃、汪东聚餐，对黄、汪二人席间言谈颇感失望，又念及章师训诫之语，遂在日记里大发感慨：

> 黄、汪固好学之徒，而今日席中言不及义，所言不出戏剧，询之则以欲图糊口、不暇为学为辞。唉！热中者日竞逐于议员、官吏

之场，其名为自好者，又皆以醇酒妇人消损其精神。民国真无人矣，至此始知章师之言真是确论。章师固言修明私德与放弃礼法者皆是也，然修明礼教必如颜、李，否则流于虚伪；放弃礼法必如嵇、阮，否则流于放僻邪侈矣。夫以嗣宗（按，指阮籍）之狂、容甫（按，指汪中）之醉，曾有荒淫女色优伶流连不反之事乎？余也抱作颜、李之心而行同嵇、阮，固有为为之，自问礼法曾放弃，而未尝敢得罪名教也。（1912 年 12 月 20 日日记）

有关钱玄同的传记作品或研究论著，皆惯称钱氏是反礼教的新文化英雄，这其实是很大的误解，钱氏的思想特征在于反孔教而不反礼教。他所理解的"礼教"，密切维系着个人道德修养，就如同章太炎别解"天下兴亡，匹夫有责"之说："所重者乃在保持道德，而非政治经济云云。"（章太炎：《革命之道德》）钱玄同对宋代理学家的评价，也显露出与章氏相同的着眼点：宋儒解经多不通训诂，喜以后世之见臆度古人，言心言性之处尤多纠缠不清，"惟注重私德，重贞节，尚廉耻，昌夷夏大防之伟论，此实百世所当景仰者。故后世汉学诸儒詈宋儒，予实以为当然。惟如纪昀、袁枚无行小人，断决礼防便兽行，此等人詈宋儒，实可谓枭獍之尤也。"（1912 年 11 月 21 日日记）钱玄同不仅以此标准衡论他人，也同样据以律己。他平素生活态度唯谨，绳墨自严，虽然承受的是包办式婚姻，却拒不纳妾，不作狭斜游，也没有交女朋友的浪漫之举，仅有的一次"黄昏插曲"曾使他心烦意乱，"忽得一奇怪情书，可谓出人意表之外者，头胀心乱。"（1931 年 12 月 10 日日记）这在其时操新文学行当的"名士"看来显得迂腐，而后者也属于钱玄同刻意回避不打交道之人。友人沈士远邀他吃饭，除了沈氏三兄弟、鲁迅兄弟及马裕藻等相识，"生客则有郁达夫一人，这位郁老先生虽则研究新文学的人，可是名士皮气太大，简直和黄季刚差不多，我有些怕领教，只好'道谢了'。"（1923 年 2 月 23 日日记）

论者都强调钱玄同具有出语惊人、思想偏激的特征，但更应当看到钱氏自有其不肯逾越之界域。他的偏激性格，通常表现于揭露社会黑暗、抨击政要显达之时，对待师友同门则始终能笃厚唯谨，恪遵师训。章太炎极厌恶学者中间所存在的丑态："饰伪自尊，视学术之不己若者与资望之在其下者，如遇奴隶；高己者则生忌克；同己者则相标榜；利害不相容者，则虽同己者而亦嫉之。"对师友弟子决不出奚落责骂之词。北上讲学时黄侃来拜见，章氏特地对他谈及黄宗羲"性多忌刻，于同门毁恽日初即其征也"（《黄侃日记》（排印本）下册，780 页）。所言似另具深意。钱玄同在读了鲁迅《三闲集》、《二心集》之后记下感言："实在感到他的无聊无赖无耻。"（1932 年 11 月 7 日日记）但在公开发表的《我对于周豫才君之追忆与略评》一文中，则是不含恶意地指出鲁迅有多疑、轻信、迁怒等私德方面的欠缺。政治上的歧见并非导致他和鲁迅绝交的主要原因。他们都对嵇康、阮籍等贤士礼赞有加，鲁迅尤其如此，但在修明礼教与放弃礼法的关系这一问题上，也即在抉破世俗礼仪规训、反对一切人为束缚之后，在乱世之中如何培植个人道德修养以抑制放诞自肆的习气，在此问题上的不同表现才是两人断绝交往的内在原因。钱玄同对吴虞堕落的公开讨伐，也表明他极看重此问题。而这显然与章太炎的耳提面命有紧密关联。

钱玄同晚年自述："生平无他长，惟不徇俗、不阿容之精神，自己亦颇自负。"（1937 年 10 月 25 日日记）并自拟别号"并介子"。此典出嵇康《与山巨源绝交书》："吾昔读书，得并介之人，达则兼善而不渝，穷则自得而无闷。"钱氏解释"并"有兼济之义，"介"有独善之义。他明确表示："在承平之世，不为社会事力，惟知独善，已经极不应该了。现在时世之乱，过于五胡乱华、满洲入寇之时数百倍，国势阽危，民生瘼苦，自命为有知识之人，还要以无为为当然，以不问政治为名高，实在等于没有心肝。"钱氏一生关心时势政治，致力于思想启蒙、唤醒民众的"兼济"事业，虽为此招来讥讽诋毁而无悔。他的言行实际上也在回应章太炎的一贯主张：国学研究的归宿点"要在修己治人是也"（1933 年 5 月《关于经学的演讲》），学者必须做到"束身自好"与"周于世用"兼得。要实现这一宗旨，前提在于端正修明私德与放弃礼法的关系，确立高尚的人生观和处世态度。这无疑是一个需要持久的勇气和毅力、无畏艰辛的生命历程，钱氏的可贵之处还在于，病困于沦陷的北平之际，仍坚守住民族气节与个人情操，不作苟且人生之念，尽管所处环境已极其恶劣。章太炎在去世前三个月给钱氏的信中写道：

> 自今以后，蓟门一道，恐在尧封之外，彼在位者，唯有作夷甫排墙而死，在野亦难容嵇、阮矣。颜公迭处周齐，有《小宛》诗人之言，盖庶几处乱之道也。（1936 年 3 月 1 日函，见《鲁迅研究资料》第二十辑）

老人对学生一吐悲愤之情，山河行将变色，抵御外寇者难免西晋王衍死于后赵石勒之手的命运，江湖上也再无嵇康、阮籍们的立足之地，大概也只能和遭逢鼎革的颜元一样，以"惴惴小心，如临于谷；战战兢兢，如履薄冰"诗句相告诫。两年多之后，钱玄同也随师骑鹤而去。

钱玄同与章太炎虽然各有不同的思想主张和学术特色，仍能够葆有纯真的师生情谊并且善始善终，根本就在于他们所树立的相同人生观，为其一生共同的安身立命之处。作为一个恰切的反面例证，康有为与梁启超的交往也颇具典型意义。康、梁数十年的师弟关系之所以善始恶终，重蹈当年曾国藩、左宗棠师生"石交化为豺虎"的覆辙，其内在原因即他们对待修明私德与放弃礼法的关系，与章、钱师弟的所作所为迥然不同。（参见拙文《振华公司内讧与康梁分歧》，见《康有为研究论集》，青岛，青岛出版社，2001）章、钱师生铭刻于人生实践中的思想，正反典型事例所蕴涵的意义，既揭示出近代学术演变过程中两代学者之间复杂的传承关系，对当今学者也应该是一种鞭策。

钱玄同（1887年9月12日—1939年1月17日），初名师黄，字德潜；留日期间改名夏，字中季；后改名玄同，号疑古。浙江吴兴人。中国近代杰出的学者、教育家和启蒙思想家。

本书是钱玄同的论著选集，收入钱氏一生中具有典范性和影响力的论文、时评、杂文、书札、序跋等四十余篇，另有一种音韵学专著的节录，涵括了他在留学日本期间及新文学运动、新文化运动、国语运动、整理国故运动等不同历史时期留下的文字，内容涉及白话文学、汉字改革、国语统一、古史经学和小学音韵等诸多方面，借用钱氏本人的话来表述，即是"探索语言文字之本源，论述前哲思想之异同，考辨上古文献之真赝，阐扬类族辨物之微旨，穷究历史社会之演变"，力求较为完整地彰显钱玄同的思想、学问、人格及其应有的历史地位。钱氏写作的特点，除了喜用长短不一的随感杂文形式，尤其体现在擅长用书信形式发表议论，其书札价值可与专论文字相埒，理当酌收，"灵皋文禁"显然不适用于本书的选编。

钱玄同的著述距今已有一世纪左右的时间，但仍然值得研读。因为他所怀疑和剖析的世界，依旧残存于今天的世界；他所认同的文化理想，仍然是值得追求的理想。打开书卷，他的思想从历史角落来到我们中间，并且依然具有颠覆力。

张荣华识于二〇一四年十一月

与邓实书[*]
（1909 年 12 月 16 日）

秋枚先生左右：

别将四月矣！为学日益，国光孔昭，幸甚幸甚！夏思明季诸儒最可师法者惟顾宁人、颜习斋两先生耳。顾氏之书今已行世，惟夫颜先生躬习正学，以身率教，尧、舜、周、孔三事、六府、六德、六行之道，炳然大明。刚主、崑绳承之，圣道益著。诚使当日及门者众，其学由北而南，渐乃普遍全国，凡礼乐、兵农、水火、工虞诸科一一见诸实行，则唐、虞、三代之隆不难复睹于今日，蛮夷滑夏，祛除匪难事矣。惜乎绵庄以后，其教日微。向使无戴子高《颜氏学记》一书，则不仅其学终绝，即有言及颜习斋之学者，人将莫知为谁何矣。贵会前刊《颜李年谱》、恕谷《瘳忘编》及戴君《学记》，此诚莫大功德。惟颜君致力实行，传书甚鲜，李子著书约有三十余种，王氏亦有遗书，未识保存会中已得若干种。诚能一一为之刊行，俾颜学复兴于世，则有功圣道实无涯涘。夏近渴欲得颜氏《四存编》、李氏《小学稽业》二种，未识海上书肆易得否，务祈拨冗示复，幸甚幸甚！书此敬承万福不既。钱夏再拜首。

---

* 录自北京鲁迅博物馆编：《钱玄同日记》（影印本），第 2 册。

刊行《教育今语杂志》之缘起[*]
（1910 年 2 月 14 日）

环球诸邦，兴灭无常，其能屹立数千载而永存者，必有特异之学术足以发扬其种性、拥护其民德者在焉！中夏立国，自风姜以来，沿及周世，教育大兴，庠序遍国中，礼教唱明，文艺发达，盖臻极轨。秦、汉讫唐，虽学术未泯，而教育已不能普及全国。宋、元以降，古学云亡，八比、诗赋及诸应试之学，流毒士人，几及千祀。十稔以还，外祸日亟，八比告替，兼①欧学东渐，济济多士，悉舍国故而新是趋。一时风尚所及，至欲斥弃国文，芟夷国史，恨②轩辕厉山为黄人，令己不得变于夷语有之。国将亡，本必先颠，其诸今日之谓钦？同人有忧之，爰设一报，颜曰《教育今语杂志》，明正道，辟邪辞。凡诸撰述，悉演以语言，期农夫野人皆可了解，所陈诸义均由浅入深，盖登高必自卑，升堂乃入室，躐等之敝，所不敢蹈，真爱祖国而愿学者，盖有乐乎此也。

附 《教育今语杂志》章程

第一章　宗旨
本杂志以保存国故、振兴学艺、提倡平民普及教育为宗旨。
第二章　定名
本杂志依上列宗旨，演以浅显之语言，故名《教育今语杂志》。
第三章　门类
本杂志之门类，大别为八：

---

* 录自《教育今语杂志》，第 1 期。
① "兼"，原作"恨"，校改。
② "恨"，原作"兼"，校改。

（一）社说。悉本上列宗旨以立论，对于夸夫莠言，尤必详加辩驳，俾国人不致终沦于台隶焉。

（二）中国文字学。我国文字发生最早，组织最优，效用亦最完备，确足以冠他国而无愧色。惟自唐、宋以降，故训日湮，俗义日滋，致三古典籍罕能句读，鄙倍辞气亦登简牍，习流忘源，不学者遂视为艰深无用，欲拨弃之以为快。夫文字者，国民之表旗，此而拨弃，是自亡其国也。故本杂志于此门演述特为详尽，凡制字源流、六书正则、字形、字音、字义诸端，悉详加诠释，务期学子得门而入，循序渐进，不苦其难，以获通国人人识字之效。

（三）群经学。经皆古史，古之道术，悉在于是。后世子史诗赋，各自名家，其源无不出于经。故本杂志于群经源流派别及传授系统，一一详言，以为读经之门径。

（四）诸子学。九流百家，说各不同，悉有博大精深之理在。后人就其一家研钻，毕世有不能尽者。本杂志于其源流分合及各家宗旨之所在，胥明其故，俾国人得因以寻其涂辙也。

（五）中国历史学。典章制度、礼仪风俗，以及社会变迁之迹、学术盛衰之故，悉载于史。我国史乘，各体具备，欧州诸国所万不能及。近世夸夫，拾日人之余唾，以家谱、相斫书诋旧史，诚不直一噱者。本杂志于史法史例，悉为演述，并编为通俗史；于学术进退、种族分合、政治沿革，一一明言，期邦人诸友发思古之幽情，勉为炎黄之肖子焉。

（六）中国地理学。禹域疆土，广大无垠，其间河道变迁，山峦障隔，悉与民俗有关。本杂志演述本部形势，凡五土异宜，刚柔殊性，语言风俗习贯之不同；咸为明其故焉。

（七）中国教育学。三代教育制度之见于载记者，彬彬可观。秦、汉以降，教育之事虽日见废弛，然大儒讲学往往而有，如胡安定设学湖州，颜习斋施教漳南，观其学制，咸可师法，其他关于教育之粹语精言，尤更仆难数。本杂志当详加搜讨，演述于篇，以为有志教育者师法焉。

（八）附录。约四分类：

（甲）算学。算学应用之处最多，大而证明学术，小而料量米盐，无不取资。故本杂志附设此门，以应国人之需求。

（乙）英文。英文施用甚广，国人习之者众，本杂志亦译述诸文，以供参考。

（丙）答问。凡有投书下问者，本社同人当各举所知以答。

（丁）记事。凡学务盛衰损益之有关系于国人者列焉。

第四章　办法

（一）本杂志以庚戌年正月出版，嗣后月出一册，务不愆期。每期暂定七十页。

（二）本杂志演述各种学术，均由最浅近、最易晓者入手，以次渐进，期有系统。

（三）本杂志于各种学术，务求解释明了，不事苟难，庶便学子自修，兼为无师者指导门径。

（四）本杂志担任撰述、编辑、发行诸人，皆尽义务。

（五）大雅君子凡惠稿件，使不悖于本杂志宗旨及文体者，当择尤登录。惟无论登与不登。原稿概不检还。

第五章　经费

（一）开办费及房室器具诸杂费，均由本社同人担任。

（二）本杂志印刷费，以所得之报赀充之。其有不足，仍由本社同人筹补。凡投书本杂志者，请寄至：

日本东京小石川区大冢町五十番地《教育今语杂志》社通信所

欧文写法如左：

The Educational Magazine Society

50，Otsukamachi

Koishikawaku

Tokyo，Japan

《教育今语杂志》社启

共和纪年说[*]
（1910 年 2 月 14 日）

诸君，你们看，西洋的历史总是用耶稣纪元，几千几百几十年，还有甚么一世纪、二世纪以至十九世纪、二十世纪这些名目，这一个世纪，就是一百年。所以看西洋史，一望便可知道某事是在几百年以前，某人是在几十年以前，头绪明白，使看的人非常便当。还有日本国的纪年，平常用的，却是当时皇帝即位以后的年数（就像他们称今年为明治四十三年）；至于编到历史，便用神武天皇纪元几千几百几十年（就像他们称今年为神武天皇纪元二千五百七十年），这也是要人家看了明白的意思。独有我们中国，这一点却很不及他们。试把中国的历史翻开来一看，这里周平王几年，那里汉高祖几年，又是甚至唐太宗贞观几年，明太祖洪武几年，你们想，这些周、汉、唐、明的朝代，离开现在究竟有多少年代，已经不能一想便记得清清楚楚。何况那些皇帝的名目，怎么能够一看便记得？更何况那些"贞观"、"洪武"的年号，每每一个皇帝有好几个，还有十几个的，年年改，月月换，不要说我们平常人记不了这许多，就是那些史学专门名家的人，要请他从头至尾一个一个背出来，不许遗失倒乱，恐怕也做不到哩。

况且还有那一朝将亡的时候，每每是四方大乱，各处起兵，个个想得天下，人人自称皇帝，一面要推倒中央旧政府，一面便你灭我、我灭你。这样弄了几十年，弄到临了，让末了的一个人做成皇帝。这种情形，像秦朝、隋朝、元朝的末了，都是这样。但是这几十年中间，个个都是一样，要说皇帝，个个都是皇帝，谁也不能分出个正统、僭伪来，倘然用皇帝来纪年，到了这种时候，只有一个一个都把他写了出来。要

---

* 录自《教育今语杂志》，第 1 期。

是在编年史上，虽然还可以写写，却已经搅得头绪纷繁了，若寻常记事的历史散文，提起这一年，都要一一把他写出来，不但人家无从明白，并且也没有这种记载的体例。于是没有法想，只好把末了做成皇帝的那个人来纪年，譬如秦亡，便用汉高帝纪年，把陈涉、项羽、章邯、田儋这些人的纪年都去掉。隋亡，便用唐高祖来纪年，把窦建德、林士弘、梁师都、萧铣这些人的纪年都去掉。元末起义这些人，只取一个明太祖，把徐寿辉、陈友谅、韩林儿、张士诚这些人都不算。这样办法，在用皇帝来纪年的时候，也叫没法想，但是平心想来，实在太不公平。当四面起兵称皇帝的时候，陈涉等人和刘邦，窦建德等人和李渊，徐寿辉等人和朱元璋，有什么两样？假使陈涉、窦建德、徐寿辉这些人做了末了一个成功的，便是什么楚高帝、夏高祖、天完太祖了，刘邦、李渊、朱元璋败灭，便变了草寇，不用他来纪年了。这样看来，用末了一个做成皇帝的来纪年，全是拿成败来论是非，可以算得势利之极了。我们生在千载之后，记载古人的事体，全要公平论断，岂可怀势利的见解么？这是一层。

还有那外国人打进来，灭了我国，自称皇帝，像那元朝的样子，我们中国人倘然还有一口气没有绝，总不应该扁扁服服，做他的奴隶牛马，自称大元国的百姓。他的国号、纪年，不但和我们不相干，并且是我们所绝不应该承认他的。但是从宋帝赵昺赴海以后，天完帝徐寿辉起义以前，这七十一年中间，中国竟没有皇帝，到这种时候，用皇帝来纪年的，竟没有法子想了，就是真讲爱国保种的，也只好老老面皮，用元朝来纪年了。你们想，中国史上用外国人纪年，道理上怎么讲得过去？况且中国没有皇帝可纪年的时候，还不止宋和天完间的七十一年么。照这样看来，用皇帝纪年的，常常改变，记忆极难，这一层是不便的。群雄并起的时候，强把末了成功的人来纪年，有一种势利的见解，这一层是不公平的。异族入主，宰杀我祖父，残贼我同胞，这种万世必报的仇人，还要用他的纪年来污己国的历史，这一层实在可以算没有羞耻了。所以用历朝皇帝来纪年这一说，从今以后，万万是行不通的了。

但是，既不用皇帝来纪年，应该怎样呢？在下以为，总要用一种从古到今中间没有变换的来纪年，无论甚么人做皇帝，一时有许多皇帝，或是一个皇帝改了几百的年号，一年换了几十个皇帝，总和这纪年上毫无关系，才是统一，才是公平，才是便利。但是这事也正不容易定，前几年有许多人议过。有的说，他们西洋拿来纪年的耶稣，是个教主，我们也学他，用孔子来纪。有的说，日本拿来纪年的神武天皇，是他们种族的始祖，我们也学他。用黄帝来纪。有的说，孔子删《尚书》，从帝尧起，应该用帝尧纪。有的说，秦始皇统一全国，应该用秦始皇纪。这四种说头，在我看来，都是不对，现在且把他的毛病批评一番。

西洋信教的人很多，他们看了耶稣是绝对的圣人，没有人敢去比他的，所以拿来纪年。我们中国人却不然，思想是自由的，并不一定要信仰孔子。况且孔子以前，还有老子；孔子以后，还有墨子，此外还有诸子百家。各人所治的学问，都是很深的，所讲的道理，都是很精的，正不能分他谁高谁低，又岂可抹杀别人，专用孔子一人来纪年呢？

黄帝纪年这一说，似乎讲得很有道理了。但是黄帝到现在，大约总有四五千年了，这四五千年的前一半，史上却没有说过这个皇帝几年那个皇帝几年，因为上古的事体有些渺渺茫茫，汉朝人已经无从晓得，何况我们现在又在汉朝二千年以后呢！所以用黄帝纪年这一说，道理上虽然很讲得过去，事实上却有些做不到，也还是不能用。（现在有人，你也写黄帝几千几百几十年，我也写黄帝几千几百几十年，但是各人所写的年数却是不同。这个缘故，是因为汉朝以后，有人造了许多唐、虞、三代的年数，既然是造的，自然各人所造不同。这本是可笑得很的事体，无如现在这些新党，学问太浅了，把前人造出来的东西信以为真，你也用，我也用，各人所据的造本不同，自然写出来的各异了。你们想，这样没凭没据、各人不同的黄帝纪年，岂能行用的吗？）

想用帝尧纪年的人，却没有别的原故，他不过以为帝尧以前的事体，孔子当时已经有些弄不明白，把他删去了，自然我们今日更无从去考征的，帝尧以后，既然有孔子删存的《尚书》可以察考，纪年便可从这时候起了。我想他这用意在可信而有证据，原是很不错的，可惜帝尧以后到周朝共和以前的年代，还是无从察考，和黄帝纪年一样的不能用。（汉朝有一个人叫做刘歆，他做了一部《三统历》，却从帝尧起，把唐、虞、夏、殷、周每朝总共的年数，都写了出来，至于某朝的某王几年、某帝几年，仍旧无从知道。但是他个这总数，和比他前一点的人做的书对起来，又有些不同，所以也不能作准，只好叫做"疑年"罢了。）

说秦始皇是统一全国的人，所以要用他纪年，这一说，自我看来却最没有道理了。你们想，秦始皇这个人，灭了六国，做了皇帝，还要把书籍烧毁，把读书的人活埋在地坑里，这样一个凶横残暴的人拿来代表中国，用他纪年，也未免太看重他了。况且周朝春秋、战国的时候，事体很多，倘然用了秦始皇纪年，提起春秋、战国的事体，只好倒数上去，称纪元前几百几十年了，也很不便当的。

这样看来，这又不对，那又不对，然则应该用什么人来统一才好呢？我以为不必用人来纪，只要从有史以后的的确确有年可考的那一年纪起，就是顶可信、顶有证据、顶公平的法子了，所以现在要用这"共和"来纪年。诸君，你们看了"共和"这两个字，千万不要疑心到法国、美国的什么共和政体上去，要知道中国古来只有酋长政体、贵族政体、专制政体，却未曾有过共和政体的。然则这共和究竟是什么东西呢？诸君莫忙，听我道来。

原来汉朝的时候有一个人，叫做司马迁，他做了一部大书，名叫《太史公书》（后来多把这部书称做《史记》，其实照他的原名，应该称他为《太史公书》），原是一部从黄帝以来到汉武帝时候的大历史。他中间有一篇《三代世表》，是把从黄帝以来到周朝共和，这其间帝王的世系传授，立个表去说明他。他因为这个表里边的帝王年代，无从察考，所以只做了一篇世表。这篇世表之后，就是一篇《十二诸侯年表》，才有确年可考，这《十二诸侯年表》的第一年，就是共和元年。这共和是周朝的二相，一个是周公，一个是召公。原来那个时候的周王，叫做厉王，暴虐得很，被百姓赶掉了。行政的事体，就是这周、召二相来管理，名叫"共和"。自从这共和元年做了《十二诸侯年表》第一年以后，直到现在，都有的确年代可以知道了。计共和元年到今年，已经有 2 751 年，这是顶的确可靠的，所以本报就用了这共和纪年。

照我的意思看来，用共和纪年，除了看历史便利以外，还有三种好处：

（一）年代是的确无可疑的了，比了用黄帝、尧渺茫无稽的，可信多了。

（二）用有史以来可考的年起，这是顶实在的，不像那些用人纪年的总有些不大公平。况且是非本来没有一定，我以为好的，或者你不赞成。我们中国人讲学问，是没有奴隶根性的，断没有强迫全国的人大家信仰一个的道理。

（三）中国史上的事体，恰好是从共和以后渐渐的多起来了，以前的事体却是甚少。所以就是倒数上去，称共和前几百几十年，也不至于大不便当。

　　诸君，你道我这个道理讲得不错么？其实共和纪年这句话，也不是在下这样浅学的人所能够想得出的，在下着实请教过几个通品，才晓得中国的纪年，除了用共和之外，是别无他法的。诸君中间，有学问高明的，请把古来书籍细细一看，便可知道在下这篇讲得很有道理了。

反对用典及其他[*]
（1917 年 3 月 1 日）

独秀先生鉴：

胡适之君之《文学改良刍议》，其陈义之精美，前已为公言之矣。兹反复细读，窃有私见数端，愿与公商榷之。倘得借杂志余幅，以就教于胡君，尤所私幸。

胡君"不用典"之论最精，实足祛千年来腐臭文学之积弊。尝谓齐、梁以前之文学，如《诗经》、《楚辞》及汉、魏之歌诗、乐府等，从无用典者。（古代文学，白描体外，只有比兴。比兴之体，当与胡君所谓"广义之典"为同类，与后世以表象之语直代实事者迥异。）短如《箜篌引》（文为"公无渡河，公竟渡河。堕河而死，当奈公何"），长如《焦仲卿妻诗》，皆纯为白描，不用一典，而作诗者之情感，诗中人之状况，皆如一一活现于纸上。《焦仲卿妻诗》尤与白话之体无殊，至今已越千七百年，读之，犹如作诗之人与我面谈。此等优美文学，岂后世用典者所能梦见。（后世如杜甫、白居易之"写实体"亦皆见此优美。然如《长恨歌》中，杂用"小玉"、"双成"二典，便觉可厌。）自后世文人无铸造新词之材，乃力竞趋于用典，以欺世人，不学者从而震惊之，以渊博相称誉。于是习非成是，一若文不用典，即为俭学之征，此实文学窳败之一大原因。胡君辞而辟之，诚知本矣。惟于"狭义之典"，胡君虽主张不用，顾又谓"工者偶一用之，未为不可"，则似犹未免依违于俗论。弟以为凡用典者，无论工拙，皆为行文之疵病。即如胡君所举五事，1、3、5 虽曰工切，亦是无谓。胡君自评，谓"其实此种诗尽可不作"，最为直捷痛快之论。若 2 所举之苏诗，胡君已有"近于纤巧"

之论，弟以为苏轼此种词句，在不知文学之斗方名士读之，必赞为词令妙品，其实索然无味，只觉可厌，直是用典之拙者耳。4 所举江亢虎之诔文，胡君称其"用赵宣子一典甚工切"，弟实不知其佳处。至如"未悬太白"一语，正犯胡君用典之拙者之第五条。胡君知"灞桥"、"阳关"、"渭城"、"莼鲈"为"古事之实有所指，不可移用"，则宜知护国军本无所谓"太白旗"，彼时纵然杀了袁世凯，当不能沿用"枭首示众"之旧例。如是则"悬太白"三字，无一合于事实，非用典之拙者而何？故弟意胡君所谓用典之工者，亦未为可用也。

文学之文，用典已为下乘；若普通应用之文，尤须老老实实讲话，务期老妪能解，如有妄用典故，以表象语代事实者，尤为恶劣。章太炎先生尝谓公牍中用"水落石出"、"剜肉补疮"诸词为不雅。亡友胡仰曾君谓曾见某处告诫军人之文，有曰"此偶合之乌，难保无害群之马。果尔以有限之血蚨，养无数之飞蝗"，此不通已极。满清及洪宪时代司法不独立，州县长官遇婚姻讼事，往往喜用滥恶之四六为判词，既以自炫其淹博，又借以肆其轻薄之口吻。此虽官吏心术之罪恶，亦由此等滥恶之四六有以助之也。弟以为古代文学最为朴实真挚，始坏于东汉，以其浮词多而真意少；弊盛于齐、梁，以其渐多用典也。唐、宋四六，除用典外，别无他事，实为文学"燕山外史"中之最下劣者。至于近世《聊斋志异》、《淞隐漫录》诸书，直可谓全篇不通。戏曲、小说，为近代文学之正宗。小说因多用白话之故，用典之病少。（白话中罕有用典者。胡君主张采用白话，不特以今人操今语，于理为顺，即为驱除用典计，亦以用白话为宜。蒙于胡君采用白话之论，固绝对赞同者也。）传奇诸作，即不能免用典之弊。元曲中喜用"四书"文句，尤为拉杂可厌。弟为此论，非荣古贱今，弟对于古今文体、造句之变迁，决不以为古胜于今，亦与胡君所谓"有《尚书》之文，有先秦诸子之文，有司马迁、班固之文，有韩、柳、欧、苏之文，有语录之文，有施耐庵、曹雪芹之文，此文之进化"同意，惟用典一层，确为后人劣于前人之处，事实昭章，不能为讳也。

用典以外，尚有一事，其弊与用典相似，亦为行文所当戒绝者，则人之称谓是也。人之有名，不过一种记号。夏、殷以前，人止一名，与今之西人相同。自周世尚文，于是有"幼名，冠字，五十以伯仲，死谥"种种繁称，已大可厌矣。六朝重门第，争标郡望，唐、宋以后，"峰泉溪桥楼亭轩馆"别号日繁，于是一人之记号，多乃至数十，每有众所共知之人，一易其名称，竟茫然不识为谁氏者。一翻《宋元学案》目录，便觉头脑疼痛者，即以此故。而自昔文学之文，于此等称谓，尤喜避去习见，改用隐僻；甚或删削本名，或别创新称。近时流行，更可骇怪，如"湘乡"、"合肥"、"南海"、"新会"、"项城"、"黄陂"、"善化"、"河间"等等，专以地名名人，一若其地往古来今，即此一人可为代表者然，非特使不知者无从臆想，即揆诸情理岂得谓平？故弟意今后文学，凡称人，悉用其姓名，不可再以郡望、别号、地名等等相摄代。（又官名、地名须从当时名称，此前世文人所已言者，虽桐城派诸公，亦知此理。然昔人所论，但谓金石文学及历史传记体宜然，鄙意文学之文，亦当守此格律。又文中所用事物名称，道古时事，自当从古称，若道现代事，必当从今称。故如古称"冠、履、袷、筴、豆、尊、鼎"，仅可用于道古。若道今事，必当改用"帽、鞋、领、袴、碗、壶、锅"诸名，断不宜效法"不敢题糕"之迂谬见解。）

一文之中，有骈有散，悉由自然。凡作一文，欲其句句相对，与欲其句句不相对者，皆妄也。桐城派人鄙夷六朝骈偶，谓韩愈作散文，为古文之正宗，然观《原道》一篇，起首仁义二句，与道德二句相对，下文云"仁与义为定名，道与德为虚位"，又云"故道有君子小人，而德有凶有吉"，皆骈偶之句也。阮元以孔子《文言》为骈文之祖，因谓文必骈俪。（近人仪征某君即笃信其说，行文必取骈俪，尝见其所撰经解，乃似墓志。又某君之文，专务改去常用之字，以同训诂之隐僻字代之，大有"夜梦不祥，开门大吉"改为"宵寐匪祯，辟札洪麻"之风，此又与用僻典同病。）则当诘之曰：然则《春秋》一万八千字之经文，亦孔子所作，何缘不作骈俪？岂文才既竭，有所谢短乎？弟以为今后文学，律诗可废，以其中四句必须对偶，且须调平仄也；若骈散之事，当一任其自然，如胡君所谓"近于语言之自然而无牵强刻削之迹"者，此等骈句自在当用之列。

胡君所云"须讲文法"，此不但今人多不讲求，即古书中亦多此病。如《乐毅报燕惠王书》中"蓟丘之植，植于汶篁"二语，意谓齐国汶上之篁，今植于燕之蓟丘；江淹《恨赋》"孤臣危涕，孽子坠心"，实危心坠涕也；杜诗"香稻啄余鹦鹉粒，碧梧栖老凤皇枝"，香稻与鹦鹉，碧梧与凤皇，皆主宾倒置：此皆古人不通之句也。《史记》裴骃《集解序》索隐有句曰："正是冀望圣贤，胜于饱食终日无所用心，愈于《论语》不有博弈者乎之人耳。"凡见此句者，殆无不失笑。然如此生吞活剥之引用成语，在文学文中亦殊不少，宋四六中尤不胜枚举。

语录以白话说理，词曲以白话为美文，此为文章之进化，实今后言、文一致之起点。此等白话文章，其价值远在所谓"桐城派之文"、"江西派之诗"之上，此蒙所深信而不疑者也。至于小说为近代文学之正宗，此亦至确不易之论。惟此皆就文体言之耳，若论词曲、小说诸著在文学上之价值，窃谓仍当以胡君"情感"、"思想"两事为标准。无此两事之词曲、小说，其无价值亦与"桐城派之文"、"江西派之诗"相等。故如元人杂曲及《西厢记》、《长生殿》、《牡丹亭》、《燕子笺》之类，词句虽或可观，然以无"高尚思想"、"真挚情感"之故，终觉无甚意味。至于小说，非诲淫诲盗之作（诲淫之作，从略不举。诲盗之作，如《七侠五义》之类是。《红楼梦》断非诲淫，实足写骄侈家庭，浇漓薄俗，腐败官僚，纨绔公子耳。《水浒》尤非诲盗之作，其全书主脑所在，不外"官逼民反"一义，施耐庵实有社会党人之思想也），即神怪不经之谈（如《西游记》、《封神传》之类），否则以迂谬之见解，造前代之野史（如《三国演义》、《说岳》之类），最下者，所谓"小姐后花园赠衣物"、"落难公子中状元"之类，千篇一律，不胜缕指。故词曲、小说，诚为文学正宗，而关于词曲、小说之作，其有价值者则殊鲜。（前此所谓文学家者，类皆喜描写男女情爱，然此等笔墨，若用写实派文学之眼光去做，自有最高之价值。若出于一己之儇薄思想，以秽亵之文笔，表示其肉麻之风流，则无丝毫价值之可言。前世文人，属于前者殆绝无，属于后者则滔滔皆是。）以蒙寡陋，以为传奇之中，惟《桃花扇》最有价值；小说之有价值者，不过施耐庵之《水浒》、曹雪芹之《红楼梦》、吴敬梓之《儒林外史》三书耳。今世小说，惟李伯元之《官场现形记》、吴趼人之《二十年目睹之怪现状》、曾孟朴之《孽海花》三书为有价值。曼殊上人思想高洁，所为小说，描写人生真处，足为新文学之始基乎。此外作者，皆所谓公等碌碌，无足置齿者矣。刘铁云之《老残游记》，胡君亦颇推许，吾则以为其书中惟写毓贤残民以逞一段为佳，其他所论，大抵皆老新党头脑不甚清晰之见解，黄龙子论"北拳南革"一段信口雌黄，尤足令人忍俊不禁。

总之小说、戏剧皆文学之正宗，论其理固然，而返观中国之小说、戏剧，与欧洲殆不可同年而语。小说略如上节所述，至于戏剧一道，南北曲及昆腔，虽鲜高尚之思想，而词句尚斐然可观。若今之京调戏，理想既无，文章又极恶劣不通，固不可因其为戏剧之故，遂谓有文学上之价值也。（假使当时编京调戏本者能全用白话，当不至滥恶若此。）又中国戏剧，专重唱工，所唱之文句，听者本不求其解，而戏子打脸之离奇，舞台设备之幼稚，无一足以动人情感。夫戏中扮演，本期确肖实人实事，即观向来"优孟衣冠"一语，可知戏子扮演古人，当如优孟之像孙叔敖，苟其不肖，即与演剧之义不合，顾何以今之戏子绝不注意此点乎？戏剧本为高等文学，而中国之戏，编自市井无知之手，文人学士不屑过问焉，则拙劣恶滥固宜。弟尝为滑稽之比喻，谓中国之旧戏如骈文，外国之新戏如白话小说。以骈文外貌虽极炳烺，而叩其实质，固空无所有，即其敷引故实，泛填词藻之处，苟逐字逐句为之解释，则事理文理不通者殊多。旧戏之仅以唱工见长，而扮相、布景举不合于实人实事，正同此例。白话小说能曲折达意，某也贤，某也不肖，俱可描摹其口吻神情，故读白话小说，恍如与书中人面语。新戏讲究布景，人物登场，语言、神气务求与真者酷肖，使观之者几忘其为舞台扮演，故曰与白话小说为同例也。

梁任公实为创造新文学之一人。虽其政论诸作，因时变迁，不能得国人全体之赞同，即其文章，亦未能尽脱帖括蹊径，然输入日本新体文学，以新名词及俗语入文，视戏曲、小说与论记之文平等（梁君之作《新民说》、《新罗马传奇》、《新中国未来记》，皆用全力为之，未尝分轻重于其间也），此皆其识力过人处。鄙意论现代文学之革新，必数梁君。

至于当世，所谓桐城巨子，能作散文；选学名家，能作骈文；做诗填词，必用陈套语，所造之句，不外如胡君所举旅美某君所填之词。此等文人自命典赡古雅，鄙夷戏曲、小说，以为猥俗不登大雅之堂者，自仆观之，公等所撰皆高等八股耳（此尚是客气话，据实言之，直当云变形之八股），文学云乎哉？（又如某氏与人对译欧西小说，专用《聊斋志异》文笔，一面又欲引韩、柳以自重，此其价值又在桐城派之下，然世固以大文豪目之矣。）

又弟对于应用之文，以为非做到言、文一致地步不可。此论甚长，异日当本吾臆见，写成一文，以就正有道，兹则未遑详述也。

论应用文之亟宜改良 *
（1917 年 7 月 1 日）

独秀先生鉴：

弟自读胡适之先生之《文学改良刍议》，即拟撰一文，题为《论应用之文亟宜改良》。两月以来，执笔欲写者数次，皆以校课太多，忙忙碌碌于编纂讲义而搁起。兹先将改革之大纲十三事函告如下：

1. 以国语为之。

2. 所选文字，皆取最普通常用者，约以五千字为度（次数一时不能说定）。

3. 凡一义数字者（指意义用时完全一样，毫无差异者言），止用其一，亦取最普通常用者。

4. 关于文法之排列，制成一定不易之《语典》，不许倒装移置。（中国字无语尾变化，若排列法无一定，必致主宾倒置，使观之者不能得正确之解释。故如"室于怒，市于色"、"昧雉彼视"等句法，必当严行禁绝。）

5. 书札之款或称谓，务求简明确当，删去无谓之浮文。（如"辰维"、"忭颂"、"贱躯托福"、"德门集庆"种种肉麻可笑之句，必当删除，固无论矣，即如"阁下"、"足下"、"左右"、"执事"、"台安"、"道安"、"钧安"、"福安"、"顿首"、"叩上"、"拜手"、"再拜"之类，其实亦可全行删除。若抬头〔双抬、单抬更不消说〕、空格、偏写之款式，"老伯"、"小侄"、"姻兄"、"世讲"之称谓，亦当废止。弟个人之意见，以为除家族及姻亲中有称谓者外，其余皆可以"先生"、"君"、"兄"三名词称之。大抵父执，师长，年高者，学富者，我所崇敬者，可称"先

* 录自《新青年》，第 3 卷第 5 号。

生";年相若者,道相似者,不客气之朋友,泛交,后辈,可称"君"或"兄"。)

6. 绝对不用典。

7. 凡两等小学教科书及通俗书报、杂志、新闻纸,均旁注"注音字母",仿日本文旁注"假名"之例。

8. 无论何种文章(除无句读文,如门牌、名刺之类),必施句读及符号。(句读,如。,;;之类,或用、、△亦可。符号,如( )""|〔用于人名之旁〕‖〔用于地名之旁〕之类。此事看似无关弘旨,其实关系极大,古书之难读、误解,大半由此。符号尤不可少。)惟浓圈、密点则全行废除。

9. 印刷用楷体,书写用草体。(楷体各人各写,初无一定,书法家尤喜立异。惟唐石经字体,最为平易正确,现在刻木浇铅之宋体字,什九与之相同。草书在魏、晋、隋、唐之间极为通行,自张旭、怀素以至祝允明、王铎,喜作狂草,各式各样,信笔写去,以致草书专成美术,而不适于实用。今宜取《急就》、《月仪》、《出师颂》等等之章草,及《淳化阁帖》、《真草千文》、《书谱》等等之今草,择其书写简易、笔画分明者,写一定体〔其有未备,亦可兼取行书〕,以供实用。此事弟数年前即拟为之,因循未果,今后得暇,当勉力成之。中国文字,由大篆而小篆,而隶而草〔草亦兴于秦末〕,本为由繁趋简。故周用大篆,秦用小篆,汉、魏用隶,晋、唐用草,在应用上为极合轨道之进化。既用草矣,万无重事倒走之理。〔草亦不能再进者,因照中国文字之形式,变至草书,已简至无可再简也。〕然自宋以来,忽又废草不用者,厥有二因:(1)为张旭、怀素等狂草所坏,字无定体,且任情缴绕联绵,不易辨认。(2)为可笑之仪文礼法所拘,以为写了草书,便不恭敬。故臣对于君,民对于官,卑幼对于尊长,皆须写耗时费晷之楷体,及其末流,竟至有所谓"黑方光"之"馆阁体"。现在第一层之弊,但须勒为定体,不许瞎写,便可矫正。第二弊简直不成问题,直当破坏此种可笑习惯而已。)

10. 数日字可改用亚拉伯码号,用算式书写,省"万"、"千"、"百"、"十"诸字。(如曰《说文》五百四十部、《广韵》二百有六韵、注音字母三十有九母,可作 540、206、39 也。此法既便书写,且醒眉目。古书中表数之句,更有难解者,如《尧典》之"三百有六旬有六日"一语。骤视之,可作三千零六十六日〔此从旬字逗〕或三百二十日〔此从上六字逗〕解,《史记》改为"三百六十六日",固佳矣,今若改为"366",岂不更为简明?)

11. 凡纪年,尽改用世界通行之耶稣纪元。(此事说来话长,当别为论,现在我自己可以先表明一句,我绝非耶教信徒,且我绝对以为今后世界只有科学真理,彼宗教神话断无存留之价值。如国人以此为太骇俗,或仍用民国纪元。其民国前一年辛亥,至周共和元年庚戌,则倒数之,称民国纪元前一年至民国纪元前二七五二年,亦未尝不可。惟彼帝王纪年,三年一改五年一换,盗贼、夷狄、骄竖、淫姬无不具备,此断当废止不用。)

12. 改右行直下为左行横迤。

13. 印刷之体,宜分数种(如全方者,全圆者,及丰锐停匀,毫无棱角者。隶书字体与楷全同,惟笔势为异,亦可采用),以便印刷须特别注意之名词等等。

上列十三事,不过偶然想到这几层,便先写了出来。是否平列,是否同一类的性质,及尚有重要部分之遗漏与否,都等到做这篇文章的时候再行细想改正,现在且不去管他。

此十三事之中,第一事自然是根本上之改革,惟弟于第六事尤为注意。弟以为今日作文,无论深浅高下,总要叫别人看得懂,故老老实实讲话最佳。其借物比似者,若一看可懂,尚属勉强可用,如胡先生所举"发聋振聩"、"无病呻吟"、"负弩先驱"之类,此类纵不知其出处,然可望文知义。若"自相矛盾"、"退避三舍"之类,苟不知"以子之矛攻子之盾"之义,便有些看不明白。虽照字义言,"矛"是刺人之物,"盾"是挡刺之物,"自相矛盾"四字,可以因此想出自己同自己相反,有类梁任公之"以今日之我与昔日之我挑战",然终觉解说时费力得很。至于"退避三舍"一语,如未读过《左传》,竟难得其解,即仅读《左传》,如不看杜氏"一舍三十里"之注,仍是不能明白,或将疑为"让出三间房子"矣。故此类之典,鄙意总以不用为宜。若其他僻典,非查《佩文韵府》、《子史精华》、《角山楼增补类腋》不能知其出处者(即查此类书,亦仅能知其出处,尚非能尽知其义),则我欲大声疾呼曰,万万不可用!万万不可用!!或谓用典之好处,在能以二三字代三五句意义之用,实具"简妙"之益。这话据我看来,真是不对不对不对。要知道我们所以尚能解得此种"简妙"之典,应用此种"简妙"之典者,因为我们小的时候,读过"四书"、"五经",以及什么《古文观止》、《唐诗三百首》、烂八股、试帖诗，或者还读过《龙文鞭影》、《幼学琼林》，所以装满了一脑子的典故，觉得此典用得工切，彼典用得纤巧。（然如玄同者，于八股、试帖、词章诸学，从前颇欠研究，故至今还是不懂得用典之妙处。）今后童子入学，读的是教科书，其中材料，不外乎历史上重大之事件，科学上切要之智识，以及共和国民对于国家之观念、政治法律之大概而已。即国文一科，虽可选读古人文章，亦必取其说理精粹、行文平易者。彼古奥之周、秦文，堂皇之两汉文（"堂皇"二字用得不切，两汉文章动辄引经，或抬出孔夫子来吓人，正可称为"摆架子"而已），淫靡之六朝文，以及摇头摆尾之唐、宋八大家文，当然不必选读。（此不过言其大概，其实所谓"说理精粹、行文平易"者，固未尝不在周、秦、两汉、六朝、唐、宋文中也。）惟选学妖孽所尊崇之六朝文，桐城谬种所尊崇之唐、宋文，则实在不必选读。（学周、秦、两汉者，其人尚少。间或有之，亦尚无选学妖孽、桐城谬种之臭架子，故尚不甚讨厌。）如此，则彼等脑中所装之货色，当然与我们大异。岂能以我们腐臭的旧脑子中所装之"简妙"典故，责彼等清洁的新脑子以输入乎？且不但不能也，抑且不可也。今后之新国民，自应使其丰富于二十世纪之新智识，即所谓群经、诸子、《史记》、《汉书》种种高等书籍，非进了大学文科专门研究者，尚不必读，何况《佩文韵府》等等恶烂腐朽之书，难道我们自己被他累得还嫌不够，还要去转害今后的新国民吗？其人苟稍有丝毫智识，稍有丝毫良心，略略懂得几分戊戌改旧法、辛亥建民国、丙辰踣帝制之道理者，必不至再请新国民去研究《佩文韵府》……惟然，故吾谓应用文学绝对禁止用典。

玄同自丙辰春夏以来，目睹洪宪皇帝之反古复始，倒行逆施，卒致败亡也，于是大受刺激，得了一种极明确的教训，知道凡事总是前进，决无倒退之理。最粗浅的比例，如我今年三十一岁，明年便一定是三十二岁，决无倒为三十岁之理。故在一九一七年，便当干一九一七年的事情，其一九一六年以前，皆所谓"已往种种譬如昨日死"也。研究一九一六年以前之历史、道德、政治、文章，皆所谓"鉴既往以察来兹"，凡以明人群之进化而已。故治古学，实治社会学也，断非可张"保存国粹"之招牌，以抵排新知，使人人褒衣博带，做二千年前之古人。吾自有此心理，而一年以来见社会上沉滞不进之状态，乃无异于两年前也，乃无异于七八年前也，乃无异于十七八年前也，乃无异于二十年前也。质而言之，今日犹是戊戌以前之状态而已。故比来忧心如焚，不敢不本吾良知，昌言道德文章之当改革。私怀所蓄，尚有多端，欲借《新青年》之余幅写他出来，以就正于国内明达君子。先生其许我乎？

弟钱玄同

《尝试集》序*
(1918 年 1 月 10 日)

　　一九一七年十月，胡适之君拿这本《尝试集》给我看，其中所录，都是一年以来适之所做的白话韵文。适之是现在第一个提倡新文学的人。我以前看见他做的一篇《文学改良刍议》，主张用俗语俗字入文；现在又看见这本《尝试集》，居然就采用俗语俗字，并且有通篇用白话做的。"知"了就"行"，以身作则，做社会的先导，我对于适之这番举动，非常佩服，非常赞成。

　　但是有人说，现在中华的国语还未曾制定，白话没有一定的标准，各人做的白话诗文，用字、造句不能相同，或且采用方言土语和离文言太远的句调，这种情形，却也不好。我以为这一层可以不必过虑，因为做白话韵文和制定国语，是两个问题。制定国语，自然应该折衷于白话、文言之间，做成一种"言、文一致"的合法语言。至于现在用白话做韵文，是有两层缘故：（1）用今语达今人的情感，最为自然，不比那用古语的，无论做得怎样好，终不免有雕琢硬砌的毛病。（2）为除旧布新计，非把旧文学的腔套全数删除不可。至于各人所用的白话不能相同，方言不能尽祛，这一层在文学上是没有什么妨碍的，并且有时候非用方言不能传神。不但方言，就是外来语也可采用，像集中《赠朱经农》一首，其中有"辟克匿克来江边"一句。我以前觉得以外来语入诗，似乎有所不可，现在仔细想想，知道前此所见甚谬。语言本是人类公有的东西，甲国不备的话，就该用乙国话来补缺。这"携食物出游，即于游处食之"的意义，若是在汉文里没有适当的名词，就可直用"辟克匿克"来补他。这是就国语方面说的。至于在文学方面，则适之那时

　　* 录自《新青年》，第 4 卷第 2 号。

在美国和朱经农讲话的时候，既然说了这"辟克匿克"的名词，那么这首赠诗里，自然该用"辟克匿克"，才可显出当时说话的神情。所以我又和适之说，我们现在做白话文章，宁可失之于俗，不要失之于文。适之对于我这两句话，很说不错。

我现在想，古人造字的时候，语言和文字必定完全一致，因为文字本来是语言的记号，嘴里说这个声音，手下写的就是表这个声音的记号，断没有手下写的记号和嘴里说的声音不相同的。拿"六书"里的"转注"来一看，很可以证明这个道理。像那表年高的意义和话，这边叫做 lau，就造个"老"字；那边叫做 Khau，便又造个"考"字。同是一个意义，声音小小不同，便造了两个字，可见语言和文字必定一致。因为那边既叫做 Khau，假如仍写"老"字，便显不出他的音读和 lau 不同，所以必须别造"考"字。照这样看来，岂不是嘴里说的声音和手下写的记号不能有丝毫不同，若是嘴里声音变了，那就手下记号也必须跟着他变的。所以我说造字的时候，语言和文字必定完全一致。

再看《说文》里的"形声"字。正篆和或体所从的"声"，尽有不在一个韵部里的；汉、晋以后的楷书字，尽有将《说文》里所有的字改变他所从的"声"的；又有《说文》里虽有本字，而后人因为音读变古，不得不借用别的同音字的。这都是今音与古不同而字形跟了改变的证据。

至于文言和白话的变迁，更有可以证明的。像那"父"、"母"两个字，音变为 Pa、ma，就别造"爸"、"妈"两个字。"矣"字音变为 li，就别造"哩"字；"夫"（读为"扶"）字在句末——表商度——音变为 bo，就别造"啵"字，再变为 ba，就再借用"罢"字（"夫"的古音本读 buo）。"无"字在句末——表问——音变为 mo，就借用"么"字，再变为 ma，就再别造"吗"字（"无"的古音本读 mu）。这更可见字形一定跟着字音转变。

照这样看来，中华的字形，无论虚字实字，都跟着字音转变，便该永远是"言、文一致"的了，为什么二千年来，语言和文字又相去到这样的远呢？

我想这是有两个缘故。第一，给那些独夫民贼弄坏的。那独夫民贼最喜欢摆架子，无论什么事情，总要和平民两样，才可以使他那野蛮的体制尊崇起来。像那吃的、穿的、住的和妻妾的等级、仆役的数目，都要定得不近人情，并且决不许他人效法；对于文字方面，也用这个主义。所以嬴政看了那"皋犯"的"皋"字和皇帝的"皇"字（"皇"字的古写），上半都从"自"字，便硬把"皋犯"改用"罪"字；"朕"字本来和"我"字一样，在周朝，无论什么人自己都可以称"朕"，像那屈平的《离骚》第二句云"朕皇考曰伯庸"，就是一个证据，到了嬴政，又把这"朕"字独占了去，不许他人自称。此外像"宫"字、"玺"字、"钦"字、"御"字之类，都不许他人学他那样用。又因为中华国民很有"尊古"的麻醉性，于是又利用这一点，做起那什么"制"、"诏"、"上谕"来，一定要写上几个《尚书》里的字眼，像什么"诞应天命"、"寅绍丕基"之类，好叫那富于奴性的人可以震惊赞叹。于是那些小民贼也从而效尤，定出许多野蛮的款式来。凡是做到文章，尊贵对于卑贱，必须要装出许多妄自尊大、看不起人的口吻；卑贱对于尊贵，又必须要装出许多弯腰、屈膝、胁肩、谄笑的口吻。其实这些所谓尊贵卑贱的人，当面讲白话，究竟彼此也没有什么大分别；只有做到文章，便可以实行那"骄"、"谄"两个字。若是没有那种"骄"、"谄"的文章，这些独夫民贼的架子便摆不起来了，所以他们是最反对那质朴的白话文章的。这种没有道理的办法，行得久了，习非成是，无论什么人，反以为文章不可不照这样做的，若是有人不照这样做，还要说他不对。这是言、文分离的第一个缘故。

第二，给那些文妖弄坏的。周、秦以前的文章，大都是用白话。像那《盘庚》、《大诰》，后世读了虽然觉得佶屈聱牙，异常古奥，然而这种文章，实在是当时的白话告示。又像那《尧典》里用"都"、"俞"、"吁"等字，和现在的白话文里用"阿呀"、"嗄"、"哝"、"唉"等字有什么分别？《公羊》用齐言，《楚辞》用楚语，和现在的小说里搀入苏州、上海、广东、北京的方言有什么分别？还有一层，所用的白话，若是古今有异，那就一定用今语，决不硬嵌古字，强摹古调。像《孟子》里说的"洚水者，洪水也"，"泄泄，犹沓沓也"，这是因为古今语言不同，古人叫"洚水"和"泄泄"，孟轲的时候叫"洪水"和"沓沓"，所以孟轲自己行文，必用"洪水"和"沓沓"，到了引用古书，虽未便直改原文，然而必须用当时的语言去说明古语。再看李耳、孔丘、墨翟、庄周、孟轲、荀况、韩非这些人的著作，文笔无一相同，都是各人做自己的文章，绝不摹拟别人，所以周、秦以前的文章很有价值。到了西汉，言、文已渐分离，然而司马迁做《史记》，采用《尚书》，一定要改去原来的古语，做汉人通用的文章，像"庶绩咸熙"改为"众功皆兴"，

"嚚庸可乎"改为"顽凶勿用"之类。可知其时言、文虽然分离，但是做到文言，仍旧不能和当时的白话相差太远，若是过于古奥的，还是不能直用。东汉王充做《论衡》，其《自纪》篇中有曰："《论衡》者，论之平也。口则务在明言，笔则务在露文。"又曰："言以明志，言恐灭遗，故著之文字。文字与言同趋，何为犹当隐闭指意？"又曰："经传之文，贤圣之语，古今言殊，四方谈异也。言当事时，非务难知，使指隐闭也。"这是表明言、文应该一致，什么时代的人，便用什么时代的话。不料西汉末年，出了一个杨雄，做了文妖的"原始家"。这个文妖的文章，专门摹拟古人，一部《法言》，看了真要叫人恶心，他的辞赋又是异常雕琢。东汉一代颇受他的影响。到了建安七子，连写封信都要装模做样，安上许多浮词。六朝的骈文，满纸堆垛词藻，毫无真实的情感，甚至用了典故来代实事，删割他人名号去就他的文章对偶。打开《文选》一看，这种拙劣恶滥的文章触目皆是。直到现在，还有一种妄人说："文章应该照这样做"，"《文选》文章为千古文章之正宗"。这是第一种弄坏白话文章的文妖。

唐朝的韩愈、柳宗元，矫正"《文选》派"的弊害，所做的文章，却很有近于语言之自然的。假如继起的人能够认定韩、柳矫弊的宗旨，渐渐的回到白话路上来，岂不甚好？无如宋朝的欧阳修、苏洵这些人，名为学韩学柳，却不知道学韩、柳的矫弊，但会学韩、柳的句调间架，无论什么文章，那"起承转合"都有一定的部位。这种可笑的文章，和那"《文选》派"相比，真如二五和一十、半斤和八两的比例。明、清以来，归有光、方苞、姚鼐、曾国藩这些人拼命做韩、柳、欧、苏那些人的死奴隶，立了什么"桐城派"的名目，还有什么"义法"的话，搅得昏天黑地。全不想想做文章是为的什么，也不看看秦、汉以前的文章是个什么样子，分明是自己做的，偏要叫做"古文"。但看这两个字的名目，便可知其人一窍不通，毫无常识。那曾国藩说得更妙，他道："古文无施不宜，但不宜说理耳"，这真是自画供招，表明这种"古文"是最没有价值的文章了。这是第二种弄坏白话文章的文妖。

这两种文妖，是最反对那老实的白话文章的。因为做了白话文章，则第一种文妖，便不能搬运他那些垃圾的典故、肉麻的词藻；第二种文妖，便不能卖弄他那些可笑的义法、无谓的格律。并且若用白话做文章，那么会做文章的人必定渐多，这些文妖就失去了他那会做文章的名贵身份，这是他最不愿意的。

　　现在我们认定白话是文学的正宗，正是要用质朴的文章，去铲除阶级制度里的野蛮款式；正是要用老实的文章，去表明文章是人人会做的。做文章是直写自己脑筋里的思想，或直叙外面的事物，并没有什么一定的格式。对于那些腐臭的旧文学，应该极端驱除，淘汰净尽，才能使新基础稳固。

　　以前用白话做韵文的却也不少，《诗经》、《楚辞》固不消说，就是两汉以后，文章虽然被那些民贼文妖弄坏，但是明白的人，究竟也有，所以白话韵文也曾兴盛过来。像那汉、魏的乐府、歌谣，白居易的新乐府，宋人的词，元、明人的曲，都是白话的韵文；陶潜的诗虽不是白话，却很合于语言之自然；还有那宋、明人的诗，也有用白话做的。可见用白话做韵文，是极平常的事。

　　现在做白话韵文，一定应该全用现在的句调，现在的白话。那"乐府"、"词"、"曲"的句调，可以不必效法，"乐府"、"词"、"曲"的白话，在今日看来，又成古语，和三代、汉、唐的文言一样。有人说："做曲子必用元语。"据我看来，曲子尚且不必做——因为也是旧文学了，何况用元语？即使偶然做个曲子，也该用现在的白话，决不该用元朝的白话。

　　上面说的都是很浅近的话，适之断没有不知道的，并且适之一定还有高深的话可以教我。不过我的浅见，只有这一点，便把他写了出来，以博适之一笑。

一九一八年一月十日　钱玄同

中国今后之文字问题 *
（1918 年 3 月 14 日）

独秀先生：

先生前此著论，力主推翻孔学，改革伦理，以为倘不从伦理问题根本上解决，那就这块共和招牌一定挂不长久。（约述尊著大意，恕不列举原文。）玄同对于先生这个主张，认为救现在中国的唯一办法，然因此又想到一事：则欲废孔学，不可不先废汉文；欲驱除一般人之幼稚的野蛮的顽固的思想，尤不可不先废汉文。

中国文字，衍形不衍声，以致辨认、书写极不容易，音读极难正确。这一层，近二十年来很有人觉悟，所以创造新字，用罗马字拼音等等主张，层出不穷。甚至于那很顽固的劳玉初，也主张别造"简"字，以图减省识字之困难。除了那选学妖孽、桐城谬种要利用此等文字，显其能做"骈文"、"古文"之大本领者，殆无不感现行汉字之拙劣，欲图改革，以期便用。这是对于汉字的形体上施攻击的。

又有人说：固有的汉字，固有的名词，实在不足以发挥新时代之学理事物。于是有造新字者，有造新名词者，有直用西文原字之音而以汉字表之者——如"萨威棱贴"、"迪克推多"、"暴哀考脱"、"札斯惕斯"之类，有简直取西文原字写入汉文之中者。种种办法，虽至不同，而其对于固有的汉字和名词认为不敷用之见解则一。这是对于汉字的应用上谋补救的。

以上两种见解，固然都有理由，然玄同今日主张废灭汉文之理由，尚不止此。

玄同之意，以为汉字虽发生于黄帝之世，然春秋、战国以前，本无

所谓学问，文字之用甚少。自诸子之学兴，而后汉字始为发挥学术之用，但儒家以外之学，自汉即被罢黜，二千年来所谓学问，所谓道德，所谓政治，无非推衍孔二先生一家之学说。所谓《四库全书》者，除晚周几部非儒家的子书外，其余则十分之八都是教忠教孝之书。"经"不待论；谓"史"者，不是大民贼的家谱，就是小民贼杀人放火的账簿——如所谓"平定什么方略"之类；"子"、"集"的书，大多数都是些"王道圣功"、"文以载道"的妄谈。还有那十分之二更荒谬绝伦，说什么"关帝显圣"、"纯阳降坛"、"九天玄女"、"黎山老母"的鬼话；其尤甚者，则有"婴儿姹女"、"丹田泥丸宫"等说，发挥那原人时代"生殖器崇拜"的思想。所以二千年来用汉字写的书籍，无论哪一部，打开一看，不到半页，必有发昏做梦的话。此等书籍，若使知识正确、头脑清晰的人看了，自然不至堕其彀中，若令初学之童子读之，必致终身蒙其大害而不可救药。

欲祛除三纲五伦之奴隶道德，当然以废孔学为唯一之办法；欲祛除妖精鬼怪、炼丹画符的野蛮思想，当然以剿灭道教——是道士的道，不是老庄的道——为唯一之办法。欲废孔学，欲剿灭道教，惟有将中国书籍一概束之高阁之一法。何以故？因中国书籍，千分之九百九十九都是这两类之书故；中国文字，自来即专用于发挥孔门学说及道教妖言故。

但是有人说，中国旧书虽不可看，然汉文亦不必废灭，仍用旧文字来说明新学问可矣。此说似是而实非。既不废汉文，则旧学问虽不讲，而旧文章则不能不读，旧文章的内容，就是上文所说的"不到半页，必有发昏做梦的话"。青年子弟，读了这种旧文章，觉其句调铿锵，娓娓可诵，不知不觉，便将为其文中之荒谬道理所征服，其中毒之程度，亦未能减于读"四书"、"五经"及《参同契》、《黄庭经》诸书。况且近来之贱丈夫，动辄以新名词附会野蛮之古义——如译 Republic 为"共和"，于是附会于"周、召共和"矣；译 Ethics 为"伦理学"，于是附会于"五伦"矣，所以即使造新名词，如其仍用野蛮之旧字，必不能得正确之知识。其故有二：(1) 因国人脑筋异常昏乱，最喜瞎七搭八，穿凿附会一阵子，以显其学贯中西。(2) 中国文字，字义极为含混，文法极不精密，本来只可代表古代幼稚之思想，决不能代表 Lamark、Darwin 以来之新世界文明。

至于有人主张改汉字之形式——即所谓用罗马字之类——而不废汉语，以为形式既改，则旧日积污，不难洗涤。殊不知改汉字为拼音，其事至为困难：中国语言、文字极不一致，一也；语言之音，各处固万有不同矣，即文字之音，亦复纷歧多端，二也。制造国语以统一言、文，实行注音字母以统一字音，吾侪固积极主张，然以我个人之悬揣其至良之结果，不过能使白话、文言不甚相远，彼此音读略略接近而已，若要如欧洲言文、音读之统一，则恐难做到。即如日本之言、文一致，字、音画一，亦未能遽期。因欧洲文字本是拼音，日本虽备用汉字，然尚有行了一千年的"五十假名"。中国文字，既非拼音，又从无适当之标音符号，三十六字母，二百〇六韵，闹得头脑昏胀，充其极量，不过能考证古今文字之变迁而已，于统一音读之事全不相干。今欲以吾侪三数人在十年八年之内，告成字音统一之伟业，恐为不可能之事。又中国文言既多死语，且失之浮泛，而白话用字过少，文法亦极不完备，欲兼采言、文，造成一种国语，亦大非易事。于此可见整理言、文及音、读两事，已甚困难。言文、音读不统一，即断难改用拼音，况汉文根本上尚有一无法救疗之痼疾，则单音是也。单音文字，同音者极多，改用拼音，如何分别？——此单音之痼疾，传染到日本，日本亦大受其累。请看日本四十年来提议改良文字之人极多，而尤以用罗马字拼音之说为最有力，然至今尚不能实行者，无他，即"音读"之汉字不能祛除净尽，则罗马字必难完全实行也。吾以为改用拼音至为困难者，此也。

即使上列诸困难悉数解决，汉字竟能完全改用拼音，然要请问，新理、新事、新物皆非吾族所固有，还是自造新名词呢？还是老老实实写西文原字呢？由前之说，既改拼音，则字中不复含有古义，新名词如何造法？难道竟译 Republico 为 Kung-huo，译 Ethics 为 Lun-lih-sah 吗？自然没有这个道理。由后之说，既采西文原字，则科学、哲学上之专门名词，自不待言；即寻常物品，如 Match、Lamp、ink、pen 之类，自亦宜用原文，不当复云 Yang-huo、yang-teng-shue、yang-pih-teu；而 dictator、boycott 之类应写原文，亦无疑义。如此，则一文之中，用西字者必居十之七八，而"拼音之汉字"不过几个介、连、助、叹之词，及极普通之名、代、动、静、状之词而已。费了许多气力，造成一种"拼音之汉字"，而其效用不过如此，似乎有些不值得罢！盖汉字改用拼音，不过形式上之变迁，而实质上则与"固有之旧汉文"还是半斤与八两、二五与一十的比例。

所以我要爽爽快快说几句话：中国文字，论其字形，则非拼音而为象形文字之末流，不便于识，不便于写；论其字义，则意义含糊，文法极不精密；论其在今日学问上之应用，则新理、新事、新物之名词，一无所有；论其过去之历史，则千分之九百九十九为记载孔门学说及道教妖言之记号。此种文字，断断不能适用于二十世纪之新时代！

我再大胆宣言道：欲使中国不亡，欲使中国民族为二十世纪文明之民族，必以废孔学、灭道教为根本之解决，而废记载孔门学说及道教妖言之汉文，尤为根本解决之根本解决。

至废汉文之后，应代以何种文字，此固非一人所能论定。玄同之意，则以为当采用文法简赅、发音整齐、语根精良之人为的文字 ESPERANTO。

惟 Esperanto 现在尚在提倡之时，汉语一时亦未能遽尔消灭，此过渡之短时期中，窃谓有一办法，则用某一种外国文字为国文之补助。此外国文字当用何种，我毫无成见，照现在中国学校情形而论，似乎英文已成习惯，则用英文可也；或谓法兰西为世界文明之先导。当用法文，我想这自然更好。而国文则限制字数，多则三千，少则二千（前于三卷四号中致先生一书，云"以五千字为度"，今思未免太多），以白话为主，而"多多夹入稍稍通行的文雅字眼"（此是先生答玄同之语，见三卷六号）。期以三五年之工夫，专读新编的《白话国文教科书》，而国文可以通顺。凡讲述寻常之事物，则用此新体国文；若言及较深之新理，则全用外国文字教授。从中学起，除"国文"及"本国史地"外，其余科目，悉读西文原书。如此，则旧文字之势力，既用种种方法力求减杀，而其毒焰或可大减——既废文言而用白话，则在普通教育范围之内，断不必读什么"古文"，发昏做梦的话，或可不至输入于青年之脑中；新学问之输入，又因直用西文原书之故，而其观念当可正确矣。

以上为玄同个人主张废灭汉文之意见及过渡时代暂行之办法。此外尚有一法，则友人周君所言者，即一切新学问，亦用此"新体国文"达之；而学术上之专名，及没有确当译语，或容易误会的，都用 Esperanto 嵌入。这个意思，一层可以使中国人与 Esperanto 日渐接近，二层则看用"新体国文"编的科学书，究竟比看英、法原文的容易些。我想此法亦好。此法吴稚晖先生从前也主张过的，其言曰：

> 中国文字，迟早必废。欲为暂时之改良，莫若限制字数：凡较僻之字，皆弃而不用，有如日本之限制汉文。此法行，则凡中国极野蛮时代之名物及不适之动作词等，皆可屏诸古物陈列院，以备异日作《世界进化史》者为材料之猎取。所有限制以内之字，则供暂

时内地中小学校及普通商业上之应用。其余发挥较深之学理及繁赜之事物，本为近世界之新学理新事物，若为限制行用之字所发挥不足者，即可换入万国新语（即 Esperanto），以便渐换渐多，将汉文渐废，即为异日经用万国新语之张本。（《新世纪》第四十号）

这个废灭汉文的问题，未知高明以为何如？愿赐教言，以匡不逮。如以为然，尤愿共同鼓吹，以期此事之实行。本社同人及海内志士，关于此问题如有高见，不论赞成与反对，尤所欢迎。

钱玄同　14，March，1918

论注音字母 *
（1918 年 3 月 15 日）

　　一九一三年的春天，教育部开"读音统一会"，会里公议注音字母三九个。现在先把他写出来：

　　表"母"（就是"子音"，中国向来叫做"声"，又叫做"纽"）的字母二四个：

　　ㄍ ㄎ ㄫ ㄐ ㄑ ㄏ ㄉ ㄊ ㄋ ㄌ ㄆ 一 ㄈ ㄇ ㄋ
ㄅ ㄙ ㄓ ㄔ ㄕ ㄏ ㄒ ㄌ ㄖ

　　表"韵"（就是"母音"）的字母一二个：

　　ㄚ ㄛ ㄜ ㄟ ㄞ ㄠ ㄡ ㄢ ㄤ ㄣ ㄥ ㄦ

　　表"介音"的字母三个：

　　ㄧ ㄨ ㄩ

　　这三九个注音字母，原来都是中国固有的字，取那笔画极简单的，借来做注音的符号。表"母"的二四个，单读原字的子音。像"ㄎ"字原字的音读做 Kao，现在单读他的子音 K；"ㄈ"字原字的音读做 Fang，现在单读他的子音 F。表"韵"和"介音"的一五个，单读原字的母音。像"ㄛ"字原字的音读做 Ho，现在单读他的母音 O；"ㄞ"字原字的音读做 Hhai，现在单读他的母音 Ai；"ㄨ"字原字的音读做 Ngu，现在单读他的母音 V。

　　这种字母的形式、取材和读法，很有人对他生一种的疑问。有的说："既然新制音标，为什么不特造新符号，要借用古字，读他音的一半呢？"有的说："与其借用古字，何不直取世界公用的罗马字母来标中国的音呢？"

---

　　* 录自《新青年》，第 4 卷第 1、3 号。

这两种疑问，待我来答他。

答第一问：特造新符号，原没有什么不可以，不过符号的形式很难决定。因为造新符号，在应用上固然贵乎简明，然在形式上也要求他好看，才能得多数人之认可。否则甲所做的，乙说不好看，乙所做的丙又说不好看，丙所做的，又有丁、戊、己……说他不好看。纷纷扰扰，闹了一会子，终究还是没有结果，这是很不好的。但是形式好看这一层，却是很难。用一丨丿㇏这些直线笔画，三笔两笔，凑成一个符号，怎能好看？前几年，什么"快字"、"简字"、"音字"之类出得很多，没有一种是行得通的。这个缘故，固然由于做的人于声韵之学从未讲求，把制音标的事情看得太容易，然而形式不好看，难得多数人之认可，却也是一个大大的原因。现在借用古字，则形式是固有的，好看不好看，制音标的人不负这个责任，但求简明，便可应用，可以免却许多无谓的争执。据我看来，这借用古字的法子，实在比造新符号来得好。

答第二问：取罗马字母来标中国音，这是极正当的办法。但是据我个人的意见，以为中国现在应该兼用罗马字母和注音字母两种来标音。为什么呢？因为罗马字母已经变成现世界公用的音标，凡其国有特别形式之文字者，若要把他的语言和名词行于国外，都要改用罗马字母去拼他的音，像俄罗斯文、印度文、日本文之类，都是这样办法。我们中国向来没有纯粹的音标，现在急须新制，当然应该采用罗马字母，这是无庸致疑的。但是中国的音标，却有两种用途：

一、记字典上每字的音和高深书籍上难识的字的音。

二、教科书、通俗书报和新闻纸之类，应该在字的右旁记他的音。

第一种的记音，自然当用罗马字母，至于第二种的记音，罗马字母却有不便利的地方。因为中国字是直行的，罗马字母只能横写。这一层，还可以想法，把中国字也改成横行。还有一层困难，因为罗马字母记音的方法，如为单独母音的字，只须用一个母音字母便够了，如其备有子音、介音、母音和收鼻音的，至多的可以用到七个字母。（因为子音、母音和收鼻音，有时都要用两个字母去拼他。）你想，这一个字母和七个字母，他的长短大不相同，拿了来记在字字整方的中国字旁边，那种参差不齐的怪相，可不是很难看吗？这是不能不用注音字母的了。据我看来，高等字典和中学以上的高深书籍，都应该用罗马字母记音；学生字典、中小学校教科书、通俗书报和新闻纸之类，都应该用注音字母记音（学生字典可以兼用两种记音）。假如再过几年之后，中国竟能废弃这种"不象形的字"（中国古代的字，本是象形的，但因籀、篆、隶、草的变迁，已经不象形了。现在的字，既非拼音，又不象形，这种无意识的记号，我姑且戏称他做"不象形的字"），改用纯粹拼音的字，那么注音字母当然跟了一同废弃。若在今日，则注音字母正复大有用处。

这两种疑问既已解答，于是当说明注音字母的读音和他的缺点。

现在先将注音字母中表"母"的字母二四个，与旧有的守温三六字母及罗马字母，列为对照表，如左：

守温三六字母	注音字母表"母"的二四字母		罗马字母	
见	《	ㄐ	K	Ch
溪	ㄎ	ㄑ	K, h	Chh
群			G, Gh	Dj, Djh
疑	ㄫ	ㄬ	Ng（英音）	Ng（法音）
端	ㄉ		T	
透	ㄊ		Th	
定			D, Dh	
泥	ㄋ		N	
知			Ṭ	
彻			Ṭh	
澄			Ḍ, Ḍh	
娘			Ṇ	
帮			P	
滂	ㄆ		Ph	
并			B, Bh	
明	ㄇ		M	
非	ㄈ		F	
敷			Fh	
奉			V, Vh	
微	ㄪ		Vv	
精	ㄗ		Ts	
清	ㄘ		Tsh	
从			Dz, Dzh	
心	ㄙ		S	
斜			Z, Zh	

续前表

守温三六字母	注音字母表"母"的二四字母		罗马字母
照 穿 床 审 禅	ㄓ ㄔ ㄕ		T Ṭh Ḍ，Ḍh Ṣ Ẓ，Ẓh
影 喻 晓 匣	ㄏ ㄒ		A E I O U Y W H Hh
来	ㄌ		L
日	ㄖ		J（略如法国读法）

（附记）这表中标"知"、"彻"、"澄"、"娘"、"微"、"匣"六组的罗马字母，用亡友胡仰曾君所著《国语学草创》中所标。

注音字母于兼有清浊的纽，只制清母，不制浊母，因为北音浊声不很发达的缘故。但是北音也并非全无浊声。北音凡上声、去声字（北音没有入声），虽然有清无浊，然在平声，却是清浊全备。像"通"（透）和"同"（定），"千"（清）和"前"（从），分明是两个读法，这便是有浊声的确据。既然平声有浊，乃竟不制浊母，那么请问"同"、"前"这些字归入那一纽呢？原来他却有个狠可笑的办法：那上去的浊声字，既然不读浊声，便硬把他改入清声；至于平声的浊声字，也把他归入清声，唤做"阳平"。像"通"、"同"两个字，都归入"透"纽，把"通"字唤做"阴平"，"同"字唤做"阳平"；"千"、"前"两个字，都归入"清"纽，把"千"字唤做"阴平"，"前"字唤做"阳平"。这种名称非常荒谬，要知道平仄是长短的区别，阴阳是清浊的区别，两事绝不相干，岂可混为一谈？无如从元、明以来，就有这种奇怪名称。到了现在，有一般人说得更妙：他道"南音的四声，是平、上、去、入；北音的四声，是阴平、阳平、上、去"。这种议论，真要叫人笑死。当读音统一会未开之前，吴稚晖先生——后来就是读音统一会正会长——做了一本《读音统一会进行程序》，早把这种荒谬名称加以驳斥。先生说道：

北方之"阴阳平"，不能遽行援入于长短通例之内，因彼似为清浊之问题，非长短之问题。长短者，音同而留声之时间不同；清浊者，音同而所发之音气不同。粗率用一近似之比例，比之于风琴：假如同弹第一音，短乃仅按一拍子，长则按至三拍子是也。又如同弹第一音，清乃按右手靠边之一把，浊则按左手靠边之一把。一则其声清以越，一则其声闷以肆……所以本会之结果，有预料之同意可言者，必大段不离于人人意中之"官音"，粗率即称之日"北音"亦可。惟决不能不商定者，即北音长短内之"入声"，及关涉清浊，北人意中之所谓"阴阳"，皆留不甚完全之弱点。故为一国之所有事，即不能率言标准于一城一邑之北音。

吴先生当日早已料到这一层，恐怕读音统一会的结果仍旧留下这个弱点，所以先加以警告。然而后来竟不出先生所料，专制清母，把浊声的平声仍旧唤做"阳平"。于是其人想出一个补救的方法来，说："可以仿照日本假名的办法，就在清声字母的右上加他两点，算做浊母。"

我想这个法子固然可行，但是这第三位的浊声，都是兼承两个清声，有些地方承第一位，有些地方承第三位。像那"群"纽，有些地方读 G，是承"见"纽（K）；有些地方读 Gh，是承"溪"纽（Kh）。"定"、"澄"诸纽，都是这样。然则应该在哪一个清声字母上加点呢，这还是待研究的问题。

"见"、"溪"、"疑"、"晓"四纽，都有两个字母。因为这四纽的出声，除福建、广东等处以外，其余各处，读正音（就是"开口"和"合口"）和副音（就是"齐齿"和"撮口"）都微有不同，所以用"巜"、"丂"、"兀"、"厂"四母表正音，用"ㄐ"、"ㄑ"、"广"、"ㄒ"四母表副音。这是因时制宜的办法，倒很不错。

"知"、"彻"、"澄"三纽，今音和"照"、"穿"、"床"三纽的三等呼读得一样。"照"、"穿"、"床"、"审"四纽的二等呼，今音和"精"、"清"、"从"、"心"四纽读得一样。（"照"、"穿"、"床"、"审"四纽的二等和三等，出声不同，《广韵》里反切用字各分为二。清陈澧做《切韵考》说应该分做八纽，很是。这是守温做字母时误合的。）注音字母于"知"、"彻"、"澄"三纽不制字母，也用"ㄓ""ㄔ"两母去标他，这是于现在的音很对的。（"照"、"穿"、"床"、"审"的二等，在注音字母里，大概也用"ㄗ"、"ㄘ"、"ㄙ"三母去标他。）

"敷"纽的出声，本和"非"纽差不多，前人因为"非"从"帮"变，"敷"从"滂"变，统系不同，所以分做两纽。注音字母合做一母，也很不错。

注音字母于"娘"纽没有制母，当时误用"疑"纽副音的"广"去标他，这是很不对的。"疑"、"娘"二纽的出声，有喉舌之异，断不可混合为一。但是"娘"本从"泥"变，其声颇不易读。现在各处读"娘"纽字，颇有仍归入"泥"的，像"拿"、"铙"、"赧"、"女"、"尼"这些字都是。我以为"娘"纽不必增母，也用"ㄋ"母去标他便了。

凡"影"纽的字，都是纯粹母音字，本来不应该有这一纽。因为从前做反切的人，守定用两个字标音的例，不知变通，就是纯粹母音字，上面也要配他一个字（反切两字：上字标子音，下字标母音）。守温做字母时，就把这些字标为"影"纽。现在用注音字母去改良旧切，遇母音字，只须用一个母音字母去标他便够了。这"影"纽当然应该删除。至于"喻"纽，虽是"影"纽的浊音，究竟不能算做母音，注音字母连带删除，这却不对，我以为应该加一个标"喻"纽的字母才是。

表"韵"和"介音"的字母一五个，与《广韵》的二〇六韵，元刘鉴《切韵指南》的一六摄，明人《字母切韵要法》的一二摄，及罗马字母，列为对照表如下：

把韵书里母音相同的韵归纳为一，叫做"韵摄"。现存最古的讲韵摄的书，是宋杨中修的《切韵指掌图》，此书旧称司马光作，非是。其书不但无标摄的记号，并且无韵摄的名目，称说很不便利。刘鉴的一六摄，其分摄最多。《字母切韵要法》——此书载在《康熙字典》卷首，从《证乡谈法》起至《音韵首法》止，不知撰人姓名。劳乃宣说，大抵为明正德以后、清康熙以前人所作——分一二摄，纯以元、明以来之北音为主，与注音字母什九相同。所以兼列此两家，以资参考。

现在的《诗韵》，本于刘渊的《平水韵》和阴时夫的《韵府群玉》，其中如"鱼"、"虞"分二而"虞"、"模"反合为一，"元"、"魂"、"痕"三韵并合为一"元"韵之类，于音理极为乖谬，所以此处只列《广韵》而不及《诗韵》。

《广韵》韵目	《切韵指南》一六摄	《字母切韵要法》一二摄	注音字母表"韵"和"介音"的一五字母	罗马字母
齐、支、脂、之、微	止	械（模、鱼、虞韵皆在此摄）	ㄧ	I

续前表

《广韵》韵目	《切韵指南》一六摄	《字母切韵要法》一二摄	注音字母表"韵"和"介音"的一五字母	罗马字母
模	遇（鱼、虞韵亦在此摄）		ㄨ	U
鲁、虞			ㄩ	Ü
麻	假	迦	ㄚ	A
歌、戈	果	歌	ㄛ	O
		结	ㄝ	
灰		傀	ㄟ	E
咍、佳、皆	蟹（灰韵亦在此摄）	该	ㄞ	Ai
豪、肴、萧、宵	效	高	ㄠ	Au
侯、尤、幽	流	钩	ㄡ	Eu
寒、桓、删、山、先、仙、元、覃、谈、咸、衔、添、盐、严、凡	山，咸	干	ㄢ	Au, Am
唐、阳、江	宕，江	冈	ㄤ	Ang
痕、魂、臻、真、殷、文、谆、侵	臻，深	根	ㄣ	En, In, Im
唐、耕、青、清、登、蒸、东、冬、钟	梗，曾，通	庚	ㄥ	Eng, Ung
			ㄦ	

（附记）所记《广韵》韵目，皆举平以赅上、去、入。

注音字母所取的音，百分之九十九是京音，本册有吴稚晖先生的通信，说明此事。京音只有平、上、去三声，没有入声；他碰到入声，都拿来消纳到平、上、去三声之内。以前的《箓斐轩词韵》和周德清《中原音韵》里，都有"入声作平声、作上声、作去声"的话，后来李汝珍作《音鉴》，有《北音入声论》一篇，他说道：

> "屋"者，韵列一屋，乃入之首也，而北音谓之曰"乌"，此以入为平矣。余如"七"、"发"之类，皆以阴平呼之；"十"、"斛"之类，皆以阳平呼之；"铁"、"笔"之类，皆以上声呼之；"若"、"木"之类，皆以去声呼之。兹分录于后，注以反切，较之周德清所论北音，略加详备矣。

注音字母对于入声的分配，大概和周、李诸家相同。至于字母之音，都读平声，遇到上、去的字，照旧法，于其字左上、右上以圈或点作记。或用“阴平、阳平、上、去为四声”之说，阴平圈左下，阳平圈左上，上声圈右上，去声圈右下。这实在是不通的办法，说详本卷第一一页。

“丨”、“ㄨ”、“ㄩ”三母，兼作“介音”用。什么叫做“介音”呢？原来子音、母音相同的字，往往有可读出四种声音的，就是“开口”、“齐齿”、“合口”、“撮口”，名曰“等呼”。读这四种声音时候嘴的姿态，潘耒《类音》里曾说道：

> 初出于喉，平舌舒唇，谓之开口；举舌对齿，声在舌腭之间，谓之齐齿；敛唇而蓄之，声满颐辅之间，谓之合口；蹙唇而成声，谓之撮口。

开口的字，既然“平舌舒唇”，则但用子音、母音拼合，便足，无须介以他音。齐齿，则因有“举舌”对齿的姿态，中有“I”音，所以就用“丨”母作介。合口，则因有“敛唇而蓄之”的姿态，中有“U”音，所以就用“ㄨ”母作介。撮口，则因有“蹙唇而成声”的姿态，中有“Ü”音，所以就用“ㄩ”母作介。例如“心”纽“山”摄的字：“珊”是开口，则作“ㄙㄢ”；“仙”是齐齿，则作“ㄙ丨ㄢ”；“酸”是合口，则作“ㄙㄨㄢ”；“宣”是撮口，则作“ㄙㄩㄢ”。这个方法，倒很巧妙。

“麻”韵中“车”、“遮”、“奢”、“蛇”这些字，现在北音不读“A”母音，所以注音字母于“ㄚ”母之外，又制“ㄝ”母；这实在是一种方音，不是多数人能发的。我以为“ㄝ”母只能作为“闰母”，为拼切方音之用。“闰母”之说，亦见《读音统一会进行程序》中。至于“ㄝ”母的音，用罗马字应该怎样拼他，我却拼不出来；有人拼作“Eh”，恐怕不很对罢！

“寒、桓……”和“覃、谈……”其母音后之收鼻音，本有“N”、“M”的不同，所以唐、宋以前，这两类的字，从不通用。填词家称“侵”、“覃”诸韵为“闭口音”，闭口的意义，就是说他收“M”。南宋以后，北方把收“N”的音也读做收“M”，渐渐的中部也无了。到现在，只有广东人读“覃”、“谈”韵的字，还字收“M”，如“三”读“Sam”，“甘”读“Kam”之类是。因收“M”的音既消灭，所以元、明以来用北音讲韵讲摄的书，都把“寒、桓……”和“覃、谈……”并合为一。刘氏之分"山"、"咸"三摄，大概只是存古，未必当时的北方还有这"Am"的音。

"真……"和"侵"的并合，与"寒、桓……"和"覃、谈……"的并合同例。这并合"M"、"N"的收音为一，从理论上讲，本来很分别的，忽然大混合，却是不对。惟现在读"侵"、"覃"同于"真、寒"者居全国十分之八，那就只好"将错就错"了。

"庚、耕、清、青、蒸、登"和"东、冬、钟"，母音截然不同。自宋以前，从没有拿"东……"算做"庚……"的合口的，不知何故，明、清以来，凡以北音为主的韵书，都说"东……"是"庚……"的"合口"，因此注音字母也把他合成一个"ㄥ"母。我以为不合于古，还没有什么要紧，若和现在的声音相差太远，却是不可，这"东、冬、钟"诸韵，还宜别加一个字母才是。

至于《广韵》又把"庚、耕、清、青"和"蒸、登"分为二类，刘鉴亦分为二："庚、耕、清、青"为"梗"摄，"蒸、登"为"曾"摄，这大概和"东"、"冬"的分别相类，或者是古音不同之故，现在无从考证，且与造注音字母为应用之资者全不相干，可以不必去论他。

注音字母里造得最奇怪的，就是"儿"母。造这字母的时候，因为"支"、"脂"、"之"诸韵中"儿"、"耳"、"二"等字，其母音似与"羁"、"奇"、"宜"、"题"、"离"、"皮"诸字不同，于是异想天开，说他的母音不是"ㄧ"，仿佛是"儿"，因此造了这个"儿"母。殊不知"儿"音在西文中，即是"L"或"R"，断断不能说他是母音。若因其母音不像"ㄧ"，则如"知"、"摘"、"驰"、"诗"、"时"、"赀"、"雌"、"疵"、"斯"、"词"诸字，其母音也不像"ㄧ"，仿佛就是劳乃宣说的那个"餦师"（读成"ㄧ"音）的母音，岂不是还要加一个母音字母才算完备吗？

殊不知"儿"、"知"这些字的母音，实在是"ㄧ"，不过舌齿间音读成"齐齿"，往往不能清晰。其实"知"的音确是"ㄓㄧ"，"儿"的音确是"ㄖㄧ"，因为读得不清晰，于是"知"字的音，好像只有子音"ㄓ"；"儿"字的音，又好像别有一个"打湾舌头"的母音"儿"了。

综观这三九个注音字母，因为全以北音为主之故，所以删浊音，删入声，而如"ㄓ"、"ㄔ"、"ㄕ"诸母，则存而不删。此诸母能发其正确之音者，全国中不过十之三四，此等地方，不可谓非制字母时之疵点。平心而论，现在国中南北东西语言绝异之人相见，彼此而操之"普通话"，其句调声音，略类所谓"官音"——"官音"与"京音"大同小异，似乎以北音为主，亦非全无理由。但是既为国定的注音字母，当然不能专拿一个地方的音来做标准。所以我对于注音字母，虽极愿其早日施行，而在此未曾施行之短时期内，尚欲论其缺点，希望有人亟起讨论，加以修正。那么这注音字母的音，真可算得中华民国的国音，并不是什么"京音"、"官音"、"北音"了！（本期通信栏内，有作者答吴稚晖先生一信，可与此参观。）

关于 Esperanto 讨论的两个附言[*]
（1918 年 8 月 15 日）

一

我对于提倡 Esperanto 的意见，前有致孟和一信，登在四卷二号，尚未蒙孟和答复，现在似乎可以不用多说。但四卷四号孟和答孙蒂仲君信里所说的"未曾学过外国语者，不能示以外国语中之新天地"，玄同对于这句话，惭愧得很，玄同于外国文，只略略认得几个日本假名，至于 ABCD 组合的文字，简直没有学过，那里配懂得"外国语中之新天地"呢？除了自愧不学，脸红一阵子，是别无他法的了。

但玄同的提倡 Esperanto，纯粹是本乎我的良心，决非标新立异，尤非自文其不通英、法、德、意……文之浅陋。玄同良心上对于 Esperanto 怀着两种意见：

一、对于世界方面。一切科学真理是世界公有的，不是哪一国的"国粹"，但是现在各国人各用他私有的语言文字著书，以致研究一种学问，非通几国的语言文字不可。如其世界语言文字统一了，那便人人都可省去学习无谓的语言文字的时间，来研究有益于社会和人生的学问。现在学本国语、外国语，纵如孟和所说"教授法进步"，我想以四年工夫学国语，其余六种外国语，一年学他一种，也得要六年。若止学一种 Esperanto，则七与一之比例，当可减省时间。我的意思，以为语言文字不过是一种无意识的记号，譬如中国人称"我"，日本称"Watakushi"，英人称"I"，法人称"Je"，德人称"Ich"，Esperanto

称 "Mi"，我以为都不过是记号。若说中国人决不可称 "我"，或英国人决不可称 "I"，若大家称了 "Mi"，便如何如何的有害，我绝对的不信世界上有这种道理。

二、对于中国方面。中国到了二十世纪，还是用四千年前的象形文字，加以二千年来学问毫无进步，西洋人三百年来发明的科学真理，更非中国人所能梦见。现在给人打败了几次，如什么 "甲午"、"庚子" 的外患之类，于是有几个极少数的人略略醒了一点，要想急起直追，去学人家。意思原是很好，可是人家崭新的学问，断难用这种极陈旧的汉字去表他。因此近年以来，颇有人主张废弃国语而以英语等代之。我对于这种主张也很赞成，但是英语等虽较良于汉语，可以记载新事新理，究竟是历史上遗传下来的文字，不是用人工改良的文字，所以庞杂的发音，可笑的文法，野蛮幼稚的习惯语，尚颇不少。加以叫甲国人改用乙国的语言文字，又为富于保守性的国民所不愿。其实也没有什么要紧，日本从前之高文典册，以多用汉语为好；满洲人入关之后，渐废其国语而习汉文，究竟有何不利？但是这种道理，非能遍喻中国人也。国语既不足以记载新文明，改用某种外国语又非尽善尽美的办法，则除了提倡改用 Esperanto，实无别法。况 Esperanto 是改良的欧洲文字，世界上既有这样一位大慈大悲的 Zamenhof 制造这种精美完善的文字，我中国人诚能弃其野蛮不适用的旧文字而用之，正如脱去极累赘的峨冠博带古装，而穿极便利之短衣窄袖新装也。

我因为怀了这两个意见，所以要提倡 Esperanto。声白君对于我这意见如以为然，深愿共同提倡。选学家、桐城派反对新文学，我格外要振作精神去做白话文章；我们对于 Esperanto，也该用做白话文章的精神去提倡！

玄同附言

二

适之先生对于 Esperanto，也是不甚赞成的（此非臆必之言，适之先生自己曾经向我说过），所以不愿大家争辩此事。然玄同以为，此数次的争论确乎有点无谓，因为意见本是两极端，即孙芾仲先生所谓 "本无可讨论" 者也。我的意思，以为区声白、孙芾仲两先生今后当用全力提倡此语，玄同亦愿尽吾力之所能及，帮同鼓吹。此外如刘半农、唐俟、周启明、沈尹默诸先生，我平日听他们的言论，对于 Esperanto，都不反对，吾亦愿其腾出工夫来讨论 Esperanto 究竟是否可行。陈独秀、百年两先生都以为"世界语"是该有的，但 Esperanto 未必就能当"世界语"，吾亦愿其对于"世界语"的问题讨论讨论。（Esperanto 之外，又有 Iod，或谓较 Esperanto 更为精密。玄同却没有学过，不知究竟如何，若其果较精密，玄同自然舍 Esperanto 而提倡 Ido。两陈先生既以 Esperanto 为未能完善，则 Ido 一种亦当研究他一下子。）至于陶孟和先生既恶"热心提倡世界语之徒大张厥词，广告万端，愚惑学子，效验颇巨"，并斥 Esperanto 为"谬种之文字"，似乎还该大大的著为论文，或驳议，使"求学若渴之青年，勿抛弃宝贵之光阴于不能致用之文字"，似未可遽以"无复讨论之价值"一语了之。玄同此言，未知孟和先生以为然否？

但玄同还有一句话，几个人在《新青年》上争辩，固可不必，而对于"世界语"及 Esperanto 为学理上之讨论，仍当进行，不必讳言此问题也。

我个人的意见，以为中国文字不足以记载新事新理，欲使中国人智识长进，头脑清楚，非将汉字根本打消不可。（近日与朋友数人编小学教科书，更觉中国文字之庞杂汗漫，断难适用。）但文字易废，语言不易废；汉语一日未废，即一日不可无表汉语之记号。此记号，自然以采用罗马字拼音为最便于写识。我一年前也有此种主张，后来因为想到各方面困难之点甚多（如单音之词太多，一义有数字，声音之平、上、去、入，等等），恐一改拼音文字，反致意义混淆，于是改变初衷，主张仍用汉文而限制字数，旁注"注音字母"。惟以汉字之一字一形，形体组合，千奇百怪，这样的文字，实在难于辨认。今见朱先生之信，证明罗马字拼中国音之可行，并知已有以此种文字撰为医书的，于是使我一年前的主张渐渐有复活之象。朱先生所说罗马字拼音的报纸，我尚未看见，如其确有良好的方法，我也要来跟着提倡。中国今后果能一面采用一种外国文作为第二国语以求学问，一面将中国语改用拼音以适于普通说话、粗浅记载之用，则教育上可谓得到很好的一种工具了。

中国字改用横行书写之说，我以为朱先生所举的两个理由，甚为重要。还有一层，即今后之书籍，必有百分之九十九，其中须嵌入西洋文字。科学及西洋文学书籍，自不待言，即讲中国学问，亦免不了要用西洋的方法，既用西洋的方法，自然要嵌入西洋的名词文句，如适之先生新近在北京大学中编纂之《中国哲学史大纲》，内中嵌入的西洋字就颇不少。若汉文用直行，则遇到此等地方，写者看者均须将书本横搬直搬，多少麻烦，多少不便啊！至于适之先生所谓"应该练习直行文字的句读符号，以便句读直行的旧书"，这一层，我觉得与改不改横行是没有关系的。适之先生所说的"句读旧书"，不知还是重刻旧书要加句读的呢，还是自己看没有句读的旧书时用笔去句读他呢？若是重刻旧书，则旧书既可加句读，何以不可改横行？如其自己看旧书时要去句读他，此实为个人之事，以此为不改横行的理由，似乎不甚充足。同人中如适之、半农两先生，如玄同，都能用新式句读符号读古书，却并没有怎样的练习。总而言之，会不会用"句读符号"，全在懂不懂文中的句读。如其懂的，横行、直行都会用；如其不懂，横行、直行都不会用。这句话未知适之先生以为然否？

惟《新青年》尚未改用横行的缘故，实因同人意见对于这个问题尚未能一致。将来或者有一日改用，亦未可知。朱先生之提议，在玄同个人则绝对赞成此说也。

玄同附言

保护眼珠与换回人眼[*]
(1918 年 12 月 15 日)

百年兄：

　　你说的"粪谱"，我原想来编他一部。因为我的年纪虽然只有三十二岁，对于"粪学"的研究，不能像那班老前辈、大方家的深造。但是我在一九〇三以前，曾经做过八股策论、试帖诗，戴过顶座，提过考监，默过"粪学"结晶体的什么"圣谕广训"；写过什么避讳的缺笔字，什么《字学举隅》的字体，什么"圣天子"、"我皇上"、"国朝"、"枫宸"的双抬单抬粪款式；曾经骂过康、梁变法；曾经骂过章、邹革命；曾经相信过拳匪真会扶清灭洋；曾经相信过《推背图》、《烧饼歌》确有灵验。就是从一九〇四到一九一五（民国四年）这十二年间，虽然自以为比一九〇三以前荒谬程度略略减少，却又曾经提倡保存国粹，写过黄帝纪元、孔子纪元，主张穿斜领古衣，做过写古体字的怪文章，并且点过半部《文选》，在中学校里讲过什么桐城义法。所以我于"粪学"上的知识，比到那些老前辈、大方家，虽望尘莫及，然而决可比得上王敬轩君。既然如此，何妨竟来编他一部"粪谱"呢！但是言之匪艰，行之维艰，到了编谱的时候，纵然搜索枯肠，无孔不入，终恐挂一漏万。仍望老兄和半农诸公匡其不逮，俾成全璧，幸甚幸甚！

　　"粪谱"虽然是个滑稽的名词，其实按之实际，却很确当。因为今天所指名为粪的，实是昨天所吃的饭菜的糟粕。昨天把饭菜吃到胃里，其精华既然做了人体的营养料，其糟粕自然便成了粪，到今天自然该排泄了。所以排泄物不过是没有用处、应该丢掉的东西，原不是有害人体、致人生病的东西。但是若不排泄，藏在胃里，却要有害人体，致人

＊ 录自《新青年》，第 5 卷第 6 号。

生病。照此看来，粪的本身，原没有什么可恶者，可恶者在那些藏粪不泄的人。而且他们不但自己藏粪不泄，还要劝人道："今天的粪，是昨天的饭菜变的。昨天因为吃了饭菜，肚子饱了，所以才不生病；今天要是把粪排泄了，则肚子空了，就要生病了。所以你们万不可排泄。"这样说法，尤其可恶了。更有甚者，要想叫人学牛的"反刍"办法，把昨天吃进胃里的东西重行倒入嘴里，细细咀嚼，这简直比嚼甘蔗渣还要不近人情。其思想，比起那些自己要保存牙黄，保存顶得破老布棉袜的长脚爪，终身不洗的古怪人，和那用油纸包了尊粪挂在墙上的于式枚来，还要下作，这真是可恶到了极处。说他可恶，不是因为他自己个人的体臭难近，实在因为他"天天想把那些没有掉换的眼珠换了去"。你想，青年和他们有什么的九世深仇宿怨，他们竟要用这种亡国灭种的圈套来陷害青年啊！

你说我们应该努力保护眼珠，努力去换回人眼来，这确是现在中国社会上顶大的问题，也是我们做这《新青年》杂志的唯一大目的。《新青年》出了将近三十本，千言万语，一言以蔽之，曰保护眼珠，换回人眼而已。像你的《辟灵学》，独秀的论孔教、论政治，元期和适之的论节烈，适之和半农的论文学，这都是想换回人眼的文章。启明的译《贞操论》，子民和守常的提倡工作，适之和孟和的译 Idsen 戏剧，这都是想保护眼珠的文章。若玄同者，于新学问、新智识一点也没有，自从十二岁起到二十九岁，东撞西摸，以盘为日，以康瓠为周鼎，以瓦釜为黄钟，发昏做梦者整整十八年，自洪宪纪元，始如一个响霹雳震醒迷梦，始知国粹之万不可保存，粪之万不可不排泄。愿我可爱可敬的支那青年做二十世纪的文明人，做中华民国的新国民，撕毁十九世纪以前的"脸谱"（"脸谱"不是二十世纪的东西，就是"马二先生"也是这样说），打破二十四部家谱相斫旧的老例。因此，不顾荦陋，不怕献丑，在《新青年》的《随感录》和答信里，说几句良心发现的话。却是万万比不上诸公，对于保护眼珠、换回人眼的办法，深愧毫无心得，但想就着淘粪坑、扬臭气的方面努力去做，能得"熏染未久的那班纯洁的青年掩住鼻子逃走"的多几个，那便欢喜不尽了。

百年！你从《辟灵学》以后，还没有做过文章，我劝你也要努力做些保护眼珠、换回人眼的文章才好啊！

钱玄同谨复。

中国字形变迁新论[*]
(1919 年 1 月)

自来讲小学的人，对于汉字古今的形体立上十种名目，就是：1. 结绳；2. 八卦；3. 古文；4. 大篆；5. 小篆；6. 隶书；7. 草书；8. 八分书；9. 楷书；10. 行书。

这十种字体的来源，说是都有一个人创造的，并且还有创造的理由同施用的范围，其说如下：

《易·系辞传》说：

> 上古结绳而治。

《庄子·胠箧篇》说：

> 昔者容成氏，大庭氏，伯皇氏，中央氏，栗陆氏，骊畜氏，轩辕氏，赫胥氏，尊卢氏，祝融氏，伏戏氏，神农氏，当是时也，民结绳而用之。

以上是说从容成到神农用结绳。

《说文序》说：

> 古者庖牺氏之王天下也，仰则现象于天，俯则观法于地，视鸟兽之文与地之宜，近取诸身，远取诸物，于是始作《易》八卦，以垂宪象。

以上是说伏羲造八卦。

《说文序》说：

> 及神农氏，结绳为治而统其事，庶业其繁，饰伪萌生。黄帝之

> 史仓颉，见鸟兽蹄迒之迹，知分理之可相别异也，初造书契，百工
> 以乂，万品以察，盖取诸夬。"夬，扬于王庭"，言文者，宣教明化
> 于王者。

> 朝廷，君子所以施禄及下，居德明忌也。

> 仓颉之初作书，盖依类象形，故谓之"文"；其后形声相益，
> 即谓之"字"。文者，物象之本；字者，言孳乳而浸多也。著于竹
> 帛谓之"书"，书者，如也。

> 以迄五帝三王之世，改易殊体，封于泰山者七十有二代，靡有
> 同焉。

这是说第一个造字的人叫做仓颉。自从仓颉以后，直到周宣王以前，增加的字，改变的字，很多很多，这个长时期中所造的文字，都叫做古文。何以知道都叫做古文呢？《说文序》又说：

> 及宣王，太史籀著《大篆》十五篇，与古文或异，至孔子书
> 《六经》，左丘明述《春秋传》，皆以古文。

> 秦……初有隶书……而古文由此绝矣，自尔秦书有八体，一曰
> 大篆……八曰隶书。

照这两段的话看来，分明是大篆以前的字都叫做古文，所以唐张瓘《书断》说：

> 古文者，黄帝史苍颉所造也。

以上是说仓颉造古文。

《说文序》说：

> 及宣王，太史籀著《大篆》十五篇，与古文或异。

《汉书·艺文志》说：

> 《史籀篇》者，周时史官教学童书也，与孔氏壁中古文异体。

以上是说史籀造大篆。

《说文序》说：

> 其后（指孔子死了以后），诸侯力政，不统于王，恶礼乐之害
> 己而皆去其典籍，分为七国……言语异声，文字异形。秦始皇帝初
> 兼天下，丞相李斯乃奏同之，罢其不与秦文合者。斯作《仓颉篇》，
> 中车府令赵高作《爱历篇》，太史令胡毋敬作《博学篇》，皆取史籀

《大篆》，或颇省改，所谓小篆者也。

以上是说李斯等人造小篆。

《说文序》说：

> 是时，秦烧灭经书，涤除旧典，大发吏卒，兴戍役，官狱职务繁，初有隶书，以趣约易。

又说：

> 左书，即秦隶书，秦始皇帝使下杜人程邈所作也。

《汉书·艺文志》说：

> 是时始造隶书矣，起于官狱多事，苟趋省易，施之于徒隶也。

晋卫恒《四体书势》说：

> 或曰下土人程邈为衙狱吏，得罪，始皇幽系云阳十年，从狱中作小篆……奏之始皇。始皇善之，出以为御史，使定书。或曰邈所定，乃隶字也。

又说：

> 秦既用篆，奏事繁多，篆字难成，即令隶人佐书，曰隶字。汉因行之，独符印玺、幡信、题署用篆。隶书者，篆之捷也。
>
> 隶书者，始皇使下杜人程邈附于小篆所作也，以邈徒隶，即谓之隶书。

以上是说程邈造隶书。

《说文序》说：

> 汉兴，有草书。

汉赵壹《非草书》说：

> 秦之末，刑峻网密，官书烦冗，战攻并作，军书交驰，羽檄分飞，故为隶草，趣急速耳。

晋卫恒《四体书势》说：

> 汉兴而有草书，不知作者姓名。

唐张怀瓘《书断》说：

> 章草者，汉黄门令史游所作也……王愔云："汉元帝时，史游作《急就章》，解散隶体，粗书之；汉俗简堕，渐以行之。"是也。……至建初中，杜度善草，见称于章帝。上贵其迹，诏使草书上事。魏文帝亦令刘广通草书上事。盖因章奏，后世谓之"章草"。按章草之书，字字区别，张芝变为今草，上下牵连，呼史游草为"章"，因张伯英草而谓也。

又说：

> 草书者，后汉征士张伯英之所造也。

以上是说史游造章草，张芝造草书。

至于那八分书、楷书、行书的来源同创造的人，自来各人各说，没有定论。八分书的异说更多，现在也不能一一胪举，但就《宣和书谱》里所说的引他几句。

魏江式《求撰集古今文字表》说：

> 为八分之说者多矣，一曰，"东汉上谷王次仲以隶字改为楷法，又以楷法变八分"，此蔡希综之说也。一曰，"去隶字八分取二分，去小篆二分取八分，故谓之八分"，此蔡琰述父中郎邕语也。字法之变，至隶极矣，然犹古焉，至楷法，则无古矣。在汉建初有王次仲者，始以隶字作楷法。所谓楷法者，今之正书是也。

> 自隶法扫地，而真几于拘，草几于放。介乎两间者，行书有焉。西汉之末，有颍川刘德昇者，实为此体。

以上是说王次仲造八分书同楷书，刘德昇造行书。

我对于这字体的名目、创造的时代同创造的人，都有点怀疑。

文字本是语言的符号，语言用符号写了出来，则可以行远传久。原人脑筋简单，除了饮食男女以外，没有旁的思想，所以用不着有这种符号。到了人智渐渐开展，人同人有了交易货物的事情，就不能没有一种写契约的符号。

《易·系辞传》说：

> 上古结绳而治，后世圣人易之以书契。

这结绳同书契的最大用处，就是做契约的符号，所以《周易集解》引《虞郑九家义》说：

> 古者无文字，其有约誓之事，事大大其绳，事小小其绳。结之

多少，随物众寡，各执以相考，亦足以相治也。

《周易正义》引郑玄的话说：

> 书之于木，刻其侧为契，各持其一，后以相考合。

既有了符号，自然这符号不仅为写契约之用。要同异地的人谈话，可以用这符号来写信；要使将来的人知道现在社会的状况，可以用这符号来做史。于是符号的用处就渐渐的多起来了。

但是古代国家没有统一，交通也不便利，经书里所谓"诸侯"，所谓"万国"，其实就是各种部落。各部落各有符号，彼此必不能相同，而且一个部落里的符号，也未必能够完全一致，所以决不能指定一个人，说是这符号都是他造的。

《易·系辞传》叙结绳只说"上古"，叙书契只说"后世圣人"，这话最为谨慎，并且最为通达，因为并非一人一时所作，本不能指定某人某时。到了《庄子·胠箧篇》里，就多了甚么容成氏、大庭氏……这些人名。庄周的文章，本来寓言很多，那些人名往往随意假造，等于亡是公、乌有先生。我以为这一段话，决不能认做确实的历史。吾友胡适君说："《胠箧篇》说'田成子十二世有齐国'。自田成子到齐亡时，仅得十二世，可见此篇决不是庄子自己做的"，这话也很有理。

仓颉作书契的话，晚周人书里已有说的，《荀子·解蔽篇》说：

> 好书者众矣，而仓颉独传者，壹也。

《韩非子·五蠹篇》说：

> 古者苍颉之作书也……

《吕氏春秋·君守篇》说：

> 仓颉作书。

似乎古代确有仓颉这个人，并且确是造字的人。但是就照《荀子》的话说，仓颉以外，造字的人还有许多，怎么可以归功于仓颉一个人呢？吾师章太炎先生的《检论》里有一篇《造字缘起说》，他说道：

> 《荀子·解蔽篇》曰："好书者众矣，而仓颉独传者，壹也。……"依此，是仓颉以前，已先有造书者。……夫人具四肢，官骸常动，持莚画地，便已纵横成象，用为符号，百姓与能，自不待仓颉也。《吕览》云："未有蚩尤以前，民固剥林木以战矣。"因知未有仓颉

以前，民亦画地成形，自为徽契，非独八卦始作为文字造端而已。今之俚人，亦有符号，家为典型，部为徽识，而彼此不能相通。……夫仓颉以前，亦如是矣。……字各异形，则不足以合契。仓颉者，盖始整齐画一，下笔不容增损。由是率尔著形之符号，始为约定俗成之书契。……非羲、农以前遂无符号也。

章先生这一段议论，很可以打破"仓颉是第一个造字的人"这句话。我的意思，以为说仓颉造字，同说尧、舜禅让，汤、武征诛，周公制礼作乐这些话差不多，都不过是春秋、战国以来的传说，未必是当时的实事。但看仓颉这个名字，就有点可疑，"颉"字是个谐声字，"仓"字照《说文》说，"从食省，口象仓形"。这"食"字已是一个两体会合的字，这两个字，恐怕都不是初造字的时候就有的罢。若是不敢过于疑古，则《荀子》所说，章先生所发明的话，也还可以信从，比到那说"仓颉是第一个造字的人"的议论，要高明得多了。

结绳和书契，究竟是怎样的分别呢？现在是还寻不出甚么确实证据。我一个人的臆想，以为就符号的形象说，结绳是用绳子结成许多无意识的花样，书契是用绘画来表语言的意思；就记符号的器具说，结绳是拿绳子来打结，书契是拿刀在木头上刻字。或者是这样的分别，也说不定。

至于八卦这样东西，据我看来，断断不是文字。《说文序》里说的一段话，是抄《易·系辞传》的，但是照《易传》看来，并没有把八卦算做文字。《易传》是先说伏羲作八卦，其下叙述各种器物的起源，说他与某卦的卦象有合，讲到文字，只说上古结绳，后世易以书契，绝未曾牵到八卦，这就可知《易传》并没有把八卦算做文字。《汉书·艺文志》叙小学的一段，也没有一个字提到八卦。不知许慎做《说文序》，何以起头就抄了一段《易传》，把八卦算做古代的文字，并且"以垂宪象"一句以后，就接着说道："及神农氏，结绳为治而统其事，庶业其繁，饰伪萌生……"上文才说作八卦，下文忽接着说结绳到了末期，不够应用。那八卦到甚么时候废止，结绳怎样的起源，一字不提。这不知还是许慎记叙疏舛呢？还是今本《说文》传写有误呢？

有人据了《易纬乾坤凿度》的话，说八卦就是"天"、"地"、"风"、"山"、"坎"、"火"、"雷"、"泽"八个字的古文，来证明八卦是文字。我说这种证据全不足信，纬书本是阴阳家的妖言，他的说话，岂能当作信史看？那部《乾坤凿度》，别的且不说，单看那起首所题的著作者，什么"庖牺氏先文，公孙轩辕氏演古籀文，仓颉修为上下二篇"，这种款题，也就够好笑了。据这种书来讲古事，无异据《封神传》来讲殷、周之际的历史。

又，法国人 Laconperie 说八卦就是巴比伦的楔形文，还有一段考证离卦的，拿了许多同"离"字音近的字来讲离卦的六爻，说每爻的爻辞，就是许多同"离"字音近的字的训诂。这许多字，最古都写作"☲"。日本人白河次郎、国府种德著《支那文明史》，很信这个话。近来中国人如蒋智由、夏曾佑诸君，也信这个话。在我看来，这实在是勉强附会。那巴比伦的楔形文，其实还是一种象形字，不过因为用三角锥镌刻，不能圆转如意，所以变成一直一横的形状，正同龟甲文里的"日"字刻成六角形，《秦权》里的篆文笔笔都断的一样。那八卦却是用一、－－两个记号组合成功的，哪里会同巴比伦的楔形文是一样东西呢？

况且所以要造字的缘故，总是因为人同人有交际，那么初造的字，总该是同人有密切关系的，名词当是"牛、羊、米、禾、门、户、舟、车、耳、目、口、首"这些字。此外，那代词、介词、连词、感词就算不必特造，借用同音的字，却也还得要有几个云谓词、区别词，那才可以成话。假如只有"天……泽"八个字，请问怎样应用？

所以我就各方面看来，认定这八卦断断不是文字，不能混到文字变迁的范围里来讲他。

文字不是一个人造的，同八卦不是文字，上面已经说过了，现在要来讲造字的时代同字形的变迁。

文字的创造究竟在甚么时候，离开现在约有多少年代，这话简直无从回答。不要说那容成用结绳、仓颉造书契的话难于凭信，就退一步讲，承认这些话是靠得住的，这年代也还是无从考证。这个缘故，因为中国历史上确实可靠的年代，要从周共和元年算起（公历纪元前841年），以前各人各说，都是随意造造，没有一说可信的。所以若是承认旧说，则大篆、小篆以后的字体，还可以说出他的创造离开现在有多少年代。要是说到结绳同古文，仍是无从说起。若据近人所说，黄帝到现在有四千六百多年，就断定仓颉是公历纪元前二十七世纪的人，那是断断不可的。

近人所说根据《通鉴辑览》，那是合宋、元、明以来种种妄说的年代加起来的，历史上的证据，一点也没有。

我以为古代的文字，要是得不到实物，即使旧说有年代可考，尚难凭信，何况年代也无可考，则无论如何说法，总是无稽之谈。所以我们不必依据伪书，学痴人说梦，但就着现有的古代实物来考字形的变迁，庶几真相渐出，不至于再给古说蒙住。将来地底下发见的古物，必定一天多似一天，或者那所谓羲、农、黄、唐、虞、夏时候的文字，同那结绳的形状，可以发见于二十世纪。那么，于字源学上就可以有绝大的发明了。

讲到字形的变迁，我以为这纯是任自然的趋势逐渐改变的。改变的缘故，必定因为旧字有不适用的地方，所以总是改繁为简，改奇诡为平易，改错落为整齐，改谨严为自由。但旧字虽因有不适用的地方而改变，却并非全体不适用。所以字形虽然时有变迁，而当变迁的时候，决不是把旧字完全改易，那平易适用的，还是因仍旧贯。断没有旦暮之间能够尽弃旧字，改写新字的道理；更没有一个人重造一种新字，就能够同法律一样，限定期日，强迫全国遵用的道理；尤其没有特造一种新字，专限用于某方面的道理。

施行教育不可迎合旧社会 *
（1919 年 3 月 10、17 日）

教育是教人研求真理的，不是教人做古人的奴隶的。

教育是教人高尚人格的，不是教人干禄的。

教育是改良社会的，不是迎合社会的。

中国数千年来的教育，和上面所讲的三句话，没有一句不相反背。

在民国纪元前十二年（公历一九○○年）以前的教育，不外乎两种。

（1）教人取消自己的人格，一味给古人做留声机器，或把自己锻炼琢磨造成一个假古董。所以他们的教育宗旨，就是什么"诵法先王"、"希圣希贤"这些话。他们对于社会上一切事物的真理，都不去研求，只是照着古书上说过的话讲。他们并非不敢研求，也非不愿研求，实在是觉得古人已经说过的，我不该再去研求。要是偶然有个明白人，对于古人的议论，说几句怀疑的话，像王充要"问孔"、"刺孟"，刘知幾要"疑古"、"惑经"，李贽说了"不以孔子之是非为是非"一句话，大家便要骂他"大逆不道"、"宜正两观之诛"。这是教人只许做古人的奴隶，不许研究真理。

（2）以前的小孩子，他的父母送他到书房里去读书，是希望他将来中状元、做大官的，读书就是做官的敲门砖。所以一部书中遇到考试不出题目的篇章，就删去不读。到了开笔做文章，就时刻打听现在风行那一路的笔墨，好拼命的去学。一旦状元、大官到手，就把从前读过的书完全丢掉，不再翻阅。这是教人读了书为干禄之用，"高尚人格"，他们脑子里本来没有这四个字。

---

* 录自《北京高等师范学校周刊》，第 62、63 期。

纪元前十一年（一九〇一）到前一年（一九一一）学堂渐渐开了，科举渐渐废了。但是学堂里所施的教育，实际上依然是崇拜古人，教人干禄，不过形式上总算是改良了一点。

民国建立，学制改革。少数明白的人，前此因为满清专制政府不许发挥正论，到这时候，可以昌言改革了。因此"教育应该研求真理，教育所以高尚人格"的话，近年以来，颇听见有人在那里讲，我现在姑且不谈。

可是近年以来，教育界上忽然发生一种议论，说道"施行教育，不可违反了社会的习惯"。因此社会上不喜欢阳历，学校里就放阴历年假；学生的父兄不喜欢科学，学校里就偏重读古文；社会上不用笔算，学校里就注重珠算。商人的信札上有不通的套语、费解的文句，契约上有可笑的款式、迷信的字眼，学校里也要去学他。学校注重工艺，原是极正当的办法，但是做成的器具，全仿旧式，不肯稍稍改良，譬如做块镇纸或做个笔筒，必须刻上四个字或一句诗。……诸如此类，不胜枚举。我还听见有人说学校里有学做寿序、祭文、哀启、挽对、春联的，因为这都是现在社会上常用的东西。

这种议论，这种办法，据我看来，实在是没有道理的。

有人问："何以见得呢？"

我说，现在先问：

为什么纪元前十四年（一八九八）有人要讲变法维新？

为什么纪元前一年有人实行革命？

我想大家一定答道："因为旧法弄糟了，要用新法来改良的缘故。"

我再来问：

为什么要废科举？

为什么要开学堂？

我想大家一定答道："因为旧教育弄糟了，要用新教育来改良的缘故。"

那么，这话就很容易讲了。社会上不懂得阳历、科学、笔算的好处，正要靠着学校来提倡；商人写的信札和契约，他自己不知道不通不对，正要靠着学校来改良。学校里学了契合真理的学问，做成适用的文章，拿来改良社会，这才是正常的办法。现在反说"我们做改良的事业，不可违反了不良的旧习惯"，你道这不是大笑话吗？

有人驳我道："中国人是守旧惯了的。我们要做革新的事业，如其不愿他们的旧习惯，恐怕就遇到许多阻力。所以在这过渡时代，这种敷衍旧习惯的办法，也是不可少的。就像上面所举的阴历、珠算几项，虽说是不好，似乎也还没有什么大害，何妨将就他们一时呢。"

我说，这话更不对了。你说阴历、珠算等等没有什么大害，我以为殊不尽然。上面所举的，只有珠算一项，算算零用账和火食账，还可用得。但若因此看轻笔算，那就大错了。其余几项，害处甚多。阴历、阳历，不能并用，若承认阴历，便是反对阳历，阳历和民国纪年相关，反对阳历，自然不能用民国纪年，有称元年到八年为"壬子年……己未年"。但是这种称呼，是"遗老"、"遗少"们反对我们民国的暗号，我们民国讲新教育的国民，可以承认他、沿用他的吗？中国人因为必讲求科学真理，信仰阴阳家一派的妖言，结果闹出纪元前十二年拳匪之乱，国几沦亡，自经这番创痛，才有人知道应提倡科学。自从民国建立，推翻帝制时代一切阶级政治，而文章还是沿用二千年来的古文。这古文不但是已死的文章，和现在的语言不合，并且这种文章处处含有贵族质料，所以近年以来，有人提倡文学革命，主张用白话做文章，希望做成一种"民国时代的平民通俗文学"，这种议论渐渐可成事实。若学校里为敷衍社会计，有轻科学，注重古文，这不是把十九年来一点新萌芽根本推翻，恢复拳匪以前的旧教育吗？这两项要是迎合社会，将来一定要闹到清室复辟，拳匪再兴，决不能说是没有大害的。至于费解的信札和契约，刻诗的镇纸和笔筒，前一项是文理不通，文理不通难道没有害处吗？后一项虽似无关弘旨，其实牢守旧式就是不肯进步的证据。这"不肯进步"四个字，是中国人的坏脾气，二千年来，因为犯了这四个字的毛病，所以弄到现在这样的糟。主张新教育的人，正该力除此弊，怎么还说敷衍旧习惯呢？其他如做祝寿、谀墓之文，不但满纸虚言，违反"修辞立诚"之道，单就他信口瞎恭维一端而论，可不是养成他一种卑谄的劣根性、丧却高尚的人格吗？这是主张新教育的人应该提倡的吗？

诸公莫道我上面所说的话"小题大做"，"故作惊人之语"，要知道"涓涓不息，将成江河"。照现在教育界迎合社会现象看来，真要叫人悲观，恐怕清室复辟、拳匪再兴、不肯进步、丧却人格这几句话，要"不幸而言中"哩。诸公要知道，现在旧社会的思想和习惯，还是异常顽固、异常野蛮，和拳匪以前丝毫没有两样。若是主张新教育的人，没有毅力去反抗旧社会，没有热诚去诱导旧社会，只知道敷衍旧社会，冀他不生阻力，那么我要奉告：社会将来要求诸公复古的事甚多哩，诸公能够——低首下心去敷衍他们吗？例如：

他们反对天足，女学校里就提倡缠足吗？

他们反对一夫一妻的制度，女学校里就研究"妾妇之道"吗？

他们反对剪辫，男学校里就提倡留辫吗？

他们反对鞠躬，学校里就提倡磕头打千吗？

他们反对制服，学校里就提倡穿袍子马褂吗？

假使这些事情——都可敷衍，那就不必讲什么教育，开什么学校，竟老老实实留起辫子来，读《三字经》、《千字文》、《百家姓》、《幼学琼林》、"四书"、"五经"、《东莱博议》、《古文观止》、《纲鉴易知录》、《廿一史约编》、《小题正鹄》、《能与集》、《青云集》、《七家诗》，预备一旦科举恢复，去考秀才、举人、进士、翰林，着实爽快，着实"干脆"。如其说"这成什么话"，那么诸公就该知道——

教育就是改良社会的，不是迎合社会的。

现在世界上一切新理，诸公研究了认为正当的，在学校方面，应该积极提倡，冀青年学子依着去做；在社会方面，也该想法诱导，冀其潜移默化。千万不可"枉道而事人"，去敷衍那"乌烟瘴气"的旧社会，干那"贼夫人之子"的勾当。

关于新文学的三件要事[*]
（1919 年 9 月 22 日）

公展先生：

先生褒奖《新青年》的话，同人实在不敢当，但是先生既然这样说法，则同人益当勉力做去。能得二三十岁的青年少几个人做"遗少"，这是同人唯一的希望。

改良小学校国文教科书，实在是"当务之急"。改古文为今语，一方面固然靠着若干新文学家制造许多"国语的文学"，一方面也靠小学校改用"国语教科书"。要是小学校学生人人都会说国语，则国语普及，绝非难事。小学校专用了国语，教员也容易讲，学生也容易懂，比那用国文的，一难一易，差得远了。这不是说空话，是有实证的。去年蔡子民先生在北京办了一个孔德（Comto）学校。先把那国民学校第一年级改用国语教授，由我们几个人编了一本《国语读本》第一册。据教的人说比用坊间出版的国文教科书，学生要容易领会得多了。教了两个月，叫学生把读本上的句子改换几个字，居然能够改换改换。（譬如"我有一枝笔"改为"他有一本书"；"我同我的弟弟到学校去"改为"我同我的姊姊到体操场去"之类。）这就因为国语的本身既容易了解，他的句法又是很活泼，所以就容易领会了。现在坊间出版的教科书，起首一二册，没有虚字，不成句读，简直是识方块字。三四册以后，各课的文句，有很晦涩的，有太高古的，又有文理不甚通的，学生读了，和读《三字经》、《神童诗》差不多。请问怎么能受益呢？先生要做的那篇文章，我以为这是现在极要紧的，已经脱稿了没有？我希望早日做成，早日发表，我是极想早点领教啊。

---

[*] 录自《新青年》，第 6 卷第 6 号。

先生所说关于新文学的三件要事，具答如下。

（一）《新青年》里的几篇较好的白话论文、新体诗和鲁迅君的小说，这都算是同人做白话文学的成绩品，"模范"二字是断不敢说，不过很愿供给大家做讨论批评的材料罢了。周启明君翻译外国小说，照原文直译，不敢稍以己意变更。他既不愿用那"达旨"的办法，强外国人学中国人说话的调子，尤不屑像那"清室举人"的办法，叫外国人都变成蒲松龄的不通徒弟。我以为他在中国近来的翻译界中，却是开新纪元的。至于选古人的白话文，我觉得此事甚难。若从严格论，现在所谓古文，都是古人的白话。佶屈聱牙的《周诰》、《殷盘》，实在是当时的白话告示；有劳毛亨、郑玄、朱熹们诸公加笺注的《诗经》，实在是当时的白话诗。若就较近于今日之白话而论，惟有明、清以来之小说，小说中较有价值者，不过《红楼梦》、《儒林外史》两部书。然要在这两部书中选他几十节，却不容易。《水浒》和"元曲"，与现在的话实不相近；若宋儒语录，在现在看来，和苏东坡的策论一样的难懂。这两种，我以为都不当入选。

我又以为我们所以要做白话文的缘故，不过是"今人要用今语做文章，不要用古语做文章"两句话。那么，古人做的矫揉造作、不合当时语言的文章固不当学，就是古人做的很自然的白话文章，也不当学。因为在他当时是今语，该这样做；在我们现在已经变为古语，不该照样去学他。所以我个人的意见，我们很该照自己的话写成现在的白话文章，不必读了什么"古之白话小说"，才来做白话文章。

（二）国语的文法书，的确很重要。现在北京大学的国文研究所，正在那里着手做这件事。

（三）现在做白话诗所用的白话，自然是全国中最普通的语言了，这种语言，就是一种不成文的国语。所以做白话诗所用的白话，可以说，就是国语。做白话文的白话，自然也是这一类，自然也是国语。既然用国语做诗，那就该用国音押韵。一九一三年，读音统一会于制定三十九个注音字母之后，又审定常用字约七千多字的音，这审定的就可说是这七千多字的标准国音。去年，教育部委托吴稚晖先生把这审定的七千多字的音编成一部书。吴先生又把和这七千多字同音的字，准照这七千多字的审定的音，也注上个音，付在后面，也有七千多字，合这一万五千字，做成一部《国音字典》。这字典，现在已经由商务印书馆印成，不久即可颁行。我以为今后做诗，可以照这标准国音用韵，凡《国音字典》里同母音的字，在《诗韵》里虽不同韵，现在尽可拿来押韵；《国音字典》里不同母音的字，在《诗韵》里虽同韵，现在断断不可拿来押韵。例如：（下列之音，因注音字母的字模，除商务馆外，别的印刷局中尚未备此，故暂用罗马拼音代之。）

江（Chiang）、阳（Yang）诸字可以押韵；

奇（Chi）、希（Shi）、西（Si）诸字可以押韵；

因（In）、今（Chin）诸字可以押韵；

寒（Han）、元（Yüan）、删（San）、先（Sian）、覃（Tan）、盐（Yan）、咸（Shian）诸字可以押韵；

萧（Siau）、肴（Shiau）、豪（Hau）诸字可以押韵；

庚（Keng）、蒸（Cheng）诸字可以押韵；

之（Chib）、低（Ti）、眉（Mei）、儿（Erh）诸字不可以押韵；

来（Lai）、雷（Lui）诸字不可押韵；

虞（Yv）、模（Mu）诸字不可押韵；

暄（Shüan）、门（Men）诸字不可押韵；

马（Ma）、也（Ye）诸字不可押韵。

总而言之，是现在的人，该用现在的国语做诗，该用现在的国音押韵。那从前的《诗韵》，只配丢在字纸篓里，或者拿去盖盖酒瓮口，也还使得，到做诗的时候，丝毫用处也没有。（《诗韵》这样东西，就是在旧韵学上，也没有半点价值，研究"小学"的人，也很吐弃这书。）吾友刘半农君曾有反对把"规"、"眉"、"危"、"悲"等字与"支"、"之"、"诗"、"时"等字押韵之论（见《新青年》三卷三号），我很以为然。一般人都说刘君不懂古音，他们所谓古音，大概就是《诗韵合璧》罢，我倒要请问他们：诸君嘴里读"规"、"眉"、"危"、"悲"等字和"支"、"之"、"诗"、"时"等字，母音是一样的吗？假如嘴里读得不一样，不过据着《诗韵合璧》来骂人，那我又要请问：《诗经》不比《诗韵合璧》更古吗？第一首《关雎》中，把"服"字和"得"、"侧"二字押韵，把"采"字和"有"字押韵，把"芼"字和"乐"字押韵，诸公为什么不照办呢？好古而但知《诗韵合璧》，似乎还欠深造罢！

先生的白话诗几首，已经拜读了。窃谓在纯文学——诗、小说、戏剧——中，描写口气的地方，固不妨用方言，以期曲肖。但方言中，往往有写不出字的。这写不出字的，约有三种：

（1）未曾制字者。如我们吴兴人称"他"为Dji，乃是"其"字；

而称"他们"为 Dja，则未曾制字。

（2）或有其字而未曾考出者。如吴兴人称虾蟆之音为 Dieu-dien-wu，这样的名目，似乎应该有个字，然而竟写不出来。

（3）虽有其字，而因古今音变，不能适用者。如吴兴人称"不要"为 Shiau，此实是"勿要"二字之合音。但"勿要"二字，照国音是 U-iau，照吴兴方音是 Feh-iau，则不能再拿来表 Shiau 音。

我主张凡方音中写不出字的，将来可以直用"注音字母"去拼他的音，不必更造字。现在"注音字母"尚未普及，或姑用罗马拼音表之亦可。惟不可用近似而不甚合之字，如大作中"我淦清"的"我"字，注云"音 Nga"。案，吴兴音之 Nga，其义实是"我们"而非"我"。（大作此句中 Nga，则为"我们的"。）鄙意以为宜老老实实写 Nga 音，不必用近似之"我"字。未知尊见以为然否？

记者（钱玄同）　一九一九年九月二十二日

论中国当用世界公历纪年[*]
（1919 年 10 月 24 日）

纪年是历史上一种很重要的符号，有了这种符号，才可由年代距离的远近考见文化的进退、事物的变迁，所以必须有一种能够永久继续的纪年法才能适用。中国向来是用皇帝来纪年，皇帝配不配拿来纪年，还是第二个问题。单从一个皇帝改一次元来说，已经可以证明这种纪年在历史上全无用处，何况一个皇帝还不止改一次元。像那武则天，做了二十一年的皇帝，竟改了十八次元，还有一个皇帝在一年之中改两三次元的。这样胡闹的纪年，倒不如索性没有纪年还干净些。距今二十年以前，中国的明白人，看见西洋史上用基督纪年，觉得实在便利，于是也想改良中国纪年的方法。如梁任公做的《纪年公理》，可以算是中国纪年革命的宣言书。自此以后，中国人就想出了几种新纪年的方法：

（1）有人看见西洋人用基督纪年，就说："这是他们用他们的教主来纪年。我们中国也有一位孔大教主，我们应该拿他来纪年。"于是就有康有为一派的孔子纪年。

（2）有人看见日本人用神武天皇纪年，就说："神武天皇是日本第一个皇帝，又是日本民族的始祖，他们拿他来纪年，却很合于爱国保种的道理。我们汉族的始祖是黄帝，我们该学日本人的办法，拿他来纪年。"于是就有《民报》一派的黄帝纪年。

这两种新纪年，除了始创的人以外，别人也有用他的。此外还有主张用干支纪年的，却是只见此说，没有看见人用过。

又章太炎先生主张用"周召共和"纪年。他的意思，绝不是拿那二千七百年以前的"共和"两个字来冒现在的"共和政体"的牌。他是因

为《史记·十二诸侯年表》从"共和元年"起，自此以后才有确实的年数，可以计算到现在。在"周召共和"以前的年数，都是靠不住的，甚么《帝王世纪》、《竹书纪年》、《通鉴外纪》、《通鉴前编》等书，把三皇五帝以来的年数说得"像煞有介事"，其实这都是各人做各人的春梦，没有一个可信的。所以太炎先生用共和纪年，倒并不含什么"微言大义"在内，只是老老实实从中国历史上可考的年代起，拿来做中国的新纪年。（我以前也主张这一说，曾于一千九百十年做过一篇《共和纪年说》，登在《教育今语杂志》里。）

一千九百十一年十月十日，共和革命军起兵，其时军中的檄文、布告等等，都用黄帝纪年。这个缘故，因为当时的革命军，本标揭"民族"、"民权"、"民生"三种革命，而以民族革命列在第一，所以檄文、布告等等都带着"排满"的口气，那么用汉族的始祖来纪年，原是当然，毫不足怪。到了一千九百十二年一月一日，中华民国政府成立，改用世界通用的阳历，于是就改称那天为"中华民国元年元旦"，自此以后直到现在，就用中华民国来纪年。有些人因为民国纪年已经通行，那改良民国以前纪年的方法，可以不用想旁的花样，就称为"民国纪元前若干年"就行了。

我对于以上各种新纪年的意见，只有那孔子、黄帝两种含有特别作用，不能赞成他，因为不能强迫全国的人都信孔教，不能强迫全国的人都主张这种狭隘的民族主义。其余的两种，我也并不怎样反对他。因为符号这样东西里面，本来没有含着绝对的真理，只要简单易记，制作的时候又不含特别作用在内，甚么都可以用得。共和纪年，从中国历史上可考的年代记起，用了他，可以把二千七百年以前文化的进退，事物的变迁，彼此距离的年代一目了然。"民国纪元前若干年"的方法，从现在逆溯上去，可以知道历史上某人某事距现在有若干年。这两种纪年法，都算有一种用处。

可是从现在以后的中国，是世界的一部分；现在以后的中国人，是世界上人类的一部分。所以无论讲时事，讲古事，都和世界各国相关连。时事不待言。以后研究中国历史上的古事，决不是再像从前研究《通鉴辑览》的办法，说尧、舜怎样的仁，桀、纣怎样的暴；刘备是正统，曹丕和孙权是伪；岳飞是忠臣，秦桧是奸臣。一定是用治社会学的方法，去研究自古至今中国民族文化变迁的真相，那么一定有和别国历史比较的地方。既和别国历史常有比较。则须和别国用同一的纪年，才觉得便当。

我举一件小事为例。那黄梨洲作《原君》、《原臣》两篇文章，近来如梁任公诸人，都拿他来和法国的卢梭的《民约论》相提并论。虽然有些比得过当，可是二百余年以前的中国人能够讲这样透彻的话，在历史上确是一个很有价值的人物。我们假如要拿梨洲和卢梭两人比较他俩距离的年代，若用公历来记，则梨洲是一六一○—一六九五，卢梭是一七一二—一七七八，一望而知他俩距离若干年。若用旧法来纪梨洲的生卒，则是明神宗万历三十八年—清圣祖康熙三十四年；若用共和纪年来纪梨洲的生卒，则是二四五一—二五三六；若用"民国纪元前纪年"来纪梨洲的生卒，则是前三○二—前二一七。和卢梭生卒的纪年相比较，没有一种能够一目了然的。所以这共和纪年和"民国纪元前纪年"，还不是一个很适用的纪年。

所以我以为，中国应该爽爽快快用世界公历纪年。

有人问我："你这所谓世界公历纪年，就是那基督纪年。基督教徒用基督降生纪年，和孔教徒的康有为要用孔子纪年一样。你说'不能强迫全国的人都信孔教，所以不能用孔子纪年'，难道你要强迫全国的人都信基督教吗？大概你自己是基督教徒，所以明于责人，暗于责己了。"我答道，我现在并不是基督教徒，即使我一旦入了基督教，我也断不敢如此妄为，强迫全国的人都信基督教，并且拿这基督纪年来诱人入教。

我是因为基督纪年，其始虽出于教徒之私，然后来渐渐推广到政治上、到社会上，到了现在，欧美各国无不用此。就是中国和日本，虽然别有纪年，然而也兼用这基督纪年。在事实上，已经变成一种世界通用的纪年。基督教徒虽然也用基督纪年，可是除基督教徒以外，别种社会用基督纪年的，丝毫不含有宗教的意味。所以在西洋，就是那口口声声反对宗教的 Anarchist，也是用基督纪年。即此一端，更可证明基督纪年是世界通用的纪年。《荀子》说得好："名无固宜，约之以命。约定俗成谓之宜，异于约则谓之不宜。"基督纪年之为世界通用的纪年，是已经"约定俗成"的了，所以虽出于教徒之私，却是"宜"的。共和纪年和"民国纪元前纪年"，在中国前代既没有用过，现在要想来用他，却又因为和世界各国都没有关系，难于造成习惯，是"异于约"的了。所以虽然其中不含有甚么特别的作用，却是"不宜"的。现在虽然还有人对于中国用基督纪年不免要怀疑，可是"二十世纪之中国"这些字样，他已经是"司空见惯"，觉得毫不足奇，而一面又要来反对中国用基督纪年，岂不是"知有二五而不知有一十"吗？

从前《新民丛报》第二十七号（？）有一位尚同子的通信，又《民声周刊》第十号有师复君答人的信，都是主张用基督纪年的，我的主张完全和二君相同。现在把二君的话录在后面。

尚同子说道："……新民子既以齐万为一，去繁就简为纪年之公例，则何不竟用西历之为尤简且一乎？西历纪年，托始耶稣也，行之既久，但称'几千几百几十几年'，固已共忘为耶稣矣。今环球列国，无论何教何种，无不相沿用之。其未从西历者，独吾亚洲一二国而已。以数十百国、千余年所惯用之纪年，必非一二国、一二学者之力足以夺之，则不得不舍己从人者，势耳。……西历年号，从此必叠见于吾学界中，为读书人所常道。独于纪吾国事必思所以别异之，徒增繁耳。"

师复君说道："来书以吾人所用之'新世纪十四年'乃由于耶稣基督之降生岁数而来，因谓'以宗教纪年为纪年，不免与教徒以口实'。不知此称纪年，已为今世界所通用，无论其人是否为基督教徒，其国是否为基督教国，均无不用此纪年者。如支那、日本，原与基督教相去甚远，然苟为世界的交际（无论条约，或个人之交通），即不能不用此纪年。而在学术上分别历史之时代，尤必以'某世纪'为断。然而所谓'一千九百若干年'者，其起源虽本于基督之降生，而在今日，则已成为全世界交际上、学术上之公物，而不能复私之以为宗教之所有矣。原夫纪年之法，不过为表志年代之符号，而非有若何深意于其间。苟有一法，能令人周知而不偏于一地一事者，即属可用。（如云'中华民国若干年'，'日本大正若干年'，所谓限于一地；'孔子若干年'，'释迦若干年'，所谓限于一事。）今'一千九百若干年'者，既已通用于各地及各种社会矣，吾人又何不可沿其通俗而用之乎？"

二君所论，明通之至。怀疑于"用基督纪年就有基督教徒的嫌疑"的人，读了二君这两段的议论，一定可以明白了。如其还不能"释然于中"，那么，我就要请问："年"和"月"、"日"是否一样的重要？如说是的，则诸位应该知道，现在民国所用的阳历，是以前的罗马教皇所制定的，其中七、八两月的月名，还是教皇的名字哩。（七月英文作July，八月英文作August，都是教皇的名字。）那甚么二月只有二十八日，七月、八月都是三十一日，这都有宗教上的历史的。何以大家就愿意遵用他呢？七天称为一礼拜，到了礼拜日，就大家休息，这个典故，可不是出在《创世纪》里吗？（《创世纪》里说："天地万物都已造成，到第七日，上帝造物的工已完成，就在第七日安息了。"）何以现在中国的学校里无一不遵守这个典故呢？我知道诸位一定说："因为阳历和礼拜，在应用上很便利，所以虽然出于宗教，我们中国的非教徒也可以沿用。"那么，诸位已经明白了，我们主张中国当用基督纪年，也是因为他在应用上很便利，所以虽然出于宗教，我们不是教徒也可以沿用的。况且基督纪年，和阳历置闰的计算上很有关系。我们既然用了阳历，当然以用基督纪年为便，但我虽主张中国当用基督纪年，我却也嫌"救主降生"这类字样教气太重，看了觉得不大舒服。我因为承认这是已经"约定俗成"的世界通用的纪年，所以我就称他为"世界公历"（"历"就是"年"的意思）。这种改称和"礼拜"改称为"星期"命意相同。

还有人以为："公历纪年虽然便利，但是堂堂中华民国忽然废弃民国纪年，岂非自亡其国吗？你看！日本他也用阳历，也用星期，光是纪年却非写'大正若干年'不可。就是他们历史上永久继续的纪年，也用甚么'神武天皇若干年'，并不采用基督纪年。这就是爱国心的表示。难道我们中国人不该学他吗？"我说，先生这种见解，简直和以前腐儒闹"帝蜀寇魏"、闹"帝在房州"的办法同一迂谬可笑。难道国之存亡，在乎区区的纪年吗？那么，朱温做皇帝的时候，李存勖仍称"唐天祐若干年"，毕竟唐朝是否因此而复兴？明永历帝被清兵杀了以后，郑成功仍称"明永历若干年"，毕竟当时的明朝在那里？就说现在罢，那班遗老、遗少爱写"宣统若干年"，以表示其为清室忠臣，毕竟爱新觉罗·溥仪的土地人民在那里？

再翻过来说，基督是犹太人，犹太是否因为大家用了基督纪年，他就没有亡国？欧美各国用了基督纪年，是否就做了犹太的属国？若说不然，便可知纪年不纪年，和亡国不亡国是"风马牛不相及"的，怎么可以胡扯乱拉，牵作一团呢？至于日本的必须用大正和神武纪年，这是因为他是君主国的缘故。我们中国既然是民主国，国情不同，当然没有应该效法他们的理由。况且日本近来一班新人物，用"一千九百若干年"的，也一天多似一天（请看日本新出的书报，便可知道），他们君主国的国民还不一定用神圣不可侵犯的君主纪年，而用世界公历纪年，那么，我们民主国的国民用世界公历纪年，更是当然，丝毫不用犹豫了。

总而言之：

纪年是要能够永久继续的；

纪年是宜求世界一致的；

基督纪年，是已经为世界通用的；

世界通用基督纪年，是和基督教不相干的；

中国若用基督纪年，就是用世界通用的公历纪年，于考古、于现代应用都是极便利的。

所以说：

中国当用世界公历纪年。

公历一千九百十九年十月二十四日于北京

《儒林外史》新叙[*]
（1920 年 10 月 31 日）

中国近五百年来第一流的文学作品，只有《水浒》、《儒林外史》和《红楼梦》三部书。我常常希望有人将这三部书加上标点符号，分段分节，重印出来，以供研究文学者之阅读。

我怀这种希望者有三四年，好了好了！现在居然有一位汪原放先生把这三部书加上标点符号，并且分段分节，陆续印行了！

我的朋友胡适之先生因为我平日是主张白话文学的，于上举三书之中，尤其爱读《儒林外史》，于是就来叫我做一篇《儒林外史》的新序。

可是我对于文学实在没有甚么研究，这《儒林外史》在文学上有怎样的价值，我现在还不敢强作解人来说外行话。我现在做这篇文章，不是批评《儒林外史》的本身，是觉得《儒林外史》这部书，不但是文学的研究品，并且大可以列为现在中等学校的"模范国语读本"之一。以下的话，都是就着这个意见来说的。

我以为《水浒》、《儒林外史》和《红楼梦》三书，就作者的见解、理想和描写的艺术上论，彼此都有很高的价值，不能轩轾于其间。但就青年学生的良好读物方面着想，则《水浒》和《红楼梦》还有小小地方不尽适宜，惟独《儒林外史》则有那两书之长而无其短。所以我认为，这是青年学生的良好读物，大可以拿他来列入现在中等学校的模范国语读本之中。

我觉得《儒林外史》有三层好处，都是适宜于青年学生阅读的。其中一层为《儒林外史》与《水浒》、《红楼梦》所共有的，两层为《儒林外史》所独有的。

---

* 录自《儒林外史》卷首，上海，亚东书局，1920。

（1）描写真切，没有肤泛语，没有过火语。这一层，不是《儒林外史》独有的好处，那《水浒》和《红楼梦》都是如此。文学家唯一的手段，就是工于描写。描写得恰到好处，使看的人觉得文中的景物历历如在目前，逼住他们引起愉快、悲哀、愤怒种种情感，这就是最好的文学。适之先生的《建设的文学革命论》中，有一段论描写的话道：

> 描写的方法，千头万绪，大要不出四条：（1）写人，（2）写境，（3）写事，（4）写情。写人，要举动、口气、身分、才性……都要有个性的区别：件件都是林黛玉，决不是薛宝钗；件件都是武松，决不是李逵。写境，要一喧一静，一石一山，一灵一鸟……也都要有个性的区别：《老残游记》的大明湖，绝不是西湖，也绝不是洞庭湖；《红楼梦》里的家庭，绝不是《金瓶梅》里的家庭。写事，要线索分明，头绪清楚，近情近理，亦正亦奇。写情，要真，要精，要细腻婉转，要淋漓尽致。有时须用境写人，用情写人，用事写人；有时须用人写境，用事写境，用情写境。……这里面的千变万化，一言难尽。

这话说得很有道理。中国古今的文章虽说可以"汗牛充栋"，但是能够这样工于描写的好文学却实在不多。一般人认为文学的如骈文，如桐城派的古文，他们要讲究甚么"对偶"，甚么"声律"，甚么"义法"，甚么"起伏照应"，甚么"画龙点睛"，所以他们做的那些陈猫古老鼠式的甚么"论"、"记"、"传状"、"碑记"、"赠序"、"寿颂"之类，都是摇曳作态，搔首弄姿，或夸对仗之工整，或诩义法之谨严，按之实际，则满纸尽是肤泛语。他们对于一件事实，一种现象，往往不愿作平情的判断，"爱之欲其生，恶之欲其死"，如《史通》的《载文》和《曲笔》诸篇所举之例，触目皆是，由此可见他们又爱做过火的文章。文章犯了肤泛和过火两种毛病，当然不能真切了。还有那班做无聊的、恶滥的小说的人，描写他理想中的人物，总爱写的不近人情。如《天雨花》之写左维明，《九尾龟》之写章秋谷，叫人看了，真要肉麻，真要恶心；至《野叟曝言》之写文素臣，简直成了一个妖怪了。（《西游记》也是一部好小说。书中写孙行者，原是要写一个本能超越人类的神猴，所以越描写得神通广大，越觉其诙谐有趣。这是不能和文素臣等相提并论的。）他们描写阴险小人，又往往写成"寿头"或白痴。一部书中罗列乞丐、皇帝、官吏、幕友、员外、安人、公子、小姐、妖怪、强盗……其性情、言语、动作等等，都是一副板子印出来的。这也是犯了过火和肤泛的毛病。青年学生血气未定，识力未充，多读此类不真切的文章，则作文论事，很容易犯模糊和武断的弊病。要救这种弊病，惟有多读描写真切的好文学。中国抒情之文如《三百篇》，汉魏的乐府，陶潜、李白、杜甫、白居易诸人的诗，李煜、欧阳修、苏轼、辛弃疾诸人的词，元朝的南北曲等；说理之文如《庄子》等；记载之文如《左传》、《国策》、《史记》、《水经注》、《世说新语》、《洛阳伽蓝记》等。其中颇有些描写真切的好文学。此外就要数到《儒林外史》等几部好小说了。现在单就《儒林外史》说，他描写各人的性情、言语、动作，都能各还其真面目。那地位相差太远的人自不必说，如杨执中和权勿用，娄公子和遽公孙，杜少卿和迟衡山，虞博士和庄徵君……很容易写得相像，他却能够写得彼此绝不相同。又如他描写胡屠户、严贡生、马二先生、成老爹诸人，真是淋漓尽致，各极其妙，而又没有一句不合实情的肤泛语和过火语。闲斋老人的序中说："篇中所载之人，不可枚举，而其人之性情、心术一一活现纸上。"这句话，真能道出《儒林外史》之好处。这种"写实"的大本领，断非那些惯做谀墓文章的古文家所梦见的！

（2）没有一句淫秽语，这是《儒林外史》的大特色。中国人做到诗、词、戏曲和小说，大概总要说几句淫秽语。那些假造的古书，如《飞燕外传》和《杂事秘辛》之流，及一切"色情狂的淫书"和"黑幕书"，作者本意即专在描写淫秽，那是不用去提他了。此外如宋词、元曲之中，就有涉及淫秽的地方。《水浒》和《红楼梦》，其文学虽好，但是也还有几段淫秽的。独有《儒林外史》最为干净，全书中不但没有一句描写淫秽之语，并且没有那些中国文人照例要说的肉麻话。这不是他的大特色吗！照这样一层看来，青年学生可读的旧小说，自然以《儒林外史》为最适宜了。（坊间所售石印齐省堂本《儒林外史》，忽然增加了四回，这四回中有许多描写淫秽的话，不知是甚么妄人加入的。吴敬梓的原本固然没这四回，就是齐省堂的改订本也没有这四回，有木版的齐省堂本可证。）

（3）是国语的文学。适之先生的《〈水浒传〉考证》中说："这部七十回的《水浒传》是中国白话文学完全成立的一个大纪元。"我以为这话说的很对，但是白话文学之中，有"方言的文学"和"国语的文学"之区别，《水浒》还是方言的文学，《儒林外史》却是国语的文学了。《水浒》和《儒林外史》之间，并没有国语的文学之大著作，所以《儒林外史》出世之日，可以说他是中国国语的文学完全成立的一个大纪元。中国白话文学的动机，起于中唐以后，如白居易诸人，很有几首白话诗。到了宋朝，柳永、辛弃疾诸人的词，程颢、程颐、张载、朱熹、陆九渊诸人的说理之文和信札，很多用白话来做的。但那时的做白话文章并不是有坚决的主张，不过文学家要很真切的发表自己的情感，哲学家要很真切的发表自己的学说，有时候觉得古语不很适用，就用当时的白话来凑补，所以把古文和白话夹杂起来，自由使用。这时候文章中的白话，不过站在补缀古文的地位，不但去国语的文学尚远，就连方言的文学也还够不上说。自从元曲出世，关汉卿、马致远、白仁甫、郑德辉这班大文学家才把以前的文体打破，自由使用当时的北方语言来做新体文学。元曲中间，常常夹杂古书中的成语，甚而至于拉上许多"四书"、"五经"中的古奥句子，生吞活剥的嵌入当时北方语言之中。这种文言白话夹杂的状态，骤然看来，似乎和宋词一样，其实大不相同，宋词是以古语为主而以当时的白话补其不足，元曲是以当时的白话为主而以古语补其不足，所以元曲可以说是方言的文章。不过曲文是要歌唱的，虽用白话来做，究竟不能很合语言之自然，很自然的方言的文学完全成立，总要从《水浒》算起。

《水浒》中所用的语言，不知是哪处的话，这个现在还没有人能够考证明白，不过总不是元、明之间的普通话，这是可以断定的。因为他所描写的是一种特别的社会——强盗社会——的口吻，若用当时的普通话来描写，未免有不能真切的地方。《水浒》以后，明朝最著名的小说，就是《金瓶梅》。《金瓶梅》是写一种下流无耻、龌龊不堪的恶社会，自然更不能用普通话了。元、明以来的普通话，和唐、宋时代大不相同，现在江、浙、闽、广等处的特殊语言，大概是唐、宋时代的普通话。（现在江、浙、闽、广等处的特别声音，多半与《广韵》之音相合，可证。）自从宋朝南渡以后，到了元朝，蒙古人在中国的北方做了中国的皇帝，就用当时北方的方言作为一种"官话"。因为政治上的关系，这种方言很占势力。明、清以来，经过几次的淘汰，去掉许多很特别的话，加入其他各处较通行的方言，就渐渐成为近四五百年中的普通话。这种普通话，就是俗称为"官话"的，我们因为他有通行全国的能力，所以称他为"国语"。《儒林外史》就是用这种普通话来做成的一部极有价值的文学书，所以我说他是国语的文学完全成立的一个大纪元。这种国语，到了现在还是没有甚么变更。

近年以来，有智识的文学家主张文学革命，提倡国语的文学，明白道理的教育家应时势之需求，提倡国语普及，把学校中的国文改授国语，因此，要求国语的文学书和国语读本的人非常之多。其实这两件事是不能分开的，要研究文学，固然应该读国语的文学书；要练习做国语文，练习讲国语，也决不是靠着几本没有趣味的国语读本——甚而至于专说无谓的应酬话的国语会话书——所能收效的。惟有以国语的文学书为国语读本，拿他来多看多读，才能做出好的国语文，讲出好的国语。（所谓"好"者，是指内容的美，不是指甚么"音正腔圆"。须知各人发音，有各人的自然腔调，这是不能矫揉造作的，而且也决不应该矫揉造作，硬叫他统一，把活人的嘴都变成百代公司的留声机片子！）孔丘说的好："诵《诗》三百，授之以政，不达，使于四方，不能专对，虽多，奚为？"又说："不学《诗》，无以言。"这就因为诗是文学，一个人研究了文学，讲起话来才能善于辞令。我们要会作国语文，会讲国语，也应该先读国语的文学书。两三年来，新出版的书报很多，其中可以供青年学生作为国语读本用的"国语诗"、"国语小说"和"国语论文"，自然很有几篇，可是还不算多。据我看来，这部《儒林外史》虽然是一百七八十年前的人做的，但是他的文学手段很高，他的国语又做得很好，这中间的国语到了如今还没有甚么变更，那么，现在的青年学生大可把他当做国语读本之一种看了。

我写到这里，觉得关于"国语"这个问题，还有几句应该说明的话。从《儒林外史》以来，到我们现在做白话文所用的国语，是把元、明以来的北方方言为主而加入其他各处较通行的方言所成的，这是上文已经说过了。这种国语，虽然到了现在还没有甚么变更，但是今后的国语，却不可就以此为限，应该使他无限制的扩充起来，以现在这国语为主而尽量吸收方言、古语和外国语中的词句，以期适于应用。所以如《儒林外史》，如今人所做的国语诗、国语小说和国语论文，虽然都可以作为国语读本用，但若一味将他们来句摹字拟，为他们所限制，以为他们没有用过的词句就是不可用的，那就大谬不然了。要知道从《儒林外史》出世以来，国语的文学虽然成立，但是到了现在，他的内容还很贫乏，那丰富的新国语还在将来，负制造这丰富的新国语之责任者就是我们。我们都应该努力才是！近来有一班人，不知道打了甚么主意，不但不打算扩充现在的国语，使他丰富适用，就连这点好容易支持了三四百年之贫乏的国语还不肯让他存在，口口声声说他是"伪国语"，非取消他不可。他们主张以纯粹的北京话为国语，说道"非如此办法，则不能统一"。我且不问国语统一是否可能，就算他是可能，试问统一了有甚么好处？清朝末年，有做京话报的，有做京音字母的，这些人的意思，也是要以北京话为国语，以期达到统一之目的。但是到了如今，他的效果安在？倒还是这位二百年前的吴敬梓用了不统一的普通话做了这样一部《儒林外史》，直到现在，我们做国语文、提倡国语还大受其赐，这就可见国语并无统一之必要了。至于有人因为中华民国之国民公仆的办事房在北京，竟称北京为"首都"，以为应该以这"首都"之语为国语，甚至杜撰事实，说"德国以柏林语为国语，英国以伦敦语为国语"，这竟是"情钟势耀"者口吻，更没有一驳的价值了。

以上的话，都是为介绍一部国语的文学作品《儒林外史》给青年作国语读本而说的。至于吴敬梓著《儒林外史》的见解和理想，则非把这书专门研究一道，是不能乱下批评的。我现在决不配来批评这书，不过我平日爱看这书，觉得其中描写那班"圣人之徒"的口吻，真能道破我们的心事，妙不可言。现在把他摘录两段如下：

马二先生道："……'举业'二字，是从古及今人人必要做的。就如孔子生在春秋时候，那时用'言扬行举'做官，故孔子只讲得个'言寡尤，行寡悔，禄在其中'，这便是孔子的举业。讲到战国时，以游说做官，所以孟子历说齐、梁，这便是孟子的举业。到汉朝，用贤良方正开科，所以公孙弘、董仲舒举贤良方正，这便是汉人的举业。到唐朝，用诗赋取士，他们若讲孔、孟的话，就没有官做了，所以唐人都会做几句诗，这便是唐人的举业。到宋朝又好了，都用的是些理学的人做官，所以朱、程就讲理学，这便是宋人的举业。到本朝，用文章取士，这是极好的法则。就是夫子在而今，也要念文章，做举业，断不讲那'言寡尤，行寡悔'的话。何也？就日日讲究'言寡尤，行寡悔'，那个给你官做？孔子的道也就不行了。"（第十三回）

高老先生道："……这少卿是他杜家第一个败类。他家祖上几十代行医，广积阴德，家里也挣了许多田产。到了他家殿元公，发达了去，虽做了几十年官，却不会寻一个钱来家。到他父亲，还有本事中个进士，做一任太守，已经是个呆子了，做官的时候，全不晓得敬重上司，只是一味希图着百姓说好，又逐日讲那些'敦孝悌，劝农桑'的呆话。这些话，是教养题目文章里的词藻，他竟拿着当了真，惹的上司不喜欢，把个官弄掉了。他这儿子就更胡说，混穿混吃，和尚、道士、工匠、花子，都拉着相与，却不肯相与一个正经人。不到十年内，把六七万银子弄的精光。天长县站不住，搬在南京城里，日日携着乃眷上酒馆吃酒，手里拿着一个铜盏子，就像讨饭的一般。不想他家竟出了这样子弟！学生在家里往常教子侄们读书，就以他为戒，每人读书的桌子上，写一纸条贴着，上面写道：'不可学天长杜仪！'"（第三十四回）

这种见解，本是从前那班"业儒"的人的公意，一经吴敬梓用文学的艺术描写，自然令人看了觉得难过万状。但是我要请那班应民国新举业的文官考试之青年学生仔细看看，问问他们看了作何感想。

吴敬梓对于"烈妇殉夫"这件事，还不敢公然的排斥，这是为时代所限的原故，但是他已经感觉到这种"青史留名"、"伦纪生色"的事之不近人情。请看《儒林外史》第四十八回中，写王玉辉的女儿三姑娘殉夫那一件事：

王先生……到了女婿家，看见女婿果然病重。……一连过了几天，女婿竟不在了。……三姑娘道："我而今辞别公婆父亲，也便寻一条死路，跟着丈夫一处去了！"……王玉辉……向女儿道："我儿！你既如此，这是青史上留名的事，我难道反拦阻你！你竟是这样做罢。我今日就回家去，叫你母亲来和你作别。"亲家再三不肯。王玉辉执意，一径来到家里，把这话向老孺人说了。老孺人道："你怎的越老越呆了！一个女儿要死，你该劝他，怎么倒叫他死！这是甚么话说！"王玉辉道："这样事，你们是不晓得的。"老孺人听见，痛哭流涕，连忙叫了轿子去劝女儿，到亲家家去了。王玉辉在家，依旧看书写字，候女儿的信息。老孺人劝女儿，那里劝的转！一般每日梳洗，陪着母亲坐，只是茶饭全然不吃。母亲和婆婆着实劝着，千方百计，总不肯吃。饿到六天上，不能起床，母亲看着，伤心惨目，痛入心脾，也就病倒了，抬了回来，在家睡着。又过了三日，二更天气，几个火把，几个人来打门，报道："三姑娘饿了八日，在今日午时去世了！"老孺人听见，哭死了过去，灌醒回来，大哭不止。王玉辉走到床面前，说道："你这老人家真正是个呆子！三女儿他而今已是成了仙了，你哭他怎的！他这死的好！只怕我将来不能像他这样一个好题目死哩！"因仰天大笑道："死的好！死的好！"大笑着走出房门去了。

这一段描写三姑娘饿死之凄惨和王玉辉的议论态度之不近人情，使人看了，觉得这种"吃人的礼教"真正是要不得的东西。但是王玉辉究竟是个人，他的良心究竟也和平常人一样，他居然忍心害理的看着女儿饿死，毫不动心，这是他中了礼教之毒的原故，并非他生来就是"虺蜴为心，豺狼成性"的。所以他的女儿死了以后，他的天良到底发现了。再看这段的下文：

> 过了两个月……制主人祠，门首建坊。到了入祠那日……安了位……祭了一天。在明伦堂摆席，通学人要请了王先生来上坐，说他生这样好女儿，为伦纪生色。王玉辉到了此时，转觉心伤，辞了不肯来。
>
> 王玉辉说起在家日日看见老妻悲恸，心下不忍。
>
> 王玉辉……上船从严州西湖这一路走，一路看着水色山光，悲悼女儿，凄凄惶惶。
>
> ……路旁一个茶馆，王玉辉走进去坐下。……看了一会，见船上一个少年穿白的妇人，他又想起女儿，心里哽咽，那热泪直滚出来。

这几段描写王玉辉的天良发现，何等深刻！拿来和前段对看，更足证明礼教是"杀人不眨眼"的恶魔了！

吴敬梓在二百年前（吴氏的生卒是一七〇一——一七五四），能够讪笑举业，怀疑礼教，这都可以证明他在当时是一个很有新思想的人。

钱玄同　一九二〇、一〇、三一于北京

古今音韵变迁总论*
（1920 年）

1. 现在注音字母已经公布了，《国音字典》已经出版了，中华民国国语的标准音从此规定了。这是几年以来最可欣喜的一件事。

但是一班好古的成见很深的人，对于这注音字母，总说他不成个东西。就是不怀好古的成见的人，也未尝不以为注音字母这样东西，不过供那班失学的人写信记帐的用处，在声音学上是讲不出什么道理来的。即如声音简少一端，已是证明其没有价值，而况所注的字音，往往与旧韵书不合。所以注音字母在学术上是没有他站的地位。

现在抱上列两种见解的人，实在很多。

其实这两种见解都是谬误的。若用历史的眼光观察，则知注音字母的音比旧纽、旧韵简少，《国音字典》的读音不同于《广韵》诸书，这是古今声音有异同的问题，断不能说他孰是孰非。我们应该知道，注音字母是中华民国的标准音，那《广韵》是隋、唐、宋这些时代的标准音，其他如《中原音韵》和《洪武正韵》是元、明时代的标准音，近人所考定的古音十九纽和二十八韵是周、秦时代的标准音。一时代有一时代的标准音，彼此虽不是完全差异，却总有许多不同之点。

我们若把各时代的标准音彼此不同之点解释明白，则抱上列两种谬误见解的人，必可恍然大悟，知道注音字母自有他相当的价值，而以前的种种旧韵书的价值，也决不能比注音字母高一点。

2. 现在要把古今各时代的标准音分期说明。古今标准音的变迁，可以分作六期讲：

---

* 本文系作者授课讲义《国音沿革六讲》的第一讲。录自《钱玄同文集》，第五卷，北京，中国人民大学出版社，1999。

第一期，纪元前十一世纪到前三世纪（周、秦）。

第二期，前二世纪到二世纪（两汉）。

第三期，三世纪到六世纪（魏、晋、南北朝）。

第四期，七世纪到十三世纪（隋、唐、宋）。

第五期，十四世纪到十九世纪（元、明、清）。

第六期，二十世纪（中华民国）。

上面所说各期的起迄，并非精密的划分，不过略记时期，图讲解上的便利罢了。各期的标准音不同之点如下。

第一期的音

3. 第一期的音，以前的人都称他为"古音"。但是就现在讲起来，不但第一期的音是古音，那第二、三、四、五期的音，也一律都是古音。所以若单称第一期的音为古音，实在是不对的。前人称他为古音的原故，是因为他们有一种尊古蔑今的成见。他们拿唐朝的《三十六字母》和宋朝的《广韵》认为金科玉律，说这是永久不变的标准音，对于元、明以来的音，认为不可依据的误音，因此便称唐、宋的音为"今音"。可是周、秦的音，既因为和唐、宋不同，不能划归今音区域之内；又因为时代比唐、宋更古，不便认为误音，因此便称他为"古音"了。由这种尊古蔑今的成见生出来的名称，我们现在当然不能沿用。现在对于这期的，应该直称他为"周、秦时代的音"，才是不错。

4. 为什么不讲到周朝以前的音呢？因为我们现在考证隋、唐以前的标准音，除了字书和双声叠韵的字以外，就是依据那时候的诗歌，拿他用韵的字来考那时候的韵部。周朝以前的文章，只有《尚书》里还存留四五篇，那四五篇文章之中，可以作为考证声音之材料的，真是绝无仅有。我们断不能据了断简残篇中间几个字，就认为可得唐、虞、夏、殷四代的标准音。《尚书》以外的古书，就要推《诗经》了。《诗经》中间的诗，时代最古的，就是《周南》。《周南》是周文王时候的诗，虽在殷朝末年，却可以归到周朝来算。既然从这时候起才有诗歌的用韵可考，那么讲前代的标准音，自然只能从周朝讲起了。

5. 一部《诗经》中间，最古的诗是《周南》，最后的诗是《陈风》。从周文王到陈灵公的时候，大约有五六百年光景。我们就现代的情形推想到周朝，似乎那时候的音未必有统一五六百年的能力。况且这第一期既然划到秦为止，则此期所占的年代，总在一千年左右。若说这一千年之中，标准音一些也没有改变，姬昌和嬴政，竟可促膝而谈，相说以解，恐怕没有这种情理。

既然知道这一千年之中的标准音必有改变，那么何以要把他并作一期呢？答道：这是因为没有法想的原故。这一千年之中，可以作为考证声音之材料的诗歌和杂文，虽然比到殷朝以前总算有了一点，但是合《诗经》、《楚辞》及诸子中用韵的文句，可考的声音实在还是很少。据最近三百年来"汉学家"的考证，觉得屈原、李斯这些人所作的文，他那用韵的字和《诗经》相较，找不出什么异同来，所以只可含糊一点，并作一期计算。

6. 至于地方不同，声音即因之而异。这种情形，现在交通很便利了，还是如此，那么周朝的时候，尚在封建之世，彼此一定是"言语异声，文字异形"，不会一致的。但是那时候，彼此交际的事——如朝、聘、会、盟——是常常有的，交际的时候，一定有一种通用的语言文字。这种通用的语言文字，就是那时候的标准语言文字。标准语言文字所用的，自然就是那时候的标准音了。大约那时候的人，除了懂得他本国的语言文字以外，还须懂得这种彼此通用的语言文字，仿佛现在的人，除了懂得他自己本地的方言以外，还须懂得官话一般。这种通用的语言文字大家既然都能懂得，则作到诗歌文章，自然大家就去用他了。既然用通用的语言文字作诗歌，自然《国风》所用的韵，彼此都能一致了。章炳麟先生对于《国风》用韵的彼此一致，有一段议论，现在把他引在后面，以备参考：

> 或疑古韵不同于今韵，就古韵言，亦必有方音不同，何以十五《国风》韵皆一律？且古时未有韵书，而用韵皆能一致，此最不可解者。答曰：古无韵书，即以官音为韵书。今之官音，古称"雅言"。《论语》云"子所雅言"，《诗》、《书》、执礼，皆雅言也，雅言者，正言也，谓造次谈论或用方言，至于讽诵《诗》、《书》，胪传典礼，则其言必一出于雅正。《国风》异于谣谚，据《小序》说，大半刺讥国政，此非田夫野老所可知也。其他里巷细情，民俗杂事，虽设为主客，托言士女，而其词皆出于文人之手。观于汉、晋乐府，可以得其例矣。田夫野老或用方音，而士大夫则无有不知雅言者，故十五《国风》不同，而其韵部皆同。亦犹今时戏曲，直隶有京腔，山、陕有梆子腔，安徽有徽调，湖北有汉调，四川有渝

调，江西有弋阳调，虽各省方言彼此异撰，而戏曲则无不可以相通，大概皆以官音为正。特其节奏有殊，感人亦异，此所以各成其腔调也。今之官音，岂有韵书规定？而演唱者皆能相合，则何疑于十五《国风》乎？

按，章君这一段话说得有道理，不过他相信那伪《毛亨序》的话，以《国风》诸诗为文人刺议国政之作，这话是不对的。至于他引现在的戏曲用官音，以证《国风》诸诗用"雅言"，这实在是很精确的比喻，发前人之所未发。

7. 那时候既然有标准语言文字，有标准音，这标准音就是《论语》所谓"雅言"，那么这"雅言"究竟是什么地方的音呢？原来就是周室的音。"雅言"这个"雅"字，本是"夏"字的假借。刘台拱的《论语骈枝》里说道：

> 雅之为言夏也。孙卿《荣辱篇》云："越人安越，楚人安楚，君子安雅，是非知能材性然也，是注错习俗之节异也。"又《儒效篇》云："居楚而楚，居越而越，居夏而夏，是非天性也，积靡使然也。"然则雅、夏古字通。

张行孚的《说文发疑》里说道：

> 雅知当为夏者，按《说文》云："夏，中国之人也。"所谓中国者，以天下言之，则中原为中国；以列国言之，则王都为中国。刘氏所谓"王都之音最正，故以雅名"。是也。

据此所说，可知"雅言"本作"夏言"。"夏"指周室，则"夏言"就是周室的音。周室的音，在当时认为最正的音，所以就是当时全国的标准音。

8. 据了《诗经》中用韵的字，固然可以考见周音之大概，但是单据了这若干用韵的字来假定周音的韵部，实在很嫌不够。此外还有一部汉许慎的《说文解字》（简称则曰《说文》），这部《说文》，却是考证周、秦古音极重要的书。《说文》有九千三百余字，其中"形声"字几乎占了八千。

这形声字所从的"声"，自来都称他为"声母"。凡同从一个"声母"的字，在当时都是同音字。如：

"江"，"扛"，"项"，"红"，"贡"，这些字同从"工"声，即同读一音。

"河"，"轲"，"哥"，"苛"，"阿"，这些字同从"可"声，也同读一音。

这八千个形声字所用的声母，约有一千余字——就是那些"象形"、"指事"和"会意"字。象形、指事和会意字造在形声字之前，后来造形声字，就用他来作"声母"，去表形声字的音。若把这些声母的古音，旁稽博考，求了出来，则《说文》九千余字的古音，可以知道了。近代研究周、秦古音的人，最初是顾炎武，其后是江永。顾氏作《音学五书》，江氏作《古韵标准》，对于周、秦古音，单据韵文中用韵之字，还没有想到形声字的"声母"。后来段玉裁著《六书音韵表》和《说文解字注》，严可均著《说文声类》，张成孙著《说文谐声谱》，他们是拿了《说文》九千余字，以"声母"为纲，从某"声"的字，都系属于"声母"之下，按照《诗》、《骚》、诸子所用的韵，定为若干韵部，于是周、秦之音差不多可以假定出一个规模来了。

第二期的音

9. 第二期的音，在音韵沿革上看来，觉得很特别的，但看这一期韵文的用韵，便可以知道了。这一期的韵文，从司马相如、杨雄、班固、张衡这班大文学家所作的诗赋，到无名氏所作的歌谣，他们的用韵，一律都是很混杂的。怎样的混杂呢？周、秦时代的韵部，虽然是近代人所假定的，但都根据《诗经》、《楚辞》、诸子的用韵和《说文》中的形声字来编定，觉得这韵和那韵，的确是界划分明，不能相混。到了汉人的韵文就不然了，往往有周、秦分为数韵的，都把他通押起来，所以说那时的用韵很混杂。

10. 但是有人要说："声音的分合，本来没有什么是非可言。古合者今分，古分者今合，这种变迁，本是常事，不能说他是混杂。"这话固然不差，不过我觉得两汉的混杂，并不是那时的标准音如此。因为前乎两汉的周、秦，用韵是很清晰的；后乎两汉的魏、晋、六朝，用韵也是很清晰的。并且在周、秦时候分的，魏、晋以后也还是分。那么，决不是那介乎其间的汉朝忽然并合了。我觉得那个时候，不是声音真少，乃是没有标准音，各掺土风，以至混杂的。

11. 土风也有土风的条理，何至于就混杂无纪呢？我想这是有一个缘故。例如甲方土音，把子、丑两韵混合了，寅、卯两韵则仍分用；乙方土音，对于子、丑两韵还是分用，而寅、卯两韵却混合了。那么，甲方的人用土音作韵文，把子、丑两韵合用；乙方的人用土音作韵文，又把寅、卯两韵合用。丙看了甲把子、丑两韵合用，乙把寅、卯两韵合用，他于是就把甲、乙两人合用的都合用了。这不是本来分四韵的，就混合为两韵吗？假如再有某处地方的土音，把子、丑、寅或子、寅或丑、卯两韵合用了，就可以有人把子、丑、寅、卯四韵合用。混杂的原故，我以为是这样的。所以到了魏、晋以后有了韵书，把这些混合的韵"分别部居，不相杂厕"，仍和周、秦之韵相去不远。

12. 何以两汉时候没有标准音呢？我想这是战国以来取消周朝标准音的原故。周朝的标准音，就是所谓"雅言"，雅言就是周室的音，这是上面已经说过的。从春秋以前，列国承认周室为共主，自然各国都以雅言为标准音。可是到了战国时代，就不然了，周室作共主的资格取消了，雅言作标准音的资格也取消了。《说文序》中说：

> 其后（指孔丘死了以后）诸侯力政，不统于王，恶礼乐之害己而皆去其典籍，分为七国。……言语异声，文字异形。

这所谓"言语异声，文字异形"，决不是他们硬把"雅言"来改变，是大家不承认雅言为标准音了。七国都是自己称王，就是认自己是天子，所以各国都认他们自己原来的方音为标准音。七个大国，方音就有七种，其余如宋、卫、中山这些小国，自然也是各有方音。既无雅言为标准，自然全国都是用方音了。到了秦始皇兼并天下，"书同文字"，"罢其不与秦文合者"，那么语音自然也是以秦音为标准了。可是秦朝年代很短，虽然厉行统一的政策，大概未必有多大的效果。汉兴以后，既不愿推行秦音，又势不能恢复周音，惟有任其自然，不加统一。在周朝的时候，本来各国都有方音，有了标准音，方音还不能消减，而况又经战国时代大家把方音畅用一番，则汉朝自然还是沿用了。

政府方面既任其自然，不加统一，民间还没有人作韵书来审定字音。在这种"青黄不接"的时候，韵部混杂，自是意中事。

第三期的音

13. 第三期的音，却比第二期要有条理，因为从这一期起有书了。第一部书是：

魏李登的《声类》。

后来又有：

晋吕静的《韵集》，

南齐周颙的《四声切韵》。

此外见于陆法言《切韵序》和《隋书·经籍志》的，还有好几种。这些书，现在都已亡佚，所以他的内容如何，是不能知道的了。

14. 他们定音的标准，还有可考的。北齐颜之推《家训》的《音辞篇》里说：

> 孙叔然创《尔雅音义》，是汉末人独知反语。至于魏世，此事大行。高贵乡公不解"反语"，以为怪异。自兹厥后，音韵蜂出，各有土风，递相非笑，指马之谕，未知孰是。共以帝王都邑，参校方俗，考核古今，为之折衷。

照这段话看来，可以知道这第三期的韵书，是用当时的首都的音作标准的。但这期的中国，分作好几个国，起初是魏、蜀、吴三国鼎立，中间是晋朝和十六国各占一方，后来就是南北朝对峙。当时的百姓，生在那国，就认那国为正统。作韵书的人，就拿他所生在国的首都的音定为标准音了。但是首都的音，其价值本来和各处的方音没有什么高下。要是遇到那些过于俚俗，不能行远的音，就不能完全依用，总得把各处的方音兼取几分，所以颜之推说"共以帝王都邑，参校方俗，考核古今，为之折衷"了。

15. 这期韵书的分韵、分组，究竟和第四期的《广韵》诸书怎样的不同，现在固然无从断定，但也不是绝无可考的。因为这一期的诗，现在存留的还很多，只要有人把这些诗中用韵的字，照顾炎武、段玉裁他们考《诗经》的韵的方法，排比起来，假定为若干韵部，这不是不可能的事。还有唐初陆德明的《经典释文》，其中采取这一期的人所作的反切，又是非常之多，如能把他采辑出来，和《广韵》的反切参证，则这期的音必可发明许多。

第四期的音

16. 第四期，是韵书很完备的时期。这期有四部最有名的韵书，就是：

隋陆法言的《切韵》，

唐孙愐的《唐韵》，

宋陈彭年等的《广韵》，

宋丁度等的《集韵》。

17. 这四部韵书，后面三部都是《切韵》的变相，可以并作一起论。现在《切韵》和《唐韵》都已亡佚，就剩了《广韵》和《集韵》了。所以现存的韵书，以《广韵》为最古。

《广韵》卷首，刻有陆法言的《切韵序》和孙愐的《唐韵序》。陆序有云："因论南北是非，古今通塞，欲更捃选精切，除削疏缓"。照这两句话看来，知道陆氏审定音韵，是兼采南北之音的，不是以首都之音为标准的。这是和第三期不同的地方。

18. 一国之中，语言统一是很重要的事。所以对于不同的语音，在学理上虽然不能判断他们的是非，在应用上却不能不在这许多不同的音的中间，拣选一个作为标准音。

这选音的时候，拿什么来作标准呢？我想，这是没有一定的，只能看当时的情形来定夺。所以如周朝的时候，是诸国并立，中国尚未一统，所谓"王室"也者，不过是诸国之中最强大的一国。这一国因为兵力强盛的原故，迫令别国去服从他，尊他为天子，服从他的政教，那么，全国的语音，自然就拿他的来作标准了。魏、晋、南北朝的时候，全国又不统一，但是大家都是认己国为正统，目别国为僭伪，彼此既不相下，则定音的标准，只好各从其主，就是颜之推所谓"共以帝王都邑……为之折衷"的办法。所以那时候虽有韵书，虽有标准音，都是不止一个标准音。到了陆法言的时候，在政治上，南北是统一了，但是南朝从魏、晋以来将近四百年，是个独立国，他的文化，程度是很高的，和北朝是不相连络的。兼之对于声音的研究，南朝人又是特别擅长的。要是因为政治上统一于北朝，就定北音为全国的标准音，叫南人完全牺牲他研究了四百年的成绩，这是不可能的。所以《切韵》只能兼采南北之音了。

19. 孙愐的《唐韵序》里说：

陆生《切韵》……随珠书类，虹玉仍瑕，注有差错，文复漏误。若无刊正，何以讨论？

《广韵》书首，即题"陆法言撰本"数字。那宋真宗大中祥符元年（1008）的敕中说：

旧本既讹，学者多误。……爰择儒臣……校雠增损，质正刊修。……仍特换于新名……宜改为《大宋重修广韵》。

《集韵》卷首的《韵例》中说：

> 先帝（宋真宗）时，令陈彭年、丘雍因法言韵，就为刊益。景祐（宋仁宗）四年（1037），太常博士直史馆宋祁、太常丞直史馆郑戬建言，彭年、雍所定，多用旧文，繁略失当。因诏祁、戬与国子监直讲贾昌朝、王洙同加修定，刑部郎中知制诰丁度、礼部员外郎知制诰李淑为之典领。今所撰集，务从该广。

照此看来，可知《唐韵》、《广韵》和《集韵》，对于《切韵》，不过加若干字、改几个音，于法言定韵的标准，是没有改变的。所以现在《切韵》虽亡，幸而《广韵》书在，我们尽可据了《广韵》当作《切韵》研究。（本编所说《切韵》如何如何，都是据《广韵》说的。有时称《广韵》，有时称《切韵》，因为图称说的便利，所以名称不能一律。）

20.《切韵》这部书，因为是"论南北是非，古今通塞"，所以前乎《切韵》的周、汉、六朝之音，后乎《切韵》的元、明、清和现代之音，大致都不出《切韵》的范围。我们现在无论考求周、汉的古音，或说明现代的国音，都该拿《广韵》作为重要的参考书。

21. 唐朝末年，有守温定三十六字母，这是专门讲"音纽"的，和《广韵》合起来研究，可以明白当时的音纽和韵部。不过《广韵》里的音纽和守温字母不尽相同（《切韵》和《广韵》也有不同），所以守温字母，虽然是这第四期中专讲音的东西，但是这一期的音，不能完全拿字母来包括。这其间的异同，在第五讲里说明。

第五期的音

22. 第五期的标准音，与第四期大不相同。你想，《切韵》这部书，是作于南北初混一的隋朝，历经唐、宋两代，七百年间，政治有改变，文学有革新，那么这标准音自然也发生变迁了。

怎样的变迁呢？就是把隋唐以来兼采南北的标准音，变为偏重北音的标准音了。现在把他分开讲一讲。

23.（ㄅ）政治的改变。自从石敬瑭割让燕云十六州给契丹以后，直到蒙古可汗统一中国，这三百余年间，外族的势力，一天一天的强盛。起初是割地，中间是分了半个国家去，最后竟灭了中国，进来作中国的皇帝了。这割让的都是北方的土地，元朝的首都就是现在的北京。外族对于中国，能由侵略土地而到了占领全国，则势力的雄伟，自不待言。当时中国的百姓，震于他们"长驱直入"之势，俯首投降，又作他们的官吏，则语言的声音，自然就跟着他们改变了。他们的首都，就是他们的势力的中心点，首都的语音，就是他们的官话。汉人仕于其朝者，自以能讲官话为荣，归乡以后，再把官话来夸耀乡里。乡里的人，"情钟势耀"，彼此学习官话，这都是意中所有的事。因为这么一来，首都的官话的音，自然渐渐的成为标准音了。

24.（夂）文学的革新。陆法言作《切韵》，其用意在乎审定声音，并非为作诗者押韵之用。他的序说里说："欲广文路，自可清浊皆通；若赏知音，即须轻重有异。"因此，他所分的二百六韵，其中有若干韵列字甚少。唐朝以诗赋取士，拿《切韵》作为"诗韵"用，就不得不把那些字少的韵和别的韵合用，以便押韵了。那主张把《切韵》里若干韵合用的人，唐朝有个许敬宗，宋朝有个贾昌朝。二百六韵，经许、贾两人的合并，实际上只有一百七韵了。（南宋末年，有个刘渊，他把这合用的各韵，老老实实并合为一百七韵。元朝又有个阴时夫，他把一百七韵中又并了一韵，成为一百六韵。均详第五讲。）这一百七韵的合用，全是卤莽灭裂归并的，尽有母音同的韵不合用，母音异的韵反合用的，于音理上和自然的语音上都说不过去，只有那些爱作律诗和绝句的人遵用他便了。宋朝的词，是当时的新文学，因为其中多用当时的活语言，并且还要合入乐器的原故，就不能用这种不合音理、不合自然语音的韵了。所以词的用韵，别有一种面目，和那一百七韵的固然不同，就是和《切韵》也不相同，大概是依着当时的语音用韵的。据此看来，可见宋朝的音已经和《切韵》不尽符合了。到了元朝，北曲大兴，作北曲的人，几乎都是北方人。曲中文句，都是用北方的语言作的，则押韵的字，当然是纯粹用北音，决无再守《切韵》以来的归韵之理。后来北曲作得多了，周德清据了来作《中原音韵》，于是元朝的标准新韵书就出现了。

北音在政治上认他为一种很漂亮的官音，在文学上又认他为一种很有价值的新韵，因为这两个原故，渐渐就成为全国的普通语音了。

25.《中原音韵》初出的时候，社会上未必就公认他为一种新韵书，不过当他一种"曲韵"便了。可是大家讲话的声音，于不知不觉之间，早已同化于北音，早已默认北音为标准语音。不过，他们虽然默认，他们自己还没有知道罢了。所以到了明朝，那部奉旨编纂的《洪武正韵》，竟用了《中原音韵》来作蓝本。

26. 明、清两代的文学，除了几部好的小说以外，简直说不上什么。那班"古典派"的诗人，守住"烧料"的主义，于是排斥《洪武正韵》等书的韵，仍守唐、宋的韵——不是《切韵》，就是那阴时夫的韵，他们以为如此则可以保存旧韵了。然而无聊文人对于旧韵，虽时时争持于纸上，而实则节节失败于口中。不但一般人的口不肯服从他们，就是他们自己的口，也拗不过环境的势力，不能依着阴时夫的韵读书讲话。所以他们虽然"痛斯文之将丧"，终不能"回既倒之狂澜！"到了现在，制定国音，还是沿用《中原音韵》和《洪武正韵》一系的音。

第六期的音

27. 第六期，就是现代了。现在的标准音，就是注音字母。

1913 年，教育部召集读音统一会，由各省选派代表，并延聘通人，商订全国公用的标准音。结果，即制定三十九个注音字母；并取《音韵阐微》（清雍正时的韵书），于其中选取六千五百余字，审定他的读音，注上注音字母。这注音字母是全国公用的音，也可以称为"国音字母"。

会事既毕，即由会中将审定的六千五百余字，编成《国音字典》；并将《音韵阐微》中未曾审定的六千余字，也比照已审定的注上读音，此外还加上普通应用而为《音韵阐微》所无的六百余字。

28. 注音字母定音的标准，虽然本于《中原音韵》以来的韵书，可是这样制造记号以表声音的方法，却为前此所未有，这是中国表音方法的大进步！

以前表音的方法，表明一个字的音，是用反切的；表明许多同母音的字，是用韵书的。这反切所用的字和韵书的韵目，还是汉字。因为不知汉字的音，所以才用反切，才分韵部，乃反切和韵目仍用汉字，则对于不识字的人，毫无用处。这是中国以前表音方法的大缺点。现在有了这种音标的记号，则今后对于文字容易认识，对于音读也容易统一了。

29. 从元、明以来，虽说因为政治和文学上的关系，北音成了全国的普通语音，但绝不是以纯粹的首都的音为标准。这是因为首都的音不能完全采用的原故（详 14 节）。《中原音韵》大概就是如此。《洪武正韵》，因为是一代官书，所以更不能不"参校方俗，考核古今"。到了现在的注音字母，还是如此。当读音统一会开会的时候，劳乃宣氏曾经发表过一篇意见书。他主张取全国中最多数和纽、韵最简少之音，合于上列二条件之音，就是直隶、山东、山西、河南、陕西、甘肃、东三省及江苏、安徽北部之音，所以国音应该以此类之音为标准（原文详载第三讲中）。后来审定国音的结果，即从劳氏之说。

30. 上面所述的六期，又可以括为四期，就是：

第一、第二合为一期，以第二期包括于第一期之中。这期的音，以形声字的声母为根据。

第三、第四合为一期，以第三期包括于第四期之中。这期的音，以韵书为根据。

第五期的音，还是以韵书为根据，不过这期的韵书，和前期大不相同了。

第六期的音，以音标为根据。

31. 本编就这四期，分成四讲，每讲说明那期的音韵和他期不同之点。因为国音字母是今后通用的音标，所以首先讲述。次讲元、明之音，次讲三十六字母和《广韵》二百六韵，末了讲近人所假定周、秦古音的纽、韵。各期的纽目、韵目，都用国音字母和他对照，以明其异同。又因为以前的纽、韵，有些音为现在所不用的，注音字母中未制字母，所以又列罗马字母，借以明其音读。

论今古文经学及《辨伪丛书》书 *
（1921 年 3 月 23 日）

颉刚先生：

一月杪间先生给我的信，我当时一偷懒，所以直到如今才写回信。

先生说，因为要研究历史，于是要搜集史料，审定史料；因为要搜集史料，审定史料，于是要"辨伪"。我以为这个意思是极对的，我并且以为不但历史，一切"国故"，要研究它们，总以辨伪为第一步。前代学者如司马迁，如王充，如刘知幾，如顾炎武，如崔述诸人，都有辨伪的眼光，所以都有特到的见识。可是前代学者的辨伪都是自己做开山始祖，所以致力甚劬而所获甚少，咱们现在席前人之成业，更用新眼光辨伪，便可事半功倍。可恨我记性既差，识力又暗，先生所说从文字上考出伪迹，此事现在仆病未能。适之先生对于此事最有特识，盖其天资、学力均非常人所及，我不敢仰望其肩背。虽然，我也不甘自暴自弃，我自问尚有一点长处，则两年来对于考古方面，是丹非素、出主入奴之见幸而尚能免除，故异日或有一得之愚，亦未可知。

我对于"经"，从一九〇九至一九一七，颇宗今文家言。我专宗今文，是从看了《新学伪经考》和《史记探源》而起，这两部书，我都是在一九一一才看到的。一九〇九细绎刘申受与龚定庵二人之书，始"背师"（章太炎师专宗古文，痛诋今文）而宗今文家言。但那时惟对于《春秋》一经排斥左氏而已，此外如《书》之马，《诗》之毛，虽皆古文，却不在排斥之列，而鲁恭王得壁经一事，并不疑其为子虚乌有，故那时虽宗今文，尚未绝对排斥古文。自一九一一读了康、崔二氏之书，乃始专宗今文。康氏之《伪经考》，本因变法而作，崔师则是一个纯粹

---

* 录自《古史辨》，第一册上编。

守家法之经学老儒，笃信今文过于天帝，他们一个是利用孔子，一个是抱残守缺。他们辨伪的动机和咱们是绝对不同的，但他们考证的结果，我却认为精当者居多，此意至今未变。我前几年对于今文家言是笃信的，自从一九一七以来思想改变，打破"家法"观念，觉得"今文家言"什九都不足信，但古文之为刘歆伪作，则至今仍依康、崔之说，我总觉得他们关于这一点的考证是极精当的。我现在以为古文是假造的（《左传》所记事实自然不是刘歆造的，它的本身是一部与《春秋》毫无关系的历史），今文是口说流行，失其真相的，两者都难凭信，不过比较起来，还是今文较可信些。咱们若欲知孔学之真相，仅可于《论语》、《孟子》、《荀子》、《史记》诸节求之而已。这是四年前的见解，现在我觉得求真孔学只可专据《论语》。至于《孟子》、《荀子》、《史记》中所述的孔学，乃是孟轲、荀况、司马迁之学而已，不得遽目为孔学。至于解经，则古文与今文皆无是处。一九二五年九月十四日，玄同。

日前适之说，先生开过一张"辨伪丛书"的书目给他，我要向他借看，但他一时寻不着了。先生可以另抄一份给我吗？我以为"辨伪丛书"之中，《考信录》、《伪经考》等专书以外，可将各家文集或笔记里关于辨伪的著作"裁篇别出"，编成一种"辨伪丛著"，也作为"辨伪丛书"中之一种。例如：

《论衡》之《儒增》、《艺增》、《书虚》、《正说》，

《史通》之《疑古》、《惑经》，

朱晦庵之《诗序辨说》，

章太炎师之《征信论》，

等等，都可合为一编。因为如《论衡》之中，确有辨伪之著作，但其书本非为辨伪而作，它是一部哲学的专著，若将全书列为"辨伪丛书"之一种，不但太占篇幅，抑且名实不符也。先生以为然否？

弟玄同　一九二一、三、二三

论编纂经部辨伪文字书[*]
（1921 年 11 月 5 日）

颉刚先生：

先生所纂《伪书辨证集说》的"诸子"部分，如有写定本，可否借我一读？

我想关于"群经"部分辨伪之文，也应该用"集说"的办法，虽文章太多，然可以节要编录。后人用前人成说者，若全袭前人，毫无增加，即不必录；若稍有增加，则选录增加之一部分。例如康氏《伪经考》，辨逸《礼》的全袭邵位西，则单录邵说可也。他辨《春秋》，以《左传》之"五十凡"等为刘歆所附益，乃全袭刘申受《左氏春秋考证》，则但录刘说已足。而说《左传》本是《国语》之一部分，不但不名《春秋左氏传》，就是《左氏春秋》这个名目也是本来没有的，此乃康氏所发明，应该选录，列刘说之后。又，前人但隐约其词，且无明确之证据，而后人辨驳精当，突过前人的，则略载前说而详录后说。例如辨《毛诗》之伪，以康氏为最明快，应全录其说，康氏以前亦有疑《毛序》之文，则略载较精彩者已足。如此编纂似亦不难，先生以为何如？

我以为"经"之辨伪与"子"有同等之重要——或且过之。因为"子"为前人所不看重，故治"子"者尚多取怀疑之态度，而"经"则自来为学者所尊崇，无论讲什么，总要征引它，信仰它，直到现在还有人根据《周礼》来讲周史的！故《伪经辨证集说》之编纂尤不容缓也。先生以为然否？

弟玄同　一九二一、十一、五

---

* 录自《古史辨》，第一册上编。

我对于耶教的意见 *
（1922 年 2 月 23 日）

廷芳先生：

先生问我对于基督教的意见，我现在用最老实的话奉答如下：

（一）我认耶稣基督是一千九百年以前一个倡导博爱、平等、牺牲各主义的伟人，他并且能自己实行。但我只相信他是一个木匠——约瑟——的儿子，绝对不相信那"圣灵感生"的话。

（二）基督教义中最精要之点，我以为是《马太福音》第五章的《山上垂训》。托尔斯泰把它定为：

> 勿愤怒，
> 勿奸淫，
> 勿起誓，
> 勿以暴制暴，
> 爱你的敌人

五大教律，用文艺——戏剧和小说——来详细说明此理，已将基督教的根本要旨发挥尽致，更无余蕴。

（三）凡《新约》中种种不合科学的话，我认为是一千九百年以前的人的知识，我们现在不可再去崇信遵守它，但也不必去谩骂排斥它——因为一千九百年以前的人只能有如此的知识，尤其不可用近代发明的新科学去附会它。

（四）《新约》中对于道德的见解，有不适用于现代社会的，我们也不可再去崇信遵守它，因为道德不是固定的，是应该"因时制宜"的。《新约》中的道德见解是一千九百年以前的人规定的，正如《论语》中

---

* 录自《生命月刊》，1922 年 4 月号。

的道德见解是二千五百年以前的人规定的，拿现代的眼光来评判他们，虽未必一无可取，但决不是完全适用的。

（五）耶稣基督虽是一个能实行博爱、平等、牺牲各主义的伟人，但千余年来的基督教徒能实行基督教义的却很少很少。其故由于他们只知崇拜基督，遵他为"上帝之子"，而不敢以基督自居。我以为基督的可佩服，是由于他打破旧习惯，自创新说，目空一切，不崇拜谁何的革命精神。基督教徒不学他的革命精神，却一味去崇拜他，这真是基督的罪人。

（六）我对于《旧约》，认他是古代的历史和文艺，与基督没有多大关系，正如中国的《六经》，也是古代的历史和文艺，与孔丘没有多大关系一样。

总而言之，我承认基督是古代一个有伟大和高尚精神的"人"，他的根本教义——博爱、平等、牺牲——是不可磨灭的，而且是人人——尤其是现在的中国人——应该实行的。但他究竟是一个古代的人，是一个世界尚未交通时代的人，他的知识和见解，断不能完全支配现代的社会。我们对《新约》，应该用历史的眼光去研究，不要有"放诸四海而皆准，行之万世而不惑"的观念。

我的朋友陈独秀先生做过一篇《基督教与中国人》，登在《新青年》第七卷第三号中。我对于他这篇文章的话，句句都以为然。现在抄他最重要的几段：

> 我们今后……要把耶稣崇高的伟大的人格和热烈的深厚的情感培养在我们的血里，将我们从堕落冷酷黑暗淤泥坑中救起。

> 中国社会麻木不仁，不说别的好现象，就是自杀的坏现象也不可多得，文化源泉里缺少情感至少总是一个重大的原因。现在要补救这个缺点，似乎应当"美"与"宗教"来利导我们的情感。离开情感的伦理道义，是形式的不是里面的；离开情感的知识，是片段的不是贯串的，是后天的不是先天的，是过客不是主人，是机器柴炭不是蒸气与火。"美"与"宗教"的情感，纯洁而深入普遍我们生命源泉的里面。我主张把耶稣崇高的伟大的人格和热烈的深厚的情感培养在我们的血里，就是因为这个理由。

> 基督教的"创世纪"、"三位一体说"和各种灵异，大半是古代传说的附会，已经被历史学和科学破坏了，我们抛弃旧信仰，另寻新信仰。新信仰是什么？就是耶稣崇高的伟大的人格和热烈的深厚的情感。

我们应该崇拜的，不是犹太人眼里四十六年造成的神殿（《约翰传》二之二十），是耶稣心里三日再造的比神殿更大的本尊。我们不用请教什么神学，也不用依赖什么教仪，也不用借用什么宗派，我们去敲耶稣自己的门，要求他崇高的伟大的人格和热烈的深厚的情感与我合而为一。

耶稣教我们的人格情感是什么？①崇高的牺牲精神。……②伟大的宽恕精神。……③平等的博爱精神。……这就是耶稣教我们的人格，教我们的情感，也就是基督教的根本教义。这种教义，科学家不曾破坏，将来也不会破坏。

我的朋友周启明先生做过一篇《宗教问题》，登在《少年中国》第二卷第二一号中。他这篇文章是泛论一切的宗教，但我以为拿他来专论基督教，更觉切合，现在抄他几句结论：

将以上的话总起来看，觉得文学与宗教确是相合的。所以觉得宗教无论如何受科学的排斥，而在文艺方面仍然是有相当的位置的。这并不是赞扬宗教或是替宗教辩护，实在因为他们的根本精神确是相同。即便所有的教会都倒了，文艺方面一定还是有这种宗教的本质的情感。至于那些仪式，当然不在我们论断之列。

我因为陈、周二先生这几段话，字字都是我要说的，可是我的文笔太坏，不能说得那样精细，而且二先生已经先我而说了，我所以就把他们的话抄来当作我的主张。

我还有几句要忠告中国现在的基督教徒的话：你礼拜上帝和奉行种种教仪，在我个人的主张虽然认为这是"莫须有"的，但你们既受洗礼，既做教徒，当然服从教仪，就这一点论，我是不来反对的。可是我要请你们千万不要拜那宗法遗毒的祖宗牌位！千万不要拜那主张忠孝的孔丘！千万不要再拜那杀人魔王的关羽和尽忠报国（君的国）的岳飞！（此外如拜灶君，拜土地，拜兔儿爷，拜吕纯阳，拜济颠僧……这种蒙昧下愚的举动，我想基督教徒决不至于干出来的。）有人说："基督教徒做民国的官，应该服从民国的法律，就应该祀孔，祀关、岳。"这是什么话！请问民国的约法上曾经规定要祀孔，祀关、岳吗？什么"丁祭"、"戊祭"这类鬼把戏，都是国贼袁世凯等人的非法行动！基督教徒真要守民国的法律，那就绝对不应该去祀孔，祀关、岳！

钱玄同　一九二二、二、二三

国文的进化 *
（1922 年 10 月 2 日）

"文学革命"，现在已经不成问题了，不但有思想有学问的人们视为当然，就是那教育部也已经下令将小学校的国文教科书改用语体了。这固然是很好的一件事。

但是我近来常常听见这样一种议论："白话文很浅近，容易懂得，对于初级教育和通俗教育是很适宜的。因为受初级的教育和通俗教育的人们，知识很浅短，那高古精深的古文，不是他们所能了解的。"这种议论，从表面上看来，似乎并没有反对新文学，而且是赞助新文学的。其实大大不然。彼对于新文学，不是良友而是蟊贼，正是孔丘所谓"莠之乱苗，紫之乱朱"。我们切不可被彼蛊惑，而且有驳正彼的必要。

我们主张文学革命，不是嫌古文太精深，乃是嫌古文太粗疏；不是单谋初级教育和通俗教育的方便，乃是谋中国文学的改良。我们不仅主张用白话文来做初级教育和通俗教育的教科书，尤其主张用彼来著学理深邃的书籍。

我们若将中国古今的书籍大略看过几十种，便可以知道书愈古，文法愈疏漏，不但介词、连词常常缺略，而且句子也不大完备。例如《尚书》的《甘誓》，起首曰：

大战于甘，乃召六卿，王曰……

谁与谁战，哪一方面召六卿，王是哪一朝称的某王，都没有说明。又如《左传》首句曰：

惠公元妃孟子。

---

* 录自《国语月刊》，第 1 卷第 9 期。

连写三个名词，就可算作一句。若是现在的小学生做出这种文章来，教员一定批他不通。但在二三千年以前，则所谓"高文典册"的经典中都有这种不通的文句！汉、唐以来，人的思想比三代时候要精密，因此文章也就进化了。我们看那韩愈、柳宗元诸人的古文和宋、明儒者的语录等等，他们的用字造句比起晚周诸子来，要明白而且完备得多。再看左丘明、司马迁诸人做的历史，虽然叙述很有条理，描写的艺术也很值得称赞，但若和施耐庵、曹霑、吴敬梓诸人做的小说相比，便觉就描写个性这一点说，后者比前者是大大的进化了。再看现在觉悟的人们创作和翻译的小说、戏剧、诗歌……其中用字、造句、布局，比施、曹诸人又精密得多。这都是文章逐渐进化的证据。

人类的思想是不断的进行的，社会的制度是常常要改变的，一切应用的器物又是日新月异的。文章本是叙述思想、事物的工具，思想、事物古今既有不同，则后人做文章当然不受古文的限制。这本是极粗浅的道理，古人如刘知幾、章学诚诸人也曾经说过。如"脱帽"不可称"免冠"，"抚盘"不可称"推案"，叙后代事实不可用古地名、古官名之类。但他们还有未曾说到的一点，就是后人行文造句，更应该努力求其精密，不可模拟那古代疏漏的文章。我试举一例：现在的文章中常常看见"关于……问题，有研究之必要"，"以……为手段，以……为目的"这类的文句，这都是不能用古文来翻译的。若勉强翻译出来，必定是似是而非的。这是什么原故呢？就是古文中没有这种精密的文句呀！

假如现在有人嫌"国务总理"、"山东省长"、"湖北省长"这些名目不古雅，而改称"令尹"、"鲁侯"、"楚子"，这是大家一定要笑他的。但是对于剪发的人而说他"束发受书"，对于用电灯或ㄉㄚㄩㄆ的人而说他"挑灯夜读"，对于推翻帝制、建立民国而说"鼎革"，对于穿筒袖衣服的人而有"拂袖而起"的话，便不大有人笑他，并且还有人目他为古雅哩！尤可怪者，竟有人对于世界公用而又为中华民国政府颁行的历法"避之若浼"，而要改用旧历。譬如今天，应该说是"中华民国十一年（若从世界之同，称为一九二二年，则更合理）十月二日"，偏有妄人改写为什么"夏正壬戌年八月十二日"，这和称"山东省长"为"鲁侯"不是同样的荒谬吗？何以更没有人笑他呢？这真是"知二五而不知一十"了！

我上面随便举了一些例，就是要证明文章是跟着思想、事物变迁的，所以文学革命只是顺着进化的路走去，绝对不是因为白话文学浅近易懂，专为知识幼稚的人们开方便之路！我希望诸君今后研究国文，不要再去崇拜古文！尤其不要再去学做古文！做现在的人，就应该做现代的文章——比古文进化的现代的白话的文章！

　　　　　　　　1922.10.2　在北京女子高等师范学校演说

跋汪荣宝《歌戈鱼虞模古读考》*
（1923 年 2 月 6 日）

汪衮甫君考明唐、宋以上"歌戈"部读丫韵，魏、晋以上"鱼虞模"部也读丫韵，证据确凿，我极相信。我因此便想到《吕氏春秋·重言》篇中有一节话：

> 齐桓公与管仲谋伐莒，谋未发而闻于国。桓公怪之。……少顷，东郭牙至。……管子曰："子邪，言伐莒者？"对曰："然。……日者臣望君之在台上也……君呿而不唫，所言者莒也。……"

我们以前读这一节话，总是莫名其妙。高诱注说："呿，开；唫，闭。"那么，"呿而不唫"，就是口开而不闭。照今音说，"莒"字若读如"语"部的"与"或"吕"，则是ㄩ韵，若读如"姥"部的"古"或"鲁"，则是ㄨ韵，ㄩ和ㄨ都是闭口圆唇的韵——ㄩ是舌前韵，ㄨ是舌后韵——应该是"唫而不呿"，怎么说是"呿而不唫"呢？现在看了汪君"鱼虞模"部古读丫韵的话，才恍然大悟。原来《吕氏春秋》时代读"莒"字的音，非读开口呼的ㄍㄚ或ㄌㄚ，即读合口呼的ㄍㄨㄚ或为ㄌㄨㄚ，这的确是"呿而不唫"了。我觉得这也是"鱼虞模"部读丫韵的一个重要证据，所以附记在这儿。

"鱼虞模"部的读丫韵，似乎只是战国到晋代的读音，宋、齐以后不再读丫，这是汪君已经证明的了。我以为战国以前所谓西周和春秋的时候，"鱼虞模"部的字也不读丫韵，因为《三百篇》中"鱼虞模"部的字和"歌戈"部的字画然有别，不相通用，所以知道他们并不同韵。若那时的"鱼虞模"部读丫韵，则"歌戈"部一定不读丫韵。至于汉代的韵文，则"鱼虞模"和"歌戈"往往通用，所以说那时他们都读丫

韵，的确不错。《吕氏春秋》是战国末年的书，大概那时已经通"鱼虞模"与"歌戈"为一韵，所以有那一节话。那一节话虽说是记齐桓公的事，但我们应该知道，这是战国时人造的谣言。战国时人如庄周、墨翟、孟轲、荀况、韩非、左丘、屈原等人，都是造谣言的能手，他们常常要杜撰历史。杜撰的原故，或是要"托古改制"，或是做他的文学上的材料，无论如何，决没有"信史"的价值。总而言之，由战国时人的文章中考得的训诂声音的材料，只可认为战国时代的语言中所用的训诂声音。所以我对于《吕氏春秋》中所说"莒"字的音，只认他为战国末年的音，决不认他为真是齐桓公时代的音。又，汪君所引《说文》"乌"字下许慎引孔丘"乌，盰呼也"的话，这也是"乌"字在汉代读丫的好证据。但也不能因此而认孔丘时代读"乌"为丫，因为汉儒也是爱造谣言的，东汉的"古文经师"尤其爱造谣言。许慎的《说文》是一部集伪古字、伪古义、伪古礼、伪古制和伪古说之大成的书，他引孔丘的话，决不可信为真是孔丘的话，但决可信为真是汉儒的话。所以我说"乌，盰呼也"的话是"乌"字在汉代读丫的好证据。至于"呜呼"这个词儿在周代的读音，我以为当是ご厂ご。汪君以为若读闭口韵的メ厂メ则不是"助气"，诚然不错。但感叹词用メ韵的虽然很少，却也不一定用メ韵，大约丫、ご、历等韵都是常用的。例如"啊呀（历丨ご）"，也读"喔唷（ご丨ご）"，也读"哎哟（历丨ご）"。我以为"呜呼"的古音未必只有丫厂一种读法。

《广韵》中"鱼虞模歌戈麻"六韵的字在古今的标准音中的读法，我把我现在研究的结果列表报告如下：

读音　　　　韵部 　　　时　代	鱼虞模	歌戈	麻
周	ご	丫	ご，丫
汉	丫	丫	丫
六朝、唐、宋	ご（后或变ㄩ，メ）	ご	せ（后或变丫）
元、明、清及现代	ㄩ，メ	ご	丫せ

这样读法的证明，当别为专篇，这里不能详说了。

钱玄同附记　1923.2.6

答顾颉刚先生书 *
（1923 年 5 月 25 日）

颉刚先生：

先生所说"层累地造成的中国古史"一个意见，真是精当绝伦，举尧、舜、禹、稷及三皇五帝、三代相承的传说为证，我看了之后，惟有欢喜赞叹。希望先生用这方法，常常考查，多多发明，廓清云雾，斩尽葛藤，使后来学子不致再被一切伪史所蒙。我从前以为，尧、舜二人一定是"无是公"、"乌有先生"。尧，高也；舜，借为俊，大也（《山海经》的《大荒东经》作"帝俊"），"尧"、"舜"的意义，就和"圣人"、"贤人"、"英雄"、"豪杰"一样，只是理想的人格之名称而已。中国的历史应该从禹说起，各教都有"洪水"的传说，想来是实有其事的，大概洪水以前便全无历史可稽了。尧、舜这两个人，是周人想象洪水以前的情形而造出来的，大约起初是民间的传说，后来那班学者便利用这两个假人来"托古改制"。这类把戏，其实早被韩非戳破了，只因秦、汉以后的学者太无见识，糊里糊涂地相信这是真人真史，直到康有为作《孔子改制考》，才把它弄明白了。今读先生之论，证以《长发》和《殷宫》两诗，方知连禹这个人也是很可疑的了。王静安说《商颂》是西周中叶宋国人的作品，此说我不以为然。王氏不信卫宏《序》以《商颂》为商诗之说，固然不错；以"景山"及人名、地名、用语、称名等等证明它是宋诗，尤为卓识。但王氏所举与《商颂》"语句相袭"的《苌楚》、《隰桑》、《石鼓文》、《云汉》、《烝民》、《常武》、《江汉》、《采芑》诸周诗，虽旧说以为宣、幽时代的作品，然我却不敢贸然相信。况王氏又说："其为《商颂》袭《风》、《雅》，抑《风》、《雅》袭《商颂》，或

---

* 录自《古史辨》，第一册中编。

二者均不相袭而同用当时之成语，皆不可知"，则王氏本未尝以此等词句相像为《商颂》是西周时诗之证。但王氏又说："《鲁颂》之袭《商颂》，则灼然事实。夫鲁之于周，亲则同姓，尊则王朝，乃其作颂不摹《周颂》而摹《商颂》，盖以与宋同为列国，同用天子之礼乐，且《商颂》之作，时代较近，易于摹拟故也。"因此断定："《商颂》盖宗周中叶宋人所作以祀其先王，正考父献之于周太师，而太师次之于《周颂》之后，逮《鲁颂》既作，又次之于《鲁》后。"他这种证据是不能成立的。他说《鲁颂》袭《商颂》之为"灼然事实"，大概是根据《法言》"公子奚斯尝睎正考甫矣"一语，所以他断定《鲁颂》"徂徕之松，新甫之柏"是拟《商颂》"陟彼景山，松柏丸丸"。但杨雄这种话实在没有做证据的价值。其他什么"同为列国"，什么"同用天子之礼乐"，什么"时代较近"，更是臆测无据之谈。盖王氏虽不信卫《序》，但极信《国语》"正考甫校（王氏读为'效'，解为'献也'）《商颂》于周太师"之说。我却以为《国语》这句话也不可轻信，因为用了"太师"和"校"这些字样，很有汉朝人的色彩。据我看，还是《史记》说《商颂》是宋襄公时的诗的话比较地近情。因为《商颂》中夸大之语甚多，极与《鲁颂》相像。魏源《诗古微》因《鲁颂·䀹宫》有"荆舒是惩"及《商颂·殷武》有"奋伐荆楚"之语，说，"召陵之师，为中夏攘楚第一举，故鲁僖、宋襄归侈厥绩，各作颂诗，荐之宗庙"，其说似乎有理。还有一层，《商颂》文笔非常之畅达，实在不像东周以前的作品。我这意见，虽与王氏不同，然对于先生"商族认禹为下凡的天神，周族认禹为最古的人王（有天神性的）"这个意见并无冲突，而且我这种讲法，与先生所说"可见《生民》是西周作品，在《长发》之前，还不曾有禹一个观念"的话尤觉契合。

伯祥兄说禹或是龙，此可备一说。先生据《说文》云"从内"，而想到"内"训"兽足蹂地"，以为大约是蜥蜴之类。窃谓不然。《说文》中从"内"的字，甲文、金文中均不从"内"（如"禽"、"萬"、"罱"、"獸"诸字）。那"象形，九声"而义为"兽足蹂地"之"内"字，殆汉人据讹文而杜撰的字。

我很喜欢研究所谓"经"也者，但我是很"惑经"的。我在十二年前看了康有为的《伪经考》和崔觯甫师的《史记探源》，知道所谓"古文经"是刘歆这班人伪造的。后来看了康有为的《孔子改制考》，知道经中所记的事实，十有八九是儒家的"托古"，没有信史的价值。近来看叶适的《习学记言》，万斯同的《群书疑辨》，姚际恒的《诗经通论》和《礼记通论》（在杭世骏的《续礼记集说》中），崔述的《考信录》等书，和其他书籍中关于"惑经"的种种议论，乃恍然大悟，知道"六经"固非姬旦的政典，亦非孔丘的"托古"的著作（但其中有后来的儒者"托古"的部分；《论语》中道及尧、舜、文王、周公，这才是孔丘的"托古"），"六经"的大部分固无信史的价值，亦无哲理和政论的价值。我现在以为：

（1）孔丘无删述或制作"六经"之事。

（2）《诗》、《书》、《礼》、《易》、《春秋》本是各不相干的五部书。（《乐经》本无此书。）

（3）把各不相干的五部书配成一部而名为"六经"的缘故，我以为是这样的：因为《论语》有"子所雅言，《诗》、《书》、执礼"和"兴于诗，立于礼，成于乐"两节，于是生出"孔子以诗、书、礼、乐教"（《史记·孔子世家》）之说，又因此而造出"乐正崇四术，立四教，顺先王诗、书、礼、乐以造士，春、秋教以礼、乐，冬、夏教以诗、书"（《礼记·王制》）之说。这一来，便把《诗经》、《尚书》、《仪礼》三部书配在一起了，因为"乐之原在《诗》三百篇之中，乐之用在《礼》十七篇之中"（邵懿辰《礼经通论》说），故实虽三部，名则四部。又因为孟轲有"孔子作《春秋》"之说，于是又把《春秋》配上。惟何以配入《易经》，我现在还没有明白。先生如其知道，请告诉我。

（4）"六经"的配成，当在战国之末。"六经"之名，最初见于《庄子·天运》篇。又《庄子·天下》篇先说"《诗》、《书》、《礼》、《乐》，邹、鲁之士搢绅先生多能明之"，下又胪举《诗》、《书》、《礼》、《乐》、《易》、《春秋》六个名目而不云"六经"。案《庄子》中可信为庄周自作者，惟"内篇"七篇而已。《天运》在"外篇"，《天下》在"杂篇"，皆非庄周自作，当出于战国之末。

（5）自从"六经"之名成立，于是《荀子·儒效》篇、《商君书·农战》篇、《礼记·经解》、《春秋繁露·玉杯》篇、《史记》（甚多）、《汉书·艺文志》、《白虎通》等，每一道及，总是六者并举，而且还要瞎扯了什么"五常"、"五行"等等话头来比附了！（到了刘歆等"古文家"出来，又在那五部书外加一部《周礼》。至于《春秋三传》、《小戴礼记》以及《论语》、《孝经》、《尔雅》、《孟子》等书，自来皆认为"传记"，故流俗所谓"七经"、"九经"、"十一经"、"十三经"也者，都可用"六经"之名赅之。）

我们要考孔丘的学说和事迹，我以为只有《论语》比较的最可信据。我现在把《论语》之中与所谓"六经"有关的话分别记出如下。

关于《诗》的有十八则：

A.《诗》云："如切如磋，如琢如磨。"（《学而》）

B. 子曰："《诗》三百，一言以蔽之曰：思无邪。"（《为政》）

C. "相维辟公，天子穆穆。"（《八佾》）

D. "巧笑倩兮，美目盼兮，素以为绚兮。"（《八佾》）

E. 子曰："《关雎》，乐而不淫，哀而不伤。"（《八佾》）

F. 子所雅言，《诗》、《书》、执礼，皆雅言也。（《述而》）

G.《诗》云："战战兢兢，如临深渊，如履薄冰。"（《泰伯》）

H. 子曰："兴于诗，立于礼，成于乐。"（《泰伯》）

I. 子曰："师挚之始，《关雎》之乱，洋洋乎，盈耳哉！"（《泰伯》）

J. 子曰："吾自卫反鲁，然后乐正，《雅》、《颂》各得其所。"（《子罕》）

K. "不忮不求，何用不臧？"（《子罕》）

L. "唐棣之华，偏其反而。岂不尔思？室是远而。"（《子罕》）

M. 南容三复"白圭"。……（《先进》）

N. "诚不以富，亦只以异。"（《颜渊》）

O. 子曰："诵《诗》三百……"（《子路》）

P. ……鲤趋而过庭，曰："学《诗》乎？……"（《季氏》）

Q. 子曰："小子！何莫学夫诗？"（《阳货》）

R. 子谓伯鱼曰："汝为《周南》、《召南》矣乎？……"（《阳货》）

关于《书》的有四则：

A.《书》云："孝乎惟孝，友于兄弟。"（《为政》）

B. 子所雅言，《诗》、《书》、执礼，皆雅言也。（《述而》）

C. 武王曰："予有乱臣十人。"（《泰伯》）

D.《书》云："高宗谅阴，三年不言。"（《宪问》）

关于乐的有六则：

A. 子语鲁太师乐……（《八佾》）

B.　子谓《韶》……谓《武》……（《八佾》）

C.　子在齐闻《韶》……（《述而》）

D.　子曰："兴于诗，立于礼，成于乐。"（《泰伯》）

E.　子曰："师挚之始，《关雎》之乱，洋洋采，盈耳哉！"（《泰伯》）

F.　子曰："吾自卫反鲁，然后乐正，《雅》、《颂》各得其所。"（《子罕》）

关于《易》的有三则：

A.　子曰："加我数年，五十以学《易》，可以无大过矣。"（《述而》）

B.　"不恒其德，或承之羞。"（《子路》）

C.　曾子曰："君子思不出其位。"（《宪问》）

总说的有三则：

A.　子所雅言，《诗》、《书》、执礼，皆雅言也。（《述而》）

B.　子曰："兴于诗，立于礼，成于乐。"（《泰伯》）

C.　曰："学《诗》乎？"……曰："学《礼》乎？"……（《季氏》）

关于礼的话，《论语》中虽然很多，但大都是论礼意的，和《仪礼》全不相干。（"射不主皮"，"揖让而升，下而饮"等语，后人虽可引《仪礼》来附会，但不能说这是孔丘引《仪礼》的证据。）

关于《春秋》的话，简直一句也没有。"答子张问十世"和"答颜渊问为邦"两节，今文家最喜征引，说这是关于《春秋》的微言大义。但我们仔细读这两节话，觉得真是平淡无奇，一点也看不出是什么"非常异义可怪之论"，而且《春秋经》、《公羊传》、《春秋繁露》中也并没有和这两节相同或相近的话。这样一件大事业，《论语》中找不出一点材料来，不是极可疑的吗！

《论语》中说到《诗》的最多。其中 P 或不足信（崔述说），G 远在孔丘之后，将这两则除开不算外，还有十六则之多。这十六则之中，找不出一点删《诗》的材料来。A、B、C、E、I、K、M、N、R 所引的诗句或篇名，都在今本《诗经》之中，仅 D 与 L 为逸《诗》（D 为逸《诗》，说见后），则孔丘所见的《诗》，实与今本相差不远。（若说完全一样，则亦决无此理。即使数目相当，而经二千余年的写刻，内容的亡

逸和增窜是必不能免的。）再看 B 与 O，则孔丘所见的《诗》，原来只有
三百篇，并非删存三百篇，这是以前已经有好多人说过的了。只有 J 中
有"乐正，《雅》、《颂》得所"的话，但这话是论乐，不是论《诗》；就
算是论《诗》，至多也不过说他编定诗篇次序，决不能作为删《诗》的
证据。我想孔丘如果曾经删《诗》，则《郑风》必在被删之列，因为他
是主张"放《郑》声"的（前人有谓"声"是"乐"，不是"诗"，这是
要想曲为弥缝而又强作解人的议论）；而且若照秦、汉以来的儒者那样
用"圣道"、"王化"来论《诗》，则王柏、阎若璩、万斯同的话真是一
点不错，因为必须将《诗经》如此删改，然后可以免于邪僻淫乱而合于
圣道王化也。

关于《书》的四则，也找不出一点删《书》的材料来。除 B 以外，
都是引《书》。但很古怪，三次引《书》，都不在二十八篇之内。照此看
来，现在这二十八篇"今文《尚书》"恐怕与孔丘所见的《书》很不
相同。

乐无经，则关于乐的六则似乎不必去讨论它了。但就 F 看来，倒是
这个没有经的乐是经过孔丘的整理的。

关于《易》的虽有三则，但这三则不特不足以证明孔丘曾经赞
《易》，而且反足以证明孔丘与《易》无关。A 的文句，《鲁论》与《古
论》大异。今本出于郑玄，郑于此节从《古论》读。若《鲁论》，则作
"五十以学，亦可以无大过矣"（见《经典释文》）。汉《高彪碑》"恬虚
守约，五十以学"，即从《鲁论》。我以为《论语》原文实是"亦"字，
因秦、汉以来有"孔子赞《易》"的话，故汉人改"亦"为"易"以图
附合。《古论》是刘歆伪造的壁中经，固不足信，但此字之改，却并非
始于《古论》，因为《史记·孔子世家》已经作《易》了。大概汉人初
则改"亦"为"易"，继则将《论语》此节改成《史记》的"孔子晚而
喜《易》，序《彖》、《系》、《象》、《说卦》、《文言》。读《易》，韦编三
绝。曰：'假我数年，若是，我于《易》则彬彬矣。'"这种改变，原意
殆想将《论语》此节作为赞《易》之证。不料偶不经心，留下一个大漏
洞：他们说孔丘暮年归鲁以后删订"六经"，其时他已在七十岁左右，
于是《论语》中"五十"两字便讲不通了，什么"或五年或十年"，什
么"用五用十"，或改作"卒"，或改作"吾"，讲来讲去，终难圆谎！
B 只引《恒卦》的爻辞，也与赞《易》无涉。至于 C 的曾参语，在
《易》为《艮卦》的《大象》，但多了一个"以"字，作"君子以思不出

其位"，这明明是作《大象》者袭曾参语而加一"以"字，使与别卦《大象》的词例一律。崔述曾据此以为《象传》出于孔丘以后之证。这岂非反足以证明孔丘与《易》无关吗？

至于总说的三则，C可疑，不去论它；A是记孔丘用国语（"雅言"姑从刘台拱说）读文艺，读历史，赞礼；B是论教材的先后次第，与后世所谓"删《诗》、《书》，定礼、乐"的话全不相干。

"六经"和孔丘无涉，略如上文所云。那么，"六经"究竟是些什么性质的书呢？我以为：

《诗》。是一部最古的总集，其中小部分是西周的诗，大部分是东周（孔丘以前）的诗。什么人辑集的，当然无可考证了。至于辑集的时代，我却以为在孔丘以前。孔丘说"《诗》三百"，"诵《诗》三百"，则他所见的已是编成的本子了。先生说："《诗经》的辑集必在孔子以后，孟子以前"，引今本无"素以为绚兮"一句，又无《唐棣之华》全首，为辑集于《论语》之后之证。（《小说月报》十四卷一号）我看似未必然。子夏所问并非《硕人》之诗。《硕人》第二章句句都是描写庄姜的身体之美，末了决不能有"素以为绚兮"一句，这一定是别一首诗，但"巧笑"二句与《硕人》偶同罢了。此诗后来全首亡逸。《唐棣》一诗也是全首亡逸。"素绚"为孔丘所称道，固不应删去；即《唐棣》虽为孔丘所不取，然今本无有，亦非有意删去，乃是偶然亡逸的。有亡逸也许还有增窜，例如《都人士》的首章，惟《毛诗》有之，《三家》均无（见《礼记缁衣释文》），不知是本有而《三家》亡逸呢，还是本无而《毛诗》据《左传》（襄十四）、《礼记》（《缁衣》）、《贾谊新书》（《等齐》篇）增窜呢？无论真相如何，总可以作《诗经》传写必有亡逸或增窜之证。但虽有亡佚或增窜，总是原始本的变相，不能说它们是两个本子。

《书》。似乎是"三代"时候的"文件类编"或"档案汇存"，应该认它为历史。但我颇疑心它并没有成书，凡春秋或战国时人所引《夏志》、《周书》等等，和现在所谓逸《周书》者，都是这一类的东西。所以无论今文家说是廿八篇，古文家说是一百篇，都不足信。既无成书，便无所谓完全或残缺。因为它常常被人称引，于是"托古"的人们不免要来伪造了。现在的二十八篇中，有历史的价值的恐怕没有几篇，如《尧典》、《皋陶谟》、《禹贡》、《甘誓》等篇，一定是晚周人伪造的。逸《周书》中，伪篇一定也占了大部分。还有一层，《尚书》既无伪篇，也只是粉饰作伪的官样文章，采作史料必须慎之又慎。前代学者不信任它的，只有一个刘知幾。以崔述的勇于疑古，而对于它则深信不疑，这是他被"王道"、"圣治"的观念所蒙了。

《礼》。《仪礼》是战国时代胡乱抄成的伪书，这是毛奇龄、顾栋高、袁枚、崔述诸人已经证明的了。《周礼》是刘歆伪造的。两《戴记》中，十分之九都是汉儒所作的。

《乐》。乐本无经，而古文家造出"魏文侯的乐人窦公献书于汉文帝，乃《周官》大宗伯之大司乐章"之说（见《汉书·艺文志》），其意殆欲以此冒充"乐经"。但这故事造得太不像了，因为照他所说，窦公献书时已有二百五六十岁光景！（康有为说）

《易》。我以为原始的易卦，是生殖器崇拜时代的东西，"乾"、"坤"二卦即是两性的生殖器的记号。初演为八，再演为六十四，大家拿它来做卜筮之用。于是有人做上许多卦辞、爻辞，这正和现在的"签诗"一般；"无咎"、"晦亡"，和"上上"、"中平"、"下下"一般。这些"签诗"大概不止一种（但《连山》、《归藏》之说则决不可信），所以《左传》所载与今《易经》颇多不同。孔丘以后的儒者借它来发挥他们的哲理（这也是"托古"），有做《彖传》的，有做《象传》的，有做《系辞传》的，有做《文言传》的，汉朝又有焦赣、京房一流人做的《说卦传》，不知什么浅人做的《序卦传》，不知哪位学究做的《杂卦传》，配成了所谓"十翼"。

《春秋》。王安石（有人说不是他）说它是"断烂朝报"，梁启超说它像"流水账簿"，都是极确当的批语。孟轲因为要借重孔丘，于是造出"《诗》亡然后《春秋》作"、"孔子成《春秋》而乱臣贼子惧"的话，就这部断烂朝报，硬说它有"义"，硬说它是"天子之事"。一变而为《公羊传》，再变而为董仲舒之《春秋繁露》，三变而为何休之《公羊解诂》，于是"非常异义可怪之论"愈加愈多了。但公羊氏（?）与董仲舒所说的《春秋》之义，虽非原始的《春秋》所有，却是有条理，有系统，自成一派学说。后来忽然跑出一个文理不通的穀梁氏（?）来学舌，说了许多幼稚可笑的话，那便真不足道了。至于《左传》，本是战国时代一个文学家编的一部"国别史"，即是《国语》，其书与《春秋》绝无关系。到了刘歆，将它改编，加上什么"五十凡"这类鬼话，算做《春秋》的传，而将用不着的部分仍留作《国语》（康有为说）。这部书的信实的价值，和《三国演义》差不多，但汉以前最有价值的历史总不能不推它了。

这是我现在对于所谓"六经"是什么性质的书的意见。

从实际上说,"六经"之中最不成东西的是《春秋》。但《春秋》因为经孟轲的特别表彰,所以二千年中,除了刘知幾以外,没有人敢对它怀疑的。孟轲是第一个讲"道统"的人,他的全书的末章,由尧、舜、汤、文王、孔子,叙到他的时候,明明有"独力肩道统"的意思。他全书中讲到《春秋》,共有三处(没有仔细查,不知有无遗漏):

A. 孟子曰:"世衰道微,邪说暴行又作,臣弑其君者有之,子弑其父者有之,孔子惧,作《春秋》。《春秋》,天子之事也。是故孔子曰:'知我者其惟《春秋》乎!罪我者其惟《春秋》乎!'……孔子成《春秋》而乱臣贼子惧。……"(《滕文公下》)

B. 孟子曰:"王者之迹熄而《诗》亡,《诗》亡然后《春秋》作。晋之《乘》,楚之《梼杌》,鲁之《春秋》,一也。其事则齐恒、晋文,其文则史。孔子曰:'其义则丘窃取之矣。'"(《离娄下》)

C. 孟子曰:"《春秋》无义战。"(《尽心下》)

B的话实在不通,《诗》和《春秋》的系统关系,无论如何说法,总是支离牵强的。我以为这三则都是孟轲要将自己的学说依托孔丘。正与朱熹自己的"格物穷理说"和王守仁自己的"致良知说"要依托《大学》同样地心理。他要辟杨、墨,为了他们是"无君无父"的学说,所以有A说;他是贵王贱霸的,所以有B说;他是说"善战者服上刑"的,所以有C说。A的后面,有"吾为此惧,闲先圣之道"和"我亦欲正人心,息邪说,距诐行,放淫辞,以承三圣者"等语,则依托孔丘以肩道统之意昭然若揭了。前人讲《春秋》,很相信孟轲的话,很不相信孙复的《春秋尊王发微》的话。其实照孟轲的意思,必须像孙复那样讲法才能圆满的。

我上面那种翻案的议论,只是要研究所谓"六经"的那几部书的原始面目,只是要研究它们与孔丘有无关系而已。若讲伪书的价值,正未可一概而论。乱抄乱说的固然不少,至如《易》之《彖》、《象》、《系辞传》,如《小戴礼记》中之《礼运》、《中庸》、《大学》诸篇,如《春秋》之《公羊传》与《繁露》,如《周礼》,这都是极有价值的"托古"著作。但不能因其有价值便说是姬旦、孔丘所作,也不能因其非姬旦、孔丘所作便说是无价值。我很佩服姚际恒、崔述、康有为那样"疑古"的求真态度,很不佩服他们那样一味痛骂伪书的卫道态度。

二千年中的学者对于"六经"的研究,以汉儒为最糟。他们不但没有把真伪辨别清楚,他们自己还要作伪;他们不但没有把文句解释明白,他们自己的文理大都是不通的。无论今文家、古文家,都是"一丘之貉"。什么禘祫、明堂、封建、井田、宫室、祭器等等,人各一说,而且一个人还要自相矛盾。这可见他们全是望文生训,闭眼胡说。清儒以为汉儒去先秦未远,其说必有所受,于是专心来给他们考证疏解,想出种种方法来替他们圆谎,其实是上了他们的当了!毛亨(?)的文理最不通,郑玄的学问最芜杂,他俩注《诗经》,闹的笑话真是不少。郑玄以后直到贾公彦、孔颖达诸人,不过将废话越说越多罢了。中唐以后,曙光渐见,如李翱、韩愈之于《论语》,啖助、赵匡、陆淳之于《春秋》,刘知几之于《尚书》、《春秋》,都能不为旧说所蒙,开宋、明以来疑经的先路。宋儒所言经义,大都是将他们自己的学说套在古经的身上,无论好坏,总之十有七八非古经所本有。但如欧阳修、郑樵、朱熹、叶適诸人的辨伪,成绩却是很大。他们还有一种好处,是求文理通顺,不但朱熹注"四书"很讲究文理,就是被大家目为"陋儒"的蔡沈和陈澔,他们注解《尚书》和《礼记》也比"伪孔安国"和郑玄要通得多。从清初到现代,既有戴震、段玉裁、王念孙、王引之、俞樾、孙诒让、章太炎师诸人讲通文义,又有阎若璩、姚际恒、崔述、康有为诸人的推翻伪经,这几部古书("六经")的真相渐渐地可以拨云雾而见青天了。但以前的学者无论如何大胆疑古,总不免被成见所囿。先生说"崔述著书的目的是要替古圣人揭出他们的圣道王功,辨伪只是手段",真是一针见血之论。姚、康诸人也是这样,所以他们总要留下一团最厚最黑的云雾,不肯使青天全见的。我们现在应该更进一步,将这团最厚最黑的云雾尽力拨除。

中国的伪书真多,现代人的著作之中还有伪的,《章太炎的白话文》中有钱玄同的文章!(《中国文字略说》)所以我们要看中国书,无论是否研究国学,是否研究国史,这辨伪的工夫是决不能省的。"六经"在古书中不过九牛之一毛,但它作怪了二千多年,受害的人真是不少了。它作怪时用的许多法宝之中,"伪书"和"伪解"就是很重要的两件,我们不可不使劲来推翻它。

"辨《说文》的文字",现在还不能就做,因为我对于这方面的研究还很浅。我现在只能将疑《说文》的理由简单奉告。

许慎是表彰"壁中古文经"的文字的。"壁经"之出于刘歆"向壁(即孔壁)虚造",经康有为和崔觯甫师的证明,我认为毫无疑义了。壁经既伪，则其文字亦伪。许慎所记篆文，所释形体，大都与甲文、金文不合，而《说文》中所谓"古文"，尤与甲文、金文不合。依我的研究，甲文最古，金文次之，石鼓文及大篆又次之（石鼓文为秦文，从马叔平说；大篆为秦文，从王静安说），秦之金石刻及小篆又次之。《说文》所列小篆，已多汉人传讹之体。近见龚橙理董许书稿本，他说《说文》中的小篆还不如汉隶的较为近古，极为有见。至于《说文》中所谓"古文"，所谓"奇字"，乃是刘歆辈依仿传误的小篆而伪造的，故与甲文、金文的形体相去最远。因为小篆是传误的，"古文"是伪造的，所以说是"伪古字"、"伪古义"，如"告，牛触人角着横木，所以告人也"，"射，弓弩发于身而中于远也"之类。"伪古说"，如"楚庄王曰，止戈为武"，"孔子曰，一贯三为王"之类。至于"伪古礼"和"伪古制"，这是从伪经上来的，若将伪经推翻，则《说文》中这两部分便不攻而自倒了。

　　要说的话还没有完，今天暂止于此，请先生教正。

　　先生关于《吕刑》与《尧典》方面的新发明，便希示我。

玄同　一九二三、五、二五

研究国学应该首先知道的事[*]
（1923 年 6 月 25 日）

　　我今天到《读书杂志》的编辑部去，看见新寄来的三篇文章，两篇是胡堇人和刘掞藜二君驳顾颉刚君论古史的，一篇是顾君答刘、胡两君的信。他们辨驳的问题，我暂时不加入讨论，因为我对于这些问题还未曾仔细研究，虽然我是很赞同顾君的意见的。我现在所要说的，是因看了胡、刘二君的文章而联想到，现在研究国学的人有三件应该首先知道的事。（应该首先知道的事不限于这三件，不过我现在只想到这三件罢了。）下面虽然借着胡、刘二君的文章做个例，其实和胡、刘二君所讨论的问题是没有关系的。

　　哪三件事？（一）要注意前人辨伪的成绩。（二）要敢于"疑古"。（三）治古史不可存"考信于六艺"之见。

　　（一）中国的伪书伪物很多，研究国学的第一步便是辨伪（但辨伪的工夫是常常要用着的，并不限于第一步）。前人辨订伪书伪物，有许多已有定论的，我们应该首先知道，一则可以免被伪书伪物所欺，二则也可以省却自己辨订的工夫。但现在研究国学的人太不注意这事了，所以常要误认已有定论的伪书伪物为真书真物，如胡堇人君相信岣嵝碑真是夏代之物便是一例，他不知道这是杨慎造的假古董。一般讲历史的人相信明人假造的《竹书纪年》为汲冢旧物，讲文学的人相信东晋伪《古文尚书》中的《五子之歌》真是夏代之诗……都和胡君犯着同样的毛病。我以为胡应麟的《四部正讹》、姚际恒的《古今伪书考》、阎若璩的《尚书古文疏证》、孙志祖的《家语疏证》、崔述的《考信录》、康有为的《伪经考》、王国维的《今本竹书纪年疏证》等等辨伪的名著，都是研究

---

　　* 录自《古史辨》，第一册中编。

国学的人应该先看的书。

（二）仅仅知道了前人辨伪的成绩还不够事，因为前人考订所未及或不敢认为伪造的书物还很不少，我们研究的时候应该常持怀疑的态度才是。我们要是发见了一部书的可疑之点，便不应该再去轻信它，尤其不应该替它设法弥缝。我看了刘掞藜君论《尧典》的话，觉得他是错误的。刘说全本梁启超君，我现在把梁说错误之处说明如下。梁君因《尧典》中有"蛮夷猾夏"一语是"时代错连"而疑为伪作（《中国历史研究法》，再版，页一七五）；又因《尧典》所记中星在公历纪元前二千四五百年时确是如此，而说"《尧典》最少应有一部分为尧、舜时代之真书"（同书，再版，页一五九）。我以为"猾夏"一语确可认为伪书的证据（梁君此疑，本于其师康有为君的《孔子改制考》。中华民国九年重刻本，卷十二，页五）；而中星的问题却还不能认为真书的证据。我们说《尧典》是战国时代的作品，尧、舜是"无是公"、"乌有先生"，或者大家不肯相信这话。现在姑且让步从旧说，认《尧典》为古史，尧、舜是有这两个人的，但尧、舜是什么时代的人，我们实在无从知道。因为比较可信的旧史只有《史记》，《史记》的纪年始于周召共和元年，即公历纪元前八百四十一年，这以前的年代便绝无可考。尧、舜的时代既无从知道，那就不能因《尧典》所记中星合于公历纪元前二千四五百年时的情形而认它是尧、舜时代的真书了。其实《尧典》之不足为信史，梁君也很知道，他在《先秦政治思想史》中明明说《虞夏书》是周人所追述的（页二八及三七），只因被"弥缝"之一念所误，于是总想保存它一部分，认为尧、舜时代的真书，而不顾立说之难通了。这个毛病，犯的人最多，所以《中庸》、《礼运》、《毛诗》、《周礼》诸书常常有人揭穿它们可疑之点，而常常有人替它们弥缝。弥缝的原故便是"不敢疑古"。他们总觉得较后的书可以疑，而较古的书不可疑；短书小记可以疑，而高文典册（尤其是经）不可疑。殊不知学术之有进步全由于学者的善疑，而"赝鼎"最多的国学界尤非用极炽烈的怀疑精神去打扫一番不可。近来如梁启超君疑《老子》，胡适君和陆侃如君疑《屈赋》，顾颉刚君疑古史，这都是国学界很好的现象，我希望研究国学的人都要有他们这样怀疑的精神。

（三）我觉得胡、刘二君的文章中很有"信经"的色彩，因此联想到现在治古史的人仍旧不脱二千年来"考信于六艺"的传统见解。他们认经是最可信任的史料，我以为不然。我现在且不谈我的"离经叛道、非圣无法的六经论"，姑照旧说讲，也不能说经是最可信任的史料。旧时说经，有"今文家"、"古文家"、"宋儒"三派，虽彼此立说不同，但总不出"受命改制"、"王道圣功"这些话的范围，没有说到它在史料上的价值。到了近代，章学诚和章炳麟师都主张"六经皆史"，就是说孔丘作六经是修史。这话本有许多讲不通的地方，现在且不论。但我们即使完全让步，承认二章之说，我们又应该知道，这几部历史之信实的价值远在《史记》和《新唐书》之下，因力孔丘所得的史料远不及司马迁、宋祁、欧阳修诸人，"夏礼殷礼不足征"之语便是铁证。梁玉绳对于《史记》还要"置疑"，吴缜对于《新唐书》还要"纠谬"，则我们对于六经更应当持"置疑"、"纠谬"的态度，断不可无条件的信任它的。

一九二三、六、二五于北京

汉字革命与国故 [*]
(1923 年 11 月 20 日)

我是主张汉字革命的一个人。我主张把国语写成拼音文字，我主张采用世界通用的罗马字母来做国语拼音文字的字母。我从教育普及和文化革新上研究，断定国语应该改用拼音文字。我从便于无限制的输入西文词句上研究，从书写、印刷种种方面便利上研究，断定国语字母应该采用罗马字母。我从中国文字古今变迁的历史上研究，断定国语能够改用拼音文字。以上的意见，大致都在《国语月刊》第一卷第七号（汉文改革号）《汉字革命！》一文中发表过了。同时发表"国语应该改用拼音文字"的意见的，还有黎锦熙、赵元任诸位先生。我们的意见发表以后，常常听到反对的议论。其中如"中国的语言是单音语，同音字太多，不能用拼音文字"这一类话，知道它谬误的人渐渐地多起来了，我们可以不必再去驳它了。最近又听到一种反对的议论："中国若改用拼音文字，一般人自然不再去认识汉字，那么，以前用汉字写的书籍便没有人能读它了。但中国的文化寄于汉字的书籍之中，不能读汉字的书籍，便不能知道中国的文化，所以汉字革命的结果，便要闹到扑灭文化。扑灭文化是何等野蛮、何等悲惨的事！这是我们应该做的吗？"一般浅见的人们听了这种议论，觉得真是"一棒一条痕，一掴一掌血"，他们以为主张汉字革命的人们给人家这样一个耳刮子、两个耳刮子地打下来，一定"内疚神明"，忏悔以前做了文化的叛徒，从此噤若寒蝉，不敢再响了。

但是据我看来，那种议论简直是不通得很！

第一，文化是常常变迁革新的。古人所说什么"天不变，道亦不

* 录自《晨报五周年纪念增刊》。

变"这类不通可笑的话，现在早已没有它立足的地位了。讲到中国的文化，现在尤其应该努力向着革新的路上走去！若再迷恋旧文化的尸骸，真是"害于而家，凶于而国"，一定要闹到亡国灭种的地步！中国现在的新文化，就是"现代的世界文化"（有人称为"欧化"，有人称为"西方化"，都是不妥当的名称）。他们所说的"中国文化"，既是寄于汉字的书籍之中的，则当然是指过去的已经僵死腐烂的中国旧文化而言，不是现在的正在发荣滋长的中国新文化。过去的已经僵死腐烂的中国旧文化，可以称它为"国故"（有人称为"国学"，很有语病），国故在"中国文化"全体之中只占了很小的一个部位。他们称国故为"中国文化"，仿佛称一只眼睛或一个手指为"人"一样，这不是不通得很吗？

第二，国故固然寄于汉字的书籍之中，但汉字书籍之中的国故，只是一大堆杂乱无章的国故的材料。这种材料，只能供给"国故学者"（如现在的胡适之、梁任公、顾颉刚诸位先生等）拿去做"整理国故"的取资，决不是要想得到国故的知识的一般人适用的工具。一般人要想得到国故的知识，惟有读国故学者整理就绪的有条理有系统的新著。若读那杂乱无章的旧书，必致"劳而无功"，而且"非徒无益而又害之"。因为旧书之中，"牛溲、马勃、败鼓之皮"到处皆是，若误信杜撰事实或淆乱真相的伪史，不是反有害吗？讲到国故学者的新著，用什么文体，用什么文字，这是应该"因时制宜"的。例如二十年前是对于所谓"古文"革命的时代，所以梁任公先生做《国学蠡酌》、《墨学微》，便用他种"新体文言文"；五年前是对于"文言文"革命的时代，所以胡适之先生做《中国哲学史大纲》、《国语文学小史》，便用"国语文"。那么，今后是对于汉字革命的时代，整理国故的著作当然应该用"拼音的国语文"了。他们不知道一般人要得国故的知识不能求之于杂乱无章的材料之中，他们不知道无论什么文字都可以叙述国故，他们只看见许多汉字的书籍之中堆着好些国故的材料，便以为不认识汉字的人就没有法子得到国故的知识，便说汉字革命的结果要闹到什么"扑灭文化"。这不又是很不通的议论吗？

因为国故是过去的已经僵死腐烂的中国旧文化，所以它与现在中国人的生活实在没有什么关系，现在的中国人应该赶紧研究不容再缓的学问便是科学。研究科学，才能得到思想精密、眼光扩大、知识正确、生活改善、道德增进种种好处，这些好处，国故里面是找不出来的。照中国目前学术界的状况看来，一般人不妨暂时将国故"束之高阁"。我从别一方面着想，并且觉得目前应该将国故"束之高阁"。你看！遗老还没有死尽，遗少又层出不穷了，有许多思想昏乱的青年，或服膺孔二爷纲常名分之教，或拜倒李老爹虚无玄妙之谈，还有一群新式名士（他们现在改名为"天才"了）镇日家伤春悲秋，怨天尤人，发挥二千年来只享权利不尽义务的高等文丐们的传统思想。这是什么现象！吴稚晖先生在本年七月二十三日和十月十五日的《晨报副刊》上痛斥国故为祟于现在的思想界的文章，别人或许评为偏激，我却觉得真是"发聋振聩"，"有功世道人心之文"，对于那班思想昏乱的青年，这种大棒大喝是必不可少的。我因为极表赞同于这种大棒大喝，所以觉得目前应该将国故"束之高阁"。

可是从事实上观察，要叫大家都将国故"束之高阁"，究竟是不可能的事。既不可能，则与其任他们自由读古书，结果闹到"非徒无益而又害之"，不如请有科学的头脑、有历史的眼光的学者如胡适之先生、顾颉刚先生诸人来做整理国故的事业。我希望他们最初做尝百草的神农，最后做配西药的药剂师，做成许多有条理、有系统的叙述国故的书，以供一般人对于国故的知识之需求。有条理、有系统的叙述国故的新书一部一部地多起来，不但可以满足一般人需求国故的知识之希望，而且还可以渐渐地改正他们对于国故的谬误的传统思想。国故本是"广义的中国历史"，我们若能用正确的眼光——进化论的眼光去看历史，这本是很有益的，因为我们看了祖先那种野蛮幼稚、不学上进的样子，可以激起我们"干蛊"的精神。

我因为认定要使一般人得到正确的国故的知识，应该读整理国故的新著，而整理国故的新著，无论用什么文字都可以做的，所以我对于"汉字革命和国故"这个题目的结论是这样：

汉字革命对于国故是有利无害的。将来用拼音的新文字叙述正确的国故的知识的书，不但比杂乱无章的古书要容易看得多，而且比现在胡适之、梁任公、顾颉刚诸先生用国语文叙述国故的新著还要容易看些，因为拼音文字比汉文要容易认识的原故。如此，则从前和现代不能普及的国故的知识，到了汉字革命以后，便渐渐地有普及的希望。

一九二三、一一、二〇　北京

汉字革命[*]

（1923 年）

（1）

距今二十年前（戊戌变法时代和它的前后），中国有人感觉到汉字的难识、难记、难写，不是一种适用的工具，应该另造拼音文字。如沈学、卢戆章、蔡锡勇、劳乃宣、王照诸人，都曾经发表过"中国该有拼音文字"的主张，并且他们自己都制造过拼音字母。但是他们却又发一种议论道："汉字太高深了，太优美了，它只是有力治学的人们适用的文字；至于那些知识低下或不识字的人们，是没有使用它的福气的，我们应该可怜他们，另外制造一种粗浅的拼音文字来给他们使用。"所以他们一面虽然主张中国该有拼音文字，可是一面又赶紧声明道："我们并不主张废弃汉字的！"照他们这种议论，好比说："鱼肉鸡鸭虽是适口养生的美品，但它们只是有钱的人们的食物；至于那些鸠形鹄面的苦人，是没有吃它们的福气的，我们应该可怜他们，另外造些窝窝头、杂合儿面来给他们充饥。"我想，他们要说那样的话的原故，或者因为社会上那些"骸骨之迷恋者"太多了，要是明目张胆地说一声"不要汉字"，恐怕有人要来胡闹，未免使得拼音文字的推行上发生阻力，所以姑且"虚与委蛇"，也未可知。如果是这样，自然要算别有苦心。

但是我们应该知道，他们说那样的话是不合理的，他们那种苦心也是误用的。人们对于社会上的无论什么事物，如果发现了它的毛病，非"改弦而更张之"不可，那就应该明目张胆地鼓吹革命，对于旧的尽力

---

* 录自《国语月刊》"汉字改革号"。

攻击，期其破坏、消灭；对于新的尽力提倡，期其成立、发展。这才是正当的行为！要是既想改革，又怕旧势力的厉害，于是做出遮遮掩掩、偷偷摸摸的样子，说上许多不痛不痒的话，对于四面八方一律讨好，希望做到什么"妥协"、什么"调和"的地步，那是一定不会有好结果的。不但没有好结果，而且还要发生"是非混淆"、"新旧糅杂"的坏现象！老实说，这样"灰色的革命"，我是很反对的！

而且还有一层，用那样不正当的手段来鼓吹革命，是很难得到效果的。试拿"古文革命"这件事作个比例，便可以明白了。对于从前所谓"古文"，觉得它不是记载思想事物的适用工具，应该改用白话来作文章，这也是二十年前的老新党所早见到的。但是他们也是用不正当的手段来鼓吹革命，他们对于这件事情的论调，和对于"文字革命"的论调一样。可怜闹上二十年，得不到一些效果！必须要到一九一七年（民国六年）陈独秀作《文学革命论》，胡适作《建设的文学革命论》，高张"文学革命军"的大旗，声讨旧文学，带了檄文、露布、炸弹、手枪、机关枪、四十二生的大炮，浩浩荡荡的杀奔"古文巢穴"中去，于是那些"城狐社鼠"才一溜烟逃得无影无踪，而国语的新文学才得成立。用"古文革命"的经过来做"汉字革命"的参考，便可知道我们若认明汉字的不适用，觉得表示国语的文学非用拼音不可，则惟有响响亮亮的说"汉字应该革命！"对于那"骸骨之迷恋者"，拼个你死我活，毫无妥协的余地。如此，则汉字改革的事业才有成功的希望。

这二十多年中，也有几个明目张胆声讨汉字罪恶的人，最早的是那"思想界之彗星"谭嗣同，他的《仁学》中有几句话道：

> ……又其不易合一之故，语言文字，万有不齐，越国即不相通，愚贱尤难遍晓。更若中国之象形字，尤为之梗也。故尽改象形字为谐声，各用土语，互译其意，朝授而夕解，彼作而此述，则地球之学可合而为一。

谭君这几句话，虽然不是专论汉字，但却是宣布汉字罪恶的第一声。后来《新世纪》周刊中，吴敬恒、褚民谊、李煜瀛诸人，对于汉字，都曾施过很剧烈的攻击。1919 年，《新潮》杂志第一卷第三号中，有傅斯年的一篇文章，题目叫做《汉语改用拼音文字的初步谈》，它实是"汉字革命军"的第一篇檄文。

这两年以来，因为国语文学的勃兴，注音字母的推行，教育有普及的要求，学问有提高的必要，于是大家渐渐注意到汉字革命这个问题上来了。我觉得这是极好的现象。

我敢大胆宣言：汉字不革命，则教育决不能普及，国语决不能统一，国语的文学决不能充分的发展，全世界的人们公有的新道理、新学问、新知识决不能很便利、很自由地用国语写出。何以故？因汉字难识、难记、难写故，因僵死的汉字不足表示活泼泼的国语故，因汉字不是表示语音的利器故，因有汉字做梗，则新学、新理的原字难以输入于国语故。

汉字应该革命的理由，说的人已经很多了。我想，除了迷恋骸骨的，保存（或维持）国粹的，卫道的，和那些做"鸳鸯蝴蝶"、"某生某翁"的文章的"文丐"、"文娼"们以外，只要是心地干净、脑筋清晰的人们，总不至于再发无理由的反对论了。但对于"汉字的应否革命"或者可以不生问题了，而对于"汉字的能否革命"恐怕还很有人怀疑。我以为这个疑团是极应该从早解释的。

所谓"汉字能否革命"的问题，换言之，就是"国语能否改用拼音文字表示"的问题。我对于这问题的解释的结果，现在先报告诸君一声：从汉字的变迁史上研究，汉字革命，改用拼音，是绝对的可能的事。

(2)

要解决汉字能否革命，国语能否改用拼音文字表示，应该从汉字的变迁史上来研究。

有人说："欧洲文字是拼音文字，中国文字是象形文字。"这话是大错的。汉字的中间，固然有一部分是象形文字，但这类象形文字在汉字的全体中，只占了最少的一部分，百分之一。

汉字的造字方法，据东汉的班固、许慎、郑众诸人所说，共有"象形"、"指事"、"会意"、"形声"、"转注"、"假借"六种，名叫"六书"。东汉人对于古学的研究，是很粗疏的，这六书的分类本不甚精当，然大体却无谬误。我们现在既不是专门研究文字学，则不妨就利用这六书的分类来说汉字在构造上的变迁。在说明"六书与汉字变迁"以前，先要把象形文字占汉字全体一百分之一的话交代明白。

东汉以前的古字，据东汉许慎的《说文解字》所记，共九千余字。但许氏所根据的，只有战国时秦国的《史籀篇》（《史籀篇》是秦文，系据王国维的《史籀篇疏证》之说）中的"大篆"和秦、汉两代的"小篆"，此外便是西汉末年刘歆假造的"孔壁古文经"中的假古字了。至于战国以前的真古字，直到宋以来许多钟鼎出土，才把周文发现了；直到最近二十年前汤阴的龟甲兽骨出土，才把殷文发现了。这后世发现的殷文、周文，和《说文》所记的秦文、汉文，很有许多不同的。但它们的不同，大部分是写法的不同，例如一个"鱼"字，只要画成一条鱼的样子，随便怎样，都可以的，所以钟鼎和甲骨中的"鱼"字一样。此外有些字是小篆写错的，例如"射"、"甫"二字。射，本作𝌆，像手弯弓射箭之形，小篆形误作𝌇，变为从"身"、从"寸"了。甫，古"圃"字，本作𝌈，像田中生蔬菜之形，小篆形误作𝌉，变为从"父"、从"用"了。这类的字也还不多。至于《说文》所无而发现于钟鼎和甲骨中的字，则为数甚少。我们若专门研究文字学，自然应该从钟鼎、甲骨讲起。现在粗略地说，则根据《说文》，也未尝不能说明汉字从创始时代到许慎以前的变迁之大概。

《说文》九千余字中，据王筠的《文字蒙求》所列，则：

象形字，二百六十四个；

指事字，一百二十九个；

会意字，一千二百五十四个。

除此以外，都是形声字了。象形字和指事字，都可以算作象形文字，在《说文》中只有三百九十三个，占《说文》字全体仅二十三分之一。《说文》以后的文字，形声字占了最大多数，会意字极少，至于象形字和指事字，除了"伞"、"凹"、"凸"等三数字外，简直是没有了。《说文》以后，文字日见增加，经过了一千六百年光景，到亡清修《康熙字典》的时候，共有四万余字。这三百九十三个象形文字在《康熙字典》四万余字之中，不是占了全体一百分之一吗？那么，如何可以把"象形文字"这个名词来赅括汉字的全体呢？

六书是造字的六种方法，这六种方法，不是一时成立的，是逐渐增加的。由这逐渐增加，便可证明汉字在三千年以前早已有离形就音的趋势了。

"象形"和"指事"的分别，大致是这样：象形系专就一件实物来依样描画，指事则用点、画、圈、钩之类来作某类某类事物的记号。前者专指一物，后者包括一切。《说文序》中举⊙、☽（日、月）为象形字之例，举二、二（上、下）为指事字之例。日月二字就是画太阳和月亮，这是不用详说的。上下二字的长画，系假定为一个标准东西；上下二字中的短画，系假定为在这标准东西的上面和下面的那件东西，于是"在上"和"在下"的意思就表示出来了。若从造字方法的笨滞和灵活上研究，则指事这种方法比象形要灵活一点，或者指事字的发生比象形字稍后，也说不定。不过指事字并不能脱离象形的面目，所以象形字和指事字都可以称为象形文字。（《说文》中解释指事字的形体，往往说为"象形"。）

象形和指事两种方法闹到"此路不通"，于是不得不抛却象形文字的面目来造会意字。会意的"会"字是"合"的意思，"意"就是"意义"。会意是用两个或两个以上的字来合成一个字（起初当然是合象形字和指事字，后来也有合会意字的），把这两个或两个以上的合成义来表示这一个合成字的意义。例如合"人木"两个字为一个"休"字，合"刀牛角"三个字为一个"解"字，合"日出収米"四个字为一个"曓"字（収即"拱"之古字，捧也。曓，今作暴，即曝之古字）。这种字义的结合，全凭造字人的主观的意思而定。如可以休息的地方很多，而造字人则用"木"来做代表；可以解剖的东西很多，而造字人则用"牛角"来做代表；可以晒晾的东西很多，而造字人则用"米"来做代表。至于道德上的名词，如"止戈"为"武"、"人言"为"信"、"人二"为"仁"、"皿囚"为"盈"之类，则更是全凭造字人主观的意思来制造了。会意的方法，大概是由指事扩充来的。指事比起象形来，已经有了一点主观的色彩，但尚不能全脱客体的形象，会意则纯任主观的意思造字了。那么，会意字应该称为"表意文字"，决不能称为"象形文字"。

用会意这个方法造字，虽比象形、指事稍微自由一点，但也很容易闹到"此路不通"。譬如那鸟兽、草木、山川的别名，固然不能用象形、指事的方法，却也不能用会意的方法。又如一种动作或一种状态，因为些微的不同，便须分为许多字，这岂能一一造会意字呢？到这时候，造字的人便"福至心灵"起来了，知道表意的方法还是不行，只有改用表音的方法了。因为未有文字，先有语言，文字本来是语言的记号，语言对于某事某物用某音表示，则文字也可以用某音表示。这时候，象形、指事、会意的字综计起来，已经造了一千多个了。语言中常用的音，这一千多个字中一定包含得很不少了，于是就用这一千多个字来作注音字母而造成一种形声字来。（后来形声字也作注音字母，并不限于这一千多个象形、指事、会意字。）形声字的"声"，是表音的符号，可以称为

"音符"，实际上就是那时的注音字母；形声字的"形"，是表义的符号，可以称为"义符"。例如"江"、"河"二字，古语称长江曰"工"，称黄河曰"可"，因即用"工"、"可"两字来作"江"、"河"两字的音符；江和河都是水，因又用"水"字来作它们的义符。汉字自从有了这个方法，于是由表义而趋向到表音的方面来了。

意义相近而有些微不同的，固然应该分造许多字去区别，还有那一个意义因地方或时代不同而变了读音的，这也不可没有区别。区别的方法，自然也只有添造文字。于是形声之外，又别有转注这一种方法。例如甲地读"谋"字之音如"某"，所以用"某"字做声符；乙地不读如"某"而读如"莫"，于是改用"莫"字作音符而添造"谟"字。又如"父"、"母"两个字在述说时读为"fu"、"mu"，而称呼则变为"ba"、"ma"，于是就添造"爸"、"妈"两个形声字（"父"、"母"都是象形字）。诸如此类，都是一义化为数音而造成的，这便是转注。（说本章炳麟。）就文字的形式上看，转注还是形声；但就"一义数音即造数字"这一点上看，可知表音文字的势力一天大似一天了。

转注虽因音变而字也跟着变，却还未脱离义符，如"父"、"母"之音变为"ba"、"ma"，不就拿"巴"、"马"两个字来表示，还要加上"父"、"女"作为义符。后来又觉得这种方法还不便利，因为：（1）声音转变，层出不穷，一一制字，实在麻烦得很；（2）副词、前置词、接续词、感叹词、助词等等，很难得到适当的义符；（3）古代传授学问，因为写的工具不便利，大都是"口耳相传"，这是只能记住语音，不能记住字形的。……既有这种种缘故，于是毅然决然的舍义而专来表音。只要声音对了，无论写哪个字都行。换言之，就是对于许多同音字，不问它们是象形字、指事字、会意字、形声字、转注字，也不问它们中间的形声字和转注字是什么符，凡同音的字，都可以任意乱写，凡声音略有转变，就可以改写他字以明其音。总而言之，对于固有的文字都作为注音字母用，这便是假借。《说文》定假借的界说道："本无其字，依声托事。"这话尚未能包括假借的全体。"本无其字"的，固然只要假借一个同音的字便得了，就是那"本有其字"的，也不妨随便写一个同音的字。所以"飞鸿"可以写作"蜚鸿"，"欧阳"可以写作"欧羊"，"憔悴"可以写作"蕉萃"，"仿佛"可以写作"放物"。汉字到了用假借字，便是纯粹的表音文字了。

照这六书发生的次序看，可知汉字是由象形而表意，由表意而表音，到了纯粹表音的假借方法发生，离开拼音，只差一间了。

　　假借这个方法，发生于何时呢？现在所见的最古的真正古字，就是殷代的甲骨文字，这中间已经有假借字了。如借"尞"为"寮"，借"唐"为"汤"，借"果"为"婐"，借"凤"为"风"之类。那么，假借方法的发生，至迟也应该起于殷代。后来周代的钟鼎文字中间，假借字更多了。中国学术的发生，萌芽于春秋，极盛于战国。最古的文学作品是《诗经》，最古的历史是《尚书》，其次便是《春秋》，这几部书，都是从那个时代流传下来的，因为传写之人不一，所以彼此异文甚多。这些异文，什九都是假借字，看陈乔枞的《四家诗异文考》、段玉裁的《古文尚书撰异》、赵坦的《春秋异文笺》等书，就可以知道。其他如周秦诸子、《史记》、《汉书》、汉碑等等，触目都是假借字，试把吴玉搢的《别雅》、钱大昕的《声类》、朱骏声的《说文通训定声》诸书随便翻检一下，也可以得其大概。从晋到唐，这种写假借字的风气仍是很流行。我们看陆德明的《经典释文》，知道六朝时候经书的本子彼此异文甚多。还有那近来常常发见的六朝写本和唐写本的书籍，同样一篇文章，写得互有不同，和现在通行的本子相较，复多违异。此外如南北朝、隋、唐的碑碣、墓志、造像等等，其中引书用词，字形歧异的更不可缕指。这里面虽然有些是由于传写有错误，致文义有异同，但大部分都是字音相近而字形不同的。这就是那时候的文字多用假借的证据。宋、元以来，书籍有了刻版，一印就是几十几百部，大家所看的本子都是一样的，某义写某字，都依着书上写，于是写假借字的风气渐渐不行于所谓"士人"的社会了。而且那些什么"士人"，看见别人写假借字，便要骂他是"写白字"。但是这种禁令，不过是"士人"自己定了来束缚自己罢了。若就全社会而论，这种写假借字的风气，直到现在，还是很流行。你看：

　　药方上写"人薓"作"人参"，"生薑"作"生姜"。

　　北京的书店掌柜写书签子，《汉书》作《汗书》。

　　苏州的烧饭司务开火食账，"百葉"作"百叶"。

　　戏单上面的"文武带打"作"文武代打"。

　　饭庄门口的"修理爐竈"作"修理炉皂"。

　　此外如"铜圆"作"同元"，"麫包"作"面包"，"義"作"义"，"幾"作"几"……真是数说不尽。这都是假借字呀。在那班"士人"看来，这"生姜"、"汗书"……都是"白字"，应该改正的。但是你们要改正吗？很好很好。请你们索性彻底的改正一下子吧。殷代的甲骨，周代的钟鼎，其中的文字太难懂了，且搁起不谈。你们所尊信的什么孔圣人删定的（?）什么经书（?），其中"白字"很多哩，请你们赶快改正呀！还有什么"漆园"，什么"三闾"，什么"盲左"，什么"腐迁"，什么"曹大家"，什么"蔡文姬"，什么姓韩的"文宗"，什么姓杜的"诗圣"，什么……什么……他们的文章中间，"白字"也很多哩，也请你们赶快改正呀！你们要是摇头摆手的说："不行不行！那不是白字，那是假借的字呀！"那么，你们说"生姜"、"汗书"……是白字，要来改正它们，我也要对你们说："不行不行！那不是白字，那是假借字呀！"

我要奉告大家：中国从殷代以来，早已有了离形表音的文字了，早已有一种未曾统一而且不甚简便的注音字母了。这样的注音字母行了三千多年，不来将它统一，将它改简，已经是不图上进了，乃竟还有人要来闭着眼睛胡说八道，什么"正字"、什么"白字"的闹个不休。他们连这一种粗陋不完备的注音字母都还不许人家自由使用，这真是"在时间的轨道上开倒车"的行为了！他们这种行为，若使伊尹、傅说有知，亦当窃笑于九泉之下！

既把固有的象形、指事、会意、形声、转注各种文字都作为注音字母用，那么，它们只是一个表音的记号了。既做了表音的记号，则原来的形体自然没有保存的必要。为书写便利计，笔划自以简少为宜。所以殷代的甲骨文字，就有将字体改简的：如"羊"字本作🐏，简之作⺷；"舆"字本作𦥑，简之作𦥑；"洹"字本作𣲷，简之作"𰁸"之类。周代的钟鼎文字，此例更多。后来秦的大篆变为小篆，小篆变为隶书，隶书变为草书，都是将文字的笔画逐渐改简。

因为原形没有保存的必要，所以隶书、楷书（楷书就是隶书，不过用笔不同罢了。它们的不同，与《玄秘塔》和《郑文公碑》，《表忠观碑》和《玄秘塔》的不同一样），对于原形大施破坏。你看：四方的太阳（日），长方的月亮（月），四条腿的鸟（鳥），一只角的牛（半），象形字不象形了；从字作宁，㡀字作叕，指事字不知所指何事了；龰字作武，裹字作表，韦字作弔，耂字作老，会意字不知会合几个什么字了；書字作书，寺字作寺，希字作布，㤝字作急，形声字的音符看不出了。这种破坏原形的写法，好古的先生们是很反对的，他们以为如此一变，便把字的精意完全失去了。殊不知自从假借方法发生，固有的文字早已作为表音的记号，那原形中间无论有没有"精意"，在应用上是丝毫无关的了。即举前面所说"飛鸿"的"飛"字可以写作"蜚"为例，用字的人对于"飛"和"蜚"，都是当作表示 fei 音的记号用的；至于"飛"的本义为"鸟飞"，字形也像鸟飞，"蜚"的本义为"臭虫"，字形是"从虫，非声"，这是他们完全不管的。还有一层："秋"字的大篆作龝，"禾"是义符，"龜"是音符；后来定小篆时，嫌这个字的笔画太多了，于是把"龝"字写了半个，去"龜"存"火"，写作"烁"字（又变作"秋"）。这和隶书把"書"字的音符"者"字写了半个，去"耂"存"日"，有什么两样呢？好古的先生们反对"書"字作"書"，却不反对"龝"字作"烁"，这真是知二五而不知一十了。

秦、汉之际的草书，后来给一班书法家写写，写到不适于实用了，于是又有宋、元以来的简体字，如"戴"改作"𭛠"，"钱"改作"𭥍"，"聲"改作"声"，"龜"改作"龟"之类。这种字在宋、元的时候是很通行的，不但随便书写可以用得，就是刊刻高文典册也可以用得。我们找《古逸丛书》、《双照楼影刊宋本词》等书看看，便可以知道。至于民间的通俗文学，如小说、戏曲等等，用这种字刊刻的就更多了，例如近来影刻的《五代史平话》、《京本通俗小说》、《元剧三十种》等皆是。这种简体字，在当时既可以刊刻高文典册，则社会上一定认为很适用，不去排斥它的。不料明、清以来忽然出了一班不识古字的"士人"，斥它为"破体"、"俗体"，不使它复登大雅之堂。他们自己还编出一种极可笑的书，叫做什么《字学举隅》，说这是"正体"，那是"破体"，这画应长，那直应短……吵个不休。这样胡闹，又是"在时间的轨道上开倒车"的行为了。

汉字的变迁，由象形而变为表意，由表意而变为表音。表音的假借字和拼音文字只差了一间，就是：（1）还没有把许多同音的注音字母并用一个；（2）还没有把这种注音字母的笔画改到极简；（3）还没有把同声的字归纳为一个声母，同韵的字归纳为一个韵母。所以假借字还只是一种未曾统一而且不甚简便的注音字母，只要"百尺竿头再进一步"，则拼音文字就可以出世了。所以我说，"从汉字的变迁史上研究，汉字革命，改用拼音，是绝对的可能的事"。

(3)

假借字既然远起于殷代，那么，何以这三千年之中，株守不变，总没有想到要去作那"百尺竿头再进一步"的事呢？

讲到这一层，却不能不怪这三千多年之中造字的和用字的人们的爱捣乱了。本来假借这个方法是由形声进化的，形声虽然是表音文字，但是还有"义符"去拘束它。形声本是济会意之穷而发生的方法，就是变表意而为表音，而它的构造方法，则半为音符，半为义符，于是于表音之外还要表意。既有义符拘束，自未便用了"甲义符"的字去表"乙义"。例如"伦"、"纶"、"论"三个字，虽然音符相同，但义符既别，则"伦理"和"经纶"便不应写作"论理"和"经论"。其他音同而义异的字，又非一一特造不可。本欲以表音济表意之穷，而结果乃仍为意符所束缚，这是形声的大缺点，所以后来想出假借这个纯粹表音的方法来补救。照假借的方法，凡同音的字，都可以随便乱写，它对于形声字的义符是完全不管的。所以"伦理"尽可以写作"论理"，如《吕氏春秋·行论》："以尧为失论"，高注"论，理也"；"经纶"也尽可写作"经论"，如《易·屯象》原文"君子以经论"。这种"本有其字"的还可以抛弃本字，随便乱写，则"本无其字"的当然只要借个同音的字来表示，无须再造本字了。

照此说来，有了假借这个方法以后，实无再造形声字的必要，但事实上殊不如此。有既用假借字，又去造本字；既造本字，又来用假借字的。有甲字为乙义所假借，而另造一字来表甲义的。此外还有本字和假借字并用的。照假借的方法，凡同音字都可假借，于是假借字就有了许多。本字也不一，有古人造的本字，有后人造的本字。现在举一个字为例，"然"字本训为"烧"，是"燃"的古字。"然否"的"然"，本无其字，就借"然"字来用。后来又造了一个"嘫"字，作为"然否"的"然"的本字，但终于不用，仍旧借用"然"字。"然"字既借给"然否"用了，于是"然烧"又另造"燃"字。可是刊刻古书，有些写"然"，有些写"燃"，又很不一致。还有一班好奇的人，嫌"然否"写"然"字太习见了，于是又去借用"肰"字。

你看，文字这样捣乱，还容易搅得清楚吗？但所以这样捣乱的原因却很简单，就是"有了假借方法以后还要造形声字"。例如先借"夫容"，后造"芙蓉"；先借"目宿"，后造"苜蓿"；先借"遮姑"，后造"鹧鸪"；先借"流离"，后造"琉璃"之类。陆德明《经典释文·序录》中所谓"飞禽即须安'鸟'，水族便应着'鱼'，虫属要作'虫'旁，草类皆从两'屮'"，这就是先用了假借字、后又造形声字的说明了。假借是把字形看作一个无意识的表音的记号，形声字则字形是有意识的。要是有了假借以后，不再造形声字，则假借虽不统一，然大家可以专记声音，不问形体，久而久之，自然可以作到某字专写某形，而"再进一步"的思想就容易发生了。而事实上则常常用假借字，常常造形声字，弄得大家看着字形，时而觉得是有意识的，时而觉得是无意识的，目迷五色，莫名其妙。只有明代的黄生，清代的戴震、王念孙、王引之、阮元、俞樾等等几个聪明人，能够看准它无论是"用假借字"，无论是"造形声字"，总之都应该从声音上去研究，所以这几位先生没有着了它的道儿。其他读书识字的人，都早已被它带进迷魂阵中去了，还有什么闲情别致去作再进一步之想呢？

其他如宋、元、明、清以来的"士人"反对写"白字"，反对写"破体"，也足以丰蔀一时的人心而为文字改进的障碍。

我想，这三千多年中没有人想到要去作"再进一步"的事，大概就是上列的这几种原故了。

(4)

到了现在，我们实在不能不"再进一步"，谋"汉字之根本改革"了。而且仅仅"再进一步"，还是不能满足，我们非"更上一层楼"，来干"汉字之根本的改革"那件事不可！

什么是"汉字之根本改革"？就是将汉字改用字母拼音，像现在的注音字母就是了。什么是"汉字之根本改革的根本改革"？就是拼音字母应该采用世界的字母——罗马字母式的字母。

汉字的罪恶，如难识，难写，妨碍于教育的普及、知识的传播，这是有新思想的人们都知道的。此外如字典非用"一、丿、丶、丨……"分部就没有办法，电报非用"0001、0002……"编号就没有办法，以及排版的麻烦，打字机的无法做得好，处处都足以证明这位"老寿星"的不合时宜，过不惯二十世纪科学昌明时代的新生活。

但我觉得这还不打紧，最糟的便是它和现代世界文化的格不相入。

一般人所谓"西洋文化"，实在是现代的世界文化，并非西洋人的私产，不过西洋人作了先知先觉罢了。中国人要是不甘于"自外生成"，则应该急起直追，研究现代的科学、哲学等等。若要研究"国学"，尤其非懂得科学方法不行。（这还是说"起码"的话。其实不懂得现代的新文学，决不配整理中国的旧文学；不懂得历史学，决不配整理中国的经、史。其他例推。）我们今后对于"国学"，只应该做"整理国故"的事业，绝对的不应该再讲那什么"保存国粹"、"宣扬国光"这类废话了。我们要使中国人都受现代世界文化的洗礼，要使现代世界文化之光普照于中国，要使中国人都可以看现代的科学、哲学、文学等等书籍，则非将它们用国语翻译或编述不可。可是一讲到用国语翻译或编述它们，立时三刻就发生一件困难的事，就是学术名词的翻译问题。这个问题，十多年前如胡以鲁、章士钊诸人都曾讨论过。例如"Logic"这个字，或主意译，或主音译。主意译的之中有主张译为"名学"的，有主张译为"论理学"的，主音译的则译为"逻辑"。据我看来，还是音译好些。那意译，不但没有很适当的字，而且还容易发生种种误解。譬如译 Logic 为"名学"，便要联想到什么"名家者流"上面去了；译 Democracy 为"民本主义"，便要联想到什么"民为邦本"上去了；译 Decadent 为堕落派，译 Bolsheviki 为"过激党"，便在字面上发生许多可笑的误解了。甚至竟有人看了 Republic 译为"共和国"，会联想到"周召共和"的！你想，这意译的方法还要得吗？音译自然比较的要好些，但如"逻辑"，如"德谟克拉西"，如"狄卡耽"，如"布尔什维克"等等，用了许多联不起来的汉字，真不容易记住。至于读起来的佶屈聱牙，恐怕不下于韩老头儿的读《盘庚》、《大诰》哩。吃了难记、难读的苦头，还是与原音不相符合。即使偶然符合，原字的面孔还是没有看见。我老实说罢，人家的拼音文字，本就比我们的汉字要合理些。这种学术，又是人家先发明的，人家用的名词，早已"约定俗成"了，我们除了照用，是没有第二种好方法的。我主张这些学术上的名词，老老实实的把原字写进我们的国语中来，才是正办。什么"意译"，什么"音译"，都是吃饱饭，没事干，闲扯淡。

此外如人名、国名、地名、化学原素之名，国际度量衡之名，以及各国度量衡、货币等等之名，本来只能读它们的原音的，尤其没有翻译的必要了。什么杜威、罗素、爱罗先珂、维也纳、琴诺亚、钾、锌、氢、氩、糎、瓩、矸、哩、哛、辨士、卢布等等，实在音不亲切，字不便写，而且还非下加括弧、注明原字不可，真是无谓的麻烦，应该省去，直写原文。

还有一层，语言文字本是表示思想、事物的符号，甲国所缺而为乙国所有的，即采用乙国的来补充，本是很便利、很正当的办法。中国的语言文字中，如“刹那”，如“忏悔”，如“夜叉”，如“菩萨”等等，都是采用印度的词儿，则从前早有先例了。近来的文章输入西洋的词儿，如“烟士披里纯”，如“辟克匿克”等等也常常看见。我以为现在的国语，它的词儿实在太贫乏了，除采纳古语和方言以外，尤其应该大大的采纳外国的词儿。但也宜写原字，如“烟士披里纯”直写 Inspiration，“辟克匿克”直写 Picnic，寻常的物名如 Lamp、Pen、Ink 之类，也以采用原字为是，免得再用什么“洋灯”、“洋笔”、“洋墨水”这些鄙俗的词儿。

为和世界文化不隔膜计，为补救国语的贫乏计，我以为非无限制的采纳外国的词儿并且直写原字不可。但用此法，则汉字又是一种障碍物，因为被采纳的外国词儿，都是用罗马字母拼成的，和这四四方方的汉字很难融合。将来日本的词儿，也有应采纳的，但采纳它，便应该依它的原音读为ㄧㄛㄎㄛㄒㄚ、ㄇㄚㄗㄇㄛㄙㄛ、ㄎㄧㄇㄛㄋㄛ。日本虽借用汉字，而别有读音；依原音读也只有用罗马字母拼音之一法。例如横滨、松本、着物，应该读原音，不可依国音读为ㄏㄥㄅㄧㄣ、ㄇㄨㄥㄅㄣ、ㄓㄛㄨ。但如此，便须照他们的罗马字母拼法写作 Yokohama、matsumoto、Kimono。要是保留了汉字，则外国原字总难无限制的输入——虽然我们竭力提倡写汉字的文章中间尽可夹杂许多外国字，而且那“音译”和“意译”的魔鬼一定常常要来作祟。反过来说，假如国语改用罗马字母式的字母拼音，则此等采用外国原字，不但没有妨碍，而且觉得非如此不可。不但“音译”没有这回事（除非有痴人会把 Bolsheviki 的音译“布尔什维克”五个字，再依国音译为 Puershihweike），即“意译”也不能成为事实了（若有将 Bolsheviki 的意译“过激党”三个字再依国音译为 Kuochitong 的人，这人也就迂拙得太可笑了）。

所以若承认中国应该和世界文化不隔膜，应该设法补救国语贫乏的缺陷，而主张无限制的采纳外国的词儿并且直写原字到国语中来，则非将国语改用罗马字母式的字母拼音不可。这便是我主张“汉字之根本改革的根本改革”的理由。

这个理由现在说明白了，则“仅仅‘再进一步’还是不能满足”的理由可以不用详说了。简单一句话，就是“注音字母虽然是改革过了的汉字，虽然是拼音的字母，但和世界的字母——罗马字母式的字母——还隔了一层”。至于注音字母自身尚有不甚美满之点，如草体还不甚简便，如结合韵母拘牵明、清以来的等韵说而有不密合的拼法之类，虽然也可以算作"不能满足"的理由，但这还不甚重要，因为可以设法改良的。

(5)

假如有人问我道：既然国语的拼音字母要和用罗马字母拼音的外国词儿相融合，则何妨直接采纳二十六个罗马字母呢？何以又要主张采用"罗马字母式的字母"呢？毕竟你所谓"罗马字母式的字母"是怎样一种字母呢？

答道：不直用二十六个罗马字母的原故，因为它的音不够，但它的形式是很适用的，所以要采用"罗马字母式的字母"。我所谓"罗马字母式的字母"，就是"国际音标（International Phonetic Alphabet）"。

我以为罗马字母有三个大劣点：

（1）音太缺乏。如国音的兀、尸等音都没有。

（2）音有重复。如有 ku，又有 q；有 ks，又有 x。

（3）音无定读。如 u 母，英读丨又，法读凵，德读ㄨ；尸音，英作 sh，法作 ch，德作 sch。

但它又有两个大优点：

（1）易写。

（2）美观。

还有一层，它已经通行于全世界了。现在的欧洲文字不待论。凡不用罗马字母的文字，如希腊，如印度，如日本，它们的语音要通于世界，也都是用罗马字母表示的。罗马字母的势力既如此伟大，我们采用它，自然是最便利、最适宜的了。

但罗马字母虽有优点，势力虽伟大，却总不能因此而掩它的劣点。而且它的三大劣点，都是关系很重要的。若漫不思考而采用，则国音在表示声音上不免有缺憾。国际音标的形式，是采用罗马字母的，但它对于罗马字母缺乏的音，都仿罗马字母的形式而添造：如兀作 ŋ，ㄖ作 ʒ 之类。又它是科学的，所以复音用复母，单音用单母。如ㄔ是复声，尸是单声，故ㄔ作 ʧ，ㄕ作 ʃ，不像英文ㄔ作 ch，尸作 sh，看不出音有单复之异。又如ㄨ是单韵，ㄟ是复韵，故ㄨ作 u，ㄟ作 ei，不像英文ㄨ作 oo，ㄟ作 a，将单复颠倒。还有一种好处，就是它的读音，全世界一致，不像罗马字母的音无定读。国语字母采用它，不是有罗马字母的优点而没有它的劣点了吗？所以我主张采用国际音标作国语字母。

但这不过提出我个人的私见，请同志们讨论的。至于将来究竟决用哪样的字母，那当然要经过精密的研究，才能定夺。（我对于国际音标，主要采用哪些字母，别有专篇讨论此事。）

(6)

我们的革命同志诸君！我们赶快来筹备吧！筹备的事项，自然是千头万绪，一时说不尽。我现在姑且写出十项：

（1）选定字母。

（2）写定词儿。

（3）改造同音的词儿。

（4）采取古语。

（5）采取方言。

（6）采取外国的词儿。

（7）编纂词书。

（8）改造文法。

（9）编纂文法书。

（10）翻译书籍。

我想，我们对于这十项，一项一项的做去，做到十项的时候，便是它完全成立的纪元节了。到了那时，便可以从全国的小学校起改用新文字了。

这十项的筹备，要是努力去做，我想以十年为期，总可以做得成的。我希望从一九三二年（民国二十一年）以后，入学的儿童不再吃汉字的苦头！

至于这筹备期内，既然不能完全脱离汉字，则对于汉字的补偏救弊的办法，也应该积极去做。我主张：

（1）写"破体字"。凡笔画简单的字，不论古体、别体、俗体，都可以采用。

（2）写"白字"。这所谓写白字，是把国音同音的字少用几个，拣一个笔画较简而较通行的字来代替好几个笔画较繁而较罕用的字，总期易识易写罢了。若有人矜奇弄巧，故意写些同音的僻字，那是与本条的用意绝不相同的。又，有些同音的词儿在现在习惯上必不可不分析的，也不必故意混合，致启误解。

（3）本国语——兼国语与方言——之没有汉字可写，或汉字表音不真切的，都改写注音字母。

（4）无限制的输入外国的词儿，最好是直写原字，断断不要以"庞杂"为虑。万不得已而要译音，则只可用注音字母去译，决不要再用汉字去译。"意译"的字，总要设法使它减少，愈少愈好。

（5）鼓吹注音字母独立施用，承认它和汉字同样有文字的价值。

话说完了。我现在恭恭敬敬的捐起一面大旗，欢迎我们的同志，这旗上写着四个大字——两个词儿——道：

"汉字革命！"

孔家店里的老伙计*
（1924 年 4 月 29 日）

　　"打孔家店的老英雄"（?）做了二十七首臭肉麻的歪诗，忽被又辰君发，写了几句"冷嘲"的介绍话，把它登在四月九日的《晨报副刊》上，拆穿该"老英雄"（?）欺世盗名的西洋镜，好叫青年不至再被那部文理欠亨的什么《文录》所诱惑，当他真是一位有新思想的人。又辰君这种摘奸发伏的行为，我是极以为然的。

　　但有人以为，这二十七首歪诗固然淫秽不堪，真要令人作呕三日，可是那部什么《文录》，毕竟有"打孔家店"的功绩，我们似乎只可说他现在痰迷心窍，做这种臭肉麻的歪诗，不能因此便抹杀他从前"打孔家店"的功绩。

　　说这样话的人，也是一种"浅陋的读者"罢了。那部《什么文录》中，"打孔家店"的话汗漫支离，极无条理，若与胡适、陈独秀、吴敬恒诸人"打孔家店"的议论相较，大有天渊之别。我有一个朋友说："他是用孔丘杀少正卯的手段来杀孔丘的。"我以为这是对于《什么文录》的一针见血的总批。

　　孔家店真是千该打、万该打的东西，因为它是中国昏乱思想的大本营。它若不被打倒，则中国人的思想永无清明之一日，穆姑娘（Moral）无法来给我们治内，赛先生（Science）无法来给我们兴学理财，台先生（Democracy）无法来给我们经国惠民，换言之，便是不能"全盘受西方化"。如此这般的下去，中国不但一时将遭亡国之惨祸，而且还要永远被驱逐于人类之外！

　　但打孔家店之先，却有两层应该弄清楚的：

---

　　* 录自《晨报副刊》，1924 年 4 月 29 日。

一、孔家店有"老店"和"冒牌"之分。这两种都应该打，而冒牌的尤其应该大打特打，打得它一败涂地，片甲不留！

二、打手却很有问题。简单地说，便是思想、行为至少要比冒牌的孔家店里的人们高明一些的才配得做打手，若与他们相等的便不配了。至于孔家店里的老伙计，只配做被打者，决不配来做打手！

真正老牌的孔家店，内容竟怎样，这是很不容易知道的，我完全没有调查过它，不能妄说。不过这位孔老板，却是纪元前六世纪到前五世纪的人，所以他的宝号中的货物，无论在当时是否精致、坚固、美丽、适用，到了现在，早已虫蛀、鼠伤、发霉、脱签了，而且那种野蛮笨拙的古老式样，也断不能适用于现代，这是可以断定的。所以把它调查明白了，拿它来摔破，捣烂，好叫大家不能再去用它，这是极应该的。近来有些人如胡适、顾颉刚之流，他们都在那儿着手调查该店的货物。调查的结果能否完全发见真相，固然不能预测，但我认他们可以做打真正老牌的孔家店的打手，因为他们自己的思想是很清楚的，他们调查货物的方法是很精密的。

至于冒牌的孔家店里的货物，真是光怪陆离，什么都有，例如古文骈文，八股试帖，扶乩求仙，狎优狎娼……三天三夜也数说不尽。自己做儿子的时候，想打老子，便来主张毁弃礼教；一旦自己已做了老子，又想剥夺儿子的自由了，便又来阴护礼教。这是该店里的伙计们的行为之一斑。"既明道术，兼治兵刑，医国知政，同符古人，借术自晦，非徒已疾"；"盖医为起百病之本，而神仙所以保性命之真，同生死之域，荡意平心而游求其外"；"医国之道，极于养生"；"冥心虚寂，游神广漠，玉楼金阙，涉想非遥，白日青云，去人何远？"（看《什么文录》第十五页）这是该店里的伙计们的思想之一斑。这一类的孔家店，近来很有几位打手来打它了，如陈独秀、易白沙、胡适、吴敬恒、鲁迅、周作人诸公之流是也。上列诸人，也都是思想很清楚的，我认他们配做打手。

怎样的思想才算是清楚的思想呢？我毫不躲闪地答道：便是以科学为基础的现代思想，惟此思想才是清楚的思想。此外则孔家店（无论老店或冒牌）中的思想固然是昏乱的思想，就是什么李家店、庄家店、韩家店、墨家店、陈家店、许家店中的思想，也与孔家店的同样是昏乱思想，或且过之。还有那欧洲古代的思想和印度思想，一律都是昏乱思想。所以若是在李家店或韩家店等地位来打孔家店，实在不配！孔家店里的伙计们，只配被打，决不配打孔家店，这是不消说得的。他们若自认为打孔家店者，便是"恶奴欺主"；别人若认他们为打孔家店者，未免是"认贼作子"了！

狎娼狎优，本是孔家店里的伙计们最爱做的"风流韵事"。你们看《赠娇寓》："英雄若是无儿女，青史河山尽寂寥"；"惹得狂奴欲放颠，黄金甘买美人怜"（尤其妙的是"好色却能哀窈窕"，这真是"童叟无欺"的孔家店中的货物）。你们再看什么诗集的附录的什么词："笑我寻芳嫌晚"；"尽东山丝竹，中年堪遣"。这些都是什么话！什么"打孔家店的老英雄！"简直是孔家店里的老伙计！"人焉廋哉！人焉廋哉！"

孔家店里的老伙计呀！我很感谢你：你不恤用苦肉计，卸下你自己的假面具，使青年们看出你的真相。他们要打孔家店时，认你作箭垛，便不至于"无的放矢"，你也很对得起社会了。

末了，我要学胡适之先生的口吻："我给各位中国少年介绍这位'孔家店的老伙计'——吴吾！"

《世界语名著选》序[*]
（1924 年 5 月 1 日）

冯省三先生编了一部《世界语名著选》，把目录抄给我看，要我做序。我惶恐得很，因为我说不出什么话来——实在我也真不配在这上面说什么话。我于是便起了一种不纯洁的心思，翻开冯先生去年编的《初级世界语读本》上面周启明先生的序来看看，要想暂时对不起周先生的序，把它当做从前八股时代的《文料触机》一类书用用，看里面有没有可偷的意思。

我真高兴，看到第四行，便发现了半句话："我是不会做切题的文字的。"我得了这半句话，我的胆顿时壮起来了，因为"不切题的文字"，我还可以勉强对付着胡诌几句。我明知周先生的话是他的"自谦之词"，但我现在只好"断章取义"，引它来替我自己解嘲了。

我先要声明：到现在为止，我还未曾学会世界语。说起世界上有 Esperanto 这一种语言和文字，我却知道得不算很迟，1906 年我在日本，就见过关于世界语的读本等等。1907 年，吴稚晖、李石曾、褚民谊诸先生在巴黎办《新世纪》周刊，大大地鼓吹世界语，我那时看了，觉得心痒难熬，恨不得立刻就学会它。1908 年，刘申叔先生在日本请了大杉荣先生来讲授世界语，我赶紧去学，学了一星期光景，总算认得了二十八个字母。后来为了某种事件，我不愿与申叔见面，因此，世界语也就没有继续学下去。忽忽至今，已有十六年了。这其间国内发生的研究世界语的团体却也不少，有几处我也曾加入，但总是学了几天便中辍了。中辍的缘故，现在不必去说它。我除加入研究世界语的团体以外，又常常喜欢购买世界语的读本、文典、词书等等，常常作自修之

---

* 录自《晨报副刊》，1924 年 5 月 20 日。

想，可是终于没有做到。所以直到现在，还只认得二十八个字母！像我这样的学世界语，总不能不说是"无恒"了。像我这样学世界语而无恒的人，对于世界语的读本，有什么话可说，有什么话配说呢？

可是我虽犯了"无恒"的毛病，到现在没有把世界语学会，而我对于世界语的感情，自己觉得非常地好。我对于它有很大的希望，我希望它早日取得实际上的国际语言文字的地位，我希望它在中国大大地发展起来，与国语占有同等的势力；我尤其希望它来做国语的导师，并且任国语的新文字来采用它的词句。

这三种希望中，第一种是凡世界的 Esperantist 的希望，第二种是凡中国的 Esperantist 的希望，无庸我来赘说了，第三种却是我的希望（自然不止我一人），下面要把这一种希望的意见说它一说。

国语的组织有改良之必要，这已经为现在思想清楚的人们所公认的了。改良时应该用哪种语言做标准呢？我以为最好是用世界语。关于这一点，已经有胡愈之先生先我而说过了。胡先生说：

> 现在不是有所谓"语体文欧化"的要求吗？所谓"语体文欧化"，决不是无中生有的事情，只因为在翻译外国文和传达高深思想的时候，发现国语文里有许多不适用的地方，实在干不下去，所以主张尽量采取欧语的组织来补正它。但是所谓"欧化"，应该采取哪一种欧文呢？"英化"呢，"德化"呢，"法化"呢？我们倒不如直截了当地说是"世界语化"。因为国语的最大的缺点，是在于文法的不完备，组织的不合理，单字的不够用，而世界语却是最合于逻辑的文字，它的文法最完密，单字的变化也最丰富，所以世界语实在是我国国语的唯一补充物了。（《教育杂志》，第十四卷号外，"学制课程研究号"，《世界语的价值及加入课程的准备》p.7）

胡先生的话，我完全同意，所以把它抄在前面，就算做我的意见。

我是主张"汉字革命"而国语的新文字应该用罗马字母来拼音的。我以为今后的国语，除文句的组织应该叫它"世界语化"外，还有一层，即新事、新物、新理非"国故"所有的应该直用西文原字，绝对不必白费气力讨论"音译"的问题。写原字比用译名的好处至少有二点：一、用译名，无论音译、义译，无论译得好不好，总是彼此纷歧，绝难统一的，于是便不得不附注原字了。翻译了还要注原字，何等麻烦哪！何等无谓呀！这当然不如直写原字之明白简当了。二、一般人所谓"西方文化"，实在是现代全世界的文化。中国人倘不愿"自外生成"，要与这现代全世界的文化契合，则有许多词类和文句（不限于学术的专名）便非直用原文不可，否则总不免隔膜了一层。况且汉字的本身是有它的意义的，合几个汉字来造成一个新译名，虽然纷歧，虽然隔膜，总还有点意义。若用字母拼音，还要汉字的意义来造新译名，还真不知是什么话了。例如英语的"Logic"译作"论理学"，"Ethics"译作"伦理学"，是有意义的。若照"论理学"和"伦理学"六个汉字的读音译作"luennliishio"和"lwenliishio"（暂用赵元任先生所拟的"国语罗马字"），这当然是绝无意义，绝对不适用的了。然则除了这直写原文，简直没有第二个办法。（汉字中"音译"的词，更当然是写原文，如"Eroshenko"，决没有照"爱罗先珂"四个汉字的读音译作"Ayllosienko"的道理，这是不用讨论的。）可是写原字又有问题了。人名，地名，有些大概可以"名从主人"，各照他们本国的写法。（其实也还有问题，如俄国的人名，地名，便不能照他本国的写法。再进一层说，"Paris"还是读"巴黎"，还是读"怕黎思"？）此外一切词类应该怎样办法？单采某一国的呢，还是兼采好几国的呢？似乎多不大好。别的且不论，单就"读音无定"这一点想，就够困难了。我以为最好的办法便是采用世界语的，如上文所举"论理学"和"伦理学"两词，以写"logiko"和"etiko"为最适宜。不但读音简易有定，而且词性有变更或意义有引伸，便可照世界语的文规，变换语尾或添附接头语和接尾语。这真是条例最分明、意义最清晰的文字，国语中采它来充补固有之不足，比较地自然是最适宜的了。

我因为对于世界语有上述的三种希望，所以我常常很热烈的盼望中国有很多的人来学习世界语。

我有一个信仰：我以为文学（不限于所谓"纯文学"）是语言文字的生命。学一种语言文字之唯一的好工具，便是文学的作品。用了这个好工具来学语言文字，决不止于"事半功倍"；要是不用这个好工具，而去读那些市侩胡乱编纂的庸俗板滞、毫无生趣的课本，那就要想做到"事倍功半"的地步还是很难。就拿咱们的国语来做个例吧。距今二十年前，早已有什么白话报，什么通俗的白话演讲稿，什么白话课本之类，但是它并没有发生什么效力，无论"文人学士"或"引车卖浆之徒"，实在没有人爱读它的。近四五年来书房里所编的那些什么小学国语教科书之类，小学生读它与读"天地玄黄"、"大学之道"差不许多，毫不能引起爱读的兴趣。这是什么缘故？便是因为它们毫无文学的价值。反过来看，便全不相同了。中国的白话文学，虽然屡屡被文人学士们踢到阴沟里去，而实际上却是从《三百篇》以来绵延至今，并未中断。不过宋以前的白话文学只有一些诗词，偶然有几篇散文，还不是有意做的，所以没有多大的势力。元朝产生了北曲、南曲这许多伟大的白话戏剧，明、清以来的昆剧、京剧等等跟着继起，明朝又产生了《水浒传》、《金瓶梅》、《西游记》这几部伟大的白话小说，清朝的《红楼梦》、《儒林外史》、《儿女英雄传》、《老残游记》等等跟着继起。这些戏剧和小说，便是六百年来"实际的国语读本"，无论"文人学士"或"引车卖浆之徒"都是爱读它们的。我敢说，六百年来的"官话"，六百年来的白话散文，全是从这些"实际的国语读本"产生的。这是什么缘故？便是因为它们都有文学的价值（虽然其中价值的高低很有不同）。六百年中的人们对于白话戏剧和小说，绝没有哪个来有意的提倡它们，绝没有哪个来认它们为文学的正宗，只因它们是文学的作品，有文学的价值，便能煽动人们对于它们的爱好心，不知不觉地产生了"官话"和白话散文，这就很可以证明文学是语言文字的生命了。近七八年以来，文学革命军兴，革命的巨子们大吹大擂地提倡"国语的文学，文学的国语"，明目张胆地叫大家读六百年来的戏剧和小说。还有许多有文学的天才的人如胡适之、鲁迅、郁达夫、叶圣陶诸先生努力地创造许多新的白话文学的作品，而大书坊里也请人编辑许多白话的儿童文学的书如《儿童世界》、《小朋友》之类。我知道近年以来的中小学校，凡提倡读这些旧的、新的白话文学的，那边的生徒的国语都是突飞的进步。这是事实，并非夸词，由此可以证明文学的作品是学语言文字之惟一的好工具了。

世界语到中国以来，已有十六七年，中国研究世界语的团体却也不少，但世界语在中国，现在还讲不上"发展"两个字。这固然由于它的敌人太多，老顽固党不必论，新人物之中，也颇有许多患近视眼的先生们，甲骂它是"私造符号"，乙骂它是"垂死的假文字"。有人提倡它，他们更要痛骂，说"这是药房的广告上自夸其药品之灵验的伎俩"。世界语受中国人这样无理的摧折践踏，自然是不容易发展之一大原因。但据我看来，没有良好的工具，也是它在发展的路途上的大障碍。我所看见的中国人编的关于世界语的读本，只有盛国成先生的《世界语函授讲义》（前年重印，改名为《自修适用世界语讲义》）是好的，其他便不敢恭维了。可是我对于盛先生的书，虽然很赞美它是一部详备适用的自修的读本，但总觉得有点美中不足，便是文学的作品太少了。去年看见冯先生编的《初级世界语读本》，使我非常地高兴起来，因为其中很多有文学的趣味的短文。我想，中国这才有了一部很好的世界语的读本了。现在，冯先生又编了这部《世界语名著选》，我看了它的目录，知道全是文学的作品，而且是许多有名的大文学家如契诃夫、都介纳夫、托尔斯泰、爱罗先珂、歌德……的作品。我要向中国愿学世界语的人们道喜：您现在得到好的工具了！我道过喜之后，还要向冯先生要求：我希望您以后继续不断地把世界语之文学的作品编选许多书出来，我尤其希望您时时把世界语的书籍很详细地介绍给愿学的人们。

　　冯先生！您叫我给您的书做序，我竟胡诌了这么一大堆废话，我真万分对您不起！

　　　　　　　　　　一九二四年五一节　钱玄同　北京

三十年来我对于满清的态度的变迁[*]
（1924 年 12 月 30 日）

一九二四年十一月六日晨八时半，我看当天的《晨报》，知道爱新觉罗·溥仪已于上一天废除伪号，搬出伪宫。我顿然把二十年来仇视满清的心思完全打消，提起笔来，就做了一篇《恭贺爱新觉罗·溥仪君迁升之喜并祝进步》，送给《语丝》第一号。接着又写这篇《三十年来我对于满清的态度的变迁》，写了几张，忽想，这不过是我个人对于某一事件的态度，不值得"灾梨祸枣"，便搁笔不写了。近日我偶向伏园和开明谈及，他们俩都怂恿我做成发表，开明并且说："我们对于满清的态度的变迁，很有与你相像之点，所以这种变迁，未必单是你一个人如此，把它发表，倒是很有意思的。"我给他们这么一说，不免又把兴致鼓动起来，因将此文续完，送给《语丝》第八号。

我平日看报，碰到"昨日"、"前晚"这些字样，常要生气，因为不知道究竟是哪一天，所以自己写东西，末尾总记上年月日（自然也有时忘记写的）。现在这篇文章，末尾虽然有年月日，但为醒目起见，先在这儿说明几句：所谓"三十多年来"，便是一八九五至一九二四，我的年龄是九至三十八岁。

谨遵"博士写驴券"的"义法"，在正文以前加了这许多废话（或云，当作废话），现在剪断废话，请驴子登场。

（一）

我在十岁左右（一八九六），就知道写满清皇帝的名字应该改变原

---

* 录自《语丝》，第 8 期。

字的字形，什么"玄"字要缺末点，"宁"字要借用"甯"，"颙"字要割去"页"字的两只脚，"琰"字要改第二个"火"字作"又"，这些鬼玩意儿是记得很熟的。还有那什么"国朝"、"昭代"、"睿裁"、"圣断"、"芝殿"、"瑶阶"等等瘟臭字样，某也单抬，某也双抬，某也三抬这些屁款式，我那时虽还没有资格做有这些字样的文章（？），但确认为这是我们"读圣贤书"的"士人"应该是知道的，所以也很留意。我还记得十二岁那年（一八九八），在教师的书桌上看见一部日本人做的书（好像是《万国史记》），有"清世祖福临"、"清高宗弘历"这些字样，又不抬头写，那时看了，真觉得难过。（今年夏天，北大研究所国学门为了某事件发表一篇宣言，中间有两三处提及溥仪的名字，某遗老看见了，写信给研究所质问，其势汹汹，大有开国际谈判之象，信中有"指斥皇上御名，至再至三"等语。我那时难过的状况，正与今年这位某公相像。）

（二）

我十六岁那年（一九〇二），梁任公先生的《新民丛报》出版。这年的《新民丛报》，不仅提倡民权政治，鼓吹思想革新，而且隐隐含有排满之意。前此谭复生先生的《仁学》也在那时印出，它的下卷昌言排满，其言曰："………有茹痛数百年不敢言不敢纪者，不愈益悲乎！《明季稗史》中之《扬州十日记》、《嘉定屠城纪略》，不过略举一二事。当时既纵焚掠之军，又严剃发之令，所以屠杀掳掠，莫不如是。即彼准部，方数千里，一大种族也，遂无复乾隆以前之旧籍，其残暴为何如矣！亦有号为令主者焉，及观《南巡录》所载淫掳无赖，与隋炀、明武不少异，不徒鸟兽行者之显著《大义觉迷录》也。台湾者东海之孤岛，于中原非有害也。郑氏据之，亦足存前明之空号，乃无故贪其土地，据为己有。据为己有，犹之可也，乃既竭其二百余年之民力，一旦苟以自救，则举而赠之于人。其视华人之身家，曾弄具之不若。噫！以若所为，台湾固无伤耳，尚有十八省之华人，宛转于刀砧之下，瑟缩于贩贾之手，方命之曰'此食毛践土之分然也'。夫果谁食谁之毛，谁践谁之土！久假不归，乌知非有？人纵不言，己宁不愧于心乎？吾愿华人勿复梦梦谬引以为同类也！"我那时看了这类的议论，很是生气，曾经撕毁过一本《仁学》。

同时，在《新民丛报》的广告中知道它的前身是《清议报》。设法买到几本残缺的《清议报全编》，得读任公先生在戊戌、己亥时（一八九八——一八九九）倡"保皇论"的文章，于是大悦。至今还记得《爱国论》中有这样一段："怪哉我皇上也！……有君如此，其国之休欤，其民之福欤！——而乃房州黔黯，吊形影于瀛台；髀肉蹉跎，寄牧刍于笼鸽。田横安在，海外庶识尊亲；翟义不生，天下宁无男子！……"那时我看了这种文章，真要五体投地，时时要将它高声朗诵的。

（三）

十七岁（一九〇三）的夏天（废历五月下旬），上海"《苏报》案"发生，清廷做了原告，向上海租界中"帝国主义者"的会审公堂控诉中国的革命党，于是章（太炎）、邹（慰丹）被逮，蔡（孑民）、吴（稚晖）出亡。我在故乡湖州（今吴兴县），那地方离上海很近，坐轮船要不了一日一夜，可是上海的新书报极不容易输入（并非官厅禁止，那时内地的官厅还未曾懂得禁止新书报，实在是因为老百姓不要看它）。我们看得到的报纸只有《申报》和《新闻报》，它俩对于章、邹、蔡、吴诸先生的主张革命，都持极端反对的态度，并且它俩记载"《苏报》案"，非常地漏略模糊，看了得不到一些真相。我当时那种"尊崇本朝"的心理，仍与前此相同，未有丝毫改变，所以极不以章、邹、蔡、吴的主张为然。当时我有一位朋友，他是赞同"排满论"的，有一次他写信给我，有"满廷"、"彼族"等等字样。我很觉得碍眼，复信中有几句话，大意是这样："本朝虽以异族入主中夏，然已为二百余年之共主。吾侪食毛践土，具有天良，胡可倡此等叛逆之论！况今上圣明，肆口诋諆，抑岂臣子所忍出？"

有一天，我写一篇书目，其中有一部书（总是《御批通鉴辑览》之类），照屁款式是应该三抬的，因将其他各书均低三格写，以显此书之为三抬。

那时我的尊清思想，实在是因为对于载湉个人有特别之好感。而对于那拉氏，则已经不承认伊是皇太后，而且以为伊是该杀的，伊正是汉之吕后、唐之武后一流人物。盖我彼时之思想，完全受"保皇论"之支配也。

（四）

这年冬天某晚，我认识一位朋友方青箱先生。他送我两部书，一部是章太炎先生的《驳康有为论革命书》，一部是邹慰丹先生的《革命军》，都是徐敬吾先生（绰号野鸡大王）翻印的，用有光纸石印，字迹很小，白洋纸的封面，封面上印着红色的书名。

一寸见方的三个红字——"革命军"触我眼帘，我顿然起了一种不能言喻的异感。急急忙忙地辞别了青箱，拿了它们赶回我住的一间小楼上，夂ㄥ地一声把楼门开了，剔亮了菜油灯的灯草，和衣倒在床上，先将《革命军》翻读。看它的序中将"同胞"二字照屁款式中之"皇上"二字例抬头写它，末行是"皇汉民族亡国后之二百六十年革命军中马前卒邹容记"，本文第二行写"国制蜀人邹容泣述"（这"制"字与穿孝的人的名片上的小"制"字同义，"国制"是说"汉族的国亡了，现在给它穿孝"）。种种特别的款式和字句，以及文中许多刺激的论调和名词，看了之后，很使我受了一番大刺激，前此的尊清见解，竟为之根本动摇了。

再看太炎先生的《驳康有为论革命书》，看到"堂子妖神，非郊丘之教；辫发瓔珞，非弁冕之服；清书国语，非斯邈之文"数语，忽然觉得：对丫！这些野蛮的典礼、衣冠、文字，我们实在应该反抗兀丫！再看下去，看到"向之崇拜《公羊》，诵法《繁露》，以为一字一句皆神圣不可侵犯者，今则并其所谓'复九世之仇'，而亦议之"数语，更大大地佩服起来。因为我从十三四岁起，就很相信《春秋公羊传》。《公羊》对于齐襄公灭纪，褒他能复九世之仇。这个意思，那时的我是极以为不错的。那么，满清灭明，以汉族为奴隶，我们汉族正应该复九世之仇ㄨ丫！（说句弄巧的呆话，从福临到载湉，刚刚恰好是九世！）复仇既然应该，则革命正是天经地义了。读完太炎先生此书，才恍然大悟二百余年以来满廷之宰割汉人，无所不用其极。什么"圣祖仁皇帝、高宗纯皇帝之深仁厚泽"，原来是"玄烨、弘历数次南巡，强勒报效，数若恒沙"！什么"今上圣明"，原来是"载湉小丑未辨菽麦"！满州政府如此可恶，真叫我气破肚，章、邹的主张，实在是"有理丫有理"！一定非革命不可！

自此又陆续看了些《浙江潮》、《江苏》、《汉声》、《蜀学》、《黄帝魂》、《警世钟》、《訄书》、《攮书》之类，认定满州政府是我们唯一的仇敌，排满是我们唯一的天职。

次年（一九〇四）废历四月二十五日下午四时，我叫了一个"剃发匠"来，又把我那小楼的门夂乚地一声关了，勒令他将我的辫子剪去，以表示"义不帝清"之至意。那年我十八岁。

当时我和几个朋友办一种《湖州白话报》，封面上决不肯写"光绪三十年"，只写"甲辰年"。当时这种应用"《春秋》笔法"的心理，正和二十年后现在的遗老们不肯写"民国十三年"而写"甲子年"一样。其实写干支还不能满足，很想写"黄帝纪元四千六百零二年"，这也与遗老们很想写"宣统十六年"一样的心理。只因这样一写，一定会被官厅干涉，禁止发行，所以只好退一步而写干支。

（五）

从一九〇三年《革命军》出版到一九一一年革命军起义，这八年半之中，关于排满革命的书报计有三派：

（甲）章太炎先生的《訄书》（后改名《检论》），刘申叔先生的《攮书》，陈佩忍先生的《清秘史》，陶焕卿先生的《中国民族发达史》（这部书名大概有误，我手边久无此书，现在连书名也记不真切了。焕卿先生印此书时，不用真姓名，但署曰会稽先生），和邓秋枚、黄晦闻、刘申叔、陈佩忍诸先生主撰的《国粹学报》等等。这些书报，大致是一九〇三——一九〇六的出版物。它们的内容，可以用两句话来赅括："提倡保存国粹以发扬种性，鼓吹攘斥满州以光复旧物。"因为偏重在"光复"而不甚注意于"革新"，所以颇有复古的倾向。（一九〇三以前关于排满革命的书报，都应归入此派。）

（乙）汪精卫、胡汉民、朱执信、宋渔父诸先生主撰的《民报》等等。《民报》是同盟会（国民党的前身）的机关报，孙中山先生的《三民主义》、《五权宪法》，最初即在此报发表。可是此报对于"三民主义"，惟"民族"、"民权"两主义有所发挥，而关于"民生"主义之议论则绝少（我手边久无此报，记忆亦不甚真切了）。后来由章太炎、陶焕卿两先生编辑，更偏重于"民族"主义了。不过革命以前发挥民权共和之议论者，总应首推此报。此报出版于一九〇五。（与此报同时有陈陶怡先生主撰的《复报》，则当归入甲派。）

（丙）吴稚晖、李石曾、褚民谊诸先生主撰的《新世纪》等等。《新世纪》是中国最早宣传"ㄢㄋㄚˊㄙㄇ"的杂志，而排满的色彩也非常地强烈。《新世纪》中关于排满的文章，以稚晖先生所作为最多。稚晖先生一开口，一提笔，无不"语妙天下"。他对于满廷，常要用猥亵字样去丑诋它。有些人是不满意他这种文章的，他们以为这样太不庄重了，太失绅士的态度了。这种批评未必是适当的。当时的满廷是站在绝对尊严的地位的，忽然有人对它加以秽亵字样，至少也足以撕下它的尊严的面具。我那时对于《新世纪》的其他主张，反对的很多，但稚晖先生用秽亵字样丑诋满廷，却增加了我对于满廷轻蔑鄙夷之心不少。丙派和甲派的主张，在排满问题上毫无不同，惟有绝对相反之一点，甲派怀旧之念甚重，主张保存国粹，宣扬国光；丙派则对于旧的一切绝对排斥，主张将欧化"全盘承受"。太炎先生可作甲派的代表，稚晖先生可作丙派的代表。《新世纪》出版于一九〇七。

我当时是倾向于甲派的。一九〇六年秋天，我到日本去留学。其时太炎先生初出上海的西牢，到东京为《民报》主笔，我便到牛込区新小川町二丁目八番地《民报》社去谒他。我那时对于太炎先生是极端地崇拜的，觉得他真是我们的模范，他的议论真是天经地义，真以他的主张为"绝对之是而不容他人之匡正"。但太炎先生对于国故，实在是想利用它来发扬种性以光复旧物，并非以为它的本身都是好的，都可以使它复活的。而我则不然，老实说罢，我那时的思想，比太炎先生还要顽固得多了飞。我以为保存国粹的目的，不但要光复旧物，光复之功告成以后，当将满清的政制仪文一一推翻而复于古。不仅复于明，且将复于汉、唐；不仅复于汉、唐，且将复于三代。总而言之，一切文物制度，凡非汉族的都是要不得的，凡是汉族的都是好的，非与政权同时恢复不可，而同是汉族的之中，则愈古愈好。说到这里，却有应该声明的话，我那时复古的思想虽极炽烈，但有一样"古"却是主张绝对排斥的，便是"皇帝"。所以我那时对于一切"欧化"都持"诎诎然拒之"的态度，惟于共和政体却认为天经地义，光复后必须采用它。

因为我那时志切光复，故于一九〇七年入同盟会（但革命以后我却没有入国民党）。

那时日本称中国为"清国"，留学生们写信回国，信封上总写"清国某处"。我是决不肯写"清国"的，非写"支那"不可。有人告我：日本人称清国，比称支那为尊重。我说：我宁可用他们认为轻蔑的"支那"二字，因为我的的确确是支那国人，的的确确不是清国人。

我在日本时做过一件可笑的事。一九〇八的冬天，载湉和那拉氏相继死了。过了几天，驻日本的"清国公使"胡维德发丧举哀，我住的那个旅馆主人忽然给我们吃素。我诘问他，他竟用吊唁的口气侮辱我，大意说："因为贵国皇帝崩御了，今天是贵国人民不幸的日子，所以……"我哪里受的住这样的侮辱，不等他说完，即将素菜碗往屋外摔去。碗固摔破，而屋内的"ㄊㄚ ㄊㄚ ㄇ丨①"上也弄得油汤淋漓！我的日本话是头等蹩脚的，对于旅馆主人的侮辱，只好向他瞪眼以出气而已。过眼之后，赶紧穿了"ㄍㄝ ㄅㄚ②"出门，想往"支那料理店"去吃一顿肥鱼大肉。不料这些支那昏百姓也与清国公使和日本旅馆主人一样的见解，竟"休业一日以志哀"！我只好买了一罐"豚肉之琉球煮"和一罐牛肉回来，将这冷猪肉冷牛肉和已经冷了的饭，胡乱吃了这样一顿"三冷席"。回来的时候，在路上遇见一个左臂缠白布（此人的缠白布，等于现在缠黑纱）的留学生，连声骂他"ㄅㄚ ㄍㄚ③"不置。

从一九〇三冬到一九一一，这八年挂零之中，我仇视满廷之心日盛一日（那时不仅对于满廷，实在是对于满族全体）。因仇视满廷，便想到历史上异族入寇的事，对于这些异族，也和满廷为同样之仇视。那时做了一本《纪年检查表》，于宋亡以后、徐寿辉起兵以前，均写"宋亡后几年"，而附注曰"伪元某某酋僭称某某几年"；于明亡以后、洪秀全起兵以前，均写"明亡后几年"，而附注曰"伪清某某酋僭称某某几年"；于洪秀全亡以后、民国成立以前，均写"太平天国亡后几年"，附注同上。我这种书法的主张，出于郑思肖的《心史》，亡友陶焕卿先生深以为然。今日覆视，颇自笑其过于迂谬，以其可以表示当年排满之心理，故及之。

（六）

一九一一年十月十日，武昌革命军起。一九一二年一月一日，中华民国政府成立于南京，临时大总统孙中山先生就职。我那时在故乡吴兴的浙江第三中学校做教员，天天希望义师北伐，直捣燕京，剿灭满廷，

---

① 日文"榻榻米"的注音。
② 日文"大衣"的注音。
③ 日文"八格"的注音。

以复二百六十八年以来攘窃我政权、残杀我汉人之大仇。而事实上，却是由袁世凯耍了一套王莽到赵匡胤耍厌了的老把戏，请溥仪退位。溥仪退位总是事实，所以当时大家都不再作进一步之解决。我对于满清的怨恨虽然消灭了些，不过优待条件我是很反对的。请问，干什么要优待他？若说他自己觉悟犯了滔天大罪，因此退位，其情可嘉，所以应该优待。那么又要问，他可是自己觉悟不该做皇帝吗？要是对的，咱们干么还要把皇帝这个名儿送给他呢？再问，他可是自己觉悟不该搜刮钱财吗？要是对的，咱们干么还要一年送他四百万块钱？他有罪而自知有罪，咱们虽然可以因其知罪而恕其既往，加恩赦免，但对于大罪人而赦免他，不追究他既往之罪，这已是至高极厚之恩了，还要赏赐东西给他，这成什么办法！对于大罪之人而加赏，则对于大功之人一定要加罚了。赏罚倒置，无论专制之世，共和之世，乃至大同之世，恐怕总说不过去罢！若说他自己并不知道不该做皇帝，不该搜刮钱财，他实在还要保持皇帝的名儿，还要看相咱们的钱财，故遂如其意而与之。这真是"什么话"了！！！照此办法，则强盗要抢钱，土匪要绑票，一定非送钱送"票"给他不可！噫！天下有这种道理吗！！！我这个见解，从一九一二年二月十二日溥仪退位之日起，直到现在，并未变动。

上面说过，我从前是主张光复以后应该复古的，所以我在一九一二年十二月中，参考《礼记》、《书仪》、《家礼》，及黄宗羲、任大椿、宋绵初、张惠言、黄以周诸家关于考证"深衣"之说，做了一部书叫做《深衣冠服说》。我自己照所说的做了一身。一九一二年三月，我到浙江教育司中当了一名小小的科员，曾经戴上"玄冠"，穿上"深衣"，系（音丩Ⅰ）上"大带"，上办公所去，赢得大家笑一场，朋友们从此传为话柄！所以一九一七年才认得的朋友"狄莫"先生，也曾经在《晨报副镌》上宣布过我的这件故事。

（七）

这几年来，我常常对朋友们说：一九一二年二月十二日以前的满族全体都是我的仇敌，从这一天以后，我认满人都是朋友了，但溥仪（他的"底下人"和"三小子"即所谓"遗老"也者都包括在内）仍是我的仇敌。因为他还要保持伪号，使用伪元，发布伪论（大家都认一九一七年张勋、康有为拥溥仪复辟，为溥仪在民国时代犯了叛逆之罪，这固然对的。但溥仪之叛迹，宁独复辟一事？其保伪号，用伪元，发伪论，何一非叛逆？我以为这事那事，厥罪维均，故不特提复辟一事），所以我仇视他的祖宗之心始终消除不尽。我从一九○三年冬天至今，这念一年中，对于奴尔哈赤到溥仪，绝不愿称他们为清什么祖、什么宗、什么帝，也绝不愿用福临以来二百六十八年中他们的纪年。民国以前，称他们总是"虏酋"、"建夷"、"伪清"，民国以来则称为"亡清"。我是主张用公历纪年的，但遇到涉及他们的地方，总爱写民国几年和民国纪元前几年。这种咬文嚼字的行为，不必等别人来骂我，我可以自己先骂自己道："这完全是《春秋》和《纲目》那种书法褒贬的传统的腐旧思想，真是无谓之至！"但我自己虽明知无谓，而对于亡清，宿恨未消，实不能不用此等无谓的书法以泄忿。这个谬见，至今犹然。

但我又常对朋友们说：我虽认"溥仪"为仇敌，可是我丝毫不想难为他，只希望他废除伪号，搬出伪宫，侪于民国国民之列，我便宿恨全消，认他为朋友。我并且承认他到了适合的年龄，一样有被选为中华民国大总统的资格。今年十一月五日，我的希望居然达到了（虽然优待条件并未完全取消），所以我高高兴兴地做了那篇《恭贺爱新觉罗·溥仪君迁升之喜并祝进步》。彼时我的确完全解除武装，认他为朋友。我方且以为从今以后，我们对于爱新觉罗氏窃位二百六十八年的事实，应与刘渊、石勒、拓跋圭、李存勖、石敬瑭、阿骨打、忽必烈等人的窃位同等看待，还他历史上的地位，不必再存仇视之心了。

岂知近一月以来，溥仪既白昼见鬼，躲到日本公使馆去，而某某两国的无聊人，死不要脸长垂豚尾的遗老，以及想偷伪宫古物的流氓，他们"三位一体"，捏造谣言，阴谋捣乱。一面"以己之心度人之心"，用"盗憎主人"、"贼捉捕快"的手段，诬蔑国民军和清室善后委员会偷东西；一面唆使溥仪不许他高升为平民，非保持伪帝的丑态不可；一面包围段祺瑞，叫他恢复已废之优待条件。我于是把对于亡清的武装已经解除了的，现在又重新要披挂起来了，看他们那样勾结外人来捣鬼，说不定仇恨之心比以前还加增些。这是事实使我如此，我虽欲不如此，亦不可能。

这篇文章写到这里，可以完了。现在再加一句话：假如今后"三位一体"的捣鬼完全消灭，溥仪完全做了民国国民，我一定再解除武装。如其不然，我当然仍旧认他们为仇敌，而且仇恨之心比从前还要加增！

一九二四、一二、三○

青年与古书 *
(1925 年 3 月 4 日)

现在的青年，应不应该叫他们读古书，这是教育上一个很重要的问题。社会上对于这问题的意见，约有三派。

（甲）主张应该读的。这又可分为两派，A 派以为"古书中记着许多古圣先贤的懿训格言和丰功伟烈，我们应该遵照办理；古书的文章又是好到了不得的，我们应该拿它来句摹字拟"。这派算是较旧派。B 派对于 A 派的议论也以为然，不过还要加上几句话，便是什么"国于天地，必有与立。中国的道德文章是我们的国魂国粹，做了中国人便有保存它光大它的义务。这些国魂国粹存在于古书之中，所以古书是应该读的"这类话。这派自命为新派。

（乙）主张不应该读的。他们以为"中国过去的道德，是帝王愚民的工具；中国过去的文章，是贵族消遣的玩意儿。它在过去时代即使适用，但现在时移世易，它已经成为历史上的僵石了。我们自己受它的累真受够了，断不可再拿它来贻误青年，所以青年不应该再读古书"。这派中还有人以为"中国过去的文化，和辫子、小脚是同等的东西。这些东西，赶快廓清它还来不及，把它扔到毛厕里去才是正办，怎么还可以叫青年去遵照办理呢！"

（丙）也主张应该读的，可是和甲派绝对不同。他们以为"古书上的记载的都是中国历史（广义的，后同）的材料。人类的思想是不断地演进的，决非凭空发生的，所以我们一切思想决不能不受旧文化的影响，决不能和我们的历史完全脱离关系。因为如此，所以不论我们的历史是光荣的或是耻辱的，我们都应该知道它。这是应该读古书的理由"。

＊ 录自《北京孔德学校旬刊》，第 2 期。

我对于这三派的议论，是同意于丙派的。现在先把甲、乙两派批评一下。

甲派之中，A派的主张完全不成话，用乙派的话足以打倒它了。至于B派，虽然自命为新派，其实他那觍预之态既无异于A派，而虚骄之气乃更甚于A派。国魂国粹是什么法宝，捧住了它，国家便不会倒霉了吗？那么要请问，二千年来，天天捧住这法宝，并未失手，何以五胡、沙陀、契丹、女真、蒙古、满洲闯了进来，法宝竟不能耀灵，而捧法宝的人对于闯入者，只好连忙双膝跪倒，摇尾乞怜，三呼万岁，希图苟延蚁命？这样还不够，他们又把这种法宝献给闯入者，闯入者便拿它来望他们头上一套，像唐僧给孙行者戴上观音菩萨送来的嵌金花帽那样。套好之后，闯入者也像唐僧那样，念起紧箍儿咒来，于是他们便扁扁服服地过那猪圈里的生活了。嘿！真好法宝！原来有这样的妙用！到了近年，帝国主义者用了机关枪、大炮等等来轰射，把大门轰破了，有几个特殊的少数人溜到人家家里去望望，望见人家请了赛先生（Science）、德先生（Democracy）、穆姑娘（Moral）当家，把家道弄得非常地兴旺，觉得有些自惭形秽，于是恍然大悟，幡然改图，回来要想如法炮制。最高明的，主张"欧化全盘承受"；至不济的，也来说什么"西学为用"。这总要算大病之后有了一线生机。不意他们"猪油蒙了心"，还要从灰堆里扒出那件法宝来自欺欺人，要把这一线生机摧残夭阏，真可谓想入非非！说他虚骄，还是客气的话，老实说吧，这简直是发昏做梦；简直是不要脸！抱了这种谬见去叫青年读古书，真是把青年骗进"十绝阵"中去送死！

乙派的见解，我认为大致是对的。他们之中，有把旧文化看得与辫子、小脚同等，说应该把它扔到毛厕里去。这话在温和派看来，自然要嫌他过火，批他为偏激，这或者也是对的。但是现在甲派的惑世诬民方兴未艾，他们要"率兽食人"，则有心人焉能遏止其愤慨？我以为乙派措辞虽似偏激，而在现在是不可少。我们即使不作过情之论，也应该这样说：旧文化的价值虽不是都和辫子、小脚同等，但现在的人不再去遵守它的决心，却应该和不再留辫子、不再缠小脚的决心一样；旧文化虽然不必一定把它的全数扔下毛厕，却总应该把它的极大多数束之高阁！

可是无论说扔下毛厕吧，说束之高阁吧，这自然都是指应该有这样的精神而言，自然不是真把一部一部的古书扔下毛厕或束之高阁。那么，古书汗牛充栋，触目皆是，谁有遮眼法能够不给青年看见呢？有人说：遮眼法之说不过是戏谈，而禁止阅看或者可以办到。我说：禁止之法，乃是秦之嬴政与清之爱新觉罗·弘历这种独夫民贼干的把戏，我们可以效法吗？要是禁止了而他们偷看，难道可以大兴文字狱而坑他们吗？

据我看来，青年非不可读古书，而且为了解过去文化计，古书还是应该读它的。古书是古人思想、情感、行为的记录，它在现代，只是想得到旧文化的知识者之工具而已。工具本是给人们使用的东西，但使用之必有其道。得其道，则工具定可利人；不得其道，则工具或将杀人。例如刀，工具也，会使的人，可以拿它来裁纸切肉；不会使的，不免要闹到割破手指头了。使用古书之道若何？曰：不管它是经是史是子是集（经、史、子、集这种分类，本是不通之至的办法），一律都当它历史看；看它是为了要满足我们想知道历史的欲望，绝对不是要在此中找出我们应该遵守的道德的训条、行事的轨范、文章的义法来。

若问为什么要知道历史，却有两种说法。一是人类本有求知的天性，无论什么东西，他都想知道，祖先的历史当然也在其中。这是为知道历史而知道历史，质言之，是无所为的。一是我们现在的境遇，不能不说是倒霉之至了。这倒霉之至的境遇是谁给我们的？是祖先给的呀。我常说，二千年来历代祖先所造的恶因，要我们现在来食此恶果。我们食恶果的痛苦是没法规避的，只有咬紧牙根忍受之一法。但我们还该查考明白，祖先究竟种了多少恶因，还有，祖先于恶因之外，是否也曾略种了些善因。查考明白了，对于甚多的恶因，应该尽力芟夷；对于仅有的善因，更应该竭诚向邻家去借清水和肥料来尽力浇灌，竭力培植。凡此恶因或善因的帐，记在古书上的很不少（自然不能说大全），要做查帐委员的人，便有读古书之必要了。这是为除旧布新而知道历史，是有所为的。无论无所为或有所为，只要是用研究历史的态度来读古书，都是很正常的。

对于青年读古书，引纳于正轨而勿使走入迷途，这是知识阶级的责任。但是近来看见《京报副刊》中知识阶级所开列"青年必读书"，有道理的固然也有，而离奇的选择、荒谬的说明可真不少。我对于这班知识阶级，颇有几分不信任，觉得配得上做青年的导师的实在不多，而想把青年骗进"十绝阵"去的触目皆是。这实在是青年们的不幸。可是，这又有什么法想呢？

古书虽然可读，可是实在难读。怎样解决这难关，也是一个难于回答的问题。这个问题，浅陋的我，当然更没有解决的法子，不过或者有几句废话要说，这个，过些日子再谈吧。

一九二五、三、四

《春秋》与孔子*
(1925 年 3 月 16、21 日，9 月 22 日)

（一）

颉刚先生：

先生对于《春秋》一经的意见，颇愿闻教一二。弟以为此书只有两个绝对相反的说法可以成立：

（一）认它是孔二先生的大著，其中蕴藏着许多"微言大义"及"非常异义可怪之论"，当依《公羊传》及《春秋繁露》去解释它。（自然《公羊》及《繁露》的话决不能句句相信，但总是走这一条路去讲。）这样，它绝对不是历史。

（二）认它是历史，那么便是一部鲁国的"断烂朝报"，不但无所谓"微言大义"等等，并且是没有组织、没有体例、不成东西的史料而已。这样，便决不是孔二先生做的。孟子书中"孔子作《春秋》"之说，只能认为与他所述尧、禹、汤、伊尹、百里奚的事实一样，不信任它是真事。孔丘的著作究竟是怎么样的，我们虽不能知道，但以他老人家那样的学问才具，似乎不至于做出这样一部不成东西的历史来。

我近年来是主张后一说的，但又以为如其相信"孔子作《春秋》"之说，则惟有依前一说那样讲还有些意思。

玄同 一九二五、三、十六

---

* 录自《古史辨》，第一册下编。

（二）

玄同先生：

对于《春秋》一经的意见，我和先生相同。其故因：

（1）《论语》中无孔子作《春秋》事，亦无孔子对于"西狩获麟"的叹息的话。

（2）获麟以后定为"续经"，没有凭据。《春秋》本至"孔丘卒"，儒者因如此则不成为孔子所作，故拣了一段怪异的事——获麟——而截止，只为此前为孔子所作，孔子所以作《春秋》是为了"感麟"，此后便为后人所续。

（3）如果处处有微言大义，则不应存"夏五"、"郭公"这阙文，存阙文是史家之事。

（4）《春秋》为鲁史所书，亦当有例。故从《春秋》中推出些例来，不足为奇。

（5）《春秋》中称名无定，次序失伦（举例见《六经奥论》卷四"例"条）。如果出于一人之手，不应如是紊乱，何况孔子的思想是有条理的，更何至于此。可见其出于历世相承的史官之手。

（6）孟子以前，无言孔子作《春秋》的，孟子的话本是最不可信的。

至《春秋》何以说为孔子所作，这步骤我作以下的假定以说明之：

（1）《春秋》为鲁史官所记的朝报。这些朝报因年代的久远，当然有阙文；又因史官的学识幼稚，当然有许多疏漏的地方。

（2）孔子劝人读书，但当时实无多书可读，《诗》、《书》为列国所共有的，《易》与《春秋》为鲁国所独有的（依《左传》所记），均为七十子后学者所读之书。

（3）《春秋》当然不至"孔丘卒"而止，但因儒者的尊重孔子，故传习之本到这一条就截住了。如此，仿佛《春秋》是儒家所专有的经典了。

（4）《春秋》成为儒家专有的经典之后，他们尚不满意，一定要说为孔子所作。于是又在"西狩获麟"截住，而说其因"伤麟感道穷"而作《春秋》。

（5）自有此说，于是孟子等遂在《春秋》内求王道，公羊氏等遂在

《春秋》内求微言大义。经他们的附会和深文周纳，而《春秋》遂真成了一部"素王"手笔的经典。

以上的话未知先生以为如何？匆促写此，浅陋得很，请指正。

颉刚敬上　十四、三、二十一

（三）

颉刚先生：

本年三月里您回我的信，谈对于《春秋》的意见，大体我都很佩服，只有两点，我跟您所见不同，写在下面请教。

（1）获麟以后的"续经"，并非鲁史之旧，乃是刘歆他们伪造的。《左转》是真书，但它本是《国语》的一部分，并非《春秋》的传。康长素的《伪经考》与先师崔觯甫先生的《史记探源》、《春秋复始》中，都说《汉书·艺文志》有《新国语》五十四篇，这是"原本《国语》"；刘歆把其中与《春秋》有关的事改成"《春秋左氏传》"，那不要的仍旧留作《国语》，遂成"今本《国语》"。这话我看是很对的。

《左传》记周事颇略，故《周语》所存《春秋》时代的周事尚详（但同于《左传》的已有好几条）。

《左传》记鲁事最详，而残余之《鲁语》，所记多半是琐事，薄薄的两卷中，关于公父、文伯的记载竟有八条之多。

《左传》记齐桓公霸业最略，"管仲相桓公，霸诸侯，一匡天下"的事迹竟全无记载，而《齐语》则记此事。

《晋语》中同于《左传》者最多，而关于霸业之荦荦大端记载甚略，《左传》则甚详。

《郑语》皆《春秋》以前事。

《楚语》同于《左传》者亦多，关于大端的记载亦甚略。

《吴语》专记夫差伐越而卒致亡国事，《左传》对于此事的记载又是异常简略，与齐桓霸业相同。

《越语》专记越灭吴之经过，《左传》全无。

综上所记，此详则彼略，彼详则此略，显然是将一书瓜分为二。至于彼此同记一事者，往往大体相同，而文辞则《国语》中有许多琐屑的记载与支蔓的议论，《左传》大都没有，这更显出删改的痕迹来了。刘歆把《国语》的一部分改为《春秋》的传，意在抵制《公羊传》。《汉书·刘歆传》说"歆治《左氏》，引传文以解经"，这就是他给《春秋》跟《国语》的一部分做媒人的证据。所以《左传》中的"《春秋》经"，实在比《公羊传》中的还要靠不住。那几条"续经"，我以为是他们假造了来破坏《公羊传》所云"何以终乎哀十四年？曰：备矣"这句话的。（以上的话，似乎做了"今文家"的话匣子，其实不然。我现在对于"今文家"解"经"全不相信，我而且认为"经"这样东西压根儿就是没有的。"经"既没有，则所谓"微言人义"也者，自然是"皮之不存，毛将焉附"了。但关于汉代今古文之争上这重公案，则至今承认康、崔之说，以为是刘歆他们闹的鬼。所以对于今之《左传》，认为它里面所记事实远较《公羊传》为可信，因为它是晚周人做的历史，而《公羊传》则是"口说流行"，至汉时始著竹帛者。至对于《左传》之"五十凡"及所论书法等等，则认为比《公羊传》所论微言大义更为不古，更不足信。）

（2）《春秋》乃是一种极幼稚的历史，"断烂朝报"跟"流水账簿"两个比喻，实在确当之至。它本来讲不上什么"例"，您说"《春秋》为鲁史所书，亦当有例"，我窃以为不然。其实对于历史而言例，是从刘知幾他们起的，不但极幼稚的《春秋》无例可言，即很进步的《史记》、《汉书》等亦无例可言。章实斋说"迁书体圆用神，班氏体方用智"，哪有这回事！不过司马迁做文章贵自然，班固做文章尚矜炼罢了。讲到"称名无定"，更不算什么一回事。比《春秋》进步得多的《左传》称名更无定，《史记》也是这样；《汉书》较守规矩了，但还称田千秋为"车千秋"。关于这一点，倒未必是古人的坏处，只是后人爱"作茧自缚"罢了。（我的偏见，以为凡讲什么文章公式义例的，都是吃饱饭，没事干，闲扯淡。）

　　　　　　　　　　　　　玄同　一九二五、九、二十二

《国语周刊》发刊辞[*]
（1925年6月12日）

这个《国语周刊》，是黎劭西先生和我所办的。我们因为对于国语，自己有话要讲，又因为国语上应该讨论研究的问题很多很多，所以办这周刊，做咱们大家发表关于国语的言论的机关。我们自己要讲的话也不少，现在姑举三点如下。

（ㄅ）我们相信这几年来的国语运动，是中华民族起死回生的一味圣药。因为有了国语，全国国民才能彼此互通情愫，教育才能普及，人们的情感思想才能自由表达。所以我们对于最近"古文"和"学校的文言课本"阴谋复辟，认为有扑灭它之必要；我们要和那些僵尸魔鬼决斗，拼个你死我活！

（ㄆ）我们相信正则的国语应该以民众的活语言为基础，因为它是活泼的，美丽的，纯任自然的。所以我们对于现在那种由古文蜕化的国语，认为不能满足，我们要根据活语言来建立新国语。

（ㄇ）我们相信中华民族今后之为存为亡，全靠民众之觉醒与否，而唤醒民众，实为知识阶级唯一之使命。这回帝国主义者英吉利和日本在上海屠杀咱们的学生和工人的事件发生，我们更感到"祸至之无日"，唤醒民众之万不容再缓。讲到唤醒民众，必须用民众的活语言和文艺，才能使渠们真切地了解。所以我们对于现在那种为民众的书报和文艺，认为绝对的不适用；我们要仔细地搜集考察民众的语言和文艺的真髓，用它来建设种种新的民众文艺。

现在已经答应我们担任常常撰稿的有吴稚晖、胡适之、林语堂、周岂明、顾颉刚、魏建功、萧家霖、杜同力、李遇安、董渭川、苏耀祖诸

---

* 录自《国语周刊》，第1期。

先生。在国外的赵元任和刘半农两先生不久就可回国,将来我们也非得拉住他们做文章不可。我们还要竭诚邀请对于国语有兴趣的先生们都到这儿来投稿,无任企盼!

世界上没有两个人的思想绝对相同的,正如世界上没有两个人的脸生得丝毫无二的一般。同是主张国语的人,对于国语上的问题,当然有种种不同的甚至相反的见解。我们希望大家都把它发表出来,并且愿意两方面都在这儿吵嘴打架。

我们欢迎大家投稿,但主张古文、反对白话的人要除外,因为他们是我们的敌人。我们不但不欢迎他们,而且拒绝他们!他们若在别处发表谬论,我们高兴时也许要加以驳斥。但若送到这儿来,则我们一定摆出"诡诡之声音颜色拒人于千里之外"的态度给他们看!

12.6,1925

论《庄子》真伪书 *
（1925 年 8 月 24 日）

　　今本《庄子》三十三篇，思想跟文章前后不一致，说它不全是庄先生个人的著作，自然是对的。但像苏老大疑心《盗跖》、《渔父》、《让王》、《说剑》这几篇靠不住，拿它们太对不起孔二先生做理由，这却是不能成立的。在那位"改了姓，更了名，唤做汉高祖"的刘老三排了道子，走到山东，请孔二先生的鬼魂吃牛肉以前，尤其是在董道士奏请那位"文成将军跟五利将军的信士弟子"刘彻"定孔教为国教"以前，孔二先生的徒子徒孙虽然布满天下，可是他老人家的地位实在跟墨老爹、庄先生这班人是平等的。墨、庄诸公不赞成他的见解，向他开开玩笑，说几句尖刻俏皮的话来挖苦他，本不算什么一回事。不像董道士以后，谁要敢对他瞪一瞪眼，挺一挺胸，马上会有人来把你揪到"两观"之下，"嚓"地一声，脑袋瓜儿就得跟脖梗子告别了也。所以，说《墨子·非儒》不像《兼爱》，《庄子·盗跖》不像《齐物论》，若相信《兼爱》跟《齐物论》是墨、庄两公的大著，则《非儒》跟《盗跖》便不是他们俩的大著，这样说法是可以的。（据我看来，《盗跖》的思想跟《胠箧》实在不差什么，跟《老子》第十八、十九两章也很相同，不过他说得更淋漓尽致罢了。）但即使如此，还是不能断定他们俩没有糟蹋过孔二先生。有人说，《庄子》的内篇最精深，外篇便远不及内篇了，杂篇则尤为浅薄。这话也不可靠，即如杂篇中之《天下》，真是一篇极精博的"晚周思想总论"，虽然这不见得是庄先生亲笔写的。

　　您前年给我的信论《老子》跟道家极精辟，关于《庄子》真伪问题，我希望你也赐教一二。

　　　　　　　　玄同　一九二五、八、二十四

---

* 录自《古史辨》，第一册下编。

废话*
——原经
（1925 年 11 月 15 日）

开场白

实属不成事体，我在八月十日上午四时写了一篇《废话的废话》，末了预告一句道："要看后话，且待来周。"那时就觉得自己有些信任不过自己，所以底下注了一句"'来'字不甚可靠"。但也不过觉得"可靠"之程度"不甚"而已，不料延宕下来，直到今天才来提笔，竟是那天的"来来来来来来来来来来来来来来周"了（这第五十四期的《语丝》，要到十一月二十三日出版，则此文到看官们的眼睛里，还得再加"来来"两字），岂独"不甚"而已哉？客气些，也得要说"甚不"矣。岂明说："未免有珊珊来迟之感焉耳"，这话真"幽默"啊！

《废话的废话》补遗

各则废话的长短，可以绝不相称，前文业已表明，但还漏说一事，即各则废话或有题目、或无题目是也。鄙人向不会做文章，尤不会做题目。十年前在中学里教国文（的确是教国"文"，便是"这个大虫"所最看重的国"文"，绝不是国"语"），两个星期要来一次"作文"，学生固然怕做文章，而我尤其怕做题目——实在做不出哇！我因为在做题目这件事上很容易"坍台"，所以费尽心机，想出"废话"两个字来，作为我在《语丝》上做文章每次可用的总题目。于是乎只要在每则前面的

---

* 录自《语丝》，第 54 期。

一行写个（一）、（二）、（三）……就行了，岂不省事乎哉！岂不巧妙乎哉！然而，我听见"玄学鬼"说过什么"人类是会灵机活动的"的话，鄙人既忝为人类，则敝"灵机"有时或者免不了也要"活动"一下子的。要是敝"灵机"忽然"活动"，来了一个题目，则亦何必不写它出来呢？此各则《废话》之所以或有题目、或无题目也。

原 经

此废话之"开宗明义章第一"也，理应有典有则，矞矞皇皇，像煞有介事，搭足臭架子，庶不至贻讥于"学士大夫"或"琴忒儿曼"。且夫架子亦多矣，而最臭者宜莫如"经"，则废话第一则以"原经"为题，不亦宜乎！而况近有"这个大虫"也者，力主小学读经，曾经说过"经典自有权威，异于公民课本；读经之效，在敦士习以挽颓风"这样几句"韡"话。他要谈"经"吗？老实不客气，这是我的拿手戏，我相信我谈得一定比他高明些，因为我是读《十三经注疏》、《皇清经解》、《续皇清经解》的人。所以我现在"开宗明义"，就来谈"经"。

大概是周、秦之际吧，那时有人说出"六经"两个字来。"六经"似乎应该是六部经，但是《乐经》实在没有这样一部书，不过开开花账罢了，所以后来照着实价，便说"五经"。这"五经"是：

《诗经》，《尚书》，《仪礼》，《易经》，《春秋经》。

经的妙用，本在乎把人捆紧压扁，单是这样寥寥五部，总还嫌它太轻松，于是加上一部，再加一部，再加一部，再加一部，尽加尽加，共计加成十三部：

《易经》，《尚书》，《诗经》，《周礼》，《仪礼》，《礼记》，《春秋左传》（带"经"），《春秋公羊传》（带"经"），《春秋穀梁传》（带"经"），《论语》，《孝经》，《尔雅》，《孟子》。

这十三部经，倒底是些什么怪物呢？据说这都是圣人贤人们说的应该怎样做人，应该怎样治国平天下，应该怎样做文章的大道理，其中一字一句都藏着有圣人贤人们的"厂尢巜己丸药"（注）在内。所以愿意吃"厂尢巜己丸药"的，都细细咀嚼经的妙味，希望自己能够"在止于至'韡'"。而不愿意"韡"的人，自然看得"厂尢巜己丸药"，如同肺痨鼠疫一般，防御抵拒，不遗余力。据我看来，前一种人自甘于"韡"尽可由他，不值得去唤醒他；后一种人未免太傻了，要知道"厂尢巜己丸药”，正如两个患近视的人相争的“関常庙”或“阙帝庙”那块匾一样，那块匾压根儿就没有挂，“ㄏㄤㄍㄜ丸药”压根儿也就没有这样东西，骗子出卖风云雷雨，你们何必这样傻，上了当真去捕风捉影呢？

（注）一九〇九年，我在绍兴，一个朋友偶患感冒，身体发热，我身边恰好带着金鸡纳丸，给他吃了几个。旁边一个人大吃一惊，说：“这不是‘ㄏㄤㄍㄜ丸药’吗？”（这本应该照原语写出，因为我的绍兴话太蹩脚，写得不对，恐怕被岂明们所讥，所以只好写普通白话，好在这是无关弘旨的。惟“ㄏㄤㄍㄜ丸药”一词，非照原语写出不可。）据他们说，凡“吃教”的人都吃过一种丸药，吃了那种丸药，便自然而然的会膜拜耶稣，会劈了祖宗牌位去当柴烧。那时我已经剪去辫子，而且又新从日本回来，那人认为我一定是“吃教”的，我给那朋友吃金鸡纳丸，一定是骗他“吃教”了，故如此大惊。ㄏㄤㄍㄜ者，那个也，当我面前，不便直言“吃教”字样，故曰“ㄏㄤㄍㄜ丸药”耳。

然则“经”果为何物欤？据我看来，不过是不伦不类、杂七杂八的十三部古书而已矣。

谨依所谓《十三经》也者的次序，一一说它几段废话。

(1)《易经》。据旧说，五千年前，河南地方有一位身披树叶的野蛮人叫做伏羲的，他画了八个卦，每卦都是三画。（那人真也野蛮，画来画去，只会画出一画连的跟一画断的两个花样来。）三千年前，陕西地方有一位大军阀姬大帅，单名一个昌字的，他把那个八卦，两个两个的重叠起来，叠成六十四卦，每卦都是六画，卦画就叫“爻”，又把每卦做上几句卦辞，每爻做上几句爻词（有人说爻辞是他的少帅姬旦作的）。二千四百年前，山东地方又有一位老学究孔二先生，单名一个丘字的，他又做了七篇文章——《彖传》（上下），《象传》（上下），《系辞传》（上下），《文言传》，《说卦传》，《序卦传》，《杂卦传》，因为有三篇分了上下，共计十篇，总称为“十翼”。那一位野蛮人，一位大军阀，一位老学究，据说都是所谓“圣人”也者。那样三位圣人在那二千几百年中弄了那许多鬼玩意儿，于是把后人弄“韗”了。所以班固赞美之曰：“《易》道深矣，人更三圣，世历三古。”

据我看，那野蛮人未必真有这个人。那位大军阀，他成日价想做皇帝，制造民意，攻城略地，惟日孳孳，犹虞不给，有什么工夫来闹那些鬼？讲到那位老学究呢，他到了老年，在无聊的时候，爱拿那鬼玩意儿的什么卦呀，爻哇，消遣消遣罢了，正如现在人无聊起来拿一付牙牌来打打五关一样。那老学究也许有时候"轚"了，以为那鬼玩意儿中藏着什么深思妙理，但他究竟做了文章没有，实在有些难说。那些鬼玩意儿，倒底是什么时候什么人行出来的，是无从查考了。不过我们知道，在姬大军阀以前，所谓商朝的时候，他们最迷信那些鬼玩意儿的，那时的人们想解决疑惑的事情，都要去请教它。怎样请教呢？说也可笑，那时的乌龟真也倒霉，被人们把它的壳剥了下来，用火来烧，名叫做"卜"，烧成怎样的裂纹，便是哪一卦哪一爻的记号。于是翻出来看看，那卦辞、爻辞上面写些什么鬼话，按着什么"吉"呀"凶"啊"悔"呀"亡"啊的把它胡猜乱详一番。那些被"卜"过的乌龟壳，近二三十年在河南安阳地方发现了许许多多，上面都刻着卜的事由。《尚书》中有一篇《洪范》，明明白白把商朝人那里迷信的见解记述出来。所以什么卦呀，卦辞啊，爻辞啊，姬大军阀以前早有了，它们的用处，便是给迷信人解决疑惑的，那有一丝一忽的学理的价值呢？至于所谓"十翼"也者，《彖传》跟《象传》都是解释卦辞跟爻辞的，《象传》中略有些浅薄的政治思想，《系辞传》说了些幼稚的"玄学鬼"的宇宙观跟人生观的话，勉强可以算做哲学思想；《文言传》不过对于乾、坤两卦，用些好看的字样来装潢一下子罢了；《说卦传》对于八卦又加上许多古怪话，大概还是"卜"的方面的话；《序卦传》把六十四卦，如此这般的说出许多连贯承接的道理来，支离浅薄，非常可笑；《杂卦传》把卦名解释一番，更没有什么学理可言。"十翼"的内容固然如此不同，种种说法，彼此也多歧异，可见绝对不是一个人做的。有没有孔二先生的大著在内，更是莫可究诘了。所谓《易经》，如是如是，除去一小部分很幼稚的哲学思想以外，无过迷信之说、妖妄之谈。它的价值，它的功用，在今日，便等于问心处起课、关帝庙求签。即以求签相比，乌龟壳如签，烧它如摇签筒，哪卦哪爻如第几十几签，"吉、凶、悔、吝"如"上下、中平、下下"，卦辞、爻辞如签诗。

（2）《尚书》。现在这部《尚书》，共有五十八篇，倒有二十五篇是魏、晋人假造的，只有三十三篇是秦、汉时候所有。那三十三篇，本来是二十八篇，后来分成三十三篇的。这《尚书》二十八篇，勉强可以说是历史，严格的说，不过是一些不甚可靠的古史史料罢了。其中有上谕，有奏折，有诰命，有檄文，有告示；有记那时所谓国家大事的（例如皇帝死了丧事怎样办法），有记刑法的，有记地理的。没有条理，没有组织，乱七八糟的一本"文件粘存册"罢了。上谕、奏折之流大概是真的，还可以算做史料；至于那些记载，便有一部分是想像或假托的（如《尧典》、《禹贡》），连史料的价值都没有了。尤其可笑的，号称记事，而文句不全，年月不备，使人看了莫名其妙。如《甘誓》起头三句是"大战于甘。乃召六卿。王曰……"不知哪国与哪国大战，召六卿的不知是谁，那个王不知是何朝何王（《墨子》里说是夏禹，汉儒说是夏启，究竟不知是谁）。又如《金縢》篇中突然发见一个"秋"字，不知是哪一年的秋天。那都是十足道地的文理不通的文章。称它为历史，我真要代它难为情。讲到那里面的思想呢，半开化时代那班圣人装神装鬼的丑态却可以发见一些。（看《语丝》第十一期顾颉刚的《盘庚中篇的今译》跟第四十期他的《金縢篇今译》。）还有，记载那班独夫民贼的口吻，如《洪范》所说"惟辟作福，惟辟作威，惟辟玉食！臣无有作福，作威，玉食！臣之有作福，作威，玉食，其害于而家，凶于而国！"那种蛮不讲理的态度，记得真干脆。在那里面看看半开化时代的野蛮思想，倒是很有趣的，可惜句子太难懂，文理太不通，实在不容易看。至于说《尚书》和孔二先生有什么关系，却未必然。那种乱七八糟的"文件粘存册"，周朝总还有许多，孔二先生大概看见过一些的，他也不过当它历史读读罢了。旧说以为本来有三千多篇，孔二先生删存二十八篇，又说删存二十九篇，又说删存一百篇，种种都是无稽之谈。请问一百篇中选留一篇，或三十篇中选留一篇，这去取之间，是以什么为标准的？反正不过乱七八糟的史料罢了，有什么好坏优劣，要那样的严格选取？这且不论，即使孔二先生的确像马二先生选八股那样的选"文件粘存册"，那也不过是他个人的无知妄作，实在不值得一提的。

（3）《诗经》。那是周朝的一部诗歌总集，中间有不少的民间文艺，也有一部分是所谓士大夫的作品，还有一小部分是独夫民贼搭架子的丑话。其中佳品，便是朱熹所谓"淫奔之诗"。（朱熹解经很有眼光，他能够知道《易经》是卜筮之书，能够知道《诗经》中间有许多都是"淫奔之诗"，这都不是他以前以后那班迂儒学究所能及的。）"淫奔之诗"之尤佳者，能够赤裸裸的描写两性恋慕之情，颇有比得上现在的大鼓、摊簧、山歌之类的。所以"经"之中惟有《诗经》，还有一部分现在还值得一读，值得欣赏。但是时代究竟太远了（它是约距今三千年前到二千五百年前时候的文学），它在当时，虽是自由活泼的白话文学，但文字意义与现在很隔膜了，所以也不是无论什么人都能读的。不过在文学史上说，它总有不可磨灭的价值罢了。孔老二很爱读此书，但是他未必能领略到它的文学价值，因为从他批评它的话看来，很不见高明。总而言之，孔丘对于《诗经》的见解，不及朱熹远甚。汉朝人因为孔老二常有批评《诗经》的话，于是又来瞎扯，说什么古诗本来有三千多篇，孔老二把它删存为三百〇五篇（今本即是此数，又有人说是删存三百十一篇，更是胡说）。真可笑！《尚书》也是三千多篇，《诗经》也是三千多篇，怎么古代的东西都是那样的数目？何以孔老二就那样阔气，他居然把那六千多篇东西都弄到手？何以他又那样胡闹，把好容易弄到手的史料与文学就这样随意乱扔？《诗经》的价值，除上文说过的"能够赤裸裸的描写两性恋慕之情"以外，还有对于那些独夫民贼为巩固私人的地盘，发展私人的势力，弄到民众家破人亡的怨恨咒诅之声，这里面多有把悲哀的情绪表现得很深刻的。偏偏从汉朝以来，许多酸腐到极的学究们，把渠们爱恋之歌与民众咒诅之声解作奴才向民贼献媚与私昵对主子碰头的话，真叫做糟糕！《诗经》要真是那样，便没有一丝一忽的价值了——幸亏的确不是那样。

（4）《周礼》。这书不知是谁做的，西汉初年还没有，所以"五经"中无此书。此书突然发见于西汉末年，正是王莽想坐龙廷的时候。那时刘府上出了一位帮着姓王的来抢姓刘的坐着的"宝座"的人，此人叫做刘歆，他很尊重《周礼》，所以有人疑心《周礼》就是刘歆所造，这话也许是对的。但无论如何，从刘歆起，有许多人说它是周公（姬少帅）所作，是周朝施行的法典，那是绝对不足信的。不足信的理由有三点：（1）那书把官制、版图及其他一切，都弄成整整齐齐、四四方方的，无论古今中外，凡实行的东西从没有这种样式，因为这在事实上是不可能的。所以《周礼》是一种关了房门弄笔头的玩意儿，决不会是曾经实行过的。（2）周朝的官制、版图等等，《国语》、《左传》、《孟子》等书中尚都可考，与《周礼》全然不合。（3）《周礼》虽是不能实行的玩意儿，可是七拼八凑，很见匠心，必如刘歆那样的知识才能想得出。那三千年前的姬少帅，他懂得什么，他哪里会有这样缜密的头脑？

《周礼》既决非周朝施行的法典，则决不可作周朝的历史看了。但从东汉以后，直到亡清末造，历代法典都脱胎于此书，所以它不是汉以前的史料，却是汉以后的史料。研究历史的人，这部书免不了要用着它的。至于讲到那里面的政治思想，固非姬少帅所能梦见，但汉、唐以来，社会日渐进化，那种幼稚的政治思想久已不适用了。

（5）《仪礼》。这是周朝时候讨老婆咧，请客咧，办丧事咧，团拜咧，赐宴咧，以及两国的君们见面咧种种事情的礼节单子。此中岂有丝毫的学理，不过无谓的客套罢了。究竟是谁定的，是否历史上的确有一个时期曾经照单实行过的，那都无从知悉。自来又说是姬少帅定的，我想这位少帅未必有那样空工夫来注意那些琐碎繁缛的无谓的节文吧。又有人说是孔老二定的，这也不足信。孔老二的徒子徒孙们中间，的确出了许多低能儿，会老了脸皮，你扮孝子，我扮新郎，作揖打拱，磕头礼拜的胡闹，美其名曰"习礼"。但孔老二自己，照他的口吻看来，似乎还不至于那样低能。你听他说："礼，与其奢也，宁俭。""先进于礼乐，野人也；后进于礼乐，君子也。如用之，则吾从先进。""礼云礼云，玉帛云乎哉？乐云乐云，钟鼓云乎哉？"

（6）《礼记》。这是周末、秦、西汉时候，孔老二的徒子徒孙们所谓儒家也者的著作。其中有的是与《仪礼》同样的琐碎繁缛的无谓的节文，有的是儒家那种昏乱的政治思想与人生观，此外还有许多零零碎碎的妖妄之谈。讲到儒家那种昏乱的政治思想与人生观，实在是封建时代与宗法社会的遗物。那种遗物，到了孔老二的时候，已经不适用了。无如孔老二这位先生，是维持现状的"稳健派"，绝不是革命前进的"过激党"，所以对于肺痨梅毒已经深到极处的旧制陈迹，决不肯说一句"那个要不得"，一味的灌人参汤，打强心针，加上几句好听的新解释，好像那垂死的旧制陈迹另得了新生命似的。但是新解释是空的，所以新生命是假的，而因为人参汤与强心针的功用，竟把肺痨梅毒吊住了，不让它撒手归西。于是他老人家的徒子徒孙们渐渐的都被肺痨梅毒制伏了，愿为之伥，将那封建时代与宗法社会的遗物认为政治与道德的万古不变的正轨，拼命宣传，竭力推行。毒痛二千年，至今日尚蒙其害，真是可叹可恨之至！其实那种旧制陈迹，不必说现在，在商鞅、李斯时代，早就该将它扔下毛厕去了！

（7）《春秋左传》。《春秋》是一部最幼稚的历史，无论什么事，都是极简单的写上一句，那事的真相与其前因后果，完全不能知道。王安石诋之为"断烂朝报"，梁启超比之为"流水账簿"，都是狠确切的批评。不过它比起《尚书》来，却有点进步了，居然有年月日排比下去了，那种不完不全、没头没脑的不通句子，比较也少多了（虽然也还有）。那不过是鲁国的史官随手记录的朝报而已，后世自然不能不认它为一种史料。至于《左传》，据旧说是：孔丘做了那样"流水账簿"式的《春秋》，他就有一位朋友左丘明来把各事的真相与其前因后果详详细细的叙述出来，做成这部《左传》。据我看来，《春秋》与孔老二并无关系，说《左传》是左丘明所作，也颇难于相信。因为《论语》里记着孔老二"左丘明耻之，丘亦耻之"那样一句话，则左丘明至少是孔老二的前辈。但是《左传》竟记到孔老二死后二十七年的事，照口气看，记的时候还要在后，而且《左传》中还有战国时候的官名与制度。我以为这是战国时候一个（或者不止一个）有点文学手腕的人做成的一部历史，它并不是什么《春秋》的"传"，它与《春秋》是没有关系的。它与《国语》本是一书，那部历史起周穆王、迄周贞定王（约当公历纪元前一〇〇〇—前四五一），本是分国的，刘歆硬把它与《春秋》相关的一部分取了出来改为《春秋》的传。（看康有为的《伪经考》与崔适的《史记探源》及《春秋复始》。）所以今本《国语》与《左传》叙述事迹，往往此详彼略，彼详此略。论到这部历史，不仅是史料，而且是一部叙事有条理的古代的好历史，文笔也很优美，可以比得上元、明间的《三国演义》。虽与现代的历史比，它也未必就配算历史，但若与《尚书》、《春秋》比，不知道要高过它们几万倍。要知道一点周朝的事迹，可以将《国语》与《左传》合看，不过那里面的事迹，不但我们不敢恭维，恐怕与那班卫道先生们想"敦士习以挽颓风"的雅意也不免有些背道而驰吧。我们是主张"读书以求知识"的，本来就没有想效法书中的鸟道理，所以不管什么奸庶母，奸妹子，奸嫂子，奸媳妇，奸侄媳妇，交换老婆，国君奸大夫之妻，祖母吊孙子的膀子，儿子杀老子，老子杀儿子，哥哥杀兄弟，兄弟杀哥哥种种丑怪的历史，既然有此事实，不必"塞住耳孔吃海蜇"，尽可以看看读读。他们是主张"读书以明理"，要以书中人事为模范的，像那种经书似乎还以不读为宜。

(8)《春秋公羊传》。《春秋》一书，从孟老爹以来都说是孔二先生做的，又说这里面藏着许许多多大道理。于是越说越古怪，竟说到个个字里都有意义的，名为"微言大义"，又名"非常异义可怪之论"。但若问何以见得这几个平凡的字中藏养这些微言大义呢？据他们说是孔老爹做《春秋》时想骂人，而他胆怯，恐怕骂了人，人家要拿办他，于是异想天开，把骂人的话暗暗的告诉他的徒弟们，叫他们记住，而自己却在一部鲁国的朝报《春秋》上做了许多暗号，这里挖去一个字，那里添上一个字，这里倒勾一个字，那里涂改一个字，让将来他要骂的人死尽死绝了，他的徒子徒孙们便可以把记住的那些骂人的话，"按图索骥"的写它出来。所以到他死后三百多年（汉景帝时），便发见了这部《公羊传》，把他骂人的那些微言大义一五一十的记在上面。但是，那种说法，我们总觉得有些离奇，不敢随便相信。我们对于《春秋》，还是平凡些，认它为一部与孔丘无关的鲁国的"断烂朝报"吧。讲到《公羊传》中那些微言大义，也不过是晚周、秦、汉时候的儒家那种昏乱的政治思想与人生观罢了，可以与《礼记》作同等观。

（9）《春秋穀梁传》。因为表彰《公羊传》的人们中间，有一位董道士，名叫仲舒的，他拍上了汉武帝的马屁，居然"定孔教为国教"。所以汉朝的公羊家说孔老二当时像李淳风、刘伯温那样，掐指一算，知道有个姓刘的地保将来要做皇帝，他便提起笔来做了这部《春秋》，那里面都是替姓刘的打算怎样稳坐龙廷的办法。（不过这又与"想骂人而胆怯……"的话合不起头寸来了。反正都是死无对证的信口胡说罢了。）大概他做这部书的目的，是打算预约将来那位刘地保与他的子孙永远送牛肉给他吃的吧。孔老二的《春秋》对于姓刘的既有那样的大功，自然公羊家也交了红运，到手了一个博士，阔气起来了。于是别人便有眼红的，也来弄一部《春秋》的"传"，也想骗到一个博士。那班人便把《公羊传》来改头换面，颠来倒去，弄成一部《穀梁传》。我觉得"穀梁"二字都有些古怪，它与"公羊"二字不是双声叠韵吗？（公羊，ㄍ丨尢；穀梁，ㄍㄨ丿丨尢。）《公羊》尽是怪话，看看还有些趣味；《穀梁》浅薄无聊，文理不通，简直是不值得一看的书。

（10）《论语》。这是孔二先生的思想的记载，是古代哲学史料之一种。孔二先生那个人，在二千四百年以前，自然算得上一个人物。但是这位老先生的头脑实在太笼统了，不要说比不上现代的人，便是宋、明的儒者，他也还比他们不上。试拿朱熹的《朱子语类》与《论语》相较，我们觉得朱熹思辨的能力比孔丘要高明过千百倍。不要说宋、明的儒者了，便是他老人家的数传弟子荀况，不过比他迟了二百年光景，讲话已经要比他清楚得多，比他有条理得多了。我这样说，或者有人说我因为要打倒他，所以故意批坏他，其实不然。我对于孔学（实在可以称"孔教"，因为二千年来迷信他的人，的确是用迷信宗教的态度的。只因一班酸溜溜的新先生们最爱说"孔学不是宗教"这句话，我是最不高兴加入这种讨论的，所以这里就称为孔学）之毒痛二千年，用三纲五伦那种邪说来惑世诬民，惨杀多人，的确是痛恨不过的。但说孔丘这个人的头脑笼统，这倒不是骂他的话。他本是中国最初的学者（老子与《老子》的时代，我与梁任公有同样的怀疑，我也觉得《老子》是战国时候的作品），当然不会怎样高明，当然应该不及后人。荀况比孔丘好，朱熹比荀况好，今人比朱熹好，这是很合于进化的真理的。假如孔丘以后，没有人比孔丘好的，而且都是比他不如的，这才是中国思想史上丢脸的事。

《论语》书中，虽然也略有几句可采的话。例如，孔二先生叫人不要强不知以为知；他觉得人不能与畜生做伴，非与人做伴不可，所以应该把社会弄好一点，不应该消极不管事；他知道施行政治，应该想法先把人们的衣、食、住弄安稳了，才来教他们做好人，不像一班"轩"人以为饿瘪了肚皮不要紧，而忠孝节义这种屁话是非谈不可的。……这一类话，不能不说他讲得有理。可是不成话的真也不少，什么"三年无改于父之道"哇，什么"不仕无义……君臣之义如之何其废之"啊，这还是思想的错误。还有像那"言寡尤，行寡悔，禄在其中矣"呀，"耕也馁在其中矣，学也禄在其中矣"呀，"以吾从大夫之后，不可徒行也"啊，"拜下，礼也；今拜乎上，泰也；虽违众，吾从下"呀，这都是什么话！卑鄙至此，真要令人三日作呕！还有，"季氏八佾舞于庭"，"季氏旅于泰山"，这真叫做"干卿的事"，要"他老人家气得胡子抖"（这是胡适之形容他的话）干么！他对于鬼神有无的问题的见解，似乎比前人进步了，而态度却并不高明。他大概是不相信鬼神的，但是他只肯说"未能事人，焉能事鬼"，"敬鬼神而远之"这种油腔滑调的官僚话，不肯爽爽快快说没有鬼神（也许是他的见解不彻底）。他的徒子徒孙辈里有一位公孟子便说"无鬼神"（见《墨子·公孟》篇），这比孔丘明白多了，干脆多了。他一面对于鬼神既已怀疑，偏又要利用它来蒙人，说什么"祭如在，祭神如神在"，这是明明知道它们不"在"，偏要叫人家"如"一下子，蒙人诡计，昭然若揭！人焉廋哉！人焉廋哉！

总而言之，统而言之，孔二先生虽然算得上一个人物，然不过二千四百年以前的人物而已。他以后的学者，超越过他的不知有多少，今人更不待言。所以无论怎样恭维他，他的真相总不过如此而已。他对于政治、道德、学问……都没有什么细密精深的见解，只因他老人家是一个"大夫之后"，常常坐了"双马车"跑东跑西，认识当世的名流很多，又做过几天官，所以能够吸收了许多徒弟。后来那班徒弟四面散开，把老师的话常常对人家讲讲，于是他渐渐的就成了学阀。又因为皇帝们都爱他的议论，可以拿来压伏百姓，可以使"天下英雄尽入彀中"，于是尊他为圣人，定他的话为"国教"。从此，他那几句讲得有理的话完全搁起，而干禄热中、亲媚主上那种伧鄙卑劣的思想大发达而特发达，以致现在共和招牌已经挂了十四年，而中华民国仍旧还是"中华官国"，驯至国将不国矣！

想知道孔丘的思想的人们，可以看看《论语》，若要以那里面的话为现代道德的标准，那个人就是混蛋！还有一层，看《论语》只应该依文理看，某句某句作何解，看明白了就完了，切不可像前人那样，用二百四十倍的显微镜把它放大！（不但看《论语》应该如此，看一切书都该如此。不过像《论语》那种所谓"圣人之书"，看的时候尤其容易犯放大的毛病，所以我在这里特别提一句。）

（11）《孝经》。这是一篇不满二千字的短文，不知是哪个浅人做的，其性质与《礼记》诸篇是一类的，也是儒家的昏乱思想。那样一篇不满二千字的短文，中间的昏乱思想却杀死了二千年来许多做儿子的！噫！亦惨酷矣！

（12）《尔雅》。这是一部随手杂抄的关于字义的书，不过是字典的极小一部分的材料罢了。这种材料之对于字典，其价值功用，正如《尚书》之对于历史，只有研究文字学的人有时要用着它罢了。什么时候什么人抄的（实在说不上"做"，只能说"抄"），现在是无从知道了。看其中有许多都在解释《诗经》的字义，大概是西汉传《诗经》的人们随手记录的。前人又说它是姬少帅所做，真是可笑！那位姬少帅，据说他实在贵忙得很，一天到晚要接见客人，不能安安逸逸的洗头发，不能写写意意的吃饭，还有什么闲情别致来抄字义？况且《诗经》是他以后的诗，难道他又是像孔二先生那样，掐指一算，知道将来有人做《诗经》，而且是些什么句子，所以预先把字义记下来吗？可是，做诗的人没有牛肉给他吃呀！他何苦做这傻瓜！

（13）《孟子》。这是孟老爹的思想的记载，也是古代哲学史料之一种。讲到孟老爹这个人，人格比孔二先生要高尚些，他常要对于那班君们说不敬的话，他有时要与君开玩笑，这都是孔二先生所做不到的。但是他究竟是儒家，所以他虽然知道不好的皇帝是可以杀的、可以赶的，他也知道百姓比皇帝重要些，可是像"人莫大焉无就戚君臣上下"、"墨子兼爱，是无父也"这类"轇"话，他又常要说。总而言之，要做官，要有阶级，这是儒家不可改变的根本思想。你看，儒家之中尽有在学问知识方面很高明的，一到这个问题，"轇"话总是连珠般的来了。

所以儒家的学说与ㄌㄜㄇㄛㄚㄙ丨是绝对不相容的，所以儒家的学说与共和国体是绝对不相容的。讲到孟老爹对于知识方面，却甚不高明，比他的晚辈荀况差多了（比起孔二先生来则未必不如）。荀况居然能做《非相》与《天论》，他只能说什么"天也"与"莫非命也"这类"韠"话！

"经"谈完了，这篇"开宗明义章第一"就此搁笔了。

这篇写得如此其长，以下"天子章第二，诸侯章第三……"也许只有三四行的短文章。若问几时写"天子章第二"，现在不敢预约了，但是总希望"来"字不至于再写得那么多。

请了请了！再会再会！

一九二五年十一月十四日下午二时写起，十五日上午四时写完。

论《说文》及壁中古文经书[*]
（1925 年 12 月 13 日）

颉刚先生：

承示驳柳翼谋氏《以〈说文〉证史必先知〈说文〉之谊例》一文，精确明快，佩甚佩甚。

他们看错了咱们啦。

咱们对于一切古书，都只认为一种可供参考的史料而已。对于史料的鉴别去取，全以自己的眼光与知识为衡，决不愿奉某书为唯一可信据的宝典。

辨古书的真伪是一件事，审史料的虚实又是一件事。譬如《周礼》、《列子》，虽然都是假书，但是《周礼》中也许埋藏着一部分周代的真制度，《列子》中也许埋藏着一部分周、汉间道家的思想。（这只是泛说，非指《杨朱》篇而言。我绝不信《杨朱》篇中的思想是杨朱的思想，可以拿它来作杨朱学说的史料；我对于《杨朱》篇的思想，与蔡子民先生所见全同，认为是"清谈家之人生观"，虽然我不同意蔡先生说周朝那个真的杨朱就是庄周。）因为以前的人们总受着许多旧东西的束缚的，即使实心实意的想摆脱一切，独辟新蹊，自成一家言，而"过去的幽灵"总是时时要奔赴腕下，驱之不肯去。所以无论发挥怎样的新思想，而结果总不免有一部分做了前人的话匣子。那么，成心造假古董的，所造的假古董里面埋藏着一部分真古董——或将旧料镕化了重铸，或即取整块的旧料嵌镶进去，更是可有的事了。反过来说，一切真书尽管真是某人作的，但作者之中，有的是迷于荒渺难稽的传说；有的是成心造假，如所谓"托古改制"；有的是为了古籍无征，凭臆推测，咱们并不

---

* 录自《古史辨》，第一册下编。

能因其为真书就一味的相信它。这是咱们跟姚际恒、崔述、康有为及吾师崔觯甫、章太炎两先生诸人最不相同的一点。

就拿崔、章两师来做个例。他们俩都是经师，崔师是纯粹的今文家，不信一切古文经说而绝对的相信《春秋公羊传》；章师是纯粹的古文家，不信一切今文经说而绝对的相信《周礼》。我对于两师那种"不信"的态度，认为大体是不错的（自然也有一小部分觉得是疑所不当疑的），而对于他们那种"相信"的态度，实在不敢赞同。我固然不相信姬旦真做了一部《周官》（这里不从习惯称《周礼》者，因为省得略略读过几句古书的人要来挑眼），也不相信孔丘真做了一部《春秋》，但即使让步的说，相信《周官》是姬旦作的，《春秋》是孔丘为了"臣弑君，子弑父"而作此书"以道名分"的，却还要问姬旦作的《周官》，在时间上通行于周代吗？在空间上通行于侯国吗？这样"ㄅ丨せㄍㄛ四方"的制度能够完全实行吗？孔丘作的《春秋》果有尔许"微言大义"吗？要是有的，何以孟轲、荀况、贾谊那班"名人"们都没有看见，这个闷葫芦由一位"无名小卒"公羊先生秘藏了三百多年才把它打破，到了那位董道士手里才把那许多哑谜揭穿呢？何以简简单单一个"正名定分"的题目要"ㄑ丨せㄙㄅㄙせㄌㄣ"的说上那许多"非常异义可怪之论"呢？这一类的疑问要是得不到确切的解释，我总是不敢像崔、章两师那样相信《周官》跟《公羊》的。

那么，我就把《周官》跟《公羊》一脚踢开，正眼儿也不对它们瞧吗？这又不然。不但如上文所说，假书中也许有真料，就是假书也是一种史料唉。《周官》如其是刘歆他们造的，便是关于他们的政治思想的史料；《公羊》便是周、汉间一部分儒者的思想的史料，或者就是董道士的思想的史料。还有，拿《周官》跟《国语》（包《左传》）等书中的制度比较，拿《公羊》跟《论语》、《孟子》、《荀子》等书中的思想比较，观其异同之点，可以明其变迁之故，这也是一种史料。

他们看见您偶引《说文》，刘掞藜氏讥为"《说文》迷"；柳氏则用教训的口吻说"盍先熟读许书"，更用轻薄的口吻，一则说"此等谊例，浅近易晓，本自不待解说"，再则说"不明《说文》之谊例，剌取一语，辄肆论断，虽曰勇于疑古，实属疏于读书"，三则说"……第就单文只谊，矜为创获，鲜不为通人所笑矣"。殊不知考史而引《说文》，跟引别的书一样，不过在考证时觉得《说文》中某字某义或可作为某史料的旁证而已。这字这义以外，其史料的价值如何，全非所问。至于什么《说文》之义例（我不愿跟着柳氏写古字，故除引他原文以外，不写作"谊例"。"仁义"、"意义"依《说文》应作"谊"，这个我早就知道，因为我是在二十年前已经"熟读许书"了。不过照那样写，非但不适用于今日，亦且不合于比许慎更古的董仲舒之说。难道"仁义"、"意义"，古字一定作"谊"吗？我却有些不信！），更是全不相干的东西。柳氏说"宜求造字之通例，说字之通例"，这话固然冠冕堂皇，像煞有介事，可是还够不上叫咱们吓的直哆嗦。

"造字之通例"，不错，若是研究文字史，是"宜求"的，但是，跪在许老爹的膝前就能求得到吗？哈哈！不见得吧！《说文》里假字误体不知凡几，据《说文》以求造字之通例，比据颜元孙的《干禄字书》、张参的《五经文字》、唐玄度的《九经字样》、郭忠恕的《佩觿》、李文仲的《字鉴》、龙启瑞的《字学举隅》以求造字之通例，实在高明不了多少。甲骨跟钟鼎上面的文字，现在还未经整理，但据王筠、吴大澂、孙诒让、罗振玉、王国维、容庚诸人所释，足以订正许书之违失的已经不少。今后更用新方法去研究整理，我敢预断，许老爹的胡说八道，瞎三话四，一定还可以揭穿出许许多多来。他们守着一部《说文》，以为足以"求造字之通例"，多见其"疏于读书"也！

至于"说字之通例"，那更无谓了，求了出来，与造字之本何关？王安石的《字说》为世诟病，其书虽亡，而据传说的几条，确多可笑。但他既特著此书，当然也有他的"说字之通例"，但谁也知道这一定与造字之本是无关的。夫许老爹的"说字之通例"，固亦犹是也。"清代经师治诸经、治小学之法"，确有可取的；"清儒著述"，确也有值得"潜心"的。但他们正因为缺乏"勇于疑古"的胆量，所以"创获"未免太少了；正因为太"熟读许书"，对于假字误体不敢"议疑古"，所以承误袭谬的解说又未免太多了。咱们正想改变那"信而好古"的态度，不料反有人来劝咱们做许老爹的忠奴。这种盛情，只好"璧还"他们了。

您那天疑心"陈"本是"军陈"字（今作"阵"），许慎专作"陈国"解是不对的。我以为您这疑心极有道理，我的意见是这样：

《说文》：敶，列也。阜，读为军敶之敶。陈，宛丘也，舜后妫满之所封，从阜，从木，申声。陣，古文陈。于是"《说文》迷"的先生们便"一死儿咬着牙"的说："陈的本义是陈国，陈列跟军陈都是敶字的假借。"这种说法，从江声、段玉裁、李富孙、朱骏声以来，早已看作天经地义了。据我看来，殊未必然。钟鼎中"陈国"字很多，不是作

"陬"，便是作"墜"，然则"陬"字不仅作陈列跟军陈解，而陈国的古字也并不作"陈"了。究竟"陈"为"陬"、"墜"之省体乎？抑"陬"为"从攴，陈声"乎？这话尚难论定，今且不论。但《说文》那个"从阜，从木，申声"的"䟆"字必是误体，那个古文"陬"字必是伪体，此可断言。钟鼎各"陈"字，没有一个从申的。申本是误体，申之真古文作𢛳，其形渐误作㠯（《说文》以㠯为籀文，但石鼓文尚与真古文相同，不作㠯），小篆又把中笔拉直而作申。钟鼎"陈"字的右半大抵像"東"字，或稍变之，但只有上下切断而作㯥，却没有左右分开而作㭯的。钟鼎时既无申字，陈的右半又不作㭯，可证陈之必不从申也。至于那个古文，从古文阜跟古文申，似乎可靠矣；但陈之从申既不可信，则此古文亦在可疑之列了。今按小篆之䟆尚与钟鼎为近，可证其为钟鼎中"陬"、"墜"诸字的误体，而古文之𢛳则与钟鼎形体绝远，显系依傍小篆而造者。因小篆误为从小篆申，于是造伪古文的遂改从古文申而去木（去木者，笔画少些，可以充古董也），彼初不知真古文陈字并不从申也。《说文》误分"陈"、"陬"为两字，"陬"既训列，则"陈"字自然只好请它专作陈国之用了。因义为宛丘而从阜，还勉强可说，从木便古怪了。段玉裁异想天开，释之曰"太皞以木德王，故字从木"，这话真要令人失笑。总而言之，"陈"不从申，义亦不仅为陈国，其字或为"陬"、"墜"之古体，或为它们之省文，其义大概当以陈列为主。柳氏说"陈"字是"无形（此'形'字很费解）谊者引史"，盖自谓能"熟读许书"，能"求造字之通例"，其实，"证之他文而皆不合"，所以虽列了许多"例"，可是在文字史上却还欠"通"。

《说文》"说字"之不通，是由于许老爹的瞎三话四，但《说文》中所列的文字是有合于古的吗？不合的很不少。这是什么缘故呢？一般的说法，总以为《说文》根据的是小篆，小篆是秦时李斯所改作的，故不合于古；古文跟籀文是合于古了，可惜又太少。这话是很错误的。小篆虽不可以道古，但它确从真古文中变来，所以拿它跟甲骨跟钟鼎的真古文比勘，可以探得辗转变迁之迹。对于小篆的形体而"望文生训"，固然不对，但它是自然演变的，不是"向壁虚造"的，所以还是真字。要是《说文》所列都是小篆，虽不足以穷文字之本，而这书自有它的价值，跟《汉隶》、《字原》、《隶辨》、《隶篇》、《楷法溯源》、《草字汇》等书一样，是文字变迁史上一段信实的史料。可惜许老爹既没有历史的眼光，又没有辨伪的识力，竟把不全的《史篇》中的大篆，《仓颉篇》等中的小篆，跟刘歆他们"向壁虚造"的伪经中的古文羼在一处，做成一味"杂拌"。于是今字跟古字，真字跟假字，混淆杂糅，不可理析，不但不可以道古，就是小篆也给他捣乱了。所以《说文》中所列的文字，其价值还比不上《隶辨》、《楷法溯源》、《草字汇》等，只堪与《汗简》跟《古文四声韵》相比耳。

《说文》序中有"今叙篆文，合以古籀"二语，段玉裁、郑知同、王国维三人有不同的解说，我以为王国维的话最不错。他说：

> 《说文解字》实合古文、籀文、篆文为一书。凡正字中，其引《诗》、《书》、《礼》、《春秋》以说解者，可知其为古文；其引《史篇》者，可知其为籀文；引杜林、司马相如、杨雄说者，当出《仓颉》、《凡将》、《训纂》诸篇，可知其为篆文。虽《说文》诸字中有此标识者十不逮一，然可得其大略。昔人或以《说文》正字皆篆文，而古文、籀文惟见于重文中者，殆不然矣。（《观堂集林》卷7，页9）

他又说：

> 汉代鼎彝所出无多，《说文》古文又自成一系，与殷、周古文截然有别。其全书中正字及重文中之古文，当无出壁中书及《春秋左氏传》以外者。（同书，卷7，页8）

王氏说《说文》中之古文无出壁中书及《春秋左氏传》以外者，我从各方面研究，知道这话极对。要问这种古文是否真古文，先要问壁中书等是否真物。关于这一点，从刘逢禄、龚自珍诸人疑《左传》起，至康有为著《伪经考》，崔觯甫先师著《史记探源》跟《春秋复始》，而壁中书之为刘歆诸人所伪作，得了种种极确切的证明。据我看来，壁中书一案，经康、崔两君之发覆，伪证昭昭，无可抵赖，所谓"汉古文经"者，此后应与晋《古文尚书》、《家语》、《列子》等书同等看待，归入一切伪书之中。

但康、崔两君所考明者，在年代之不符跟传授之伪造等等方面，关于文字上之问题，非他们所注意。康氏虽力诋《说文》，但都是泛论。（此等泛论中有极精辟之论，如说"文字之流变，皆因自然，非有人造之也"，在康氏以前，从没有人说得出这样一句明白话的。但也有极谬误之论，如以鼎彝为刘歆所伪造。）先师少年时本是治"许郑之学"者，后见《伪经考》，乃专主今文，但对于文字上，新论极少。

我尝稍稍涉猎吴、孙、罗、王、容诸家之书，觉得《说文》中的小篆近于钟鼎，钟鼎近于甲骨，而《说文》中的古文则与钟鼎、甲骨均极相远，而且有些字显然是依傍小篆而改变者。这一点，罗、王两氏亦早致疑。罗振玉说：

> 刻辞（按，指甲骨文）中文字，同于篆文者十五六，而合于许书所载之古籀乃十无一二，盖相斯所罢者皆列国诡更正文之文字，所存多仓史之旧文。秦之初虽僻在西戎，然密迩西周之旧都，丰岐文化，流风未沫，其文字故应胜于列国也。（《殷商贞卜文字考》，页 12）

他又说：

> 而由文字（按，亦指甲骨文）之可识者观之，其与许书篆文合者十三四，且有合于许书之或体者焉，有合于今隶者焉；顾与许书所出之古籀，则不合者十八九，其仅合者，又与籀文合者多而与古文合者寡。以是知大篆者盖因商、周文字之旧，小篆者又因大篆之旧，非大篆创于史籀，小篆创于相斯也。……至许书所出之古文仅据壁中书，所出之籀文乃据《史籀篇》，一为晚周文字，一则亡佚过半之书，其不能悉合于商、周间文字之旧，固其宜矣。至于篆文，本出古籀，故与卜辞合者颇多。（《殷虚书契考释》，页 73—74）

商代的甲骨文能合于秦、汉的小篆跟隶书，反不能合于《说文》所录出于壁中书之古文，则壁中古文之为后人伪造，非真古字，即此已足证明。

但罗氏是决不敢大胆的说"壁中书是假造的，它所用的古文也是假造的"这样两句话的，于是乃曲为之说，认壁中书的古文是"晚周文字"，是"列国诡更正文之文字"。此说不但无征，且用旧说而与旧说又不合。

罗氏所谓"列国诡更正文之文字"，这是根据《说文序》的，那上面说：

> 其后（段注以为指孔丘死后），诸侯力政（同征），不统于王，恶礼乐之害己而皆去其典籍，分为七国。田畴异亩，车途异轨，律令异法，衣冠异制，言语异声，文字异形。

这是说，战国七雄毁坏旧章，改易新法，连言语文字都改变了。其实哪有这回事？周代旧章的毁坏，匪伊朝夕矣，不统于王亦不自战国始，并且周天子的政令是否曾经统一全国过，实在很是疑问。各国的制度不同于周，彼此也不相同，这种状况决非始于战国。至于言语文字，岂能在短时间之内要改就改，有这样容易的？还有一层，七雄之中，政俗一切最特别，最有她自己特殊的面目的，就是秦。罗氏说别国文字都变古，反是这秦文与周为一系，这话我觉得很难相信。此说之无征者也。

《说文序》又说：

> 孔子书六经，左丘明述《春秋传》，皆以古文。壁中书者，鲁恭王坏孔子宅，而得《礼》、《礼记》（下"礼"字依段注补）、《尚书》、《春秋》、《论语》、《孝经》，又北平侯张苍献《春秋左氏传》。

这是说，孔二先生用古文写了六经，藏在他府上的墙壁里，后来给鲁恭王挖了出来。左老头儿用古文写了《左传》（不知藏在哪儿），后来给张苍献了出来。所以若认这古文是真的，那就应该承认是孔、左两公所写的。那两公所写的古文，至迟也只能是春秋时候的文字（这话其实不对，照《说文序》的口气看来，这古文应是"周宣王太史籀著《大篆》十五篇"以前的文字），决不能是晚周文字。若是晚周文字，则非请孟轲、荀况之流重抄不可（！）。但即使请孟、荀用晚周文字重抄六经，还是不能与壁中书及张苍所献的《左传》并为一谈。既相信张苍献传跟鲁恭得经是真事实，则非相信这古文是周宣王以前的真古文不可。此用旧说而与旧说又不合者也。

王国维也知道壁中古文与殷、周古文不合，但他又造出"战国时秦用籀文，六国用古文"之说。他说：

> 司马子长曰："秦拨去古文。"杨子云曰："秦划灭古文。"许叔重曰："古文由秦绝。"案秦灭古文，史无明文，有之惟有"一文字"与"焚《诗》、《书》"二事。六艺之书，行于齐、鲁，爰及赵、魏，而罕流布于秦（原注：犹《史籀篇》之不行于东方诸国），其书皆以东方文字书之。汉人以其用以书六艺，谓之"古文"，而秦人所罢之文与所焚之书皆此种文字，是六国文字即古文也。观秦书八体中有大篆，无古文，而孔子壁中书与《春秋左氏传》凡东土之书用古文不用大篆，是可识矣。故古文、籀文者，乃战国时东、西

二土文字之异名，其源皆出于殷、周古文。而秦居宗周故地，其文字犹有丰镐之遗，故籀文与自籀文出之篆文，其去殷、周古文反较东方文字（原注：汉世所谓古文）为近。自秦灭六国，席百战之威，行严峻之法，以同一文字，凡六国文字之存于古籍者已焚烧划灭，而民间日用文字又非秦文不得行用。观传世秦权量等，始皇二十六年诏后，多刻二世元年诏，虽亡国一二年中，而秦法之行如此，则当日同文字之效可知矣。故自秦灭六国以至楚汉之际十余年间，六国文字遂遏而不行。汉人以六艺之书皆用此种文字，又其文字为当日所已废，故谓之"古文"。此语承用既久，遂若六国之古文即殷周古文，而籀、篆皆在其后，如许叔重《说文序》所云者，盖循名而失其实矣。（《观堂集林》卷7，页1～2）

王氏自信"此说之不可易"（见所引一段的前面），据我看来，不但可"易"，而且还着实该"易"。我现在便来"易"它一下。

秦之"同一文字"，其事之性质正与今之"统一国语"相类。其竭力推行，务期普及，今昔亦正相类。所异者，今之统一国语，是含ㄅㄝㄇㄛㄈㄦㄚㄙㄐ的精神，所以不废止方言（咱们还很希望它发展呢）；秦之同一文字，是用专制的手腕，所以要"罢其不与秦文合者"罢了。秦所要"罢"的，系专指形式"不与秦文合"而言，大不合的固然要罢，小不合的也要罢，因为目的在于使文字统一。六国的文字究竟比秦差了多少，这个我们固然不能臆断，但就现存的钟鼎看来（连秦国的），则可以说这样几句笼统话：要说异，似乎各国文字彼此都有些小异；要说同，也可以说是彼此大体都相同。ㄍㄨㄟㄉㄞㄌㄣㄠㄗㄨㄟ一句话，大同小异而已。若区为"东土"、"西土"两种文字，则进退失据之论也。而况今所存齐、鲁、邾诸国的钟鼎文字，跟壁中古文距离之远，正与秦文跟壁中古文距离之远一样呢！还有，王氏说"秦书八体中有大篆，无古文"，这是因为秦时还没有所谓"孔子书六经以古文"之说。儒者之传授六经，其初仅凭口耳，渐乃著于竹帛，著竹帛之时通用什么样的文字，他们就写什么样的文字。传经之儒对于文字的形式是绝不注重的，所以彼此所传，异文假借非常之多。讲到《史记》中的"秦拨去古文"一语，那是刘歆们窜入的。凡《史记》中"古文"二字，都是刘歆们窜入的，这个意思，康氏的《伪经考》已启其端，先师的《史记探源》乃尽发其覆。杨雄之时，古文伪经已出，杨雄便是上当的一个人（他识得许多古文奇字），许慎更是迷信古文经的，所以他们俩的话是绝不足信的。

总而言之，罗、王两氏都是精研甲骨、钟鼎文字的，他们看到《说文》中的古文与甲骨、钟鼎文字差得太远，知道它不古，这是他们的卓识，但总因为不敢怀疑于壁中书之为伪物，于是如此这般的曲为解释，或目它为"列国诡更正文之文字"，或目它为"晚周文字"，或目它为"东土文字"，其实皆无稽之谈也。

康、崔两君虽能推翻壁中古文经，但是他们俩是根本相信孔子定六经那件事的，所以孔壁所藏，虽能证明其为伪作，但站在像他们俩那样的"今文家"的地位，"孔子书六经"那件事却还是很有可能性的。咱们现在则不然，根本不相信"孔子定六经"那件事，对于所谓"经"也者，只认为是古代留下来的几篇文学作品，几本档案黏存，几张礼节单子，几首迷信签诗，几条断烂朝报而已。这些东西，孔二先生大概是看过的，但他老人家所看的跟传到现在的，多少详略，大概总不见得恰恰一样吧。"孔子定六经"那件事咱们既不相信，则"孔子书六经"那件事在咱们看来真合着一句笑话了：两个近视眼看匾，甲说"関常庙"，乙说"闗帝庙"，其实匾还没有挂，哪儿来的字！咱们既认为孔二先生并没有写过什么劳什子的六经，则对于汉朝突然发现的壁中书，本已不能相信，何况年代跟传授处处露出作伪的马脚来如康、崔所云，文字又与商、周的真古文差得最远如罗、王所云，尚有丝毫可信据之价值乎？《说文》中古文甚多，而这古文便是采自壁中书，则《说文》不是一部"伪字举要"吗？"伪字举要"自然也有它的用处，但决不能认作真的古字，则毫无疑义也。

壁经的伪字，《说文》所录，仅可以称为"举要"，尚不能称为"大全"。《三体石经》、《古文四声韵》、《汗简》、《书古文训》中，保存着《说文》所未录的壁经伪字不少，不过辗转传写，失其本真，伪字又须晋"误"衔了。不曾晋加"误"衔的，便是最近发现的《三体石经》。我觉得《三体石经》中的古文，有好些字明明白白看得出是依傍小篆而伪造的；有好些字是真古文本有其体，作者未之见，因杜撰一体以当之的；自然也有好些字与真古文相合的，这与《周礼》中可以埋藏着周代的真制度之理相同。关于这一点，我打算将来单做一篇东西来说明它，今天暂且不谈了。

疑古玄同　　1925.12.13

《吴歌甲集》序 *
（1926 年 2 月 8 日）

颉刚先生，我对您不起！我给《吴歌甲集》做序，关于它本身的价值，一句话也说不出来。因为我于文学完全是个门外汉，决不配来对它瞎三话四（ㄏㄜㄚㄏㄥㄜㄛㄥ），所以现在只好用"下笔千言，离题万里"的办法来写这篇序。

前几天，承您把平伯先生的序寄给我读，我很高兴。我对于国语文学跟方言文学这个问题，本来要想胡说几句，现在读了平伯先生的序，更引动了我的兴趣，就来胡说一下吧。

平伯先生的意见，大体我都同意的。他说"真的文学应当采用真的活人的话语"，"方言文学应当努力提倡它"，"尽量采用方言入文"，这些话，我不仅是完全同意，我平日也就是这样主张的。

可是我就是平伯先生说的有"国语热"的一个人，我因为有"国语热"，所以连带着有"国语文学热"。我对于文学虽然完全是个门外汉，可是我极相信文学作品对于语言、文章有莫大的功用，它是语言、文章的血液。语言、文章缺少了它，便成了枯槁无味的语言、文章：低能儿的语言，"今天天气——哈哈哈！"的语言；"老虎"（The Tiger）派的不通的文章，市侩们编的国语教科书的文章。这种非文学的语言、文章，便好像是一个"鲜鲜活死人"（ㄙㄧㄝㄙㄧㄝㄨㄜㄏㄙㄧㄏㄣ）。

这样，我是提倡国语文学的人了，似乎跟平伯先生要努力提倡方言文学"有点背道而驰的样子"了。其实不然。平伯先生提倡方言文学，我完全同意，但他认为提倡方言文学跟提倡国语文学有点背道而驰，这话我却不同意。讲到这里，非得先把"什么是国语"这个问题来讨论一

* 录自《吴歌甲集》，上海，商务印书馆，1926。

下不可。

什么是国语？已经有答案交出来的约有两派。

一派是所谓教育家也者。他们最爱咬文嚼字，他们最爱凿四方眼儿。他们开口便要分别怎样是文，怎样是语；什么是官话，什么是方言；哪个字是文体绝对不用的，哪个字是语体绝对不用的；国语文法应该怎样规定，国语词类应该样限制；文雅了又不好，俚俗了又不好（如只许用"的"，用了"之"就说太文了；只许用"头"，用了"脑袋"又说太俗了）；欧化了又要反对，民众化了又要反对……他们对于"什么是国语"这个问题并没有具体的说明，不过照上文所述说的看来，也略可推见一斑了。

一派是国语文学的主张者。这派可以拿适之先生来做代表，他的说明也最简单明了。他说：

> 我们现在提倡的国语，也有一个中坚分子。这个中坚分子就是从东三省到四川、云南、贵州，从长城到长江流域，最通行的一种大同小异的普通话。这种普通话，在这七八百年中已产生了一些有价值的文学，已成了通俗文学——从《水浒传》、《西游记》直到《老残游记》——的利器。他的势力，借着小说和戏曲的力量，加上官场和商人的需要，早已侵入那些在国语区域以外的许多地方了。现在把这种已很通行又已产生文学的普通话认为国语，推行出去，使他成为全国学校教科书的用语，使他成为全国报纸杂志的文字，使他成为现代和将来的文学用语——这是建立国语的唯一方法。（《国语讲习所同学录序》，《胡适文存》卷1，页327）

前一派人的见解煞是可笑，我不懂得他们何以要干这种违反自然、缚手缚脚的玩意儿。照他们的话去说国语，写国语，真是汪容甫所谓"笑齿啼颜，尽成罪状；跬步才蹈，荆棘已生"了。这哪里是解放文体，简直是受罪！何苦来！

适之先生的见解，比前派要高明过万倍。他因为普通话已很通行又已产生文学，所以主张认它为国语，把它推行出去，这确是很有道理的见解。但是我们要知道，以普通话为国语的主干则可，国语而限于普通话则不可。还有，"普通话"一词的界说，是很模糊很含混的，所以我们使用"普通话"，只可"神而明之，存乎其人"。倘使竟来凿四方眼儿，分别孰为普通，孰不普通，则尤其大大不可。要是这样，便上了前一派人的当了。

普通话就是官话。官话本出于元朝的北京话，它凭借着文学跟政治的势力，渐渐推行到各地去，行到哪儿，便把那边的方言添加些进去，它原来的面目也免不了改变了些。添加复添加，改变复改变，结果便成了所谓官话。这种添加跟改变，自然都是应环境之需要而做成的，那么，可以说官话是比较各种方言都要来得适用些。所以适之先生主张认普通话为国语，从这一点上说，我是相对的赞同的。

可是，官话有一种很大的毛病，它虽是把元朝的北京话添加跟改变而成的，但这种添加跟改变的分子并不很多。实际乃是甲、乙、丙、丁……各地方的人见面谈话，因为语言不通，只好互相用较通行的北京话作为彼此的通用语。但是，彼此说的北京话——除北京人——都是不纯粹的，都是杂有他自己的方言的，而且有些人杂的方言还是很多的。你杂你的方言，我杂我的方言，他杂他的方言，大家讲起话来还是不能完全相通，而且就是北京话也不是大家都能完全了解的。这便怎么办呢？于是想出两个办法来了。一是把那些辨别得很微细的词儿混淆起来，用意思相近而涵义较广泛的——其实就是较不真切的——来代替。例如把北京的"咱们"（"你们"在内）跟"我们"（"你们"除外）一律称为"我们"，"别"跟"不要"一律称为"不要"；把苏州的"ㄍㄨㄝ"跟"ㄉㄛㄏ"一律改用"丢"，"ㄍㄝㄉㄚㄏ"（近称）、"ㄍㄜㄏㄉㄚㄏ"（中称）、"ㄍㄨㄝㄉㄚㄏ"（远称）三种分别并作"这里"、"那里"两种。（真正民众的语言，因为它跟实际生活最为切近，所以涵义非常真切，辨别务极微细，这是方言唯一的优点，复非文言跟官话所及的。普通应酬文字，只要随便对付过去，固无需乎此。若文学作品，当然应有精密细致的描写，那就非仰仗真正民众的语言不可。）一是把嘴里的活语牺牲了，改用书上的死语（意义也很容易不真切）。例如北京人不说"耗子"，苏州人不说"老虫"，彼此都说"鼠"；北京人不说"ㄍㄨㄟㄉㄧㄠㄗㄨㄟ"，苏州人不说"一塔刮子"，彼此都说"总而言之"。这本来都是临时不得已的办法，可是久而久之，变为习惯，大家习非成是，以这样的说法为正当，倒反觉得辨别微细是无谓的，使用活语是鄙俚的了。其实，官话因为用了这两个办法，在用词跟造句上便发生了贫乏、浮泛、生硬种种毛病。

所以，官话因为有"已很通行又已产生文学"这个资格而被认为国语，固然是可以的。可是，它有这样的大毛病，却也不可不知道。

我对于"什么是国语？"的答案是这样：

国语应该用一种语言做主干。这种语言，若用官话固然也好，不过我的意见，最好还是采用一种活语言，就是北京话。上文说过，我极相信文学是语言、文章的血液。适之先生说："有了国语的文学，方才可有文学的国语；有了文学的国语，我们的国语才可算得真正国语。国语没有文学，便没有生命，便没有价值，便不能成立，便不能发达。"（《建设的文学革命论》，《胡适文存》卷 1，页 74）这话说得真不错。讲到文学，我又完全同意于平伯先生说的"真的文学应当采用真的活人的话语"。用北京话，不但是活的，而且标准易得，师资易求。官话虽然号称普通话，通行的区域很广，然而夷考其实，是全无标准的。我们简直可以说，凡官话都是"蓝青官话"。惟其如此，所以在实际上，说到官话，大家都隐隐以北京话作为标准，某人能说得一口好北京话，大家便赞他官话说得好。实际上既然如此，则我说以北京话为国语的主干，即无异于说以官话（或普通话）为国语的主干。用了北京话做主干，再把古语、方言、外国语等等自由加入。凡意义上有许多微细的辨别的，往往甲混乙析，或丙备丁缺。国语对于这些地方，应该冶古今中外于一炉，择善而从，例如甲混乙析则从乙，丙备丁缺则从丙是也。

这是我的国语答案。我认为国语应该具有三个美点：活泼，自由，丰富。采自活语，方能活泼。（做主干的北京话，加入的方言跟外国语，这三种都是活语。惟有古语是死语，但它的本质虽是死的，只要善于使用，自能化腐臭为神奇。在这里有应该注意的，我们尽可焚符遣将，拘摄古语这死鬼来给今语做奴仆，听候驱遣，切不可自己撞进鬼门关，被恶鬼捉住，亲笔写下卖身字据，致为鬼伥！）任意采之，斯乃自由；什么都采，然后丰富。

国语虽是集合北京话、各地方言、外国语、古语而成，但这四个分子所占的地位并不能相等。既名为"国语"，当然以本国语为主体。所以虽然外来的新事新物应该直用原名原字，即表示某种名物或动作或状态等等的，本国若没有适当的词，也尽可采用外国语，例如 Democracy、Picnic、Inspiration、Enthousiasme 之类，但它究竟跟本国语所占的地位不同。古语虽然可以叫它化腐臭为神奇，但只合"倡优畜之"，有时叫它粉墨登场，伊伊亚亚地唱几声，扭扭搦搦地走几步，聊以破闷醒睡而已，所以它在国语中站的地位简直低下得很哪！（有许多词句，普通会话中虽不大用它，但表示较深奥、曲折、细致的意思时便须用到的，这本也是白话，那班爱凿四方眼儿的人们往往要认它为文言——就是古语，这是非常的错误，不可不纠正的。）北京话做了国语的主干，它的地位自不消说得。至于各地方言，我主张国语中尽量采取它，它在国语中站的地位也是很重要的，虽然它跟北京话有"主"跟"辅"的分别。它所以重要的缘故，就因为它也是活语。

可是照这样办起来，一定有人要不高兴了。他们要说：北京话本是方言之一种，其中俚俗的词句是很多的，其他方言也是这样。国语以北京话为主干，又尽量采取各地方言，那不是要闹到"言不雅驯"吗？这如何使得！我说："言不雅驯"，正是我们所希望的；俚俗的词句，正是我们所欢迎的。我们只知道是人就应该讲人话，人话都是活泼的，自由的。"引车卖浆之徒"，凿井耕田之辈，村姑农妇，灶婢厨娘，渠们一样是人，一样会讲活泼自由的人话，而且渠们因为没有披带过礼教的枷锁——这倒是得了圣人君子们"礼不下庶人"这句话的恩惠，所以最能讲真活泼真自由的人话，比"学士大夫"们讲的话强多了。现在若还有人要讲什么"君子、小人之分"、"士、农、工、商之别"那一套陈死人的胡话，那就请跟着"老虎"去做什么"纯正"、"雅洁"的文章（？）好了，国语方面，免劳照顾。若明白民国人民一律平等，大家都是平民，则请说活泼自由的平民话，别打装模做样的官绅腔。

因为我的国语答案是这样，所以我承认方言是组成国语的分子，它是帮国语的忙的，不是拦国语的路的。用古文八股的笔调来说："且夫方言之与国语，乃不相反而相成者也。"这就是我对于平伯先生认为"提倡方言文学跟提倡国语文学有点背道而驰"这个见解不同意的缘故。

我有"国语热"。我认国语文学是国语的血液，所以我有"国语文学热"。我相信国语文学应该用"真的活人的话语"来做，所以我认北京话跟各地方言是国语文学的原料——也就是国语的原料。因为我有以上的信念，所以我要这样说："在我的意中，方言文学不但已有，当有，而且应当努力提倡它。它不但不跟国语文学背道而驰，而且它是组成国语文学的重要原料。方言文学日见发达，国语文学便日见完美。"

以上的话，都是站在国语方面说的。至于方言的本身，它是一种独立的语言；方言文学的本身，它是一种独立的文学。它们的价值，与国语跟国语文学同等。它们决不会因为有了国语文学而灭亡，它们也决不是因为国语需要它们作原料而保存。它们自己发达，它们永远存在。

所以我无论是站在建立国语方面或站在欣赏文学方面，总而言之，统而言之，我对于方言文学是极热烈的欢迎它的。

野马一跑竟跑到这样的远！倘使它的脊梁上骑着一位阮嗣宗，他老先生不免要想"痛哭而返"了。还是"吃回头草"吧！

我跟平伯先生有极相像之一点，我若照着家谱写籍贯，应该是浙江吴兴（可是我的名片上决不印这四个字），但我是生长在苏州城里的，我在苏州恰好也是"一住十六年"。说也惭愧，我的苏白竟比平伯先生的京腔还要蹩脚得多。平伯先生虽然自己说苏州方言的知识终欠高明，但他究竟比我福气大些，因为他惯听吴声的歌唱。我在十二岁以前，成日关在书房里念经书，除了给"先生"、"老伯"拜年或到"郎中"家里去医病，是从不作兴出大门的，连家里的轿厅门房也不准去，所以从没有听到人家唱山歌。偶然听见"唱山歌"这句话，简直不知道作何解释。后来四年，稍微跟社会接触一点，但是听到人家唱山歌的机会仍旧是极少极少。这部《吴歌甲集》一百首之中，我知道的不到十首。我于文学既是门外汉，吴歌的知识又等于零，所以对于本书决不配讲什么话。可是各种方言之中，苏州话究竟是我听得懂的一种，我看苏白的文学所感到的趣味是非常的浓厚。这部《吴歌甲集》以前登在《歌谣周刊》上，它是我很爱读的一部文学作品。我希望颉刚先生将乙集、丙集……陆续出版，以慰我等喁喁之望。

前代的民间歌谣集，据浅陋的我所知道的，有周孔丘编辑的（？）《诗三百》（此书古名如此，真是"有典有则"，贤于后起之《诗经》一名远矣），汉刘歆跟班固著录的"代赵之讴，秦楚之风"（见《汉书·艺文志》），宋郭茂倩编辑的《乐府诗集》，清华广生编辑的《白雪遗音》。刘、班著录的，今皆不传；孔、郭编辑的，年代久远，用语与今大异，现在只能作为古文文学读了，且其中也不尽是民间歌谣。惟华氏编辑的，离开现在不过一百多年，确是近代的民间白话文学。此书传世绝少，我只见过郑振铎先生选录的几十首（见《鉴赏周刊》）。据郑先生所说，全书只有七百多首，我想这不过是民间文学的"九牛之一毛"而已。所以搜访各地的民间文学，把它写出（民间文学，什九皆是"口耳相传"，其"著于竹帛"者盖甚鲜），一部一部的印成专集，这都是咱们的责任哪！

这《吴歌甲集》，是咱们现在印的专集的第一部。颉刚先生！您做这事的首开风气者，厥功真不细呀！继您此书而将印行的，据我所知，有台静农先生的《淮南民歌》，张直觉先生们的《南阳民曲选》，宫璧成先生的《北京平民歌谣》，还有白启明先生跟常维钧先生听说也有编成的民间歌谣集。从今以后，搜访无厌，层出不穷，民间歌谣，方言文学，蔚为大观，猗欤盛哉！

颉刚先生！我不能再胡扯瞎撩〔聊〕啦。我把一个我认为很重要的办法再向您唠叨一下子，就算"曲终奏雅"吧。

我是主张表示白话应该用拼音文字的。正式的拼音文字，我以为应该用通行世界而又富于变化性的罗马字母制成，但这是后话，现且不表。过去的文章，已经用汉字写定了，以后自然也离不了它。但它没有标音的记号，形声字的"声"，即使在造字时与注音字母有同样的功用，可是到了后来，声音变迁了，这功用就完全失去了。看了汉字，要想读出一个音，尚且做不到，何况讲到方言文学，各字都该照方音读出。一个汉字，可以有几十几百种读法，若不给它注上音，怎样能读呢？欣赏一种文学而不能读它出来，这是何等气闷的事！所以我认为以后凡汉字的书，都该记上音，而民间文学，因为是方音方言的缘故，尤其非记音不可，最好把全文用音拼写，与汉字并列，仿佛"中西'四书'"那样，以资对照。

苏州的音标，等到"国语罗马字"制定以后，我打算来做一套"苏州罗马字"，这是用字母表明声调（即平、上、去、入）的。近来我先做了一套"苏州注音字母"，已经写奉。这套苏州注音字母，因为印刷上的不便，不能标明声调，这是一种缺点，现在姑且用它来拼写本书中第十八首歌，这不过做一个例子罢了。（苏州读入声字，跟平、上、去声很不同，不能不有声调的标明，今于音后加"ㄏ"以表之。）

萤火虫

萤火虫，
夜夜红。
嗯笃娘拉里，
嗯笃爷拉里，
三根头麻绳吊拉里。
有铜钱，
赎子去。
呒铜钱，
只好放拉里！

　　　　　　ㄧㄡㄏㄨㄖㄨㄥ

ㄧㄡㄏㄨㄖㄨㄥ，

ㄧㄚㄧㄚ ㄨㄥ。ㄋㄌㄛㄏ ㄏㄧㄤ ㄅㄝㄚㄏㄌㄧ，
ㄋㄌㄛㄏ ㄧㄚ ㄅㄝㄚㄏㄌㄧ，
ㄙㄝㄍㄅㄌˇㄡ ㄇㄛㄖㄣ ㄅㄠ ㄅㄝㄚㄏㄌㄧ。
ㄧㄡ ㄌˇㄨㄥㄌˇㄧㄝ，
ㄖㄛㄏㄗ ㄑㄧ。
ㄇ ㄌˇㄨㄥㄌˇㄧㄝ，
ㄗㄛㄏㄏㄠ ㄈㄛㄤ ㄅㄝㄚㄏㄌㄧ！

这首歌要是不记明读音，一个北京人看了汉字，用北京音读之曰：

ㄧㄥㄏㄨㄛㄔㄨㄥ

ㄧㄥㄏㄨㄛㄔㄨㄥ，
ㄧㄝㄧㄝㄏㄨㄥ。
ㄨㄅㄨ ㄋㄧㄤ ㄅㄚㄌㄧ，
ㄨㄅㄨ ㄧㄤ ㄅㄚㄌㄧ，
ㄙㄢㄍㄅㄊㄡ ㄇㄚㄗㄥ ㄅㄠ ㄅㄚㄌㄧ。
ㄧㄡ ㄊㄨㄥㄑㄧㄢ，
ㄗㄨㄗ ㄑㄩ。
ㄨ ㄊㄨㄥㄑㄧㄢ，
ㄓㄏㄠ ㄈㄤ ㄅㄚㄌㄧ！

（不认识“嗯”、“呒”两字的，只好读它们的半边——“五”、“无”两字之音。）

岂不要叫人绝倒！所以我觉得要全体记音才好。颉刚先生！卓见以为然否？

疑古玄同序　1925.9.2初成　1926.2.8改定

历史的汉字改革论 *
（1927 年 2 月 21 日）

我们提倡国语罗马字的目的，并不是为了要拼中国的地名、人名给外国人看，例如邮务局、火车站和轮船局等处所用的拼音字。我们所以要提倡国语罗马字，是因为觉得中国文字有根本改造的必要。关于这一点，请大家看第二期《新生周刊》上我做的那篇《为什么要提倡国语罗马字》，就明白了。现在对于提倡国语罗马字怀疑的，大概有下列的几类人：（一）老顽固党。他们以为中国人应当用中国字，罗马字是外国字，绝对不许用的。这种人的见解，和民国初年反对剪辫子的人一样，不值得一驳，可以不用去理他。（二）自命为爱国者。他们是要保存什么"国魂"、什么"国粹"的，他们最爱搭妄自尊大的臭架子，开口便是什么"中国有四千年的文化"，什么"我们有很光荣的历史"。他们因为汉字也是中国文化之一，为保存自己固有的文化起见，应该写汉字，不能改用罗马字；中国文字如果改用罗马字拼音，那就要丧失国粹，国将不国了。这种论调，是袭日本和革命前的德国那种褊狭的国家主义的口吻的。二十年前的新党发这种论调，还可以原谅，可是到了现在还要拿它作为时髦崭新的主张，那未免太可笑了。前些时候，上海有一个所谓"国家主义者"，他看见了国语统一筹备会将要公布"国语罗马字拼音法式"的新闻，气得什么似的，立刻打电报给北京的教育部，竭力反对。大意说，中国人切不可用罗马字，因为那是外国的文字；如果中国人用了罗马字，就是做帝国主义的走狗。像这样可笑的话，自然也是没有一驳的价值，也不必去讨论它。（三）认中国改用拼音字是不可能的。这派人以为用国语罗马字来替代汉字，倒不是道理上不应该，乃是事实

---

　　* 录自《新生》，第 1 卷第 8 期，"国语罗马字特刊"。

上不可能，不但现在不可能，将来也不可能。他们的意见，比起前两派来，可以说是较为持之有故、言之成理了。但是我从汉字变迁的历史上看来，觉得它实在有改革的可能性，中国文字早已有拼音的趋向。现在先把他们所谓不可能的理由述说一下。

（A）他们以为世界上的文字可分为两类：（一）衍音的文字，如印度、西洋文以及回文、满文、藏文等等，都是用字母拼音构成的。（二）衍形的文字，就是中国文，用象形等方法构成的。衍形文字的形体和意义有密切的关系，例如篆文的"日、月、乌、牛、羊"等字的字形都是代表字义的，离掉字形，就看不出字义来。就是谐声字，也是以形为主的，凡鸟类字用鸟旁，例如"鸠、鹅、雁"等等；水类字用水旁，例如"江、河、汉"等等。要明了字义，全靠研究字形。这样看来，中国文字是以形为主的。因为主形的缘故，所以汉字虽有很多的同音字，而其义可以由字形来分别。如果改用罗马字，去掉原来的字形，那末，同音的字就要闹到意义混淆，无从区别了。这岂不是要发生义异而音同的大毛病吗？衍音的字是以不同音来区别字义的，衍形的字是以不同形来区别字义的。音同而形异，则同音字虽多，了无妨碍。要是把几十个同音而异形的汉字改用罗马字拼音，则原来几十个字形就要合做一个，它们的字形既同，自然字义就无从区别了。这是他们以为不可能的一个大理由。

（B）他们以为文字又可分为单音和复音两类，西洋字属于复音类，中国字属于单音类。复音字把几个音合成一个字，表一个意义；单音字一个字只有一个音，表一个意义。复音字变化多，同音少；单音字变化少，同音多。单音字虽然同音多，但是没有妨碍，就因为全靠它的字形有区别。如果单音字去掉种种不同的形，在意义上就要发生混淆了。这也是他们以为不可能的一个大理由。

以上两种论调，是常常听得到的。据我研究，事实完全不是这样：

（a）中国字是不是衍形字？他们不知道中国造字和用字的不同。不错，汉字在初造时确是主形的，可是到了应用起来，便完全主音，对于字形只看作音的符号，它为什么造成那样的形，那样的形表什么意义，是不去理会它的。您看，古文籀、篆变为隶、楷、行、草，又变为破体小写，把初造时那个有意义的形变到不可究诘，在应用上只觉得书写之日趋于便利，从没有人感到因原形消失而发生意义不明了的弊病。这就可以证明汉字在造时虽然主形，而用时却把有意义的形只看作音的符号罢了。因此，再进一步，只要是同音的字，那许多不同的形，用的人把它们只看作一个东西——某音的符号，凡用到这个音，无论写哪个形都可以。"六书"中的"假借"，除了"引申"和"本无其字，依声托事"（这类也是主音的，因为与这里所说的性质上微有不同，所以把它提开）那两类外，以"同音假借"占极大部分，无论古今哪篇文章，十个字之中，同音假借的字至少总有两三个。所谓同音假借，例如"伏羲"，有"虙戏、伏戏、宓戏、宓羲、庖牺、包牺、炮羲"种种写法，还有把第二个字写作"虧"的。这许多不同之字，写的人都不过作为 Fwushi（因为古音无征，为便于讲说计，即借国音代表古音，用国语罗马字拼写，下同）两个音的符号用罢了。又如"仲尼"，有"中旎、仲泥"种种写法，这也是作为 Jonqn 两个音的符号用的。又如《诗经》的有齐、鲁、韩、毛四家，他们的文字互有异同，十分之九以上都是把同音的字随便写哪个，以致歧异，这都可以查考得出的。又如《春秋》有《左传》、《公羊》、《穀梁》三家，他们的传虽不同，而经是同的，但经中的字也很不相同，例如隐公元年经中有一个地名，《左传》作蔑，《公羊》和《穀梁》都作昧，这也不过作为 Mieh 或 Mey 音的符号罢了。此外如周秦诸子、《史记》、《汉书》等书，它们里面所用的字，这本写这个字，那本写另一个字，也是只顾字音而不顾字形的缘故。

我再来说一件故事。从前做八股的时候，有陆润庠其人也者看考卷，看见一本卷子把"感慨"写成"感概"，他说："这一定是写白字，感慨是从心里发出来的，不是从木头里发出来的，如何可以写木旁呢?"别人笑他："自己没有读过《汉书》，反要来说人家写白字，岂不可笑?"原来《汉书》里是有"感概"这个写法的。那时对于"慨"、"概"两字，也不过作为 kae 或 gay 音的符号罢了，心旁也可，木旁也可，就是牛旁、犬旁、鱼旁、鸟旁、火旁、水旁、土旁、山旁，乃至形体全异的也无不可，只要同音就行。又如"飞"、"蜚"两个字，都可以作 fei 音的符号，所以《史记》里把"飞鸿"写作"蜚鸿"。现在的人以为"蜚"字很古雅，用"蜚声……"来颂扬人。但若问"蜚"的本形本义，它原来是"臭虫"，那么，"蜚声"不是"臭气洋溢"吗? 这样的颂扬，岂不可笑? 但是并没有什么不应该，因为用"蜚"字的时候，只注意它的音是 fei，并不管它的本义是"臭虫"啊! 又如古书中"成汤"的"汤"字没有别的写法，但在商代的甲骨文里却写作"成唐"，这也是因为"汤"、"唐"音同罢了。

由上数例看来，在现在见得到的最古的文章——甲骨文——中就有"同音假借"的字了。到了现在，那就更随便了，例如白话里所用"什么"这个字，有写作"甚么"、"什吗"、"甚吗"的，好像《康熙字典》里说过，还有写作"拾没"的（记不清楚了），这都不过作为 sherme 两个音的符号罢了。此外如"竈"作"皂"，"價"作"价"，"幾"作"几"，"乾"作"干"，"蘿蔔"作"羅卜"，"餛飩"作"雲吞"，《漢书》作《汗书》，"叢書"作"从書"之类，凡平民应用的文字，像这样用同音假借之法的很多很多。从"成唐"到《汗书》，三千多年以来用字都是主音而不主形的。用字既然主音而不主形，则造字时尽管用衍形法，实在毫不切于实用；若改用衍音法造字，不但是可能，而且只有便利适用。因为汉字的同音字如此其多，在实际上就等于一个音弄成许多符号，这实在太眩人耳目了。若干脆采用罗马字母，一个音只用一个符号，岂不省事！

（b）中国字是不是单音字？单音复音的话，是根本不能成立的。世界上的语言没有纯粹是单音的，也没有纯粹是复音的，所以任何国的文字，没有都是单音的，也没有都是复音的。中国字也许可以说单音的较多一点，但决不能说完全都是单音字。例如《诗经》"关关雎鸠"，"关关"，状鸟的鸣声，是复音字；"雎鸠"，一种鸟的名目，也是复音字。又如"窈窕淑女"，"窈窕"也是复音字。这都是代表一个意义的。又如"凤凰"、"鸳鸯"、"牡丹"、"蔷薇"，决不能把它们拆开的，当然也是复音字。诸如此类，不胜枚举。到了现在的白话，复音字就更多了。例如"目"为"眼睛"，"木"为"木头"，"桌"为"桌子"，"酌"为"斟酌"等，都是复音字。我想汉以前的古语也是复音的居多，只因那时写字的工具太不方便，自然可以省写的字就省写了，所以常有单写一个字来代表两个音的，也有把动词、介词、连词、助词等等省略不写的。例如"蟋蟀、憔侥、獬豸"古作"悉蟀、焦侥、解廌"，从字形研究，下面三个字是本字（为这些意义而造的），而上面三个字都是假借字（与这些字初造时的意义无关，不过拿它来表音而已）。其实这些都是复音语，不能单说一个音的。吾师章太炎先生说，"蟀、侥、廌"三个字本来就读"悉蟀、焦侥、解廌"六个音，后来觉得一个方块的汉字只应代表一个音，于是借了"悉、焦、解"三个字来表示它们的前一音（"蟋、憔、獬"三个本字是在借"悉、焦、解"以后才造的）。又如《左传》第一句"惠公元妃孟子"，写完全了应该是"惠公之元妃曰孟子"，因为工具不方便，要想省写，于是便把介词"之"和动词"曰"都省略了。我想那时候的语言未必也是这样省略，孤另另的单说这样三个名词吧。要是单说这样三个名词，意义岂不太含糊，别人能够听得明白吗？又如《孟子》里有一句"许子冠乎？"，意思是说"许子戴帽子吗？"单写一个"冠"字，无论做名词 guan 或动词 guann 用都有些不成话。我们若说"许子帽子吗"，固然不通；就是说"许子戴吗"，这句话也就糊涂得可以了。在写字的工具不方便时用这样省略法，是可以原谅的。但是汉、唐以来，写字的工具日趋于便利，而文人以古人那样残缺不全的文章为好，竭力去摹拟它，弄到和语言愈隔愈远，这就不能不斥为胡闹了。骈文诗赋的省字更为荒谬，例如"司马迁、东方朔、诸葛亮"，竟替他们改姓，称为"马迁、方朔、葛亮"。有时字数不够了，又把一个意思换几个字来凑成两句，如云"宣尼悲获麟，西狩泣孔丘"，这好比说"我今天吃了两样菜，一样是猪肉煮白菜，一样是白菜煮猪肉"！这种乱删字或乱加字的文章，岂可根据它来证明中国语言是单音语呢？总之，用汉字的古文不能拿来代表中国的语言。实际的国语也和西洋语一样，有单音的，也有复音的，而复音的占极大多数。西洋语能用拼音字，则国语事同一律，也能用拼音字。

文字是语言的符号，听了语言的音能够了解说的是什么意思，则看了拼音的文字同样也能够了解写的是什么意思。文字和语言的功用是同样的，不过用的器具不同，一个是用嘴和耳朵，一个是用手和眼睛罢了。嘴里说"今天"，人家一听就懂，则手下写 jintian，一样也能看得懂。决不会看了 jin 字来想："斤两的斤呢？金银的金呢？筋骨的筋呢？手巾的巾呢？天津的津呢？衣襟的襟呢？还是古今的今呢？"看了 tian字又来想："加添的添呢？还是天地的天呢？"因为"今天"是一个复音字，说时连做一个，写时也连做一个，听惯了一听就知道，看惯的一看也就知道，决不必再加以思索，更绝不至于与别的 jin 和 tian 相混淆的。拼音字的本身既有了固定的形体，而且一个一个字放在语言中，无论单音的或复音的，都不是可以独立的，都有它的上下文，断断没有因为有与它同音的字，弄到看的人不知道是哪一个的道理。若说国语用了罗马字拼音，认了字母学了拼音以后，对于拼音的文章也不是一看就能了然，那是一定的。请问，咱们学外国文字，哪一国的文字是认了字母学了拼音就能看文章的？若说那是中国人学外国语，还要加上学语言的工夫，那么，又要问，譬如英美人学英文，是单单认了字母学了拼音就够了吗，就能看文章吗？外国人学他们自己的国语拼音字要经过好些时候的学习训练，则中国人学咱们自己的国语拼音字当然也是事同一例，也要经过学习训练，才能自由看拼音的文章。

汉字在应用时是主音而不主形，这话上面已说过了。但是看了汉字的字形，多少总可以猜出一点意义来，这是一般人都作如此想的，所以我现在还要再加说几句。例如看了"果"字从"木"，可以猜出这是"果子"的意义，这固然是不错。但是"果敢"和"果然"，与"木"全无关系，而也用这个从"木"的"果"字，这不但没有猜得出意义的好处，而且从字形上反要发生意义眩乱的坏处来，不如写作 guoogaan 和 guooran，倒没有毛病。而"果子"写作 guootz，看不出"木"来，也毫无不便。又如"犹豫"本与"容与"是一个字，只不过声音小异而已（古音或者完全一样也难说），因用了"犹豫"二字，"犹"从"犬"，"豫"从"象"，于是望文生训，有什么"犹、豫二兽，进退多疑，故疑惑不决曰犹豫"这样不根可笑的解说了；若写拼音字作 youyuh，则斩尽葛藤不生枝节，实在比可以从字形中瞎猜意义的汉字要好得多。况且汉字从变隶、楷以后，哪儿还有象形的味儿？鸟的脚，马的脚，鱼的尾巴，火（如"焦、热"等字），树根（"无"字，下本从"林"，四点是林字下半的变体），都变成平列的四点，这种形还有什么价值？

我以为汉字最初造的是象形，后来造的还是衍形的，但是造字时尽管从形上着想，而用字时却完全把它看成音的符号。站在形的地位上看，古文、籀、篆，变为隶、楷、行、草，又变为破体小写，把有意义的形变到不可究诘，实在太胡闹了。又，某字专为某义而造，偏偏不用它，要乱写和它同音的字，就是用它，也要乱写和它同音的字，这也是一种胡闹。所以以前好古的学者，喜欢照着篆文改楷书，而且严行杜绝破体小写，又要不写同音假借字而写本字，这种主张倒不能说它没有道理的。可是站在文字变迁的地位上看，则破体小写之变更本形，同音假借之抛弃本字，都是把文字看作音的符号，不在形中去找意义，应该承认这实在是文字的进化。既然主音不主形，形只作为音的符号，则"對"变为"对"，"聲"变为"声"，其功用完全等于写 duey 写 sheng，自然愈简易愈好，毫无所谓胡闹。"竈"借用"皂"，"漢"借用"汗"，其功用完全等于写 tzaw 写 hann，自然同音的字随便写哪个都行，也毫无所谓胡闹。破体小写和同音假借固然都是文字的进化，然而尚未达一间，因为破体小写还不很简，许许多多同音的字还未曾简为一个。换言之，还未曾把这几千几万的汉字简成几十个拼音的字母。您看，秦朝不到二十年工夫，文字就改变了三次：大篆改为小篆，小篆改为隶书，隶书改为草书，改革何其勇猛！可恨从汉以来二千年中濡滞不进（破体小写还是用的隶、草的方法，同音假借也是汉以前早就有的方法，但这两种方法只有民众还自由使用，至于学士文人，则一味相好古，拟古，复古，对于这两种方法总是严行禁止，不许人家使用的），到了现在，汉字竟成了教育上最大的障碍物。咱们若真心爱国，希望中国教育普及，与世界并驾齐驱，就应该顺了汉字在历史上变迁的趋势，"百尺竿头更进一步"，把国语写成拼音文字，这是咱们今后极切要的工作。

罗马字母已成为世界公用的拼音字母，正如公历、公尺，数学上的1、2、a、b、x、y，以及一切学术上的种种名词和符号一般，是没有国界的。因为它通用最广，而且好看又好写，所以国语拼音字要用它来制造。若有人说："那是外国东西，你要爱国，你就不能采用它作为国语的字母。"那么，我要对他说："你还不彻底。短发、西装、脱帽、鞠躬，那是外国的习惯；还有轮船、火车、电报、电话、电灯、洋房、汽车……都是外国的东西。像你那种爱国的人，万不可学那些习惯，用那些东西。以前爱国爱得最彻底的，毕竟是屠杀'二毛子'的义和团，你应该拜他为老师，事事效法他才对。"我自信我是极爱国的，所以我极诚恳的希望中国赶紧向着进化的路上走。凡经自己的理智审查过认为合理的、适宜用的、进步的事情，应该毫不迟疑的去干，"去其旧染之污而自新"！

读《汉石经周易》残字而论及
今文《易》的篇数问题[*]
（1929 年 12 月 22 日）

　　前几天，在马叔平先生那边，看见《汉石经周易》残字拓片两张，一张是《下经》的《家人》至《归妹》，一张是《文言传》和《说卦传》，系一石之两面，两张共有四百九十余字。近几年来，出土的汉石经残石很多，裒集之者，有马叔平先生的《集拓新出汉魏石经残字》和罗叔言先生的《汉熹平石经残字集录》及《补遗》，但大都是零星小块。像这样的大块，一经之文字多至四百九十余者，还是初次遇到。在宋洪景伯（适）的《隶释》和《隶续》中所载的以后，这又是一次大发现了。更可喜者，竟是《周易》，这是宋代没有发现过的。《周易》残字，在此次大发现以前，罗先生的《集录》中有四石，为《上经》的《蒙》、《需》、《讼》（这三卦的残字，又见马先生的《集拓》中），《临》、《观》、《噬》、《贲剥》诸卦和《文言》、《序卦》两传，四石合计有五十一字。今文《易》的篇数，本有问题。我对于这问题，蓄疑了好几年，今读了罗氏《集录》中的四石和这拓片的两石，使我昭若发蒙。欢忭之余，遂把鄙见写在下面。

　　马先生因为此残字中"坎"字作"埳"，证以《经典释文》所云"坎，京、刘作埳"，疑熹平刻石时系用京氏《易》。虽然只有一字的证据，但这一个字非常重要，我认为马先生的意见是很对的。又，"坤"作"𡿦"；考汉碑，都作"𡿦"，没有作"坤"的，我以为汉时今文《易》必皆作"𡿦"。《经典释文》云："坤本又作巛，巛今字也"，这本来没有错字，而卢召弓（文弨）乃云"以巛为今字，其谬显然"，因从

＊ 录自《古史辨》，第三册上编。

雅雨堂本改为"《《，本又作坤，坤，今字也"。不知这是雅雨堂本所妄改，卢氏依之，现在看来，"其谬显然"。我疑心改"山"为"坤"或出于《汉书·艺文志》所谓"与古文同"的费氏《易》，和龚定庵（自珍）所诧为"空前绝后，迹过如扫，异哉异至于此"的"中古文"《易》。此等古文经，本是刘歆所伪作，掇拾战国时代破体小写之文字，拼凑偏旁，号为"古文"，冒充东周以前之文字，故其中尽有比西汉通行的文字（所谓隶书）还要不古的。改较古之"山"为较不古之"坤"，本无足奇。卢氏生于极端尊信此等伪古字之世，故觉得必不可"以《《为今字"耳。

关于此残字中与今本文字之异同，马先生另有详细的考证，不用我来多费话。

我现在要说的，乃是今文《易》的篇数问题。

《汉书·艺文志》"《易经》十二篇——施、孟、梁丘三家"这句话，清中叶诸经师，除戴东原（震）以外，是没有人对它怀疑的。但《论衡·正说》篇云：

> 孝宣皇帝之时，河内女子发老屋，得逸《易》、《礼》、《尚书》各一篇，奏之宣帝，下示博士，然后《易》、《礼》、《尚书》各益一篇。

又《隋书·经籍志》云：

> 及秦焚书，《周易》独以卜筮得存，唯失《说卦》三篇，后河内女子得之。

案，《论衡》所云河内女子所得之逸经，惟逸《礼》为何篇，至今尚未考明；逸《书》，则东汉末之房宏（《尚书正义》卷一引）及《隋书·经籍志》、《经典释文序录》皆云是《泰誓》。《泰誓》之确为后得，非伏胜传《书》所有，今已成为定案。那么逸《易》是《说卦》以下三篇（说详下），亦经《隋志》证明，亦当确定为后得，非田何传《易》时所有了。"河内女子发老屋"，与"鲁恭王坏孔子宅"，虽同样是不足信之谈，然亦同样可作为汉人造作伪经之证。故所谓"逸《易》、《礼》、《尚书》各一篇"者，实均为西汉人所伪作，无疑也。

首疑《说卦》以下三篇者为戴东原。（宋人虽有疑之者，但其立场与此下所说者不同，故不举及。）其《周易补注目录后语》云：

> 《武帝》时博士之业，《易》虽已十二篇，然昔儒相传，《说卦》

三篇与今文《泰誓》同后出,《说卦》分之为《序卦》、《杂卦》,故三篇词指不类孔子之言。或经师所记孔门余论,或别有所传述,博士集而读之,遂一归孔子,谓之"十翼"矣。

这明明说《说卦》三篇是后出之文,不与《彖》、《象》、《系辞》、《文言》同时了。

及康长素(有为)撰《伪经考》,则云:

> 至《说卦》、《序卦》、《杂卦》三篇,《隋志》以为后得,盖本《论衡·正说》篇河内后得逸《易》之事。《法言·问神》篇:"《易》损其一也,虽蠢知阙焉",则西汉前《易》无《说卦》可知。杨雄、王充尝见西汉博士旧本,故知之。《说卦》与孟、京《卦气图》合,其出汉时伪托无疑。《序卦》肤浅,《杂卦》则言训诂,此则歆所伪窜,并非河内所出。(卷三上)

康氏又辩《史记·孔子世家》"序《彖》、《系》、《象》、《说卦》、《文言》"一句中,"说卦"二字为刘歆所窜入,云:

> 《隋志》之说出于《论衡》,此必王充曾见武、宣前本也。《说卦》:帝出乎《震》,齐乎《巽》,相见乎《离》,致役乎《坤》,说言乎《兑》,战乎《乾》,劳乎《坎》,成言乎《艮》。又曰:《震》,东方也;《离》也者,南方之卦也;《兑》,正秋也;《坎》者,正北方之卦也。与焦、京《卦气图》合。盖宣帝时说《易》者附之入经,田何、丁宽之传无之也。史迁不知焦、京,必无之,此二字不知何时窜入。至《序卦》、《杂卦》,所出尤后,《史记》不著。盖出刘歆之所伪,故其辞闪烁隐约,于《艺文志》著《序卦》,于《儒林传》不著而以"十篇"二字总括其间。要之三篇非孔子经文。(卷二,又卷五、卷十、卷十一,及《孔子改制考》卷十,亦有关于此问题之驳辨,与此二条大意相同。)

案,康氏直断《说卦》为焦、京之徒所伪作,宣帝时说《易》者附之入经,可谓巨眼卓识。至以《序卦》和《杂卦》为刘歆所伪作,则未必然。我以为《论衡》所云"逸《易》一篇"和《隋志》所云"《说卦》三篇",其内容实相同,盖《说卦》与《序卦》、《杂卦》本合为一篇,故《隋志》虽云三篇,亦但举《说卦》以赅《序卦》和《杂卦》也。戴东原云"《说卦》分之为《序卦》、《杂卦》",严铁桥(可均)云"汉宣帝时,河内女子得《说卦》一篇,不数《序卦》、《杂卦》者,统于《说卦》"（《唐石经校文》卷一），其说甚是。故韩康伯注本，《序卦》和《杂卦》均附《说卦》卷内，直至《唐石经》还是这样。康氏谓"《序卦》肤浅"，诚哉其肤浅也，然意义肤浅，不能作为刘歆伪造之证。刘歆造了许多伪经，固是事实，然其学实不肤浅；肤浅之评，惟彼焦、京之徒适足以当之耳。《杂卦》仍是说明卦义，与《说卦》、《序卦》性质相同，与训诂之方法根本有异；说它"言训诂"，实在不对。即使言训诂，亦不能即断为刘歆所作。刘歆以前言训诂者多矣，《诗》之《鲁故》、《齐后氏故》、《韩故》，《书》之大小夏侯《解故》等等，都是言训诂的，《春秋传》（所谓《公羊传》）中言训诂处亦甚多。

据上面所说，则《汉志》谓施、孟、梁丘三家之《易》为十二篇之说就发生了问题。盖《说卦》三篇既是西汉人所伪作，则三家之《易》似不应有十二篇，因为三家同出于田何，田何所没有的，似乎三家也不应该有。于是康氏以为田何所传之《易》但有经上下二篇，而《象》和《象》都在经内，其言云：

> 此志（《汉书·艺文志》）叙周王孙、服光、杨何、蔡公、韩婴、王同诸《易》先师《传》，皆二篇；《章句》，施、孟、梁丘氏各二篇。然则《易》之《卦辞》、《爻辞》、《彖辞》、《象辞》皆合。以其简帙繁重，分为上下二篇。（《伪经考》卷三上）

又云：

> 《彖》、《象》与《卦辞》、《爻辞》相属，分为上下二篇，乃孔子所作原本。（同上，卷十；又见《孔子改制考》卷十）

至于《系辞》，康氏则云：

> 盖《系辞》有"子曰"，则非出孔子手笔，但为孔门弟子所作，商瞿之徒所传授，故太史谈不以为经而以为传也。（《伪经考》卷三上；又卷十与《改制考》卷十略同）

《文言》，则康氏没有提到它。我想，今本《周易》把《象传》、《彖传》、《文言传》都合在上下经之内，康氏既以《象传》和《彖传》合在上下经之内为原本《周易》之面目，想来他把《文言传》也算在里面了。那么，康氏意中之三家《易》大概是这样的：经，上下二篇（其内容与今本相同）；传，《系辞》（或是一篇；或如今本那样，分为上下二篇）。或如崔师所说，他没有把《系辞传》算在内。（见下）

康氏所说的三家《易》，其内容的排列和篇数的多少，均与《汉志》不相同。如果三家《易》的面目诚如康氏所言，则《汉志》决不能这样的瞎造谣言。《汉志》本于刘歆《七略》，不可信的地方固然很多，但他造了好几部伪古文经，说"这是你们没有见过的古本"，那样说法是可以矇得过人的。他又造了一部伪今文经——《春秋穀梁传》，那也不会出什么岔子，因为那时立于学官的《春秋传》（《公羊传》）和他伪造的《穀梁传》，都没有"今文"之称，他只说"你们读的《公羊传》之外，还有你们没有见过的《穀梁传》，与《公羊传》或同或异"。但是，他只能在立于学官的书以外去造假书，决不能把立于学官，大家都看得见的书来瞎造谣言，改变内容，增加篇数。假使他竟那样办，他的作伪不是立刻就败露了吗？刘歆不至于那的蠢吧。即使他真那么蠢，竟想以一手掩尽天下人之目，瞎造那样与事实全不相符的谣言，难道东汉的四家《易》博士（施、孟、梁丘、京）人人都是头等傻子，会齐心协力的遵守刘歆"《易经》十二篇"那样一句谣言，反将远有师承的"《易经》上下二篇"这样一件实事抛弃了吗？这不是情理上万不会有的事吗？还有，《卦辞》、《爻辞》是术数，《彖传》、《象传》是玄理，两者的思想和文章全不相同，而认为一个人所作，这也是极讲不通的。

所以，先师崔怀瑾（適）先生起而驳之云：

> 《彖传》解说《卦辞》，谓与《卦辞》共篇，犹似可通。《大象》与《卦辞》自明一义，已当分篇。《小象》全体用韵，原本必不与《爻辞》共篇。……是则大小《象》皆当各自为篇，则《彖辞》可知，而《易经》无从合为二篇矣。康氏又以《系辞》……为孔门弟子所作……此说诚是也。但《系辞》纵非孔子手笔，犹是弟子述孔子之言。……若《卦辞》、《爻辞》、《彖辞》、《象辞》为孔子作，而《系辞传》二篇既不得入"《易经》二篇"之内，又不得与周王孙以下六家皆有《易传》二篇，丁宽《易传》八篇，同列班《志》之内，此亦事理所必不然者也。惟《文言》亦有"子曰"，则亦孔门弟子所作，亦当为传。康氏不言，此由遗漏，姑不待辨，然则《系辞》、《文言》必当在十篇之内，《易经》不止二篇又明矣。（《五经释要》卷四）

看了崔师这一段话，则康说之谬自显然了。

崔师是信任《汉志》的，他认为"《易经》十二篇"这个数目是与三家《易》相合的。十二篇的算法，则颜师古注曰："上下经及'十翼'，故十二篇。"上下经固无问题，所谓"十翼"者，《周易正义》云：

> ……但数"十翼"，亦有多家。既文王《易经》本分为上下二篇，则区域各别，《彖》、《象》释卦亦当随经而分。故一家数"十翼"云：《上彖》一，《下彖》二，《上象》三，《下象》四，《上系》五，《下系》六，《文言》七，《说卦》八，《序卦》九，《杂卦》十。郑学之徒并同此说。

据此所说，则十篇传的分法自来并不一致，这所记的，不过因为被郑玄一派所采用，所以自魏、晋以来就相沿不改罢了。究竟三家《易》中的十篇传是不是这样分的，自然还是问题。

崔师则采康氏之说而略加改变，即摒《说卦》与《杂卦》于十篇之外，而《序卦》则仍列入。其说云：

> 班《志》又曰"孔氏为之《彖》、《象》、《系辞》、《文言》、《序卦》之属十篇"者何？曰：此所云十篇者……案《彖辞》既上下分篇，则大小《象》亦当上下分篇。若是则《彖辞》上下各一篇，《大象》上下各一篇，《小象》上千各一篇，《系辞》上下各一篇，《文言》一篇，《序卦》一篇，适合十篇之数。王充谓河内得逸《易》一篇，不言篇名，据班《志》则知是《序卦》也。《序卦》为河内所得，并《彖》、《象》以下九篇称十篇，系之施、孟、梁丘三家，犹《尚书》二十八篇，并后得《泰誓》称二十九篇，属之大小夏侯二家也。……是则《释文》并《说卦》、《杂卦》计之，故合大小《象》各一篇为"十翼"。班氏未见《说卦》、《杂卦》，故分大小《象》各二篇为十篇也。（同上）

崔师此说，骤视之，似若可通，然细按之则殊不然。（1）以所谓河内女子所得者为《序卦》，则与《隋志》不合。《论衡》虽未说河内所得逸《易》为何篇，但《隋志》既有河内得《说卦》三篇之说，则自当以《隋志》解《论衡》为是。河内得逸《尚书》亦未说为何篇，而《隋志》及《释文》皆言河内得《泰誓》，则自当解此逸《尚书》为《泰誓》也。（2）《隋志》明言河内得《说卦》三篇，今摒除《说卦》和《杂卦》，殆用康氏之说，以《说卦》为焦、京之徒所作，《杂卦》为刘歆所作乎！然既以《序卦》为河内所得，则已经承认它是西汉人所伪作了，《序卦》为西汉人所伪作而可以系之三家，则《说卦》亦是西汉人所伪作，何以便不可系之三家呢？要是因为只有《序卦》之名见于《汉志》，故惟有以《序卦》系之三家较为有据，则我实不敢苟同。因为《汉志》本于《七略》，于《说卦》以下三篇中，独提《序卦》而不及其他，则只有这篇《序卦》最有刘歆伪作的嫌疑，以最有古文嫌疑者系之今文之三家，未免太不妥当了。（康氏以《序卦》为刘歆伪作，其说我固不信。但崔师以《序卦》为可以系之今文，乃以其名见于宣传古文的《汉志》为证，较康氏之武断，其毛病更大。）

崔师又云：

> 《汉书·儒林传》曰："费直治《易》亡章句，徒以《彖》、《象》、《系辞》十篇，《文言》，解说上下经。""文言"二字在"十篇"二字之下，似在十篇以外者，义不可解。《释文》引作"徒以《彖》、《象》、《系辞》、《文言》解说上下经"，无"十篇"二字，则今本《儒林传》"十篇"二字衍也。

其下说之云：

> 费氏止用《彖》、《象》、《系辞》、《文言》九篇解说上下经。《序卦》似目录之学，非释经义，故不用以解经。《说卦》虽说经义，费直不用以解经，班氏不列于此志者，其时与《杂卦》均未附入也。（同上）

按，费直是伪古文学，岂可引以证今文之三家《易》？《说卦》和《杂卦》，无论是河内所得或是刘歆伪作，没有到了《七略》和《汉志》的时候还未著录之理。若说《杂卦》是刘歆所伪作，则《七略》和《汉志》更应该赶紧著录才是。除非说这两篇的出现还在班固以后，是东汉时人伪造的，但这是毫无证据的话。况且，若是东汉时所伪造，则何时系入本经？系入今文经，则今文经皆立于学官，不能随便增窜，若有系入，则必有记载。系入古文经，则古文经多为民间大师所传授，若忽有增篇，一定也是有记载的。现在，东汉时系入的证据，完全没有记载可凭；而西汉时系入的证据，则明明有《论衡》与《隋志》所记为凭。所以我个人相信《说卦》以下三篇系西汉中叶所伪作，出现之后，即系之三家《易》本经之后。《汉志》所云之"十二篇"既不如康氏所说，篇数为刘歆所改易，也不如崔师所说，只有《序卦》而无《说卦》和《杂卦》，乃是《说卦》、《序卦》、《杂卦》三篇都在内的。惟这十篇传究应如何分法，则不可确知，或如《正义》所述之"十翼"那样；或如崔师所云《大象》、《小象》各分上下，而《说卦》三篇则如《论衡》所云，只算一篇。或者还有别种分法，要之都是瞎猜，现在不必去管它。

我的见解如此，所以我认为康氏过于武断，且有误以今本面目为三家《易》原本面目之谬；崔师过信《汉志》，致有误据伪古文之失。他们所说，都不合于今文《易》之真相。

现在《汉石经周易》残字居然发现了。看罗氏《集录》中的上经诸卦和此拓片的下经诸卦，知道《象》、《彖》的确不与《卦辞》、《爻辞》相连合，康氏之说自然不能成立了。罗氏《集录》中有《序卦传》，而此拓片中又有《文言传》和《说卦传》，知道《说卦》和《序卦》都系入今文《易》中，崔师之说自然也应该修正了。熹平刻石是根据当时立于学官的今文经，东汉立于学官的今文经，其师承有自，都是根据西汉立于学官的今文经。所以汉石经的篇数，我们敢断言，还是西汉中叶的面目。

现在总结几句：我相信《论衡》和《隋志》的记载，戴东原和严铁桥的解说，认为：

> 西汉初年田何传《易》时，只有上下经和《象》、《彖》、《系辞》、《文言》诸传。
>
> 西汉中叶（宣帝以后），加入汉人伪作的《说卦》、《序卦》、《杂卦》传三篇。

这是今文《易》的篇数之变迁，施、孟、梁丘、京，都是一样，到了东汉立十四博士时还是不变。

《周易》虽然也有"中古文"和费氏这两本伪古文经，但篇数和今文一样——和已系入《说卦》三篇之今文一样，因为这是刘歆们伪造的。那时的今文本中已有此三篇，则伪古文当然也跟着有了。正如《尚书》一样，今文本中系入一篇伪《泰誓》，则所谓孔壁之《尚书》古文经中也有那么一篇伪《泰誓》。此外倒没有再加伪篇，像《书》、《礼》那样，多出那么许多伪逸《书》、伪逸《礼》。

至于《周易》在孔子时，在孟子时，在荀子时，这《说卦》三篇固然不会有，但是否已经和田何时一样，《象》、《彖》、《系辞》、《文言》，灿然俱备，那自然还大有研究。像宋之欧阳永叔（修）、叶水心（适），清之崔东壁（述）诸人所论，都是这个问题，但不在本文讨论范围之内。本文的目的，专在研究汉代今文《易》的篇数之真相与变迁而已。

一九二九年冬至于北平

论观象制器的故事出京氏《易》书[*]
（1930 年 2 月 2 日）

颉刚先生：

大著谓《易·系辞传下》"古者庖牺氏……"一大段系京氏学者所窜入。细读尊论，觉得精确不刊，真是戴东原所谓"十分之见"，其功不在阎、惠辟《古文尚书》，康、崔辟刘歆伪经之下。盖自王弼、韩康伯以来未解之谜，一旦被老兄揭破了，真痛快煞人也！

惟熹平石经为京氏《易》，除"勦剑"二字以外，尚有一字更为重要者，即"坎"字作"欿"是也。京氏作"欿"，陆氏《释文》已明言之，石经适与京符，其为京《易》更无疑义矣。（此残石已由罗叔言双色了，印在《汉熹平石经易的篇数问题》一文，载《北大图书部月刊》第一卷第二期，并闻。）

一九三〇、二、二　玄同白

＊　录自《古史辨》，第三册上编。

《章草考》序[*]
(1930年3月7日)

　　君庸先生精于书法，觉得现行的楷书笔画太多，书写费时，发大愿心，提倡章草，访求多年，居然得到一百多种。去年有一天，他约了几个朋友去看，我也在内。我看到了这么多的章草材料，欢喜赞叹，莫可名状。君庸先生打算把这许多材料逐字临摹，仿《金文编》、《汉隶字原》、《隶辨》、《隶篇》、《楷法溯原》、《草字汇》等书之例，编成一部章草字典。他说："考章草字数，今所得见者可三千字，不免有欠缺之憾。为今之计，当详为厘订，并旁搜博采而增益之。其偏旁字体，亦宜精考，组合成字。更以简易字体，不背章草之原则者以补之。务使字数足用，俾节省时间，便于人事。"（本书页三）君庸先生这个工作，固然是有大功德于学术文化的前途，而他这见解尤其超卓。我知道他提倡章草有两个要点，一是要切用，不是要复古；一是求便写，不是求美观。他现在先撰成《章草考》一书，叙述章草的历史，极为详备。他拿稿本给我看，要我做序。我也是一个有"历史癖"的人，对于自己想研究或是感到有兴趣的东西，一定要追根问底，打听它的源流变迁，了解它的真相，才觉愉快。这章草本是我二十年来心心念念渴想知道、研究、推行的一样东西，自恨人事冗杂，见闻固陋，不配来干这盛德大业。今读《章草考》，裨益我在章草上的知识不少，真应该十分感谢君庸先生。至于做序之说，实在使我汗颜，我有什么可说话呢？但君庸先生的盛意不可辜负，姑且胡说一番，聊以塞责罢了。

　　一九〇八年，我在日本东京从余杭章太炎先生治声音训诂之学。那时有人主张中国当废汉字而用万国新语（即 Esperanto，今译世界语），

---

　　[*]　录自《师大国学丛刊》，第 1 卷第 1 期。

余杭先生不以为然，著论驳斥。论中对于汉字的难识和难写，都想了补救的办法。补救难识之法，系将唐宋的三十六字母和二百〇六韵目，并省其数为五十八，每声每韵各取一个笔画最简的字表之，上声下韵，并切成音，注于汉字之旁，今之注音字母即采用其成法，但于音的方面更加并省，定为四十个，使之更切于实用而已。这个问题已经解决了。补救难写之法，则余杭先生主张采用章草。他说："欲使速于疏写，则人人当兼知章草。汉世制诏三王，其册书犹真、草兼具。岂况符契笺奏之书，日不暇给，则何取端书？分隶草书之作，导源先汉，故由隶体迁移。……要之汉初文史，辞尚简严，犹以草书缀属，今之繁辞，则宜用草书审矣。大抵事有缓急，物有质文，文字宜分三品。题署碑版，则用小篆。雕刻册籍，则用今隶。至于仓卒应急，取备事情，则直作草书可也。然自张旭、怀素以来，恣意钩联，形淆已甚。当依《急就》正书，字各分区，无使联绵难断，而任情损益，补短裁长，以求侧媚者，一切遮禁。字形有定，则无由展转纷歧。"（《驳中国用万国新语说》）我读了余杭先生这段文章，认定他这个主张是最切于实用的，是写汉字唯一的简便方法。从那时起，就时时留意章草法贴，颇想搜罗许多材料，写定其字体。然所见者，不过淳化阁帖、绛帖、三希堂帖中一点材料而已。三帖之中，还是三希堂的材料较多些，因为其中有所谓赵松雪所书《急就章》也。但这赵书《急就》颇有些可疑，书法既不佳，而偏旁又颇有不合法度之处。我以为也许原本确是松雪所书，而三希堂所刻的，乃是临摹之本，所以不甚高明。但章草以《急就》为最早，章草的文字也以《急就》为最多，又《急就》多举物名，故可供撷取的偏旁也最多。赵本既觉得不甚可凭，故不敢就拿它来作写定之用。一九一〇年回国，续得的材料，不过石印本索靖《月仪》和史孝山《出师颂》而已。那时在杭州、上海一带访求松江石本《急就章》，竟不可得。一九一三年到北京以后，才购得玉烟堂帖中的《急就章》，罗步言先生影印的松江石本《急就章》，流沙坠简中用章草写的各简。近数年来，又得见君庸先生影印的宋仲温书《急就章》和《用笔十法》等等，才算比以前多看见了一些材料。

我自从看见这些材料之后，却又起了一种感想。我觉得章草的用笔和结体，诚如君庸先生所说"字字有区别，字字不牵连，定体有则，省变有源，草体而楷写"，实在是"法度毕具，便于日用之字体"。但就所见的材料看来，如今草之"任情损益，补短裁长，以求侧媚"，"信手挥洒，想象意造"者，亦不一而足。即松江本《急就章》中，一字两见而前后殊形，同一偏旁而彼此异体者，也未始没有。这些歧异，若站在书法的立场上说，不但不必遮禁，而且不应该遮禁，因为"信手挥洒，想象意造"，正是它能成为美术品的要素之一。试以楷书为例。魏、齐碑志造像，无美不备，固由于用笔之工，但结体上"任情损益，补短裁长"，也增添它的美丽不少。而如《开成石经》之字体画一者，虽写的人用笔也很工致，然以美观论，不但不能上比魏、齐碑志造像，较之欧、虞、褚、薛也大有逊色，其故即因结体上没有变化也。但文字本是为实用而作，所以虽然亦应求美观，而美观终是第二义。第一义应该求适用，字体画一，实为适用的条件之一。《开成石经》字有定形，易学易识，其适用必远比魏、齐碑志造像，这是一定的。楷书如此，草书亦如此。且楷书笔画多，若仅仅一两笔的出入，还不至于影响及于全字，草书则因笔画减省之故，全字不过几笔，若有一两笔的出入，往往要和别的字相混，或至不易辨认，所谓"差若毫厘，谬以千里"也。故鄙见以为咱们现在提倡章草，第一步，宜叙述章草的历史，君庸先生这部《章草考》就是这步的工作。第二步，宜尽量搜集固有的材料，无论画一的，歧异的，都把它一一排比整理，编成一部大书，这是研求章草最重要的资料，君庸先生现在正在着手编的《章草字典》，就是这步的工作。第三步，我想贡献意见三点。

（一）宜将《章草字典》中之一字异体者采定一体，偏旁有歧异者亦采定一体，把它组合，总之务求其规则化。如是渐成定体，凡普通应用，皆宜写此定体。欲求美观，只能在定体范围之内施以用笔的变化，不能改变其结体，如楷书之《开成石经》例。至于种种异体，只宜施之于美术品，如写屏联册页斗方等等，在普通应用上则一切遮禁。

（二）虽然大多数字宜规则化，以期易于学习，但不能不为少数字设例外。凡统一的东西，不是可以无中生有，强人以所未习，只是就固有的歧异的之中，选择一个最习用或最简单的，作为标准而已。故大多数字虽可规则化，然必有少数常用的字，自来就不按规则写，而早已成为习惯体的，这些字若也死板板地按规则把它重新组合，则因为不合习惯，反而不适用了。

（三）章草笔画不联绵，"草体而楷写"，这是它的大特色。但我所见的材料，往往也有不能谨守此法的，即松江本《急就章》，笔画联绵，有类今草者，亦间或有之。我以为将来渐成定体，宜力求笔笔都断，完全做到"草体而楷写"的地步。如此，不但初学易于下笔，即绝无书法的天才的人，也能一笔一笔地写去，不至写得不成字。还有一层，笔画越像楷书，则字体越能方整，将来就可以用章草铸铅字、印书籍了。记得去年所见君庸先生搜集的材料之中，有几种似乎是全用楷笔且朴厚方重，窃谓最宜采以为法。

以上略述我对于写定章草的意见，敬请君庸先生指教。

今后应该采用章草的理由，君庸先生在本书的绪论中已经说得很明白了。我还有一点意见。我以为汉字笔画的改简，至章草而达于极点，不能再简了，因为再简就不适用了。要说明此意，应该从汉字的形体变迁讲起。

说到汉字的形体变迁，《汉书·艺文志》和《说文解字序》的旧说，我都不相信。（后来如卫恒、张怀瓘诸人所说更不足据。）因为我最心折于康长素先生的《新学伪经考》和《广艺舟双楫》中所论，认为这是伪造孔壁古文经的刘歆诸人的臆说。近年来浏览甲骨文和金文，更证康说之精确不易。我专从前代遗留的古人真迹观察，觉得从甲骨文以来，汉字一次一次地改良，改到章草，确已登峰造极，达到了最适于实用的地位。请略言之。现在所见最古的字体是殷之甲骨文，甲骨文以前虽不可考，但据近来学者的研究，有谓"殷虚时代中国文字尚在创造的途中，文字多是纯粹的图画，依许氏'依类象形谓之文，形声相益谓之字'而言，则甲骨文字过半以上为'文'而非为'字'。其已成字者，亦繁简、顺逆、反正、屈伸、析合、上下、左右，全无一定"。据此，则甲骨文实为最近于原始的字体。甲骨文变为周之金文，则形体渐趋画一，大小渐趋齐同，结构渐趋方整，这是一大改良，一大进化，盖图书象形之意渐少，而符号文字之意渐多也。

自东周以迄秦末，字体又呈一大变化，可分为东西两大支。东支自春秋时齐鲁诸地之金文，变为战国时六国之兵器、货币、玺印、陶器之字体。西支自春秋时之秦金（如秦公敦盨和钟）、石（如石鼓，用马叔平先生说）文，一变而为战国时及秦统一后之字体（如商鞅造铜量，诅楚文，新郪虎符，峄山刻石，泰山刻石等），再变而为秦权及诏版之字体。（东西两支，略采王静安先生说。但王氏谓东土、西土本有两种文字，此说吾所不信。）六国字体，王静安先生谓其"讹别简率……不能以六书求之"，又谓"其中玺印、陶器可以北朝碑碣，兵器、货币则几于魏、齐小铜造像之凿款矣"。可见其对于春秋时之字体大加省改，不管造字之本原，但求书写之便利，完全脱离图画象形的意味了。这一支，自秦皇统一，厉行"书同文字"政策，专用秦文而被罢弃，以致消灭。春秋时之秦文，即汉人所谓大篆或籀文，此与齐、鲁诸地之金文为同类。笔画渐渐省改，变为商鞅铜量、泰山刻石等等之体，即汉人所谓小篆或篆文。许叔重谓李斯诸人取大篆省改为小篆，实则战国时秦文已如此，可见李斯诸人但取固有的省改之体来统一推行，并非创自他们也。

秦权及诏版之体，世人与刻石同目为篆，实则并不相同，笔势方折，字体简率，实与西汉字体为同类，我以为此即汉人所谓隶书。

《艺文志》谓"是时始建隶书矣，起于官狱多事，苟趋省易，施之于徒隶也"，《说文序》谓隶书为秦程邈所作。康长素先生谓"盖皆刘歆伪撰古字，欲黜今学，故以徒隶之书比之，以重辱之"，又谓"自苍颉来，虽有省改，要由迁变，非有人改作也"。梁任公先生谓"其实日趋简易者，人群进化之公例，积之者已非一日，而必非秦所能骤创也"。按，康、梁二君之说均极精核。所谓隶书者，断非程邈一人所作，亦断非专施之于徒隶，亦断非始于秦统一以后。窃疑当亦始于战国之世，为通俗所用，故皇帝纪功之刻石不用它，而民众实用之权量用它也。它和六国的兵器、货币、玺印、陶器等，其字体的省变在同一阶段上。它也是王氏所谓"讹别简率，不能以六书求之"的字体。所以它也是不管造字之本原，但求书写之便利，完全脱离图画象形的意味的字体。字体变到这样简便适用，这又是一大改良，一大进化。所以西汉时便反把它定为正式的字体了。但聪明才智之士，还想简益求简，适益求适，于是把隶书再省改一下，"存字之梗概，损隶之规矩"，而章草兴焉。

汉赵壹谓草书兴于秦末，许慎谓汉兴有草书，今惟流沙坠简中有汉人章草真迹，最早者在宣帝时，而史游《急就》作于元帝之世，流沙坠简所载章草各简以东汉为最多。盖秦、汉间已有萌芽，至宣、元间始盛，逮及东汉而大行。自章帝使杜度草书上事，而后草书乃得用于章奏而被称章草。章奏是应该用最恭敬的字体写的，它可以用草书，则其他无不可以用草书者，而草书的地位自然提高，骎骎乎有代隶书而取得正式的字体之地位了。如果东汉以来章草竟代隶书而兴，亦如西汉时隶书代小篆而兴，至于今日，则此一千八九百年中所写的字体，笔画又简单，又分明，易写易认，岂不甚善？乃至晋、唐之世，自王羲之至孙过庭诸人所写今草，信手挥洒，任情损益，笔势钩联，以使转代点画，草书反成为难写难认之文字。及怀素之狂草兴，而草书竟化为全不适于实用的美术品了。于是宋人不能不回头来写行书。然宋、元、明三朝，行书为最通行的字体，草书也还有人写它。到了清朝大开倒车，竟以写行草为不敬，非写楷书不可。道光以后，馆阁体兴。馆阁体者，言结体则大悖六书，言用笔则不合美术，言施用则极费时间，实为天地间至丑极劣、令人作三日呕之恶札。乃竟父诏兄勉，以此为教，而文字乃入于混沌矣。哀哉！故章草之衰颓，非其自身之不适用，实缘受外力之摧残耳。今宜对于晋、唐、宋、清以来不适用之字体革命，使东汉章草之统绝而复延，以期便用，实为至正当之办法。

或疑既以趋简为进化，则宜简之又简，章草简于隶，今草又简于章草，狂草又简于今草，则狂草正是章草之进步。今以章草为登峰造极，岂非开倒车乎？答曰：不然。文字求简固是一要义，而求别亦是一要义。若一味往简里走而不顾其他，结果把每字都改成三四笔，而诘诎钩联之笔又甚多，势必至于极难书写，极难辨别，闹到全不适用。试以欧洲拼音文字为例。他们不过二三十个字母，若将此二三十个字母改成极简之简，尚不可行，速记符号之不能为文字之代用品，其明征也。汉字一字一形，千字千形，万字万形，若每字只有三四笔，则满纸都是差不多的形体，若诘诎钩联之笔甚多，则如看道士画符，岂复能适用？故字体固宜求简，然亦须有个分限，过此分限，反要不适用了。我以为章草恰已到此分限。试看繁于章草之隶书，吾人确觉其笔画太多，省至章草，形体毫无模糊混淆之病，则知隶书尚未到此分限，不妨再简，再看简于章草之今草乃至狂草，实觉混淆难辨者太多，则知它们已过此分限，欲求分别，只可略繁而写章草。故知章草实为至简便至分明之字体，在汉字范围以内，章草确已登峰造极了。我再拿破体小写来比照。自狂草兴而草书不适用，宋、元以降，学士文人复用行书，而民众则别走门路，另换方法，造为破体小写，以期便用。《京本通俗小说》和《古今杂剧三十种》两书，即用此等破体小写刻成者，我觉得它的省变方法虽与章草有异，而笔画的多少，彼此却差不多，又它的笔画不牵连，亦与章草相像。此可谓六七百年来民众最适用的字体，而笔画之多少与分明这两点，竟与章草最为相近，此更可证笔画多少如章草，字画分明如章草者，实为最适用的字体。

我二十年前读余杭先生之论而认定章草必应采用，此意至今信之益笃，所以见君庸先生对于章草这样的热心搜求，竭力提倡，实在高兴极了，不觉刺刺不休的写了这许多赘语。最后，敬祝君庸先生的事业成功！

一九三〇年三月七日

《左氏春秋考证》书后[*]
（1931 年 3 月 7 日）

吾友顾颉刚先生曾发大愿，要搜集古今考辨伪史和伪书的著作，一一校点印行，名曰《辨伪丛刊》。三四年来，已经出了王鲁斋的《诗疑》、胡元瑞的《四部正讹》、姚立方的《古今伪书考》等等数种。近来他又把这部刘申受的《左氏春秋考证》校点完成。我主张把康长素《新学伪经考》的《汉书艺文志辨伪篇》中辨《左传》和《国语》的一大段，先师崔觯甫先生《史记探源》的《序证》和《十二诸侯年表》两篇中辨《左传》的几段，又他的《春秋复始》的《序证》中辨《左传》的几段和《外篇》全卷，都作为本书的"附录"。颉刚先生完全采纳了我这个主张，所以现在把这些"附录"的材料都加上了。

我以为刘申受发明的是：今之《春秋左氏传》系刘歆将其原本增窜书法凡例及比年依经缘饰而成者，《汉书·刘歆传》中所云"歆治《左氏》，引传文以解经，转相发明，由是章句义理备焉"者，即是他作伪的明证。这一点，刘氏说得最为明白详尽，但是刘氏还不能看清楚《左传》的原本到底是一部什么书。他虽然觉得"《左氏》体例与《国语》相似，不必比附《春秋》年月"，可是他又说"左氏……惟取所见载籍如《晋乘》、《楚梼杌》等，相错编年为之，本不必比附夫子之经，故往往比年阙事"。后一语的大意虽与前一语相同，但又说"相错编年为之"，则他对于此书原本的体例究竟是像《国语》那样的分国呢，还是像《春秋》那样的编年，他自己就不能断定。他既考明此书本非《春秋》的传，自然他不相信原名叫做《春秋左氏传》，他只好根据今本《史记·十二诸侯年表》，说原名叫做"《左氏春秋》"，且释之曰："犹

---

* 录自《古史辨》，第五册上编。

《晏子春秋》、《吕氏春秋》也。"其实"《左氏春秋》"之名正与"《公羊春秋》"、"《鲁诗》"、"《毛诗》"是同样的意义，故说《春秋左氏传》原名《左氏春秋》，还是上了刘歆的当。至康长素，他根据《太史公自序》及《报任少卿书》，又《汉书·司马迁传》，知道左丘明的著作只有《国语》。他又考《汉书·艺文志》：

> 《国语》二十一篇（左丘明著），
> 《新国语》五十四篇（刘向分《国语》），

恍然大悟，于是说：

> 《国语》仅一书，而《志》以为二种，可异一也。其一，"二十一篇"，即今传本也；其一，刘向所分之"《新国语》五十四篇"。同一《国语》，何篇数相去数倍？可异二也。刘向之书皆传于后汉，而五十四篇之《新国语》，后汉人无及之者，可异三也。盖五十四篇者，左丘明之原本也。歆既分其大半，凡三十篇，以为《春秋传》，于是留其残剩，掇拾杂书，加以附益，而为今本之《国语》，故仅得二十一篇也。

这才把《左传》的原本弄明白了，原来它不但"体例与《国语》相似"，简直就是《国语》，可以断定它决非"相错编年为之"的。这比刘申受又进了一步了。崔觯甫师继康氏而考辨此问题，益加精密。他考明《史记·十二诸侯年表》中：

> 鲁君子左丘明惧弟子人人异端，各安其意，失其真，故因孔子史记，具论其语，成《左氏春秋》。铎椒为楚威王传，为王不能尽观《春秋》，采取成败，卒四十章，为《铎氏微》。赵孝成王时，其相虞卿上采《春秋》，下观近势，亦著八篇，为《虞氏春秋》。吕不韦者，秦庄襄王相，亦上观尚古，删拾《春秋》，集六国时事，以为八览、六论、十二纪，为《吕氏春秋》。

这一大段皆为刘歆之学者所窜入，胪列七证，层层驳诘，语语精当。于是知不但"《左氏春秋》"之名应该打倒，即拿它与《吕氏春秋》相提并论也是儗不于伦；知今本《十二诸侯年表》不足据，则《左传》原本之为《国语》益可断定。觯甫师更进而考明今《左传》中"分野"、"少皞"、"刘累"、"刘氏"等等都是刘歆增窜的，非原本《国语》所有。今若合刘、康、崔三君之文于一册之中，则一百余年以来对于《左传》

之辨伪的成绩可以一览无遗。这就是我主张加这些"附录"的理由。

颉刚先生因为我常常要谈到《春秋》，对于刘申受这部《左氏春秋考证》又是常常称道不置的，所以他要我写点意见出来。我想刘氏此书及康、崔二君之文极明白，极邃密，无须我来作浮浅的说明，我更说不上有什么出于三君所辨的以外的新发见。但我认为一百年来的"今文学运动"，是咱们近代学术史上一件极光荣的事，它的成绩有两方面：一是思想的解放，一是伪经和伪史料的推翻。关于思想的解放，将来当另为专文以详述之，兹不赘及。伪经的推翻，刘氏此书为第一部。自此书出面后，考辨伪古文经的著作相继而起，至康长素作《新学伪经考》而伪经之案乃定。康氏又接着作《孔子改制考》，发明"托古改制"这一个极要极确之义，而真经中的史料之真伪又成问题。这样一步进一步的辨伪运动，实以刘氏此书为起点。我现在就把从刘氏此书出世以来今文学者推翻古文经的情形，今文学者解经的态度，今文经中的史料真伪问题，这几点说它一下，作为一百年来"今文学运动"关于辨伪方面的概述。

的确，我是极佩服刘申受这部《左氏春秋考证》。记得一九〇一年，我那年十五岁，《春秋》三传都早已读过了，觉得同是一条经文而三传的记事和说义可以绝不相同，乃至完全相反，实在有些古怪，因此，常常翻《皇朝五经汇解》中关于《春秋》的一部分，要看清代学者对于三传的考证和批评。在此书中见到引刘氏的《左氏春秋考证》，于是向《皇清经解》中找到原书来读，看他所考证的非常精当，从此我就不信任《左传》了。一九〇八，从吾师章太炎先生受声韵训诂之学，见到太炎师的《春秋左传读叙录》之稿，专对刘书攻击，心窃怀疑，再取刘书细读，终不敢苟同太炎师之说。一九一一年，谒崔觯甫师，读其《史记探源》之稿，见其考辨较刘氏更进一步，并"《左氏春秋》"之名而亦不认为本有，与太炎师之说成为两极端。觯甫师对于康长素之《新学伪经考》推崇极至，来信告我说：

> 《新学伪经考》字字精确，自汉以来未有能及之者。

又说：

> 知汉古文亦伪，自康君始。下走之于康，略如攻东晋《古文尚书》者惠定宇于阎百诗之比。虽若"五德"之说与《穀梁传》皆古文学，"文王称王"、"周公摄政"之义并今文说，皆康所未言，譬若自秦之燕，非乘康君之舟车至赵，亦不能徒步至燕也。

我那时即向鞟甫师借读康书，于是昭若发矇，始知刘申受之书虽精，但对于刘歆作伪之大本营（即所谓"孔壁古文"）尚未探得，故立说不彻底之处尚颇不少，如信"鲁君子左丘明……"一段为真太史公之文，即其一端。我从读《新学伪经考》及《史记探源》以后，深信"孔壁古文经"确是刘歆伪造的，康、崔二君所辨，伪证昭昭，不容否认。我近来取殷之甲骨刻辞及殷、周两代之钟鼎款识与《三体石经》中之"古文"相较，更了然于"孔壁古文经"中之字体（《三体石经》中之"古文"即系根据"孔壁古文经"者），一部分是依傍小篆而略变其体势，一部分是采取六国破体省写之字，总之决非殷、周之真古字。由此更知"孔子书六经、左丘明述《春秋传》皆以古文"之为谰言，而"孔壁古文经"本无此物，全是刘歆所伪造，实为颠扑不破之论也。

康、崔二君之说固精，但实是集一百年来今文学者考辨之大成而更加以精密的修正者，此考辨伪经最先之一人即是刘申受。兹将从刘申受到崔鞟甫师，一百余年中考辨伪经最重要的几部著作列举如下：

> 刘申受（逢禄）：《左氏春秋考证》（一八〇五，清嘉庆十）
> 龚定庵（自珍）：《左氏决疣》（一八三三，清道光十三）
> 魏默深（源）：《诗古微》（一八四〇，清道光二十）
> 魏默深（源）：《书古微》（一八五五，清咸丰五）
> 龚孝拱（橙）：《诗本谊》（一八四〇，清道光二十）
> 龚孝拱（橙）：《尚书写定本》（未详何年）
> 邵位西（懿辰）：《礼经通论》（一八六一，清咸丰十一）
> 康长素（有为）：《新学伪经考》（一八九一，清光绪十七）
> 崔鞟甫（适）：《史记探源》（一九-〇，清宣统二）
> 崔鞟甫（适）：《春秋复始》（一九一八，民国七）

这十部书中，惟龚定庵的《左氏决疣》与其子龚孝拱的《尚书写定本》今所未见。

龚定庵《己亥杂诗》第五十七首云：

> 姬周史统太销沉，况复炎刘古学瘠。崛起有人扶《左氏》，千秋功罪总刘歆。

自注云：

> 癸巳岁（一八三三），成《左氏春秋服杜补义》一卷。其刘歆窜益《左氏》显然有迹者，为《左氏决疣》一卷。

同年，他有《六经正名答问》之文，主张以《左氏春秋》配《春秋》，注云："宜剔去刘歆所窜益"。龚氏从刘申受治《春秋》，是《左氏决疣》一书当系继续《左氏春秋考证》而作者。

谭仲修《复堂日记》卷七，丁亥年（一八八七）所记一则云：

> 亡友龚孝拱手定《尚书》二十八篇，逸《书》四十二篇，断《书序》为伪，视段、庄所见尤瑰卓矣。

光绪十五年（一八八九），谭氏刻《诗本谊》，书后云：

> 公襄（孝拱后改之名及字）有《尚书写定本》，首二十八篇，次逸《书》四十二篇（原注：《度训》至《王佩》），《遗文》二卷，《伪书》二十五篇，《书序》一篇。草稿已具，与此卷同时得之君从子。

在康氏以前断《书序》为伪者，惟龚孝拱一人而已。

自有刘申受及龚定庵之书而揭破《春秋左传》为伪古文，自有魏默深两书及龚孝拱两书而揭破《毛诗》及《古文尚书》为伪古文，自有邵位西之书而揭破逸《礼》为伪古文，"五经"之中，惟《易》之古文完全无存，可以不辨，其余四经，得五君之书而其古文之为伪书均被揭破矣。（《周礼》之为伪书，早被宋儒揭破，龚定庵亦不信之。）然五君与其前及同时之今文学者，均未曾探得伪古文之根源，故人人皆有顾此失彼之病。如最早之庄方耕，一面既据《公羊》作《春秋正辞》，而一面又作《周官说》和《周官记》。刘申受能灼知《左传》为伪书矣，而作《书序述闻》，则不知《书序》亦为伪书。戴子高作《论语注》，以《公羊》之义相印证，但又兼采《毛诗》、《周礼》。邵位西能揭破逸《礼》为刘歆所作，其见极卓，而作《尚书通义》，竟至信东晋伪古文为真书，尤为可怪。（庄方耕作《尚书既见》，亦以东晋伪古文为真书。）惟龚定庵最有特识，若疑《左传》，疑《穀梁》，疑《周礼》，疑《孝经》，疑《尔雅》，疑《毛诗序》。他更灼见"壁中古文"之为伪造。作《说壁中古文》一篇，立十二证，层层驳辨，至为精确，末谓"此'壁中古文'……或即刘歆所自序之言如此，托于其父，并无此事"，则几乎窥破刘歆作伪之根源矣。但尚未达一间，不知此"壁中古文"者，即是所谓鲁恭王及河间献王等所得之古文经，故一面虽攻击"壁中古文"，一面还是笃信《书序》，笃信逸《礼》，尚不知其与"壁中古文"即是一物也。及康长素作，集诸家之大成，更明《费氏易》、孔壁《古文尚书》

（魏默深虽不信《古文尚书》，但他仅断"马、郑本"即所谓"杜林漆书"也者之为伪造，尚未疑及"孔壁本"。龚孝拱之书未见，不知他如何说法。今所见断孔壁《古文尚书》为伪造之论，最早者惟有康氏）、《古文论语》、《古文孝经》、《尔雅》之皆为伪书，且皆为刘歆所伪造，作《新学伪经考》以发其覆。其《汉书河间献王鲁恭王传辨伪》篇首云：

> 歆造伪经，密致而工，写以古文体隆隆，托之河间及鲁恭！兼力造《汉书》，一手掩群瞍。金丝发变怪，百代争讧汹。校以《太史公》，质实绝不同；奸破覆露，霾开日中。发得巢穴，具告童蒙。

刘歆伪造古文经的大本营，到此时才完全探得。但是还有未曾十分探明的，就是《书序》的来源。《书序》之为刘歆伪作，康氏固知之矣，但他还以为是刘歆抄袭《史记》的。他虽然已经觉到《史记》中有刘歆增窜之文，但他对于这个问题没有仔细研究过，故他还误认《史记》中的《书序》是太史公的原文。至崔鮦甫师作《史记探源》，于是始知《史记》中的《书序》也是刘歆所增窜。鮦甫师作《春秋复始》，又考明《穀梁》亦是古文，这更是他的新发现。伪古文经这个大骗局把人家瞒了一千八百年，从刘申受开始侦查，经了一百余年之久，到崔鮦甫师，才把它完全破案。这一件推翻许多伪史料的工作，对于咱们的古代学术史、思想史、政治史、制度史是有永远不朽的大功的！中国的伪书太多，从宋以来常常有被揭破的，如欧阳永叔、朱晦庵、叶水心、胡元瑞、阎百诗、姚立方、崔东壁诸人，审案的心思很细，破案的成绩也很著，只因这个伪古文经的大骗局还没有破案，所以他们有时总不免要上当。（此诸人中，以崔东壁为最能破除家法与派别之成见而实事求是者，其所辨之伪书已经超过今文学者之范围，如说《易传》皆非孔子所作，《论语》中亦有伪篇之类，但他尚不知逸《书》为伪作，尚不知《左传》中有伪窜之部分。可见这个大骗局没有破案以前，虽像崔东壁那样善怀疑，工辨伪，有时还不免要上刘歆的当。）

但是，社会上不愿意这个大骗局破案的人很多很多。他们对于刘申受到崔鮦甫师辨伪的著作，总爱说：这是今文家门户之见，不能根据他们的考辨就来断定古文经之为伪作。站在古文学一边的人是不用说了。那自以为没有门户之见的，大都是无条件的引《周礼》、《书序》、《毛诗》等书来说古代制度、典礼、事实。他们以为这正可以表襮自己没有门户之见。其实这是他们的大错！门户之见当然不应该有，古文经既有人加以考辨，下了伪造的断语，即没有门户之见的人应该像姚立方、崔东壁那样用超家法超派别的眼光，把他们考辨的话拿来仔细研究，才是正当的态度。研究的结果，也许要认他们考辨的话为不全对（据我看，也许不全对，但总不至于全不对；以为全不对的，不是站在古文学一边的人，必是毫无怀疑精神而盲信古书的人），但即使不全对，总不能就反过来说古文经是真书。例如《周礼》，即使认刘歆伪造之说为论证不充分，总不能就说它真是周公所作。还有一层，即使认甲书的考辨不对，却不能因此而就连带着说乙书的考辨也不对；例如说刘歆伪造《毛诗》之说不能成立，却不能就因此而说刘歆伪造《左传》之说也不能成立。总而言之，咱们现在对于古书，应该多用怀疑的态度去研究它们，断不可无条件的信任它们，认它们为真古书，真事实，真典礼，真制度。与其过而信之也，宁过而疑之，这才是实事求是的治学精神。所以咱们对于朱晦庵、崔东壁诸人的考辨，不可因为他们是宋学者而不去理会它；对于刘申受、康长素诸人的考辨，不可因为他们是今文学者而不去理会它。就是对于古文学者考辨今文的话，咱们也应该用同样的态度来研究。如今文学者皮鹿门作《王制笺》，说《王制》是"素王改制"之书，章太炎师大加辨驳，说《王制》是"博士抄撮应诏之书"，也不可因为他是古文学者而不去理它。岂独宋学者、今文学者、古文学者等考辨古书之说应该研究，不可不理会，即说部笔记之中，考辨古书，时有善言，同样应该研究，不可不理会。盖善疑方可得真，轻信必至上当也。

近代的今文学者既将古文经根本推翻，则他们自己解经是否一宗今文学说呢？这却不尽然。他们只有对于《春秋》，都是以《公羊》之说为宗（惟邵氏不言《春秋》），对于其他各经，独崔觯甫师一人笃守汉之今文说，他人即不如此。他们对于古文经，但揭破其作伪之根源并删削其伪造之部分而已，至于汉之古文说，则并非全采用。他们对于今文经，但因其本子可靠，故依据之而已，至于他们自己解经，则并非专宗汉之今文说。所以他们解经的精神实在是"超今文"的。龚定庵《己亥杂诗》第六十三首云：

> 经有家法夙所重，"诗无达诂"独不用。我心即是"四始"心，沉寥再发姬公梦。

自注云：

> 为《诗非序》、《非毛》、《非郑》各一卷。予说《诗》，以涵泳经文为主，于古文毛、今文三家无所尊，无所废。

他有一篇《非五行传》，对于西汉今文学者刘向大加诋諆。其《与江子屏笺》中说：

> 汉人有一种风气，与经无与而附于经，谬以禆灶、梓慎之言为经，因以洇陈五行、矫诬上帝为说经；大《易》、《洪范》身无完肤。虽刘向亦不免，以及东京内学。

可见他对于汉之今文学者爱说"阴阳"、"五行"这些妖妄的话是极反对的。那笺中又说：

> 本朝（指清）别有绝特之士，涵泳白文，创获于经，非汉非宋，亦惟其是而已矣，方且为门户之见者所摈。

好个"亦惟其是而已矣"，这个见解何等卓越！他有这样卓越的见解，所以他能采用"六经皆史"之新说。"六经皆史"之说，汉、宋学者从未说过，乃是章实斋所新创的，龚氏能采用它，这也可以证明他没有门户之见。（或谓"六经皆史"系古文说，这是完全错误的。刘歆诸人何尝说过什么"六经皆史"！为此说者，殆因章太炎师亦云"六经皆史"之故。其实是今文学者的龚定庵与古文学者的章太炎师皆采用此章实斋之新说而已。章实斋以前，只有王阳明也说过这样的话，但与实斋貌同心异也，不能并为一谈。）魏默深的《诗古微》和龚孝拱的《诗本谊》都不专主三家，亦兼采毛义，自创之新说更不少。魏氏作《书古微》，新说尤多，如以《梓材》为"鲁诰"之类。古文学者的章太炎师和今文学者的皮鹿门皆诋其不守家法，我则以为这正是他的卓越之处，推翻马、郑，不专主伏生，而多自创新说，"亦惟其是而已矣"。

他们对于《春秋》为什么都要守《公羊》之说呢？这是因为孟子说过"孔子成《春秋》而乱臣贼子惧"，他又引孔子之言曰："其义则丘窃取之矣"，他们认为《公羊》之说颇与孟子所言相合；而董生《繁露》及劭公《解诂》之中有所谓"三科九旨"者，"欲求素王之业，太平之治，非宣究其说不可"（借用戴子高《论语注序》语）。故如刘申受之《春秋公羊经何氏释例》及崔觯甫师之《春秋复始》，皆专取《公羊》经传而合以董、何之说，条分缕析，以阐发其义蕴也。（戴子高之学出于刘申受，故其《论语注》专以《公羊》董、何义与《论语》之言相印证。）又，近代今文学者之中，有几位都是有政治思想的，他们喜用"托古改制"的手段来说《春秋》，名为诠释《公羊》古义，实则发挥自己政见。因为何劭公说《春秋》中有许多"非常异义可怪之论"，所以他们就利用这句话，往往把《公羊》经传中许多平凡的话说成"非常异义可怪之论"。庄方耕的《春秋正辞》，刘申受的《春秋公羊经何氏释例》，已经略有此意。到了龚定庵，这个态度就很明显了，他作《春秋决事比》引《春秋》之义以讥切时政（其书不传，存序、目及答问四十事），其自序云：

> 自珍既治《春秋》，鰓理镈隙……乃独好刺取其微者，稍稍迂回赘词说者，大迂回者。凡建五始，张三世，存三统，异内外，当兴王，及别月日时，区名字氏，纯用公羊氏；求事实，间采左氏；求杂论断，间采穀梁氏，下采汉师。总得一百二十事。独喜效董氏例，张后世事以设问之。

康长素作《春秋笔削大义微言考》，与庄、刘大异其趣，不言"例"而专言"义"——"张三世"之义。其自序云：

> 孔子之道，其本在仁，其理在公，其法在平，其制在文，其体在各明名分，其用在与时进化。夫主乎太平则人人有自立之权，主乎文明则事事去野蛮之陋，主乎公则人人有大同之乐，主乎仁则物物有得所之安，主乎各明权限则人人不相侵，主乎与时进化则变通尽利。故其科指所明，在"张三世"。其三世所立，身行乎"据乱"，故条理较多；而心写乎"太平"，乃意思所注。虽权实异法，实因时推迁，故曰"孔子圣之时者也"。若其广张万法，不持乎一德，不限乎一国，不成乎一世，盖浃乎天人矣。

故其书中到处都是"非常异义可怪之论"。其同时有宋平子、夏穗卿、谭庄飞、蔡子民诸人，虽无说《春秋》之专书，而亦皆喜引《春秋》"三世"之义以言社会进化。像他们这样利用《春秋》，与王荆公利用《周礼》是一样的，与朱晦庵利用《大学》作《格物补传》，王阳明利用《大学》作《大学问》，其性质也是一样的，总之是"托古改制"而已。龚、康等人这种"托古改制"的《春秋》说，在晚清的思想变迁史上有很高的价值，但与《公羊》及董、何之原义并不相同。

我以为近代今文学者的解经，其价值和汉、唐、宋、明以来各派的解经是同等的。那些"托古改制"的经说，应该和黄梨洲的《明夷待访录》、王船山的《噩梦》、颜习斋的《四存编》、唐铸万的《潜书》、冯林一的《校邠庐抗议》等书同样看待，其价值也是同等的。至于他们考辨古文经的著作，规模宏大，论证精确，比得上它的唯有崔东壁的《考信录》而已。关于几部经的诠解，将来甲骨刻辞及钟鼎款识之学发达以后，一定有大变动的，近代今文学者所解与汉、唐以来之旧解总不免要推翻许多，甚至根本推翻也说不定。（他们"托古改制"的经说本与解经无关，当在思想史上占得一个重要的地位。）但是他们考辨伪经的成绩，将来决不会完全推翻的（部分的修正，当然会有）。岂独不会推翻，将来一定还会更进一步，再推翻许多伪史料，这是我敢断言的。

有人说，既认今文学者推翻古文经为是，则几部古文经当然不应该引用了。但古文经中含有古代典礼制度的材料甚多，不引用它，岂非要损失大部分的史料呢？现在抱这种恐慌的人很多，我以为这是非常谬误的见解。推翻古文经的理由，就因为它是伪书伪史，伪史中的伪典礼、伪制度岂可认为史料而去引用它！因真史料太少而始取伪史料来补充，岂有此理！

说到史料，不但古文经靠不住，即今文经中靠得住的史料也就不多，因为其中羼杂了些儒家"托古改制"的文章。关于这一点，最先发明的也是康长素。他作《孔子改制考》，说所谓五帝三王的政制历史都是晚周诸子（孔子也在内）的"托古改制"，不是真事实。其中有一篇《六经皆孔子改制所作考》，很多精辟之论。例如说《尧典》、《禹贡》与《易·象传》、《文言传》的文章"皆整丽谐雅"，谓"皆纯乎孔子之文"，其《殷盘》、《周诰》、《吕刑》聱牙之字句，"容据旧文为底草"；又说"三年丧为孔子所改"，据宰我问墨子非，滕之父兄百官皆不欲为证，皆是。虽其持论不无过当，所引作证据的材料也有些欠谨严，但这个今文经中的史料真伪问题，实自康氏发之。康氏这个创见，当时的人大都不能了解他，不肯相信他。只有皮鹿门作《经学通论》、廖季平作《群经凡例》等书，也说到这问题，但皮氏于康说外无甚新见，廖氏则支离谬妄，其言甚可闵笑。康说出后，越二十余年（《孔子改制考》成于一八九八年），到了近来，才有几位好学深思之士来研究这问题，以顾刚先生所创获为最多。他们的态度都是"超今文"的，但他们实在是接受了康氏所发明而为更进一步的探讨。我现在稍撷诸家所论而参以管见，略述如下。

《易经》

这是一部很可信据的史料。所谓"伏羲画卦，文王重卦，又作卦辞、爻辞"之说诚不足信，但它确是西周时代的真古书。朱晦庵说得最好，他《答吕伯恭书》云：

> 窃疑卦爻之辞，本为卜筮者断吉凶，而因以训戒。……其可通

处，极有本甚平易浅近而今传注误为高深微妙之说者。如"利用祭祀"，"利用享祀"，只是卜祭则吉；"田获三狐"，"田获三品"，只是卜田则吉；"公用享于天子"，只是卜朝觐则吉；"利建侯"，只是卜立君则吉；"利用为依迁国"，只是卜迁国则吉；"利用侵伐"，只是卜侵伐则吉之类。

但《易经》虽是史料，而《易传》则不能认为史料，乃是儒家发挥其政治观、人生观、道德观的文章，与《易经》无关，只是"托古"而已。（《说卦》以下三篇，则为京氏《易》学者所窜入。）

《诗经》

这也是一部很可信据的史料。因为这三百〇五篇确是西周后半至东周的春秋前半时代的文学作品，也是一部真古书。但自来的"《诗》说"则都不能认为史料。龚孝拱的《诗本谊序》说：

> 有作诗之谊。有读诗之谊。有太师采诗，瞽矇讽诵之谊。有周公用为乐章之谊。有孔子定诗建始之谊。有赋诗引诗节取章句之谊。有赋诗寄托之谊。有引诗以就己说之谊。

这话很有道理。虽然如"周公用为乐章"之类并没有这么一回事，但周、秦、西汉时对于一首诗有种种不同的讲法，其故实如龚氏所言。总之龚氏所说的八种《诗》义（"谊"即"义"字），只有第一种是史料，其他都不能认为史料。而且第一种《诗》义，只能由咱们自己"涵泳白文"以求得之，决不可轻信自来的"《诗》说"。

《书经》

周书十九篇大都是可信据的史料。商书五篇就难说了，看《盘庚》诸篇的思想那样野蛮，似乎是真史料，但文章恐已经周人之润色，我觉得商文似乎还未必能做到那样的畅达，虽然很"佶屈聱牙"。至于虞、夏书中的《尧典》、《皋陶谟》、《禹贡》三篇，则绝非真史料。《尧典》的政治思想与《孟子》、《大学》全同：

《孟子》	《大学》	《尧典》
家之本在身。	修身。	克明九族，九族既睦。
国之本在家。	齐家。	以亲九族，九族既睦。
天下之本在国。	治国。	辨章百姓，百姓昭明。
（天下。）	平天下。	协和万邦，黎民于变时雍。

此外如"置国之法"，如"三年之丧"，如云"蛮夷猾夏"等等，都

是非真古史的铁证。《皋陶谟》中的"天聪明，自我民聪明；天明威，自我民明威"，这更明明是儒家的思想。比《盘庚》中那些专说鬼神降罚来恐吓百姓的文告高明过了百倍，这当然不是真古史了。《禹贡》的版图已及于荆扬，贡物已有了铁钢（镂即钢），断不是夏代的书。这《尧典》中尚有《甘誓》一篇，似非伪史，但中有"五行"、"三正"两词，则也被儒家所改窜了。所以《书经》中有史料，有非史料。

《春秋经》

《春秋》一定是一部"托古改制"的书。你看它对于当时的诸侯各国，称某某为公，某某为侯，某某为伯，某某为子，某某为男，用所谓"五等封爵"也者把他们都限定了，不能随便乱叫。今取钟鼎款识考之，知道全不是那么一回事，原来"王、公、侯、伯、子、男"六个字都是国君的名称，可以随便用的。然则《春秋》中那样一成不变的称谓，一定是儒家的"托古改制"，特地改了来表示"大一统"和"正名"的理想的。又如"公子庆父如齐，齐仲孙来"，"公朝于王所，天王狩于河阳"，"孟子卒"等等，都是用特殊的"书法"以明"义"，不是普通记载事实的态度。所以《春秋》的原本虽是鲁国的真历史，但既经"笔削"，则事实的真相一定改变了许多，断不能全认为史料。

《礼经》（今称《仪礼》）

《仪礼》之不是"大周通礼"，毛西河、顾复初、袁随园、崔东壁诸人都早已有此怀疑，他们已经举出了许多伪证，至康长素而此论遂定。我以为"隆礼"本是孔门的主张，一部《仪礼》便是儒者们把古今南北种种习惯的仪文礼节和衣裳冠履，斟酌取舍，制成的"杂拌儿"。制成之后，常常扮演。如《史记·孔子世家》"诸儒亦讲乡饮大射于孔子冢"；又《儒林传》"高皇帝诛项籍，举兵围鲁，鲁中诸儒尚讲诵，习礼乐，弦歌之音不绝"，又"汉兴，然后诸儒始得修其经艺，讲习大射乡饮之礼"，又"鲁徐生善为容"。皆是。这种"杂拌儿"，当然不能说他是"大周通礼"而认为周代的史料。

《乐经》

今文本无此物。即古文家也懒得伪造了，但说汉文帝的时候，有一位活到二百五六十岁的老头儿叫做什么窦公的献了一篇《周官》大宗伯之大司乐章"，这是打算就在他们伪造的《周礼》中挖出一段，一稿两用，充作《乐经》"，倒是很经济的办法。（吾友黄季刚先生昔年编《六艺略说》讲义，说《周礼》此章即是《乐经》。黄氏为纯粹之古文学者，其说如此，故即采用之。）这能不能算史料，可以不用说了。

如上所说，今文经中只有《易经》和《诗经》是史料，《易传》和
"《诗》说"都不是史料，《书经》只有一部分是史料，《春秋经》不能全
认为史料，《礼经》不是史料，《乐经》本无，当然无所谓史料。所以求
史料于今文经之中，实在没有多少。

还有那虽不是有意的改造，但因古今字体变迁而传写错误，于是望
文生训，穿凿附会，全失本意的，古籍中更不知有多少。（下文随举古
籍一二例，不限于今文经。）吴清卿、孙仲容、罗叔言、王静安、郭鼎
堂诸君根据钟鼎款识以改正经文之误者已经有好几处，如《尚书》之
"宁王"为"文王"之误，《左传》之"土田陪敦"为"土田附庸"之
误，皆其例也。近郭鼎堂据三件《商勾刀铭》之

> （1）大祖日己，祖日丁，祖日乙，祖日庚，祖日丁，祖日己，
> 祖日己，
> （2）大兄日己，兄日戌，兄日壬，兄日癸，兄日癸，兄日丙，
> （3）祖日乙，大父日癸，大父日癸，仲父日癸，父日癸，父日
> 辛，父日己，

疑《大学》所引《汤盘铭》之

> 苟日新，日日新，又日新，

为

> 兄日辛，祖日辛，父日辛

之误文，而应循左行读之为

> 父日辛，祖日辛，兄日辛，

其说颇新颖而极有理。像这类的误字和曲解，也变乱古书的真面目
不少。（作《大学》者所据之《汤盘铭》固是误文，但作者之意实是利
用"日新"二字以发挥其"新民"之义耳，这也是"托古改制"。）

干脆一句话，现在要知道古代的真历史、真典礼、真制度，最可信
据者惟有甲骨刻辞及钟鼎款识等等实物耳。今文经中，孰为史料，孰非
史料，惟有以甲骨刻辞及钟鼎款识校之，方能断定其真伪与正误。

上面从刘氏此书说起，一直说到今文经中的史料真伪问题，愈说愈
远，真成了"下笔千言，离题万里"了。现在回到本题，再说几句话来
收梢。

古文经传虽为刘歆所伪造，但《春秋左氏传》这部书，却是拿了左丘明的《国语》来窜改而成的，所以它在伪古文中是比较可信的书，与《古文尚书》、《毛诗》、逸《礼》、《周礼》之全为伪造者不同。这位左丘先生大概是战国时代三晋地方的人，他作《国语》的年代当在"获麟"后一百年光景。（"西狩获麟"在纪元前四八一年，今本《左传》中说田完"八世之后莫之与京"，是左丘明著书已在田和篡齐之后，田和篡齐在前三八六年。）他得到许多材料，分国编成这一部大历史，其中所述官制典礼等等，各国不同，又与《周礼》绝异，这些部分，十有八九是可以认为信史的。（古文学者总爱以《左传》的官制典礼和《周礼》、《毛诗》相提并论，实在是奇谈！）可是他所叙的事实之信确的程度，便成问题了。因为他往往是根据一件真事（有些也许不是真事）而加上许多想象，描写其曲折琐屑之处，说得"像杀有介事"，小说的成分多于历史成分也。又，他叙春秋时代的事常不免夹杂些战国时代的词句，如前人所举，"不更"、"庶长"是战国的官名，"腊祭"是战国的制度，"明主"是战国的称谓之类。又如《吕相绝秦书》，雄辩狙诈，实是战国游说之士的捭阖之辞。这一点，咱们非把它看清楚了不可。前代的史学家大都是笃信《左传》的。古文学者不必论，没有怀疑精神的也不必论。那能疑《周礼》与《仪礼》的顾复初，他却笃信《左传》，甚至怀疑精神最炽烈的叶水心和崔东壁，他们也还笃信《左传》。殊不知左丘明常常要骋其词锋而做文学的历史，其所叙述并非完全可据也。自然，我们现在要找春秋时代的史料，除最可信据的钟鼎款识及不能全认为史料的《春秋》以外，不能不数到左丘氏这部书。它在史料上的价值，梁任公的《要籍解题及其读法》中说得很好：

> 平心而论，历史间杂神话，良为古代任何民族之所不能免。《左传》在许多中外古史中，比较的已算简洁。所记之事，经作者剪裁润色，带几分文学的色彩者，固所在而有，然大部分盖本诸当时史官之实录。试将前半部与后半部比较，其文体不同之处尚可以看出，知其所据原料多属各时代旧文，故时代精神能于字里行间到处表现也。

但原本《国语》既被刘歆挖取其中与《春秋》有关的一大部分，改成编年之体，作为"《春秋左氏传》"，又造为种种书法凡例，处处故意与《公羊传》为难，则伪造的事实也定必不少。如隐公元年之"费伯帅师城郎"，"纪人伐夷"，"有蜚"，"败宋师于黄"，"改葬惠公"，"卫侯来会葬"，"及邾人、郑人盟于翼"，"新作南门"等，都是为了伪凡例而造的伪事实。又如"君氏卒"、"齐仲孙湫来省难"之类，乃是为了要与《公羊》立异而造的伪事实。刘申受此书的上卷是专门揭发这些伪例伪事的，崔觯甫师的《春秋复始》中，于刘氏所举之外又揭发了好些，但是一定还有许多未经揭发的。最近顾刚先生作《五德终始说下的政治和历史》（载《清华学报》第六卷第一期中），又揭发了几点。吾友傅孟真先生作《周颂说，附论鲁南两地与诗书之来源》（载《国立中央研究院历史语言研究所集刊》第一本第一分中），对于昭公二年传中"晋侯使韩宣子来聘，观书于太史氏，见《易象》与《鲁春秋》，曰'周礼尽在鲁矣，吾乃今知周公之德与周之所以王也'"一段，说"此处'见《易象》与《鲁春秋》'，显是为古文学者从《国语》里造出《左传》来的时候添的，以证其古文说"。像这种增窜的材料，恐怕还不在少数。还有，那些短短一段虽不说到书法凡例而文似释经者，我看也是刘歆增窜的。所以《左传》在伪古文中虽是比较地可信的书，但在尚未恢复原本《国语》以前，要引用它时却非十分谨慎不可。

我极希望咱们同志中有人来专研究这问题，以刘、康、崔三君所考辨者为基础，再取今本《国语》、《左传》等书与《史记》、《春秋》等书仔细对勘，做成《〈国语〉探源》和《今本〈国语〉与〈左传〉疏证》二书，来恢复左丘氏《国语》的本来面目。

一九三一、三、七

重论经今古文学问题*
——方国瑜标点本《新学伪经考》序
(1931 年 11 月 16 日)

（Ⅰ）

康长素（有为）先生的《新学伪经考》，是一部极重要、极精审的"辨伪"专著。他这部书于公历一八九一（清光绪十七，辛卯）刻成木板，一出版，就有翻刻和石印的本子，但原本不久即遭禁毁，一八九四（清光绪二十，甲午），一八九八（清光绪廿四，戊戌），一九〇〇（清光绪廿六，庚子），三次被清廷降旨毁版，所以当时这书极难见到。一九一七（民国六，丁巳），康氏重刻木板，改名为《伪经考》，但这重刻本出世不过十来年，现在已经不容易买到了。

这书刚出版就有翻刻和石印的本子，似乎是曾经风行过两三年的，但我敢说，那时读这书的人虽多，然懂得它的真价值的一定是极少极少。最下的，大概是因为自翁（同龢）、潘（祖荫）当国以来，《公羊》之学成为一种时髦的东西，这书中的材料和议论可以作他们干禄幸进的取资罢了。稍高的，大概是看了这书力翻二千年来的成案，觉得新奇可喜罢了。最上的，大概是因为当时国势危殆，对于这位俊伟卓荦的康氏欲行变法维新之巨业，敬其人并敬其书罢了。至于这书在考证上的价值，他们是不理会的。岂独不理会，恐怕虽在政治主张上极佩服康氏的人，对于这书也许还要说它是凭臆武断呢。我且拿皮锡瑞做个例。皮氏是当时一位经学家，而且是一位经今文学家，而且在一八九七（丁酉）到一八九八（戊戌）的时候，人皆目之为"康党"而大遭湖南的顽固党

叶德辉等所排斥反对的。他的经学著作如《经学历史》、《经学通论》、《王制笺》等，虽有些地方也略采康氏之说，但他对于康氏"壁中古文经是刘歆伪造的"这个断案，始终是拿住将信将疑、不敢质言的态度。皮氏且然，何况他人！甚矣解人之难得也！

在三十年前，对于《新学伪经考》因仔细研究的结果而极端尊信，且更进一步而发挥光大其说者，以我所知，唯有先师崔觯甫（适）先生一人。崔君受业于俞曲园（樾）先生之门，治经本宗郑学，不分今古，后于俞氏处得读康氏这书，大为佩服，说它"字字精确"，"古今无比"，于是力排伪古，专宗今文。他于一九一一年（辛亥）二月廿五日第一次给我的信中说：

> 《新学伪经考》字字精确，自汉以来未有能及之者。

三月中又来信说：

> 康君《伪经考》作于二十年前，专论经学之真伪。弟向服膺纪（昀）、阮（元）、段（玉裁）、俞（樾）诸公书，根据确凿，过于国初（指清初）诸儒，然管见所及，亦有可驳者，康书则无之，故以为古今无比。若无此书，则弟亦兼宗今古文，至今尚在梦中也。

崔君著《史记探源》、《春秋复始》、《论语足征记》、《五经释要》诸书，皆引伸康氏之说，益加邃密。一九一一年二月廿五日的信中还有这样一段话：

> 知汉古文亦伪，自康君始。下走之于康，略如攻东晋《古文尚书》者惠定宇于阎百诗之比。虽若"五德"之说与《穀梁传》皆古文学，"文王称王"、"周公摄政"，之义并今文说，皆康所未言，譬若自秦之燕，非乘康君之舟车至赵，亦不能徒步至燕也。

玄同于一九一一年二月谒崔君请业，始得借读《新学伪经考》，细细籀绎，觉得崔君对于康氏之推崇实不为过。玄同自此也笃信"古文经为刘歆所伪造"之说，认为康、崔两君推翻伪古的著作在考证学上的价值，较阎若璩的《尚书古文疏证》犹远过之。自一九一一（辛亥）至一九一三（民国二），此三年中，玄同时向崔君质疑请益。一九一四年（民国三）二月，以札问安，遂自称"弟子"。

我因为确信《新学伪经考》是一部极重要、极精审的辨伪专著，故二十年来对于青年学子们常常道及这书，认为这是治国故的人们必读的一部要籍，无论是治文学的，治历史的，治政治的，乃至治其他种种国故的，都有读它的必要。

但这书无论原刻本、翻刻本、石印本、重刻本，现在都是无法买到，空口赞美，画饼充饥，这实在是一件大憾事。两年前，吾友顾颉刚先生曾经把它标点一过，打算由朴社印作《辨伪丛刊》之一，因经费窘绌之故，一时尚未能付印。现在吾友方国瑜先生把它标点印行，这真使我欢喜赞叹，不能自已。我因为二十年来曾将这书粗读数过，又得先师崔君的指导，不自揣量，妄谓对于这书的好处和坏处都能够有些了解，所以便不辞"人之患在好为人序"之讥，自告奋勇，来写这一篇序。

（Ⅱ）

凡治历史科学，第一步必要的工作是"审查史料的真伪"，简称可曰"辨伪"。要是不经过这步工作，"任何材料都供摭扯"，则结果尽可闹到"下笔千言，离题万里"，说得"像煞有介事"，其实"满不是那么一回事"。中国（别国如何，我不知道，所以只好撇开，不敢妄有牵涉）的伪书和伪史实在太多，所以辨伪的书籍和议论也不少，自宋以来辨伪之学尤为发达，如明胡应麟的《四部正讹》、清姚际恒的《古今伪书考》等，都是辨伪的专书，又清代官书《四库提要》中辨伪书的议论也很多。这些固然都是治国故者的重要参考资料。但辨明一首伪诗，一篇伪文，一部伪笔记，一部伪杂史，虽然警告治学的人们对于那些伪材料不可信任，很有益处，究竟关系还小。若辨明几部伪先秦子书，如《管子》、《商君书》、《尹文子》、《鹖冠子》、《列子》之类，自然较为重要了，但关系也还不算很大。这话怎讲呢？因为那些伪诗或伪笔记之流，大家本没有怎样看重它。有时候他们随便采用了，你若警告他们："那是伪的，采用不得！"他们也满不在乎："你既说采用不得，那就不采用好了。"讲到伪先秦子书，就稍微有点问题了。你说《管子》或《列子》等书，是伪造的，采用不得，他们就要迟疑了，因为若不采用《管子》或《列子》等书，岂非要抛弃一部分政治史料或思想史料吗？他们自然觉得太可惜了。但这还不打紧，因为先秦子书，他们看起来究竟不过是可爱的古书罢了。子书是自来被认为"异端"的（只有《孟子》除外，连《荀子》也要以"异端"论的），所以你说这是假的，那是假的，他们还不至于怎样生气，稍微明白一点的人，也还有肯说"某部子书是伪造的"这类话的。胡、姚之书和《四库提要》中辨伪书的议论，都是属于辨伪史、伪子、伪集的（惟姚书略涉于伪经，然不多，也太简略，但因此已经使妄庸人顾实大大的生气了），所以我觉得虽然也很有用，但还不是最重要的辨伪著作。

过去的学术界，是被"宗经"的思想支配的，而自宋以来多数学者所宗之经，则更是杂凑之书，就是流俗所谓《十三经》也者。所以无论治文学的，治历史的，治政治的，乃至治其他种种国故的，无不宗经——宗《十三经》。他们尽管不信任"史"和"集"，甚至不信任"子"，但一定信任"经"。因为信任"经"的缘故，于是认为"经"中所有的一定是最真实的史料，一定可以采用的。譬如治文学的，对于《尚书》的《益稷》（应该说《皋陶谟》，但《十三经》中的《尚书》是用伪孔本，将《皋陶谟》下半分为《益稷》）中的帝舜及皋陶之歌，认为真是虞代文学了；对于《五子之歌》，认为真是夏代文学了。又如治历史的，什么伏羲画八卦呀，什么尧、舜禅让啊，什么禹治洪水呀，认为是古代的真历史了。又如治政治的，对于《周礼》，认为真是周代的官制；对于井田，认为古代真有那样的田制。其他如风俗、礼仪、神话、圣迹，凡"经"中所有的，或解经的先生们所说过的，一一皆看做最可靠的真史料，任意拈扯，尽力采用。这种情形，不但过去的学术界是这样，你看，现代新出的书，关于国故方面的材料，除了一二种特别的，能根据甲骨刻辞、尊彝铭文及新发掘得的古器物来讲古史外，一般的中国文学史不是依然大谈其《五子之歌》吗？一般的中国历史不是依然谈三皇五帝，谈周公作《周礼》吗？

所以我以为我们现在对于治国故的人们，应该供给他们许多辨伪的材料。而辨伪"经"的材料，比辨伪"史"、伪"子"、伪"集"的材料，尤其应该特别注重。我认为点印《新学伪经考》这类书，比点印《四部正讹》这类书尤为切要。

但我说这句话，有些人一定要反对。他们以为像《新学伪经考》这类书，辨"今文"、"古文"的真伪，那是"经学家"的事，不治"经学"的人，不必去管这些问题。我以为这是极大的错误！经是什么？它是古代史料的一部分，有的是思想史料，有的是文学史料，有的是政治史料，有的是其他国故的史料。既是史料，就有审查它的真伪之必要。古文经和今文经的篇章不同，字句不同，多少不同，孰为可信的真史料，孰为不可信的伪史料，岂可漫不考辨而随意的采用或随意的不采用？

或谓："子言诚是，但康有为不是很尊信今文经吗？他不是经今文学家吗？他站在今文家的立场上来辨古文经为伪书，他的话可信吗？公允吗？今文经真是真书吗？古文经真是伪书吗？有人说他是偷了廖平的成说据为己有，有什么价值可言！"抱这样见解的人，我总疑心他没有看过《新学伪经考》；或者是虽然看了，但因为有怀疑今文经说或厌恶康氏的成见在胸，所以觉得他说的话总是不对的。我以为康氏政见之好坏，今文经说之然否，那是别一问题，就《新学伪经考》这书而论，断不能与廖平的《今古学考》等书相提并论。廖氏之书，东拉西扯，凭臆妄断，拉杂失伦，有如梦呓，正是十足的昏乱思想的代表，和"考证"、"辨伪"这两个词儿断断联接不上。康氏这书，全用清儒的考证方法——这考证方法是科学的方法。吾友胡适之（适）先生曾用很精炼的两句话来说明这方法："尊重事实，尊重证据"；"大胆的假设，小心的求证"。他这书证据之充足，诊断之精核，与顾炎武、阎若璩、戴震、钱大昕、段玉裁、王念孙、王引之、俞樾、黄以周、孙诒让、章太炎（炳麟）师、王国维诸人的著作相比，决无逊色，而其眼光之敏锐尚犹过之，求诸前代，惟宋之郑樵、朱熹，清之姚际恒、崔述，堪与抗衡耳。古文经给他那样层层驳辨，凡来历之离奇，传授之臆测，年代之差舛，处处都显露出伪造的痕迹来了。于是一千九百多年以来学术史上一个大骗局，至此乃完全破案。"铁案如山摇不动，万牛回首丘山重"，《新学伪经考》实在当得起这两句话。我们只能说，还有些地方被康氏忽略了，没有举发出来的，也还有极好的证据为康氏所未注意或未及知的；也有康氏一时的粗心或武断，致语有渗漏，论有偏驳，我们应该匡正他的。总之自《新学伪经考》出世以后，汉古文经之为伪造已成不易之定论，正与阎若璩的《尚书古文疏证》出世以后，晋《古文尚书》之为伪造已成不易之定论相同。我们现在对于康氏这书，应该做程廷祚、惠栋、江声、王鸣盛、段玉裁、丁晏（均辨驳伪《古文尚书》而对于阎说有所修正者），不应该做毛奇龄、洪良品、王照（均替伪《古文尚书》辨护者），这是我敢坚决主张的。

至于问今文经是否真书，这要分别说明。若对于古文经而言，当然可以说今文经是真书，因为今文经在前，古文经在后，而古文经是故意对于今文经来立异的。古文家对于今文家的态度是这样："我的篇章比你的多；我的字句比你的准；我的解释比你的古；我有你所没有的书，而你所有的我却一概都有。"因为古文家是这样的态度，所以他就上了今文家一点小当：今文经中汉朝人伪造的篇章，古文经中居然也有了，如《易》之《说卦》以下三篇和《书》之《泰誓》皆是。古文经，据说非得自孔壁，即发自中秘，或献自民间，总之皆所谓"先秦旧书"也。先秦人用"古文"写的书中居然有汉朝人伪造的篇章，这不是作伪的显证吗？古文经对于今文经而立异，就是对于今文经而作伪。所以今文经对于古文经，当然可以傲然的说自己是真书；而站在今文家的立场上来斥古文经为伪书，是可信的，是公允的。至于把古文经打倒以后，再来审查今文经，则其篇章之来源殊甚复杂，它的真伪又是极应考辨的，但这是要站在超今文的"历史家"的立场上才配说。若站在古文家的立场上，则绝对没有来议论今文经的真伪之资格！举个例来说，我们若疑今文家所言周代的典礼制度不足信，则应该根据尊彝铭文来推翻它，绝对不应该根据《周礼》来推翻它。据我看来，今文经中有一部分是儒家"托古改制"的文章，这一部分只能作为儒家思想史的材料，而不能作为古代历史的材料。所以今文经即使全是真书，但决不能说全是史实。关于"托古改制"这一点，也是康氏所发明的，他有极精详的考证，在《孔子改制考》中。（《孔子改制考》一书，在考辨史料上比《新学伪经考》更进一步，也是一部极重要极精审的书，我希望方君暇时也把它标点印行。）综上所言，我认为康氏说古文经为伪造，证据是极确凿的；他说今文经是真书，对于古文经而言，也很对的。至于今文经中有许多不能认作真史料的，康氏也已经见到，别有考证。所以我说康氏这部《新学伪经考》是极重要、极精审的辨伪专著，是治国故的人们必读的要籍。至于康氏尊信今文家言和他自己的"托古改制"的经说（如他的《春秋笔削大义微言考》、《论语注》、《孟子微》等），还有他那种"尊孔"的态度，其为是为非，应与《新学伪经考》分别评价，《新学伪经考》在考证学上的价值，决不因此而有增损。善夫顾颉刚先生之言曰：

> 康有为为适应时代需要而提倡"孔教"，以为自己的"变法说"的护符，是一件事；他站在学术史的立场上打破新代出现的伪经传，又是一件事。（《五德终始说下的政治和历史》）

（Ⅲ）

《新学伪经考》中，我认为精当的和错误的部分，现在择要论之如次。

书中最重大的发明有二点：

（1）秦焚《六经》未尝亡缺；

（2）河间献王及鲁共王无得古文经之事。

（1）《秦焚六经未尝亡缺考》一篇，所举的证据没有一条不是极确凿的，所下的断语没有一条不是极精审的。"书缺简脱"或"秦焚《诗》、《书》，《六艺》从此缺焉"这类话，经康氏这一番考证，根本打倒，决不能再翻案了。我现在又想到两点，亦颇足为破"书缺简脱"之说之证。

（ㄅ）《诗经》的篇数，若照古文经的《毛诗》说，全经该有三百十一篇。因《小雅》中之《南陔》、《白华》、《华黍》、《由庚》、《崇丘》、《由仪》六篇都是"有其义而亡其辞"，故残本之今文经只剩了三百零五篇。《郑笺》："遭战国及秦之世而亡之。"孔《疏》："六国之灭，皆秦并之，始皇三十四年而燔《诗》、《书》，故以为遭此而亡之。"据此所说，这六篇诗是因秦焚而亡缺了。但汉初传《诗》，即分鲁、齐、韩三家，这三家各自传授，并非同出一源，何以申培、辕固、韩婴三位老先生都把这六篇诗忘了，又都把其他的三百零五篇记住了？天下竟有这样巧事，岂非大奇！更奇的是，古文之《毛诗》，这六篇的篇名虽然幸被保存了，偏偏它们的词句也亡缺了！今文《诗》据说是靠讽诵而传下来的，三位老先生既同样的背不出这六篇，而古文《诗》据说是从子夏一代一代传到大毛公，作《故训传》，被河间献王所赏识，立博士，则早已著于竹帛了，偏偏也是缺了六篇，偏偏和今文三家同样的也是缺了这六篇。这种奇迹，居然能使自来的经学家深信不疑，刘歆的魔力真是不小哇！

（ㄆ）《史记·秦始皇本纪》："非博士官所职，天下敢有藏《诗》、《书》、百家语者，悉诣守、尉杂烧之。"这是博士之书不焚之铁证，康氏已详言之矣。在这一点上，我又找出奇迹来了。《史记·儒林传》云：

> 伏生者，济南人也，故为秦博士。

下文忽云：

> 秦时焚书，伏生壁藏之，其后兵大起，流亡。汉定，伏生求其书，亡数十篇，独得二十九篇。

《始皇本纪》中明明说博士以外的书才要焚，而《儒林传》中偏说伏老博士因为政府焚书而把《尚书》藏到墙壁里去，以致亡缺。如此矛盾，如何可信！康氏及崔君都说《史记·儒林传》曾被刘歆增窜，我看是很对的。即此一事，足以证明伏生在汉文帝时所传的《尚书》，就是他在周末所受的，也就是他做秦博士时所掌的，并无亡缺。刘歆非说今文《尚书》为残本不可，于是不得不增窜《史记·儒林传》以为证据，初不料竟与《始皇本纪》抵牾也。

或曰："然则汉初申培、辕固、韩婴、伏胜、高堂伯、田何、胡母子都、董仲舒这八位经师所传的'五经'，果与孔子之时完全相同欤？"答曰：这个问题当然有待于仔细的讨论，决不能随便武断。据我看来，今文"五经"中，恐怕有一部分是战国时人的著作。但八位经师之中，惟董生年辈较晚，其他七人，高堂与田不可考，似乎是生于周末；至于申、辕、韩、伏、胡母五人，皆周末之儒生也。他们在周末受经，经过国祚只有十余年之秦，至汉初而传经，我敢说他们在汉初所传之本就是在周末所受之本，没有什么两样。（董生的年辈虽稍晚，但他所传的《春秋》，与胡母生的并无不同。）我们可以说经中有战国时增加的部分，然决无秦、汉间亡缺的部分；汉初的今文经固然未必与原始的经相同，但是一定与周末的经相同。

（2）《汉书河间献王传鲁共王传辨伪》一篇，康氏于一九一七（民国六，丁巳）重刻这书时所作的《后序》中有一段自述的话，很简赅，可作此篇的解题读：

吾……拾取《史记》，偶得《河间献王传》、《鲁共王传》读之，乃无"得古文经"一事，大惊疑，乃取《汉书·河间献王》、《鲁共王传》对较《史记》读之，又取《史记》、《汉书》两《儒林传》对读之，则《汉书》详言古文事，与《史记》大反，乃益大惊大疑。又取《太史公自序》读之，子长自称天下郡国群书皆写副集于太史公，太史公仍世父子纂其业，乃缮金匮石室之藏，厥协六经异传，整齐百家杂语，则子长于中秘之书，郡国人间之藏，盖无所不见。其生又当河间献王、鲁共王之后，有献书开壁事，更无所不知，子长对此孔经大事，更无所不纪。

然而《史记》无之，则为刘歆之伪窜无疑也。

这真是巨眼卓识！他从这一点上起了疑问，先"大胆的假设"，说古文经是伪造的，于是"小心的求证"：

> 以《史记》为主，遍考《汉书》而辨之；以今文为主，遍考古
> 文而辨之。遍考周、秦、西汉群书，无不合者。虽间有窜乱，或儒
> 家以外杂史有之，则刘歆采撷之所自出也。于是涣然冰释，怡然理
> 顺，万理千条，纵横皆合矣。（亦《后序》语）

照此看来，这一篇是他做《新学伪经考》的起点。这篇末了有一段
极精要的话：

> 据《艺文志》、《刘歆传》、《河间献王传》，古文《书》、《礼》、
> 《礼记》，共王与献王同得，而皆不言二家所得之异同，岂残缺之
> 余，诸本杂出，而篇章文字不谋而合？岂有此理？其为虚诞，即此
> 已可断。然《艺文志》又言"《礼》古经者，出于鲁淹中及孔氏，
> 与十七篇文相似，多三十九篇"，是古文《礼》淹中又得，淹中及
> 孔氏所得，与十七篇同一"相似"，同一"多三十九篇"，不谋而
> 同，绝无殊异。焚余之书，数本杂出，而整齐画一如是，虽欺童
> 蒙，其谁信之？而欺给数千年，无一人发其覆者，亦可异也！

这种奇巧的情形，一经点破，真要令人绝倒！不知何以后来的古文
家总是那样深信不疑，而自命为无门户之见的学者，也都不敢怀疑，不
敢考辨，一任刘歆欺矇，真可异也！

此外还有两点，也是康氏的特识。

（3）他说《史记》中有被刘歆增窜的部分。这一点，康氏虽已见
到，但未暇深究，仅引其端，附《史记经说足证伪经考》之末。先师崔
君继康氏而专考此事，发见甚多，撰成《史记探源》一书。关于此点，
几无余蕴矣。

（4）他说刘向与刘歆父子异撰，向为今学，歆为古学，成《刘向经
说足证伪经考》一篇。盖自来治校雠之学者，总认向歆父子为同术。康
氏于此篇之首大声疾呼曰："盖人以为《七略》出于刘向而信之，不知
其尽出于歆也；又以为《别录》出于刘向而信之，不知其亦伪于歆也。"
可谓一语破的！（关于这一点，崔君的《史记探源》和《春秋复始》中
又补充了许多材料。）

（Ⅳ）

打倒古文经的中心文章，自然是《汉书艺文志辨伪》。（《书序辨

伪》、《汉书儒林传辨伪》、《经典释文纠谬》、《隋书经籍志纠谬》四篇，
与《艺文志辨伪》或互相发明，或补所未备，均当参看。）这篇文章，
证据详备，驳辨明快，从大体上说，是很精核的，但疏略武断之处亦颇
不免。兹就管见所及，按经分述如下。

（ㄅ）《诗经》

康氏之辨《毛诗》，议论最为透彻，吾无间然。他不相信徐整和陆
玑说的两种传授源流，他不相信有《南陔》、《白华》、《华黍》、《由庚》、
《崇丘》、《由仪》这六篇"笙诗"，他不相信《商颂》是商代的诗，他不
相信有毛亨和毛苌两个"毛公"，他并且根本怀疑"毛公"之有无其人，
他不相信河间献王有得《毛诗》立博士这回事，他确认《毛诗序》为卫
宏所作，这都是极精当的见解。我觉得他辨诸经的伪古文，以辨《毛
诗》为最好。前乎他的魏源，虽也不信任《毛诗》，但见解远不及他。
惟宋之郑樵、朱熹，清之牟庭、崔述，其攻击《毛诗》，堪与康氏相
伯仲。

（ㄆ）《尚书》

康氏之辨《古文尚书》，有极精核的议论，也有不彻底的见解，还
有很错误的叙述，兹分述之。

《汉书·艺文志》云："武帝末，鲁共王坏孔子宅……而得《古文尚
书》。……孔安国……悉得其书……献之，遭巫蛊事，未列于学官。"康
氏说共王薨于武帝初年，孔安国为武帝博士，也早卒，均不及至武帝末
年遭巫蛊事，年代差舛，故知为伪。又《汉书·儒林传》云："迁书载
《尧典》、《禹贡》、《洪范》、《微子》、《金縢》诸篇，多古文说。"他说今
考史迁载《尧典》诸篇说实皆今文，以为古文者妄。（按：崔君遍考
《史记》所载关于此五篇之说，可证其为今文与今文说者凡二十二条，
无一从古文说者，足为康说之铁证，详《史记探源》。）他的《书序辨
伪》篇中辨《今文尚书》止有二十八篇，《泰誓》确为后得。又说《书
序》亦刘歆所伪作，《今文尚书》无序，力驳陈寿祺"今文有序"之说。
这都是他极精核的议论。

《史记》载入之《书序》，决非司马迁原文所有，实为妄人所窜入
（未必就是刘歆）。有《史记》叙事与《书序》不合而不录《书序》者，
如《文侯之命》及《秦誓》等篇是也。有《史记》无其事而仅录《书
序》者，如《帝诰》、《女鸠》、《女房》、《典宝》、《夏社》等篇是也。
《书序》中之伪篇以《商书》为最多，故窜入《史记》者亦以《殷本

纪》为最多。我们看商代最真实的史料甲骨刻辞中的文句和社会状况，可以断定那时绝对不会有《书序》所说的那一篇一篇的文章。商代历史本极缺乏，故刘歆得以任意增窜也。）有《史记》叙事与《书序》不合而又录《书序》，以致前后文自相矛盾者，如《盘庚》及《高宗肜日》诸篇是也。看第一例，可证《史记》与《书序》无关。看第二例，则增窜之迹显然可见。看第三例，更可明其为不顾文义之妄人所窜入。关于此点，崔君的《史记探源》中考辨最为精详。康氏虽知百篇《书序》为刘歆所伪造，然对于《史记》中的《书序》，尚谓"《史记》与《书序》同者，乃《书序》剿《史记》，非《史记》采《书序》"，其《书序条辨》中屡有"《史记》云因某事作某篇，即刘歆所本"这样的话，他还是被骗了！这是他不彻底的见解。

刘歆伪造的逸《书》，凡十六篇；又把《九共》九篇分开，称为二十四篇。其篇名、篇次及分合各点，列之如下（用"一、二……"记十六篇，用"1、2……"记二十四篇）：

《舜典》	一	1
《汩作》	二	2
《九共》（九篇）	三	3、4、5、6、7、8、9、10、11
《大禹谟》	四	12
《弃稷》	五	13
《五子之歌》	六	14
《胤征》	七	15
《汤诰》	八	16
《咸有一德》	九	17
《典宝》	十	18
《伊训》	十一	19
《肆命》	十二	20
《原命》	十三	21
《武成》	十四	22
《旅獒》	十五	23
《冏命》	十六	24

康氏的《尚书篇目异同真伪表》第五栏《十六篇伪古文篇目》所列为：

《舜典》、《汩作》、《九共》（九篇）、《大禹谟》、《胤征》、《汤

诰》、《伊训》、《武成》、《冏命》

之十七篇，而

> 《弃稷》、《五子之歌》、《典宝》、《咸有一德》、《肆命》、《原
> 命》、《旅獒》

之七篇均未列入，这是绝无根据的。他的《汉书艺文志辨伪》中引刘逢禄《尚书今古文集解》语叙此十六篇与二十四篇，亦全同旧说并无驳辨之语，可知此表所叙，乃是一时的错误。他偶然误把二十四篇的计算法来算十六篇（就是误把《九共》分作九篇作为十六篇的计算法），于是觉得多出几篇来了，就胡乱的把《弃稷》等七篇删去，这实在太不应该了！而且就照他那么办，他所列的还不是十六篇，乃是十七篇。这是他很错误的叙述。

《汉书·艺文志》叙《今文尚书》的卷数是这样：

> 《经》二十九卷，大小夏侯二家。
> 欧阳《经》三十二卷。
> 欧阳《章句》三十一卷。
> 大小夏侯《章句》各二十九卷。
> 大小夏侯《解故》二十九篇。

案伏生所传《尚书》，本来只有二十八篇，"《泰誓》后得，博士集而读之"，故大小夏侯《经》皆增为二十九篇，其《章句》与《解故》亦皆二十九篇。独欧阳《经》为三十二卷，而其《章句》则三十一卷，又与《经》异，颇难索解。康氏对此问题搁起不谈，但云"欧阳《经》及《章句》卷数难明"，又云"并难引据"（《书序辨伪》）而已。王引之《经义述闻》以为，《经》与《章句》皆有误字，皆当作三十三卷，盖取二十九卷中之《盘庚》与《泰誓》各分为三，故为三十三卷。王氏此说，因为两处都要改字，才能成立，所以别人都不以为然。陈寿祺《左海经辨》说：

> 伏生经文二十八篇，增《泰誓》三篇，止三十一卷，其一卷必百篇之序也。西汉经师不为序作训，故欧阳《章句》仍止三十一卷矣。

陈氏此说，显然错误。《今文尚书》无序，《书序》为刘歆所伪作，康、崔二君之所考明，已成定论。但陈氏之计算卷数，略有可采之处，

故先把他这段话引在这儿。

我以为要说明欧阳《经》及《章句》的卷数，应该根据《汉石经》。但是说到《汉石经》，却有一篇很别致的文章，不能不先说明它，原来《汉石经》中竟有《书序》。《汉石经》中有《书序》，不是适足为陈氏"今文有序"之说之显证吗？不然不然！陈氏说今文有序，是与古文同样的百篇《书序》，故胪举今文家提到今文经所无只见于百篇《书序》之篇目，以为今文有序之证。但《汉石经》中的《书序》，却很别致，仅有今文经所有的二十九篇之序，此外七十一篇序一概没有，这是计算它的行数、字数而可以断定的。这样别致的《书序》，不但陈氏所未知，且西汉人及刘歆等亦从未道及。西汉今文家绝无言及《书序》者，也绝无称引《书序》文句者。刘歆、杨雄、王充诸人皆据百篇《书序》以证《今文尚书》为不全，绝不据百篇《书序》以证二十九篇《书序》为不全。由此可知一定是东汉的今文家就古文的百篇《书序》，删去今文所无的七十一篇，以成此二十九篇《书序》；决非西汉时本有今文的二十九篇《书序》，而被古文家加上七十一篇，以成百篇《书序》。汉代的今文经师，识见甚陋，他们反对古文家，绝够不上说辨伪，只是怕人家来分他的地盘而已。只要地盘稳固了，那经的真伪问题，他们本不想研究，亦非他们的识见所能判断；变更原来的面目以趋时尚，也毫不要紧，《易》增《说卦》以下三篇即其一例。所以古文既有《书序》，他们也不妨把它抄来，加在今文经中。但因当时有"《尚书》二十九篇，法北斗七宿"及"孔子更选二十九篇，二十九篇独有法也"这些穿凿不根的谬论（均见《论衡·正说》篇），若把百篇《书序》完全抄来，总觉得有些不合式，于是就单抄"有法"的二十九篇的序了。先师崔君《史记探源》卷一《序证》"《书序》"节中谓《洪范》与《君奭》两序皆与《史记》不合，证明为刘歆之说。今《汉石经》的《书序》中《洪范序》存"以箕子"三字，《君奭序》存"周公作君"四字，计其字数，知其上下文必与古文《书序》相同，这也是东汉今文家抄古文序的一个证据。所以得此二十九篇的《书序》，更可十分坚决的说西汉的《今文尚书》绝对无序！

现在要说"欧阳《尚书》的卷数与《汉石经》"这个问题了。

汉石经所用的本子：《诗》鲁，《礼》大戴，《易》京，《春秋》及《公羊传》严，《论语》张侯，均由吾友马叔平（衡）先生次第证明，惟《书》用何家之本，尚未考定。我从卷数上研究，窃谓是欧阳《经》也。

其证有二：

（夂）《隶释》所录《石经尚书残碑》中，有"建乃家　般庚既迁"数字。"建乃家"是《盘庚》中篇的末句，"般庚既迁"是它下篇的首句，两句之间空一个字，是《汉石经》的《盘庚》分上、中、下三篇也。

（夂）最近所出《汉石经》的《书序》残石，凡九行，兹依原石行款，录之如下：

```
        周
同 甫 公 使 以 堪 遂 广 民
异 刑 作 召 箕 饥 与 度
君 公 子 ●
```

首行存一"民"字，系《秦誓》篇末"以不能保我子孙黎民"之"民"字。末行存"同异"二字，当是校记。把这首末两行除外，其中七行是今文二十九篇《书序》。

此二十九篇《书序》中，有《泰誓序》（应在书序第三行），无《康王之诰序》（《顾命序》在第六行，其下应接《鲜誓序》，方与字数相合，故知无《康王之诰序》），则《今文尚书》二十九篇之一，陈寿祺等以《书序》当之，龚自珍等分《康王之诰》以当之，而均不数《泰誓》者，皆非也。旧说以为伏生本二十八篇，加后得之《泰誓》一篇，故为二十九篇，实在没有错。《汉志》叙大小夏侯《经》、《章句》及《解故》皆二十九卷，必是如此。《汉石经》分《盘庚》为三，则三十一；又加《书序》，则三十二。欧阳《经》的卷数适与《汉石经》相同，故疑《汉石经》所用的是欧阳《经》。至于欧阳《章句》三十一卷，则因不为《书序》作训之故，陈寿祺之说是也。（其实是西汉经师作训时尚未有《书序》耳。）

兹将欧阳、大小夏侯及《汉石经》的分卷异同表列如下：

篇名	大小夏侯《经》、《章句》及《解故》各二十九卷	欧阳《经》三十二卷（《汉石经》与此同）	欧阳《章句》三十一卷
《尧典》	一	一	一
《皋陶谟》	二	二	二
《禹贡》	三	三	三
《甘誓》	四	四	四
《汤誓》	五	五	五

续前表

篇名	大小夏侯《经》、《章句》及《解故》各二十九卷	欧阳《经》三十二卷（《汉石经》与此同）	欧阳《章句》三十一卷
《般庚》	六	（上）六	（上）六
		（中）七	（中）七
		（下）八	（下）八
《高宗肜日》	七	九	九
《西伯戡黎》	十	十	十
《微子》	九	十一	十一
《大誓》	十	十二	十二
《牧誓》	十一	十三	十三
《鸿范》	十二	十四	十四
《金縢》	十三	十五	十五
《大诰》	十四	十六	十六
《康诰》	十五	十七	十七
《酒诰》	十六	十八	十八
《梓材》	十七	十九	十九
《召诰》	十八	二十	二十
《雒诰》	十九	二十一	二十一
《多士》	二十	二十二	二十二
《毋佚》	二十一	二十三	二十三
《君奭》	二十二	二十四	二十四
《多方》	二十三	二十五	二十五
《立政》	二十四	二十六	二十六
《顾命》	二十五	二十七	二十七
《鲜誓》	二十六	二十八	二十八
《甫刑》	二十七	二十九	二十九
《文侯之命》	二十八	三十	三十
《秦誓》	二十九	三十一	三十一
《书序》		三十二	

陈寿祺的"今文有序"十七证，康氏一一驳之，皆是也。但是他的第十三证，对于"欧阳《尚书》的卷数与《汉石经》"这个问题却有用处。他说：

> 《后汉书·杨震传》：曾孙彪议迁都曰："般庚五迁，殷民胥怨。"

> 此引《商书·般庚》之序也。彪世传欧阳《尚书》，所据乃其本经。今文有序，其证十三矣。

东汉习欧阳《尚书》者引《书序》，而《汉石经》有《书序》，这也可以作为《汉石经》用欧阳《经》的一个证据。

（八）《仪礼》

康氏主张经皆孔子所作之说（《孔子改制考》中有《六经皆孔子改制所作考》一篇），故认制礼者是孔子而非周公，谓《仪礼》十七篇悉为孔子所作，本书中已发其端，《孔子改制考》中乃大畅其旨。康氏此说，人多视为无征之臆谈；赞成而采用之者，惟皮锡瑞之《经学历史》与《经学通论》耳。我以为孔子制礼之说虽未尽当，然亦非无征之臆谈，比周公制礼之说高明多矣。礼之中确有一部分为孔子所制，如"三年之丧"，看《论语·阳货》篇，《孟子·滕文公》篇，《墨子·非儒》、《公孟》、《节葬》诸篇，则此礼制自孔子，实有明征。惟《仪礼》中如《聘礼》所言，与孔子之主张相背（崔述与姚际恒皆有此说），而升降揖让之繁文缛节，自非孔子所定，且与孔子重礼之意亦未必吻合，其书盖晚周为荀子之学者所作。《仪礼》为晚周之书，毛奇龄、顾栋高、袁枚、崔述、牟庭皆有此说。近见姚际恒之《仪礼通论》，亦谓《仪礼》为春秋后人所作。姚书尚未刊行，世所罕见（最近始由吾友顾颉刚先生向杭州旧家抄得），今录其一二要语于此。其言曰：

> 《仪礼》是春秋以后儒者所作，如《聘礼》皆述《春秋》时事，又多用《左传》事，尤可见。（卷前《论旨》）

又曰：

> 《祝辞》多用《诗》语，便知《仪礼》为春秋后人所作。（卷一《士冠礼》）

对于《聘礼》一篇，谓其：

> 前后多规摹《乡党》之文，而有意别为简练刻画以异之。（卷八《聘礼》）

看姚氏所论，可知《仪礼》的确作于晚周；"五经"之中，当以《仪礼》为最晚出之书。不信康氏之说者，多从旧说，以为周公所作。实则康氏以为作于孔子尚嫌太早，若作于周公之旧说，则离事实更远，真是无征之臆谈矣。

康氏之辨逸《礼》，其说采自邵懿辰的《礼经通论》。邵氏根据《礼运》中"冠、昏、丧、祭、射、乡、朝、聘"（今本"乡"误作"御"，邵氏始订正之）之次，证今文《仪礼》十七篇为完书，当以大戴之次序为最合；又谓若取王应麟、吴澄二氏所举《王居明堂礼》、《天子巡狩礼》、《奔丧》、《投壶》诸篇厕于十七篇之间，则不相比附，故知逸《礼》三十九篇为刘歆剽取杂书而伪造者。其说极为精当。（姚际恒亦以逸《礼》三十九篇为伪书，说见《仪礼通论》的《论旨》。）

（匸）《周礼》

康氏辨《周礼》之说曰："《王莽传》所谓'发得《周礼》以明因监'，故与莽所更法立制略同，盖刘歆所伪撰也。歆欲附成莽业而为此书，其伪群经，乃以证《周官》者。"这几句话，真所谓"一针见血"之论，《周礼》的原形给他识破了。他又取《汉书·王莽传》中莽所措施与《周礼》相证，成《汉书王莽传辨伪》一篇，凡所举证，皆极精核。读了他这篇文章，可无疑于刘歆为王莽更法立制而造为《周礼》，伪托于周公之说矣。现在除墨守古文家言者，对于郑玄要"头面礼足"者，以及认"一切古籍皆是真书"之浅人外，凡好学深思之士，对于《周礼》，皆不信其为周公之书。但又有以为系晚周人所作者，如钱穆与郭沫若二氏皆有此说。钱氏撰《周官著作时代考》（载《燕京学报》第十一期），谓以何休所云"《周官》乃六国阴谋之书"之说为近情。郭氏撰《周官质疑》（见其所作《金文丛考》中），谓"《周官》一书，盖赵人荀卿子之弟子所为，袭其师'爵名从周'之意，纂集遗闻佚志，参以己见而成一家言"。我以为从制度上看，云出于晚周，并无实据；云刘歆所作，则《王莽传》恰是极有力之凭证，故仍认康氏之论为最确。即使让一步说，承认《周礼》出于晚周，然刘歆利用此书以佐王莽，总是无可否认的事实。既利用矣，则大加窜改以适合王莽更法立制之用，当时实有此必要。故今之《周礼》，无论是本有此书而遭刘歆之窜改，或本无此书而为刘歆所创作，总之只能认为刘歆的理想政制而不能认为晚周某一学者的理想政制。而若考周代之政制而引用《周礼》为史料，则尤为荒谬矣。

（万）《礼记》

康氏之辨《礼记》，有极精之语，但他还是被刘歆骗了，所以支离穿凿之论也很多。

他说：

> 孔门相传，无别为一书谓之《礼记》者。

这话极是。他又说：

既非孔子制作，亦无关朝廷功令。其篇数盖不可考，但为礼家附记之类书。

这话也对。

但康氏终不免被刘歆所骗。《汉书·艺文志》"礼家"：

> 《记》百三十一篇（七十子后学者所记也）。
>
> 《明堂阴阳》三十三篇（古明堂之遗事）。
>
> 《王史氏》二十一篇（七十子后学者）。

又"乐家"：

> 《乐记》二十三篇。

又"《论语》家"：

> 《孔子三朝》七篇。

这五种都是古文《礼记》。《隋书·经籍志》：

> 汉初，河间献王又得仲尼弟子及后学者所记一百三十一篇，献之，时亦无传之者。至刘向考校经籍，检得一百三十篇，向因第而叙之，而又得《明堂阴阳记》三十三篇，《孔子三朝记》七篇，《王氏史氏记》二十一篇，《乐记》二十三篇：凡五种，合二百十四篇。

《经典释文序录》：

> 刘向《别录》云：古文《记》二百四篇。

按：依《汉志》所列五种，其总数当为二百十五篇，而《隋志》谓为二百十四篇者，《记》一百三十一篇少了一篇故也。《隋志》谓刘向检校时已少一篇，但《汉志》本于刘向（实应说刘歆）的《七略》与《别录》，仍说是一百三十一篇。这事究竟如何，现在无从知道了。《释文》引《别录》比《隋志》又少了十篇，为二百〇四篇。我疑心或是传写误脱"十"字，然它下文有"戴德删《古礼》二百四篇"之语，似不应两处都脱"十"字，疑莫能明。但这二百十五篇、二百十四篇、二百〇四篇的参差问题，与本节所说没有什么关系，可以不论。我的意思是要说明《汉志》所谓"一百三十一篇"，《隋志》所谓"二百十四篇"及《释文》所谓"二百四篇"，都是指古文《礼记》而言，与今文无关，与今存之《大戴礼记》及《小戴礼记》亦非一物，决不可把它们牵合为一事，但康氏却认"二百四篇"为今文《礼记》的篇数而被刘歆窜改为：

《记》百三十一篇，

《明堂阴阳》三十三篇，

《王史氏》二十一篇，

《曲台后仓》九篇，

《中庸说》二篇，

《明堂阴阳说》五篇，

《周官传》四篇。

共二百〇五篇（康云二百〇六篇，今案七种合计只有二百〇五篇）。说二百〇四篇之《礼记》为这样七种书的合计，是毫无根据而为康氏一人所臆造，决不可信。

他于是又异想天开，造出一段"今文《礼记》二百〇四篇"的账来，他把《汉书·艺文志·儒家》中选出十九种书以当"今文《礼记》二百〇四篇"。我现在为使看的人一目了然计，特将《汉志》儒家在《高祖传》以前之三十一种书名全抄下来，其康氏选作"今文《礼记》二百〇四篇"之十九种，外加括弧〔〕以示别：

〔《晏子》八篇〕 〔《子思》二十三篇〕

〔《曾子》十八篇〕 〔《漆雕子》十三篇〕

〔《宓子》十六篇〕 〔《景子》三篇〕

〔《世子》二十一篇〕 〔《魏文侯》六篇〕

〔《李克》七篇〕 〔《公孙尼子》二十八篇〕

〔《孟子》十一篇〕 〔《孙卿子》三十三篇〕

〔《芊子》十八篇〕 《内业》十五篇

《周史六弢》六篇 《周政》六篇

《周法》九篇 《河间周制》十八篇

《谰言》十篇 《功议》四篇

〔《宁越》一篇〕 〔《王孙子》一篇〕

〔《公孙固》一篇〕 《李氏春秋》二篇

〔《羊子》四篇〕 〔《董子》一篇〕

〔《侯子》一篇〕 《徐子》四十二篇

《鲁仲连子》十四篇 《平原君》七篇

《虞氏春秋》十五篇

康氏所选的十九种书，合计二百十四篇，但他自己却说"实二百四篇"。他接着又说：

> 是则二百四篇者，七十子后学记，原篇人所共知。歆欲攻《后仓》士礼之阙，又窥见《礼经》十七篇天子诸侯卿大夫之制无多，乃伪造典礼以为《明堂阴阳》、《王史氏记》，谓多天子诸侯卿大夫之制。于是去取七十子后学及《后仓记》，而窜《明堂阴阳》、《王史氏记》数十篇于其中，以实二百四篇之目，而痛抑今学为"推士礼而至于天子"。其作伪之术，情见乎辞。

其实刘歆并没有"去取七十子后学及《后仓记》……以实二百四篇之目"，倒是康氏忽然去取儒家各书以实二百四篇之目了。康氏致误之由实缘误认古文《礼记》为今文《礼记》也。今文《礼记》本无此书，康氏已自言之矣（见上引）。今文礼家或有抄撮儒家诸子中关于论礼的文章；或有他们自己对于礼的讲论，如《曲台》、《后仓》之类；又如《白虎通》中所引之"某某记"等，大多数当亦为今文家论礼之作；即今存之二《戴记》中，也许采了些今文家论礼之作。但这些都是零星散文，在西汉时并没有像古文家那样编成一部丛书式的《礼记》。所以主张今文的人决不该说"七十子后学记原有二百四篇"这样一句话。

至于今存之《小戴礼记》四十九篇及《大戴礼记》三十九篇（本有八十五篇，今残存此数），关于这两部《礼记》的记载，最早的是郑玄的《六艺论》。他说：

> 戴德传《记》八十五篇，则《大戴礼》是也；戴圣传《记》四十九篇，则此《礼记》是也。

《经典释文序录》引晋陈邵的《周礼论序》说：

> 戴德删《古礼》二百四篇为八十五篇，谓之《大戴礼》；戴圣删《大戴礼》为四十九篇，是为《小戴礼》。

《隋书·经籍志》说：

> ……戴德删其（指刘向所叙之《记》二百十四篇）烦重，合而记之，为八十五篇，谓之《大戴记》；而戴圣又删大戴之书为四十六篇，谓之《小戴记》。汉末，马融遂传小戴之学；融又足《月令》一篇，《明堂位》一篇，《乐记》一篇，合四十九篇。

这三种记载，彼此有两点不同：

（夕）《六艺论》说二《戴记》各有所受，彼此不相干，又没有提到二《戴记》的来源。《周礼论序》与《隋志》则均谓《大戴记》是删古文《记》而成的，而《小戴记》又是删《大戴记》而成的。

（夊）《六艺论》与《周礼论序》均谓《小戴记》原来就有四十九篇。《隋志》则谓《小戴记》原来只有四十六篇，马融加入三篇，才成为四十九篇。

案戴圣删《大戴记》之说，陈寿祺和皮锡瑞都以为是不对的。戴德删古文《记》之说，自来学者皆无异议。我以为单就这样一句话论，是根本不能成立的。因为戴德是西汉的今文经师，当他的时候并无所谓古文《记》也。但这是驳这样一句话，若论今之《大戴礼记》与《小戴礼记》这两部书，据我的研究，决非戴德和戴圣这两个人编成的。看它们的内容，虽不见得是删古文《记》而成，但的确采了好些古文《记》，如《大戴记》中之《千乘》、《四代》、《虞戴德》、《诰志》、《小辨》、《用兵》、《少间》，采自《孔子三朝记》；《小戴记》中之《乐记》采自《乐记》（古文《记》中之《乐记》凡二十三篇，《小戴记》中之《乐记》采了它十一篇），《月令》与《明堂位》采自《明堂》、《阴阳》，皆有明证。又如《大戴记》中之《盛德》记明堂之事，《朝事》与《周礼》相合，当亦采自古文《记》中。这两部书一定是东汉人编成的，所以其中今古杂糅，不易辨析。今《大戴礼记》已多残缺脱误，所存之三十九篇中，有与《小戴记》相同者，是否与郑玄、陈邵诸人所见者相合，无从审知。又其来源，除郑玄、陈邵及《隋志》所记，亦无其他异说，只可阙而不论。单说《小戴记》。《隋志》谓《小戴记》原来只有四十六篇，马融加入三篇，才成为四十九篇。前人信此说者，据我现在记忆所及，似乎只有姚际恒的《礼记通论》。康氏亦深信此说。我则以为这三篇的古文色彩特别浓厚，说是马融加入，固甚可信，但此外四十六篇又何尝是戴圣所编？《隋志》之说虽略胜于郑玄与陈邵，但尚远不及陆德明之说尤与情事相合。陆氏《经典释文序录》于引陈、邵之说之下，接着就有他自己一段极精核之论。他说：

> 后汉马融、卢植考诸家同异，附戴圣篇章，去其繁重及所叙略，而行于世，即今之《礼记》是也。郑玄亦依卢、马之本而注焉。

这明明说今之《礼记》为卢植、马融所编定，郑玄所注者即是卢、马编定之本。然则无论戴圣曾否编有《礼记》，即使有之，而今郑注之《礼记》四十九篇，则决非戴圣之本也。故《月令》、《明堂位》、《乐记》

三篇固为马融所编入，即其他四十六篇中，卢、马二人编入之篇亦必不少。可惜这样几句极重要的话，自来都把它忽略过了，康氏也不加深察，反谓"此古学家虚造之说，不可信"，岂非误欤？

总之二《戴记》都是东汉人编成的，那时古文虽未立于学官，但民间的学者尊信它的很多，它的势力很不小，即立于学官的今文也不免要被它窜乱，《白虎通》中有古文说，《汉石经》中有《书序》，都是极好的例。二《戴记》产生于这样的环境中，即使是今文经师所编，恐怕也不免要闹到今古杂糅，何况《小戴记》的编者是卢、马这两位古文经师呢？《大戴记》的来源，虽以前的记述没有像《释文》和《隋志》那样详明，但就内容看来，其杂乱无纪之状态，实与《小戴记》无异。还有一层，时代愈晚，伪书愈多，伪史也愈多，伪说也愈多。汉代的学者，除了一位极特别的王充外，都是最缺乏怀疑的精神的。（古文家和今文家是一丘之貉，今文家攻击古文经是吃醋，如师丹、范升是；古文家攻击今文经是阴谋，如刘歆是。都够不上说怀疑。）他们对于一切真伪的古书，是持"买菜求益"的态度，认为多多益善的。所以二《戴记》这两部丛书所采各篇的来源，除上文所举古文《记》以外，尚有采自《荀子》（《三年问》、《礼三本》、《劝学》、《哀公问五义》）、《吕氏春秋》（《月令》）、贾谊《新书》（《保傅》）、逸《礼》（《奔丧》、《投壶》、《诸侯迁庙》、《诸侯衅庙》）及其他秦、汉以来伪造的古书（《五帝德》、《帝系姓》、《诰志》、《公冠》、《祭法》、《仲尼燕居》、《孔子间居》、《表记》、《中庸》、《大学》等）。姚际恒之评《小戴记》（见其所作之《礼记通论》，此书载入杭世骏的《续礼记集说》中，无单行本），龚自珍之评《大戴记》（见张祖廉的《定庵先生年谱外纪》），皆有极精之论。龚氏说：

> 二戴之《记》，皆七十子以后逮乎炎汉之儒所为，源远而流分，故多支离猥陋之词，或庸浅无味，敷衍成篇。盖杂家喜依托黄帝，而儒家喜依托孔子，周末汉初人习尚类然。
>
> 合两戴所《记》淘之澄之，孔子之言亦必居什之四，究贤于杂家之托三皇也。

又说：

> 衰周及汉代多至庸极陋之书，而善依托，《周书》中之《太子晋解》，大小《戴记》之《五帝德》、《坊记》、《表记》、《缁衣》等

篇，其尤者也。

扬雄《法言》，王通《中说》，是其嫡传。

这两段话，很精核，很公允。

（夕）《乐记》

"乐本无经"，之说，亦发于邵氏《礼经通论》。那位十三岁就瞎了眼（《汉志》颜注引桓谭《新论》）而能活到二百五六十岁的窦老头子来献什么"《周官》大宗伯之大司乐章"这件奇事，当然是造谎，不值得一驳。但古文家不但不以此事为可疑，且有更进一步，认"《周官》大宗伯之大司乐章"为即"《乐经》"者。吾友黄季刚（侃）先生说：

乐本有经，盖即《周官》大司乐"二十职"。或谓《乐经》至秦燔失，或谓乐本无经，殆皆不然也。（《六艺略说》）

黄氏极端崇信古文，崇信刘歆，但此奇论，实刘歆所未言，《七略》所不载。其然，岂其然乎！《汉志》又说：

武帝时，河间献王好儒，与毛生等共采《周官》及诸子言乐事者，以作《乐记》。……其内史丞王定传之，以授常山王禹。

禹，成帝时为谒者，数言其义，献二十四卷。

又要搬出河间献王和《周官》来了，而且又来了一位毛老先生！是毛亨？是毛苌？还是另有一位姓毛的？何毛氏之多才也！

（圥）《周易》

康氏书中，以辨《易》的部分为最坏，十之八九都是错误的。因为他主张经皆孔子所作，故非说孔子作卦辞、爻辞不可。其实"五经"之中，惟《春秋》为孔子所作；其他四经，有成于孔子以前的，有成于孔子以后的。内中如《尚书》，大部分的《周书》及《商书》之《盘庚》，当成于孔子以前，而《虞夏书》及《周书》之《洪范》等当出于孔子以后，皆非孔子所作也。《易经》明明是一部卜筮之书。朱熹说：

窃疑卦爻之辞，本为卜筮者断吉凶而因以训戒。……其可通处，极有本甚平易浅近，而今传注误为高深微妙之说者。如"利用祭祀"，"利用享祀"，只是卜祭则吉；"田获三狐"，"田获三品"，只是卜田则吉；"公用享于天子"，只是卜朝觐则吉；"利建侯"，只是卜立君则吉；"利用为依迁国"，只是卜迁国则吉；"利用侵伐"，只是卜侵伐则吉之类。（《答吕伯恭书》）

这话极精。《易经》所写的生活，是渔猎和牧畜时代的生活（看郭沫若的《中国古代社会研究》中《周易时代的社会生活》）；所引的史事，是商及周初之际的史事（看顾颉刚的《周易卦爻辞中的故事》，载《古史辨》第三册）。可以证明它是作于西周的卜筮之官，但未必是西周的卜筮之官预先创作了这样一部完完全全、整整齐齐的《易经》，而到卜筮之时检用的。似乎是卜筮之时撰成的繇辞，所以有好些句子都好像指一件事实而言，虽然我们现在无法知道它是怎么一回事。后来有一个人搜集了这许多彼此不相干的繇辞编纂为此书，又自己特撰了一部分，所以有些卦的六爻之意是一贯的，有些卦是各爻之意彼此没有关系的。大概前者是编此书的人所特撰的，后者是他将旧繇卦杂凑而成的。李镜池氏的《周易筮辞考》（亦载《古史辨》第三册）发挥此意最为精详。今引其第四节的三个结论：

(1) 卦爻辞中有两种体制不同的文字——散体的筮辞与韵文的诗歌，可以看出《周易》是编纂而成的。

(2) 卦爻辞之编纂，有大部分是编录旧有的筮辞，有小部分是编者的著作。

(3) 卦爻辞的编纂年代，当在西周初叶。

其第五节起首说：

《周易》中有故事，《周易》中有诗歌，《周易》中还有格言。

其篇末的结论凡八条，今引其三条：

（一）从卦爻辞中筮占贞问等字，可以证明《易》是卦筮之书，由卜筮而成，为卜筮而作。

（二）从卦爻辞的著作体例及其中的格言及诗歌式的句子，可以看出《周易》是编纂而成的。

（三）从《易》辞中所表现的时代性及所叙的历史故事，可以看出《周易》的编纂年代是在西周初叶。

郭沫若氏的《周易时代的社会生活》中说：

《易经》是古代卜筮的底本，就跟我们现代的各种神祠佛寺的灵签符咒一样。它的作者不必是一个人，作的时期也不必是一个时代。

他的《金文所无考》（见《金文丛考》中）中说：

基本二卦之"乾"、"坤"二字亦为金文所绝无。金文无与"天"对立之"地"字，天地对立之观念，事当后起，则乾坤对立之观念亦当后起矣。且《易》之为书虽诡谲悖谬，然其本身亦有其固有之系统，乃于著述意识之下所构成之作品，与古代自然发生之书史不类。其经部之成或在春秋以后，即孔子亦未必及见。

卦爻辞为卜筮之用，《易经》为编纂而成之书，李、郭二氏之说彼此相同。惟对于编纂之时代，李氏谓在西周初叶，郭氏谓当在孔子以后，我以为郭说近是。

至康氏以《易经》为孔子所作，则大谬不然。孔子时代的生活断不是那样简单，孔子自己的思想决不会那样野蛮，说孔子作卦爻辞，未免太看低他老人家了。以此尊孔，翻其反矣！（"作"与"编"不同，"作"是发表自己的思想，"编"是集合过去的材料。若云孔子编《易》，还可以说得通；但康氏系坚主"六经皆孔子改制所作"之论者，照他所说，则《易经》里那种野蛮思想一定是孔子的"大义微言"了。）康氏既以卦爻辞为孔子所作，又不肯把《象传》、《彖传》送给七十子后学者，于是皮锡瑞就造出"孔子作卦辞、爻辞又作《彖》、《象》、《文言》，是自作而自解"的妙论，还要说与杨雄作《太玄》同例了。（皮说见《经学通论》。康氏《伪经考》中辨伪的精核之论，皮氏皆不能——实在是不敢——干脆采用，独此万不可通之"孔子作《易》"说，皮氏反深信不疑，且从而为之推波助澜，殊可异也。）

康氏不但认卦辞、爻辞及《象传》、《彖传》为孔子一人所作，且反认郑玄、王弼以来合《彖》、《象》、《文言传》于经之改编本为今文《易》之本来面目，于是力斥《汉志》"《易经》十二篇——施、孟、梁丘三家"之语为刘歆所伪托，可谓凭臆武断。惟其云《说卦传》为焦、京之徒所附入，却是特见。我于一九二九年（民国十八年）撰《读汉石经周易残字而论及今文易的篇数问题》一文（亦载《古史辨》第三册），有讨论康氏辨《易》一段，现将彼文节录于后：

> 《汉书·艺文志》"《易经》十二篇——施、孟、梁丘三家"这句话，清中叶诸经师，除戴震以外，是没有人对它怀疑的。但《论衡·正说》篇云：
>
>> 孝宣皇帝之时，河内女子发老屋，得逸《易》、《礼》、《尚书》各一篇，奏之宣帝，下示博士，然后《易》、《礼》、《尚书》各益一篇。

又《隋书·经籍志》云：

> 及秦焚书，《周易》独以卜筮得存，唯失《说卦》三篇，后河内女子得之。

案，《论衡》所云河内女子所得之逸经，惟逸《礼》为何篇，至今尚未考明；逸《书》，则东汉末之房宏（《尚书正义》卷一引）、《隋书·经籍志》、《经典释文序录》皆云是《泰誓》。《泰誓》之确为后得，非伏胜传《书》时所有，今已成为定案。那么，逸《易》是《说卦》以下三篇（说详下），亦经《隋志》证明，亦当确定为后得，非田何传《易》时所有了。"河内女子发老屋"，与"鲁共王坏孔子宅"，虽同样是不根之谈，然亦同样可作为汉人造作伪经之证。故所谓"逸《易》、《礼》、《尚书》各一篇"者，实均为西汉人所伪作，无疑也。

首疑《说卦》以下三篇者为戴震。（宋人虽有疑之者，但其立场与此下所说者不同，故不举及。）其《周易补注目录后语》云：

> 武帝时博士之业，《易》虽已十二篇，然昔儒相传，《说卦》三篇与今文《泰誓》同后出，《说卦》分之为《序卦》、《杂卦》，故三篇词指不类孔子之言。或经师所记孔门余论，或别有所传述，博士集而读之，遂一归孔子，谓之"十翼"矣。

这明明说《说卦》三篇是后出之文，不与《彖》、《象》、《系辞》、《文言》同时了。

及康有为撰《新学伪经考》，则云：

> 至《说卦》、《序卦》、《杂卦》三篇，《隋志》以为后得，盖本《论衡·正说》篇河内后得逸《易》之事。《法言·问神》篇："《易》损其一也，虽蠢知阙焉"，则西汉前《易》无《说卦》可知。杨雄、王充尝见西汉博士旧本，故知之。《说卦》与孟、京《卦气图》合，其出汉时伪托无疑。《序卦》肤浅；《杂卦》则言训诂，此则歆所伪窜，并非河内所出。（卷三上）

康氏又辨《史记·孔子世家》"序《彖》、《系》、《象》、《说卦》、《文言》"一句中"说卦"二字为刘歆所窜入，云：

> 《隋志》之说出于《论衡》，此必王充曾见武、宣前本也。《说卦》："帝出乎《震》，齐乎《巽》，相见乎《离》，致役乎《坤》，说言乎《兑》，战乎《乾》，劳乎《坎》，成言乎《艮》。"又曰：

"《震》，东方也；《离》也者，南方之卦也；《兑》，正秋也；《坎》者，正北方之卦也。"与焦、京《卦气图》合。盖宣帝时说《易》者附之入经，田何、丁宽之传无之也。史迁不知焦、京，必无之，此二字不知何时窜入。至《序卦》、《杂卦》，所出尤后，《史记》不著。盖出刘歆之所伪，故其辞闪烁隐约，于《艺文志》著《序卦》，于《儒林传》不著而以"十篇"二字总括其间。要之三篇非孔子经文。（卷二，又卷五，卷十，卷十一，及《孔子改制考》卷十，亦有关于此问题之驳辨，与此二条大意相同。）

案康氏直断《说卦》为焦、京之徒所伪作，宣帝时说《易》者附之入经，可谓巨眼卓识。至以《序卦》和《杂卦》为刘歆所伪作，则未必然。我以为《论衡》所云"逸《易》一篇"和《隋志》所云"《说卦》三篇"，其内容实相同，盖《说卦》与《序卦》、《杂卦》本合为一篇，故《隋志》虽云三篇，亦但举《说卦》以赅《序卦》和《杂卦》也。戴震云："《说卦》分之为《序卦》、《杂卦》"，严可均云："汉宣帝时，河内女子得《说卦》一篇，不数《序卦》、《杂卦》者，统于《说卦》"（《唐石经校文》卷一），其说甚是。故韩康伯注本，《序卦》和《杂卦》均附《说卦》卷内，直至《唐石经》还是这样。康氏谓"《序卦》肤浅"，诚哉其肤浅也，然意义肤浅，不能作为刘歆伪造之证。刘歆造了许多伪经，固是事实，然其学实不肤浅；肤浅之评，惟彼焦、京之徒适足以当之耳。

《杂卦》仍是说明卦义，与《说卦》、《序卦》性质相同，与训诂之方法根本有异；说它"言训诂"，实在不对。即使言训诂，亦不能即断为刘歆所作。刘歆以前言训诂者多矣，《诗》之《鲁故》、《齐后氏故》、《韩故》，《书》之大小夏侯《解故》等等，都是言训诂的，《春秋公羊传》中言训诂处亦甚多。

据上面所说，则《汉志》谓施、孟、梁丘三家之《易》为十二篇之说就发生了问题。盖《说卦》三篇既是西汉人所伪作，则三家之《易》似不应有十二篇，因为三家同出于田何，田何所没有的，似乎三家也不应该有。于是康氏以为田何所传之《易》但有经上下二篇，而《彖》和《象》都在经内，其言云：

> 此志（《汉书·艺文志》）叙周王孙、服光、杨何、蔡公、韩婴、王同诸《易》先师《传》，皆二篇；《章句》，施、孟、梁丘氏各二篇。然则《易》之《卦辞》、《爻辞》、《彖辞》、《象辞》皆合。

以其简帙繁重，分为上下二篇。(《新学伪经考》卷三上)

又云：

《彖》、《象》与卦辞、爻辞相属，分为上下二篇，乃孔子所作原本。(同上，卷十；又见《孔子改制考》卷十)

至于《系辞》，康氏则云：

盖《系辞》有"子曰"，则非出孔子手笔，但为孔门弟子所作，商瞿之徒所传授，故太史谈不以为经而以为传也。(《新学伪经考》卷三上；又卷十与《孔子改制考》卷十略同)

《文言》，则《康氏》没有提到它。我想，今本《周易》把《彖传》、《象传》、《文言传》都合在上下经之内，康氏既以《彖传》和《象传》合在上下经之内为原本《周易》之面目，想来他把《文言传》也算在里面了。那么，康氏意中之三家《易》大概是这样的：经，上下二篇(其内容与今本相同)；传，《系辞》(或是一篇，或如今本那样，分为上下二篇)。或如崔君所说，他没有把《系辞传》算在内(见下)。

康氏所说的三家《易》，其内容的排列和篇数的多少，均与《汉志》绝不相同。如果三家《易》的面目诚如康氏所言，则《汉志》决不能这样的瞎造谣言。《汉志》本于刘歆《七略》，不可信的地方固然很多，但他造了好几部伪古文经，说"这是你们没有见过的古本"，那样说法，是可以矇得过人的。他又利用一部晚出的《春秋穀梁传》来与《春秋公羊传》对抗，那也不会出什么岔子，因为那时立于学官的《春秋公羊传》与他利用的《穀梁传》都没有"今文"之称。他只说"你们读的《公羊传》之外，还有你们没有见过的《穀梁传》，与《公羊传》或同或异"。但是他只能在立于学官的书以外去造假书，决不能把立于学官，大家都看得见的书来瞎造谣言，改变内容，增加篇数。假使他竟那样办，他的作伪不是立刻就败露了吗？刘歆不至于那么的蠢吧！即使他真那么蠢，竟想以一手掩尽天下人之目，瞎造那样与事实全不相符的谣言，难道东汉的四家《易》博士(施、孟、梁丘、京)人人都是头等傻子，会齐心协力的遵守刘歆"《易经》十二篇"那样一句谣言，反将远有师承的"《易经》上下二篇"这样一件实事抛弃了吗？这不是情理上万不会有的事吗？还有，卦辞、爻辞是术数，《彖传》、《象传》是玄理，两者的思想和文章全不相同，而认为一个人所作，这也是极讲不通的。

所以，先师崔觯甫(适)先生起而驳之云：

《彖传》解说卦辞，谓与卦辞共篇，犹似可通。《大象》与卦辞自明一义，已当分篇。《小象》全体用韵，原本必不与爻辞共篇。……是则大小《象》皆当各自为篇，则《彖辞》可知，而《易经》无从合为二篇矣。康氏又以《系辞》……为孔门弟子所作……此说诚是也。但《系辞》纵非孔子手笔，犹是弟子述孔子之言。……若卦辞、爻辞、《彖辞》、《象辞》为孔子作，而《系辞》、《传》二篇既不得入"《易经》二篇"之内，又不得与周王孙以下六家皆有《易传》二篇，丁宽《易传》八篇，同列班《志》之内，此亦事理所必不然者也。惟《文言》亦有"子曰"，则亦孔门弟子所作，亦当为传。康氏不言，此由遗漏，姑不待辨，然则《系辞》、《文言》必当在十篇之内，《易经》不止二篇又明矣。（《五经释要》卷四）

看了崔君这一段话，则康说之谬自显然了。

我以为刘歆伪造古文各经，他是有偏重的。特撰《周礼》，特改《国语》为《春秋左氏传》，这是他认为最重要的。《尚书》和《仪礼》，都伪造逸篇，又伪造百篇《书序》和古文《礼记》二百十五篇（这二百十五篇，自然不能说全是刘歆伪造的，如《月令》采自《吕氏春秋》，即其一例，但刘歆伪造了以作《周礼》之证者亦必不少），这也是他很注意的。此外则《诗》之毛氏，《易》之费氏，《春秋》之穀梁氏，窃疑或在刘歆以前本有此一家。（《书》之张霸，《易》之京房，皆西汉晚出之家派，有心立异，冀分博士之地盘，盖禄利之路然也。《毛诗》、《费易》、《穀梁春秋》，殆亦此类。）刘歆但利用之而加以窜改，以抗当时立于学官之今文家而已。至于《论语》和《孝经》，本为六艺之附庸，故仅言壁中有古文本，与今文相较，只是篇章有分合，文字有异同罢了，这是他本不看重的。故今文施、孟、梁丘三家之《易》凡十二篇，古文费氏之《易》亦十二篇，所谓不同者，就只在什么今文"或脱去'无咎'、'悔亡'"这一点。《周易》篇数的变迁，我看是如此的：

汉元帝世京氏立学官以前：上下经及《彖》、《象》、《系辞》、《文言传》。

汉元帝世京氏立学官以后：上下经及《彖》、《象》、《系辞》、《文言》、《说卦》、《序卦》、《杂卦传》。这七篇传分成十篇，后来称为"十翼"；经传合计，凡十二篇。刘《略》、班《志》之今文孟、施、梁丘与古文费氏皆据此本，《汉石经》亦即据此本，最近发见的《汉石经》、《周易》残字，《下系》、《文言》、《说卦》三篇相联接，是其证。但"十翼"之中，《系辞》以上如何分法，却还待考。孔《疏》：

> ……但数"十翼"，亦有多家。既文王《易经》本分为上下二篇，则区域各别；彖、象释卦，亦当随经而分。故一家数"十翼"云：《上彖》一，《下彖》二，《上象》三，《下象》四，《上系》五，《下系》六，《文言》七，《说卦》八，《序卦》九，《杂卦》十。郑学之徒并同此说。

可见"十翼"的分法自来并不一致。今文施、孟、梁丘、京四家是否与孔《疏》所引者相同，今不可知。将来若再发现《汉石经》、《周易》残字，或有解决此问题之希望。

郑玄、王弼以后：合《彖》、《象》、《文言传》于经中，遂成今之通行本。惟朱熹之《周易本义》复孔《疏》所引十二篇之旧。

又，《易传》亦非孔子所作。《说卦》以下不用再说了。《系辞》与《文言》非孔子所作，为欧阳修与叶适所考明。《象传》非孔子所作，为崔述所考明。姚际恒《古今伪书考》首列《易传》，说：

> 陈直斋振孙《书录解题》曰："赵汝谈《南塘易说》三卷，专辨'十翼'非夫子作。"今此书无传。予别有《易传通论》六卷，兹亦不详。

据此，可知赵、姚二氏皆谓"十翼"全非孔子所作，较欧阳氏、叶氏、崔氏更彻底。赵书固不传，姚书今亦未见，但近十年来，我们已经得到姚氏的《仪礼通论》与《春秋通论》，则此《易传通论》将来或亦有发见之可能也。今人如钱穆、冯友兰、顾颉刚诸氏，对于《易传》都有非孔子所作之说，而以李镜池氏的《易传探源》最为详审精密。（李文载《古史辨》第三册中。）至《论语》之"加我数年，五十以学《易》，可以无大过矣"一语，其中"易"字明明是古文家所改，《经典释文》云"鲁读'易'为'亦'，今从古"，是其铁证。康氏亦认《论语》改"亦"为"易"是古文家所为。但他以为《易》是孔子所作，故《论语》中不应有"学《易》"之文。我则以为《易》与孔子无关，故《论语》中不会有"学《易》"的话。因为我与康氏的观点不同，所以结论恰恰相反。

（3）《左传》

"左氏不传《春秋》"之说，刘逢禄发挥得最为精核。他的《左氏春秋考证》，考明《左传》的凡例书法及比年依经缘饰之语为刘歆所增窜，非原书固有，其原书体例当与《国语》相似，系取《晋乘》、《楚梼杌》

等书编成，与《春秋》没有关系。他这部《左氏春秋考证》之辨伪的价值，实与阎若璩的《尚书古文疏证》相埒。阎书出而伪《古文尚书》之案大白，刘书出而伪《春秋左氏传》之案亦大白。康氏之辨伪《左》，亦本于刘氏。惟刘氏尚未达一间，他虽已确知"左氏不传《春秋》"，而尚被《史记·十二诸侯年表》中"鲁君子左丘明……成《左氏春秋》"这句增窜的伪文所骗，说左氏之书原名"《左氏春秋》"，不名"《春秋左氏传》"。其实"《左氏春秋》"这个名称，与"《毛诗》"、"《欧阳尚书》"、"《费氏易》"、"《鲁论》"一样，不得谓其意义不同于"《春秋左氏传》"这个名称也。康氏于此更进一步，谓《史记》中"《左氏春秋》"之名亦刘歆所增窜，《左传》原书实为《国语》之一部分。（见《史记经说足征伪经考》。此意康氏仅发其端，崔君《史记探源》详加考辨，证明《史记》此语确系为刘歆之学者所窜入。）《汉志》所谓

> 《新国语》五十四篇（原注：刘向分《国语》）

者，乃左丘明《国语》之原本；而《汉志》所谓

> 《左氏传》三十卷（原注：左丘明，鲁太史）
> 《国语》二十一篇（原注：左丘明著）

这两部书乃刘歆取《国语》原本瓜分之而成者也。他说：

> 《国语》仅一书，而《志》以为二种，可异一也。其一，"二十一篇"，即今传本也；其一，刘向所分之"《新国语》五十四篇"。同一《国语》，何篇数相去数倍？可异二也。刘向之书皆传于后汉，而五十四篇之《新国语》，后汉人无及之者，可异三也。盖五十四篇者，左丘明之原本也。歆既分其大半，凡三十篇，以为《春秋传》，于是留其残剩，掇拾杂书，加以附益，而为今本之《国语》，故仅得二十一篇也。

这真是他的巨眼卓识！这个秘密，自来学者都没有注意，现在经康氏一语道破了。我觉得他下的断语，实在是至确不易之论。

《左传》与今本《国语》既证明为原本《国语》所瓜分，则瓜分之迹必有可考见者。此事当然须有专书考证，我现在姑且举出一点漏洞来：

（1）《左传》记周事颇略，故《周语》所存春秋时代的周事尚详（但同于《左传》的已有好几条）。

（2）《左传》记鲁事最详，而残余之《鲁语》所记多半是琐事，薄薄的两卷中，关于公父文伯的记载竟有八条之多。

（3）《左传》记齐桓公霸业最略，所谓"管仲相桓公霸诸侯，一匡天下"的政迹竟全无记载，而《齐语》则专记此事。

（4）《晋语》中同于《左传》者最多，而关于霸业之荦荦大端，记载甚略，《左传》则甚详。

（5）《郑语》皆《春秋》以前事。

（6）《楚语》同于《左传》者亦多，关于大端的记载亦甚略。

（7）《吴语》专记夫差伐越而卒致亡国事，《左传》对于此事的记载又是异常简略，与齐桓霸业相同。

（8）《越语》专记越灭吴的经过，《左传》全无。

你看，《左传》与今本《国语》二书，此详则彼略，彼详则此略，这不是将一书瓜分为二的显证吗？至于彼此同记一事者，往往大体相同，而文辞则《国语》中有许多琐屑的记载和支蔓的议论，《左传》大都没有，这更露出删改的痕迹来了。

近来瑞典人高本汉氏（Bernhard Karlgren）著《左传真伪考》一书，由吾友陆侃如先生译为汉文。高氏从文法上研究，证明《左传》的文法不是"鲁语"（高氏假定《论语》、《孟子》的语言为"鲁语"），所以《史记》中"鲁君子左丘明"这个称谓是不对的。他的总结论是：

> 在周、秦和汉初书内，没有一种有和《左传》完全相同的文法组织的。最接近的是《国语》，此外便没有第二部书在文法上和《左传》这么相近的了。

这也是《左传》和《国语》本是一部书的一个很强有力的证据。左丘明决不是鲁人，决不与孔子同时，他是战国时代的魏人，这是在《左传》中有许多材料可以证明的。（参用郑樵与姚鼐二人之说。）

（为）《穀梁》

《汉书·艺文志》论《春秋》，有"及末世口说流行，故有公羊、穀梁、邹、夹之传"之语，又其记录《春秋》今文经，云"经十一卷——《公羊》、《穀梁》二家"，故自来言《春秋》今文者，必兼举《公》、《穀》二家。虽以康氏之精思卓识，而其对此述义不同之《公》、《穀》二传，亦毫不怀疑，且从而弥缝之曰："《公》、《穀》以义附经文，有同经同义，同经异义，异经同义；而舍经文，传大义，则其口说皆同。"（见所著《春秋笔削大义微言考》的发凡。）这话实在是讲不通的。要是

《公》、《穀》"同经异义"的还可以说二家大义相同，则虽谓《公》、《穀》、《左》三家大义相同，亦何不可？因《公》、《穀》、《左》之彼此各异，也不过是"同经异义"罢了。刘逢禄虽作《穀梁废疾申何》，但意在为何休作干城，并非辨《穀梁》之真伪，所以这书的价值远不及他的《左氏春秋考证》。首疑《穀梁》者为先师崔君。他著《春秋复始》，其首卷《序证》中有"穀梁氏亦古文学"一节，辨《汉书·儒林传》叙述《穀梁》传授及废兴一段为非事实，疏证极精。崔君后又编《五经释要》，较《春秋复始》所言又稍加详。今将《五经释要》中辨《穀梁》之语全录如下：

> 《汉书·梅福传》：
> 推迹古文，以《左氏》、《穀梁》、《世本》、《礼记》相明。
> 《后汉书·章帝纪》：
> 令群儒受学《左氏》、《穀梁》、《古文尚书》、《毛诗》。
> 此于《穀梁》，一则明言古文，一则与三古文并列，其为古文明矣。
> 《汉书·儒林传》述《古文尚书》曰：
> 孔安国授都尉朝；朝授胶东庸生；庸生授胡常，以明《穀梁春秋》，为部刺史。
> 案：西汉儒者无一人兼授今古文者。胡常所传《尚书》、《左氏》皆古文，则《穀梁》亦古文明矣。
> 《传》又述《穀梁》学曰：
> 始江博士授胡常；常授梁萧秉，王莽时为讲学大夫。
> 正与胡常以《古文尚书》授徐敖，敖授王璜、涂恽，王莽时诸学皆立，刘歆为国师，璜、恽等皆贵显（亦见《儒林传》），其事相类。案王莽时所立，皆古文学也。璜、恽以《古文尚书》贵显，则萧秉以《穀梁》贵显，《穀梁》为古文又明矣。
> 古文为刘歆所造，则武、宣之世安得有《穀梁》？刘歆、班固皆有《汉书》，后人杂之，遂成今之《汉书》（说详《史记探源》卷一《序证》"要略"节注），故其言多矛盾。以全书互证之，洞见症结矣。
> 《儒林传》曰：
> 瑕丘江公授《穀梁春秋》及《诗》于鲁申公。（案上文，"申公卒以《诗》、《春秋》授，而瑕丘江公尽能传之"，则此"授"字当

作"受"。然西汉人单称《春秋》，专谓《公羊》；且八家经师无一人兼传二经者，申公既授《鲁诗》，未必复授《春秋》。若江公尽传《春秋》及《诗》，何以《穀梁春秋》传子孙，《诗》不传子孙耶？误矣。）传子至孙，为博士。武帝时，江公与董仲舒并。仲舒通"五经"，能持论，善属文；江公呐于口，上使与仲舒议，不如仲舒。而丞相公孙弘本为《公羊》学，比辑其议，卒用董生。于是上因尊《公羊》家，诏太子受《公羊春秋》，太子复私问《穀梁》而善之。其后浸微，唯鲁荣广、皓星公二人受焉。广与《公羊》大师眭孟等论，数困之，故好学者颇复受《穀梁》。沛蔡千秋、梁周庆、丁姓皆从广受。千秋又事皓星公。宣帝闻卫太子好《穀梁》，以问丞相韦贤，长信少府夏侯胜、侍中史高，皆鲁人也，言穀梁子本鲁学，公羊氏乃齐学也，宜兴《穀梁》。汝南尹更始本自事千秋，会千秋病死，征江公孙为博士。刘向以故谏大夫待诏受《穀梁》，欲令助之。江博士复死，乃征周庆、丁姓待诏保官。甘露元年，召"五经"名儒太子太傅萧望之等大议殿中，平《公羊》、《穀梁》同异，各以经处是非。时《公羊》博士严彭祖、侍郎申挽、伊推、宋显，《穀梁》议郎尹更始、待诏刘向、周庆、丁姓并论，望之等十一人（案，以上止有九人）各以经谊对，多从《穀梁》，由是《穀梁》大盛。

案：此传宗旨与《六艺略》同，亦刘歆所作也。歆造《左氏传》以纂《春秋》之统，又造《穀梁传》为《左氏》驱除，故兼论三传则申《左》，并论《公》、《穀》则右《穀》。谓江之屈于董也以呐，而董又借公孙丞相之助，以见《穀》之非不如《公》；其后荣广论困眭孟，以见《公》之不如《穀》；谓《穀梁》鲁学，则其新炙七十子之徒，自广于《公羊》齐学矣。

但如此大议，岂不视傅太后称尊事重要相若？彼时媚说太后者为董宏，而弹劾董宏者师丹、傅喜、孔光、王莽也，四人传中皆言之。《后汉书》光武帝建武二年，韩歆欲立《左氏》博士，范升、陈元互相争辩，二人传中皆言之，《儒林·李育传》又引之，何以廷议《穀梁》，屈江公，申董生，仲舒、公孙传中并不言，对宣帝问，韦贤、夏侯胜、萧望之、刘向传中亦不言也？

江公之《穀梁》学既为公孙丞相所不用，武帝因尊《公羊》而诏卫太子受《公羊》，则卫太子复安所问《穀梁》？且公孙丞相薨于元狩二年，尝逐仲舒胶西，则用董生又在其前。董生用则江公罢，太子果问《穀梁》，当在江公未罢以前。即使同在一年，是时太子甫八岁，未闻天纵如周晋，安能辨《公》、《穀》之孰善？宣帝尊武帝为世宗，谥卫太子曰戾，抑扬之意可知，独于经学则违世宗而从戾园，亦情理所不合者也。

谓贤、胜、望之皆右《穀梁》，更始、向且为《穀梁》学家。乃考其言，贤子玄成，少修父业者也，玄成为丞相，与谏大夫尹更始《陈罢郡国庙议》曰：

毁庙之主，臧乎太祖，五年而再殷祭。

萧望之《雨雹对》曰：

季氏专权，卒逐昭公。

《伐匈奴对》曰：

大上旬不伐丧。

刘向《上封事》曰：

周大夫祭伯出奔于鲁，而《春秋》为讳，不言"来奔"。（《公羊传》曰："何以不称使？奔也。"穀梁氏亦曰"奔也。"《公》、《穀》文同，未见其出于《穀梁》也。张晏注引《穀梁》而不及《公羊》，遍矣。）是后尹氏世卿而专恣。（惟下引"卫侯朔召不往"，文出《穀梁》而意同《公羊》。凡《公》、《穀》意同，多由《穀梁》拾袭《公羊》，则向之言仍未见其不出于《公羊》也。）

（玄同案：隐公元年，"冬，十有二月，祭伯来。"《公羊》曰："奔也。"《穀梁》曰："来朝也。"刘向用《公羊》义，与《穀梁》大异。张晏注误，刘敞已驳之矣。崔君以为《公》、《穀》文同，仍沿张晏之误。）

所引皆《公羊传》文，而无引《穀梁》者，惟胜言于《公》、《穀》皆无所引。若韦、尹、萧、刘明引《公羊》尚不足为《公羊》学证，岂不引《穀梁》转足为《穀梁》学之证乎？

然则《儒林传》谓《公》、《穀》二家争论于武、宣之世者，直如捕风系影而已矣。

至成帝绥和元年，立二王后，采梅福所上书，引：

《春秋》经曰："宋杀其大夫。"《穀梁传》曰："其不称名姓，以其在祖位，尊之也。"

是为引《穀梁氏》之始，去河平三年刘歆校书时十八年矣，歆所造伪书已出故也。

《史记·儒林传》末有"瑕丘江生为《穀梁春秋》"一节，崔君《史记探源》中谓亦刘歆窜入，其说极是。传首叙汉初传经之八师中，传《春秋》者止有胡母生和董仲舒二人，都是《公羊》家，何以篇末忽然添出一个《穀梁》家的江生来？又，此节自"仲舒弟子遂者"以下都是叙《公羊》家董仲舒的传授，把这些话记在江生节下，亦觉不伦。

最近吾友张西堂先生著《穀梁真伪考》，大阐崔君之说，谓《穀梁》之义例自相乖戾，文词前后重累，暗袭《公羊》、《左氏》，杂取《周礼》、《毛诗》，详于琐节，略于大义，证明它出于《公羊》之后。张氏援引该博，辨析精详。《穀梁》为汉人所作之伪传，得崔、张两君之考证，殆可成为定谳了。

我一向觉得《穀梁》释经，不通可笑的话触处皆是，现在随手举它几条：

> 隐公元年，夏，五月，郑伯克段于鄢。
>
> (《公》) 克之者何？杀之也。
>
> (《穀》) 克者何？能也。何能也？能杀也。

案：《公羊》解为"郑伯杀段于鄢"，这是通的。《穀梁》欲与《公羊》立异，知"克"又有"能"义，加了一种训诂，于是变为"郑伯能段于鄢"，文理实在太不通了！若训"能"为"能杀"，则又成了"增字解经"的办法。

> 隐公二年，冬，十月，纪子伯莒子盟于密。
>
> (《公》) 纪子伯者何？无闻焉尔。
>
> (《穀》) 或曰：纪子伯莒子而与之盟。或曰：年同，爵同，故纪子以伯先也。

案："纪子伯"三字，或与"伯于阳"同例，文有脱误，《公羊》未知其审，故云"无闻焉尔"。这是阙疑的谨慎态度。《穀梁》异想天开，竟将"伯"字解作动词，穿凿可笑！试问《春秋》他条有这样的文例吗？

> 桓公元年，春，王正月，公即位。
>
> (《穀》) 桓无王，其曰王，何也？谨始也。其曰无王（案，此四字不通！），何也？桓弟弑兄，臣弑君，天子不能定，诸侯不能救，百姓不能去，以为无王之道遂可以至焉尔。元年有王，所以治桓也。

　　桓公二年，春，王正月，戊申，宋督弑其君与夷及其大夫
孔父。

　　（《穀》）桓无王，其曰王，何也？正与夷之卒也。

　　桓公十年，春，王正月，庚申，曹伯终生卒。

　　（《穀》）桓无王，其曰王，何也？正终生之卒也。

　　案：桓公十八年中今本三传之经于元、二、十、十八年皆书"王"，其余之十四年皆不书"王"。这本来有些古怪。《公羊》无说。《穀梁》遂望文生训，凭臆凿说，甚可闵笑！且依其于二年与十年所说之义推之，则"五年，春，正月，甲戌，己丑，陈侯鲍卒"，也该书"王"才对。何以不书"王"？难道鲍之卒就不必正吗？十八年无传，大概这位穀梁子想不出理由来了，所以只好不说了。何休作《公羊解诂》时，却想出一个理由来，他说："十八年有'王'者，桓公之终也。"这种见解，与穀梁子真是"半斤八两"，不幸何休之生也晚，其说不及为穀梁子所见。惜哉！（何休对于元、二、十年之书"王"，也说出理由来，而与穀梁子不同，其穿凿可笑则一也。）这桓公十八年中有十四年不书"王"，据我的猜想，大概早一点的《春秋》本子并不如此，所以《公羊》无说。质言之，即《公羊春秋》此十四年本有"王"字，传写脱去耳。若本无"王"字，《公羊》乌得无说？假使不解，也应该来一句"无闻焉尔"，如"纪子伯"、"夏五"、"宋子哀"之例。若知其为脱误，也应该如"伯于阳"之例，加以说明。今乃无说，是《公羊传》著作之时，此十四年皆有"王"字也。至董仲舒时，已脱"王"字，故《春秋繁露·玉英》篇有"桓之志无王，故不书王"之说。我相信《公羊传》的话，最能得《春秋》笔削之旨（但亦只能说人部分如此，不能说绝无后人羼入之语）；而董仲舒、何休的话，则可信者甚少，不能与《公羊传》同等看待。今之《公羊春秋》，凡文句有些古怪而无传者，恐多数都是后来的脱误，如桓四年与七年之无"秋"、"冬"，昭十年与定十四年之无"冬"，桓十二年之两书"丙戌"，庄廿二年之"夏五月"，《公羊传》皆无说，我以为这都是后来的脱误。或疑：如系脱误，何以三家皆同？这是极容易说明的。《春秋经》本来只有《公羊》一个本子，《穀》、《左》均系汉代的伪经，伪经本依真经而造，真经有脱误，伪经自然也跟着脱误了。刘歆伪造《古文尚书》，把汉人伪造了而加入《今文尚书》之《泰誓》，也依样画葫芦的造了一篇壁中本的，这是很好的旁证。

　　我疑心《穀梁传》乃是武、宣以后陋儒所作，取《公羊》而颠倒

之，如取《公羊》隐公三年"癸未，葬宋缪公"下"大居正"之义，改系于隐公元年"春王正月"之下；取隐公六年"秋七月"下"《春秋》编年，四时具，然后为年"之文，改系于桓公元年"冬十月"之下。诸如此类，不一而足。此外或删削《公羊》大义，或故意与《公羊》相反，或明驳《公羊》之说，或阴袭《公羊》之义而变其文。作伪者殆见当时《公羊》势力大盛，未免眼馋，因取《公羊》而加以点窜涂改，希冀得立博士，与焦、京之《易》相类。刘歆要建立《左氏》，打倒《公羊》，于是就利用它来与《公羊》为难耳。

还有，"《公羊传》"这个书名和"穀梁"这个姓，都是极可疑的。董仲舒以前称《公羊传》即谓之《春秋》，董仲舒始称为《春秋传》，从刘歆《七略》起乃改称为《公羊传》。（详崔君《春秋复始》的序证。）其实只是传中两引"子公羊子曰"而已，如何可以就说是一位公羊子做的呢？至于公羊氏之名曰高，及公羊高、公羊平、公羊地、公羊敢、公羊寿，这五代传经的世系，那更是东汉人所臆造，刘歆《七略》尚无之，与徐整、陆玑二人所言《毛诗》传授源流同样是无稽之谈，决不足信。"穀梁"这个姓更古怪，"穀"与"公"是群纽双声而韵部又是屋钟对转，"梁"与"羊"是阳部叠韵而声纽又是来定同阻，照我假定的古音读法，"公羊"是〔guŋdʌŋ〕，"穀梁"是〔ŋukʌŋ〕。我颇疑心"穀梁"这个姓就是从"公羊"两字之音幻化出来的。

（巛）《论语》

刘歆伪造的《古论语》，没有多出什么逸篇来，只是分《鲁论》之二十篇为二十一篇而已。但又分得不甚高明，只把末了的一篇《尧曰》分成《尧曰》和《子张》两篇。《鲁论》的《尧曰》篇篇幅最少，本就只有《尧曰》和《子张》两章，《古论》把《尧曰》一章就算一篇，又在《子张》章后加《不知命》一章（康氏《论语注》以《不知命》章为出于《齐论》，无确证），把这两章算成《子张》篇，没有想到篇名又与第十九篇之《子张》篇重复，盖草率为之，聊以立异罢了。至于内容的增窜，自必有之。康氏举"左丘明耻之，丘亦耻之"之语谓为刘歆伪造，我看是极对的，左丘明决不能与孔子同时，况照《论语》所记，竟似此公还是孔子的老前辈，那更说不通了。"五十以学《易》"，《鲁论》本是"亦"字，《古论》改为"易"，《经典释文》有明证。此外如"凤鸟不至"一语，顾颉刚先生疑心也是刘歆所窜入的，因其与《左氏》昭公十七年"郯子来朝"传中"我高祖少皞挚之立也，凤鸟适至"之语相契合，《左传》中此类传文必是刘歆所增窜，故《论语》此语亦大可疑。诸如此类，大概还有。康氏《论语注》中所怀疑之各章，其辨证之语亦可供参考。

《论语》之出，后于"五经"，至汉宣帝世始有鲁、齐二家之传授。《鲁论》只有二十篇，《齐论》则有二十二篇。而《齐论》之二十篇中，章句颇多于《鲁论》（见何晏《论语序》）。盖此书最初是曾子门人弟子所述孔子之言行，历战国以至秦、汉，诸儒各记所闻，时有增益。其来源不一，故醇驳杂陈，本无一定之篇章，故写定时齐多于鲁。康氏谓"曾子垂教于鲁，其传当以鲁为宗"（《论语注序》）。这是很对的。但《鲁论》中亦有不可靠的部分。崔述《论语余说》云：

> 《论语》后五篇，惟《子张》篇专记门弟子之言，无可疑者。至于《季氏》、《阳货》、《微子》、《尧曰》四篇中，可疑者甚多；而前十五篇之末，亦间有一二章不类者。

又，他的《洙泗考信录》中，说《论语》之文有自相复者，有复而有详略者，有复而有异同者，又有语相似而人地异者，未必果为两事，或所传闻小异。案崔氏所论，皆甚精核。

（丂）《孝经》

《孝经》是汉代教学童之书，用现在的话来说，是一部"小学修身教科书"。姚际恒《古今伪书考》及杨椿《读孝经》（见《孟邻堂文钞》卷六）皆谓是汉人所作，谅矣。俞曲园先生的《九九销夏录》卷五有"古书有篇名无章名"一则，他说：

> 古书但有篇名，如《书》之《尧典》、《舜典》，《诗》之《关雎》、《葛覃》，皆篇名也；《礼记·乐记》一篇分十一篇，亦是篇名。惟《孝经》有《开宗明义章》、《天子章》、《诸侯章》等名，则是每章各有章名，他经所无。故学者疑《孝经》为伪书，不为无见。

按，俞氏所疑固有道理，然尚未尽也。《开宗明义》等章名，始见于郑玄注本，邢昺、严可均、皮锡瑞皆如此说，故章名非西汉时所固有。但西汉时虽无章名，而实分为十八章，《汉书·艺文志》可证。不满二千字的《孝经》而分为十八章，正与不满二千字的《急就篇》而分为三十一章相同。《孝经》是一整篇文章而切断为十八章，亦与《急就篇》是一整篇文章而切断为三十一章相同，此不但与《乐记》分篇之性质不同，亦与《论语》分章之性质不同也。这样短短的一章一章，各章字数的多少大致差不多，正是适合于教科之用的体裁。

今人吕思勉氏不信姚际恒之说，其《经子解题》中说：

> 《孝经》一书，无甚精义。姚际恒以为伪书，然其书在汉时实有传授，且《吕览》即已引之，则姚说未当。此书虽无其精义，而汉儒顾颇重之者。汉时社会，宗法尚严，视孝甚重，此书文简义浅，人人可通，故用以教不能深造之人，如后汉令期门羽林之士通《孝经》章句是也。

黄云眉氏《古今伪书考补证》驳之，说：

> 后汉荀慈明对策，有"汉制，使天下诵《孝经》"之语（《后汉书》本传），而汉代诸帝又始以"孝"为谥，可知《孝经》之产生必与汉代最有关。思勉既知汉代之重视《孝经》，而犹以《吕览》有《孝经》语（《孝行览》言孝，与《孝经》有相同处。又《先识览·察微》篇引《孝经》曰："高而不危，所以长守贵也；满而不溢，所以长守富也：富贵不离其身，然后能保其社稷而和其民人。"），信为先秦之书，未免不充其类。（黄震亦以《吕览》有引，信《孝经》为古书。汪中《经义知新记》同。）

> 《吕览》亦不全可靠，且高诱注《孝行览》，亦引《孝经》语，则《察微》篇所引《孝经》，安知非高诱之注而误入正文耶？

案：黄氏此论甚精。至吕氏所云"其书在汉时实有传授"，则更不足据信。《汉书·艺文志》及《儒林传》等所记传授，十有八九皆不可靠也。

这样一部汉人所作而伪托于曾子问与孔子答之书，居然也有什么孔壁古文之本，则孔壁古文经之为伪造，又添了一个好证据了。

《孝经》全书不满二千字，今文分为十八章，每章的字数已经很少了。古文还要把它再多分四章，成为二十二章，也不过聊以立异而已。这书自身既是伪书，而伪中又有伪，伪本最多，过于他经。第一次伪古文本出于汉之刘歆，第二次伪古文本出于隋之刘炫（唐刘知幾所议行及宋司马光作《指解》的，皆即此伪本），第三次伪古文本出于日本之太宰纯（刻入《知不足斋丛书》第一集中）。郑玄注《孝经》，用的是今文本，因唐玄宗新注出而渐微，至宋初已亡，于是又有伪郑注，出于日本之冈田挺之（刻入《知不足斋丛书》第二十一集中）。又宋真宗时，日本僧奝然（奝音ㄉ丨ㄠ）以郑注《孝经》来献，此本不传，是真是伪，今不可知。

（兀）《尔雅》

康氏因汉平帝时征通知逸《礼》、《古书》、《毛诗》、《周官》等等者诣京师（详下），其中有"《尔雅》"一项，又《尔雅》有与《毛诗》、《周礼》相合者，谓《尔雅》亦刘歆所伪作。我以为据此两点，可证《尔雅》之中必有刘歆们增益的部分，但康氏谓其书全为刘歆所作，则未必然。窃疑此书当是秦、汉时人编的一部"名物杂记"。清《四库提要》说：

> 今观其文，大抵采诸书训诂名物之同异以广见闻，实自为一书，不附经义。

此论最确。据我看来，《释亲》至《释畜》十六篇，或是原书所固有（也许有刘歆们窜入的字句），而《释诂》、《释言》、《释训》三篇，就大体上看，可称为"《毛诗》训诂杂抄"，这是刘歆们所增益的。

（厂）小学

康氏之辨《小学》，甚多特见。他说：

> 盖秦篆文字出于《史籀篇》，《史籀》为周之文而为汉今文之祖。

案王国维氏以大篆为秦文，说：

> 《史籀》一书殆出……春秋、战国之间，秦人作之以教学童。（《史籀篇叙录》）

其说甚确。他又说：

> 班固谓《仓颉》、《爰历》、《博学》三篇文字多取诸《史籀篇》。许慎亦谓其"皆取《史籀》大篆或颇省改"，"或"之者，疑之；"颇"之者，少之也。《史籀》十五篇，文成数千，而《说文》仅出二百二十余字；其不出者，必与篆文同者也。考战国时秦之文字，如传世"秦大良造鞅铜量"乃孝公十六年作，其文字全同篆文；《诅楚文》摹刻本，文字亦多同篆文，而"殹，麐，剺，意"四字则同籀文。篆文固取诸籀文，则李斯以前秦之文字，谓之用篆文可也，谓之用籀文亦可也。（同上）

看王氏这一段话，足证小篆即是大篆，但有一小部分字笔画稍有省变，自战国时已然。及秦并六国，以小篆统一文字，颁行天下。因文字之用日广，于是不知不觉自然而然的再把小篆的笔画渐渐省变，以趋约易，即所谓西汉之"隶书"是也。故秦、汉文字有大篆、小篆、隶书之异体，实与现行文字有楷书、行书、草书之异体相同。康氏谓《史籀篇》为汉今文之祖"，这是很对的。

康氏又说：

> 《史籀》十五篇，建武已亡其六。《仓颉》五十五章，每章六十字，然则西汉《仓颉篇》三千三百字。相如《凡将》，史游《急就》，李长《元尚》，皆《仓颉》正字。唯《凡将》颇有出，当不多，兼有复字。盖汉时《仓颉篇》，本合《仓颉》、《爰历》、《博学》之书为之，故有复字。李斯、赵、胡各自著书，本不相谋，则复字当必多，是并非三千三百字之数矣。西汉六艺群书当备集矣，此为周、秦相传之正字也。而杨雄、班固所增凡一百三章（案，当云一百二章），以六十字一章计之，共六千一百八十字（案，当云六千一百二十字），骤增两倍之数。《仓颉》本皆今字，歆复使杜林作《训故》，窜以古字古训，于是《仓颉》亦有乱于古学者矣。故云"《仓颉》多古字，俗师失其读"，盖以歆授意杜林窜入古学之本为正也。许慎绍贾逵之传，主张古学。《说文叙》云"九千三百五十三文"，殆兼《仓颉篇》五十五章，三千三百字。杨雄、班固所续一百章六千一百八十字，共九千余字而成之。（案，此语有误，辨三章，见下。）于是真伪之字，淄渑混合，不可复辨。……今唯据《急就篇》，择籀文及西汉今文经之逸文汇存之，而以西汉前金石文字辅证之，或可存周、汉经艺正字之大概焉。

康氏这段话分别今文经的真字与古文经的伪字，大体不错，但尚嫌疏略，今再申言之。大篆、小篆、隶书是一种文字，故《史籀》、《仓颉》、《凡将》、《急就》、《元尚》这五部书一线相承，这里面的文字，是秦、汉时通行的文字，也就是今文经中所用的字，但今文经中之字未必全备于其中。及刘歆造古文经，杂取六国讹别简率之异形文字（详下）写之，伪称"古文"，以与当时通行的文字立异。《汉书·平帝纪》：

> （元始五年），征天下通知逸经、古记、天文、历算、钟律、小学史篇、方术、本草，及以"五经"、《论语》、《孝经》、《尔雅》教授者，在所为驾一封轺传，遣诣京师。至者数千人。

又《王莽传》：

　　（元始四年），征天下通一艺教授十一人以上，及有逸《礼》、《古书》、《毛诗》、《周官》、《尔雅》、天文、图谶、钟律、月令、兵法、史篇文字，通知其意者，皆诣公车。网罗天下异能之士。至者前后，千数，皆令记说廷中，将令正乖谬，壹异说云。

这两段记载是一件事（纪与传相差一年，当有一误），这是刘歆伪造"古文经"及"古文字"的重要史料。但对于"古文字"之造成和发表的经过没有说明，当以《汉书·艺文志》及《说文解字序》补之。《汉书·艺文志》：

　　元始中，征天下通小学者以百数，各令记字于庭中。杨雄取有用者以作《训纂篇》，顺续《仓颉》，又易《仓颉》中重复之字，凡八十九章。臣（班固自称）复续杨雄，作十三章，凡一百二章，无复字。六艺群书所载略备矣。《仓颉》多古字，俗师失其读，宣帝时，征齐人能正读者，张敞从受之，传至外孙之子杜林，为作训故。

《说文解字序》：

　　孝宣皇帝时，召通《仓颉》读者，张敞从受之。凉州刺史杜业、沛人爰礼、讲学大夫秦近亦能言之。孝平皇帝时，征礼等百余人，令说文字未央廷中，以礼为小学元士。黄门侍郎杨雄采以作《训纂篇》，凡《仓颉》已下十四篇，凡五千三百四十字。群书所载，略存之矣。

看班、许所记，知刘歆之伪"古文字"是在平帝时由爰礼发表的，后由杨雄记录的，而班固又增补杨雄之书。班书凡六千一百二十字，较《仓颉篇》增加了二千八百二十字。此增加字中，当以刘歆之伪古文字为主，其今文经中所有而为《仓颉篇》等书所未收者，及六艺以外之"群书"所载，又汉代通行之文字，亦必收了许多。及许慎作《说文解字》，凡九千三百五十三字，较班书又增三千余字。康氏谓许之九千余字系合《仓颉篇》之三千余字及班固书之六千余字而成，误也。因班书之六千余字中，已将《仓颉篇》之三千余字合计在内，故许书实较班书又增三千余字。此许书所增之三千余字，固亦必有采自今文经、群书、鼎彝、汉律。又汉代通行之文字，但采自伪古文经者亦必不少。因杨、班所录，必未完备，许氏以"五经无双"之古文大师，所搜集之伪古文字必远过于杨、班二氏也。（今看《魏三体石经》残字，知许氏所录仍不完备，但必多于杨、班无疑。）

至于《说文序》所云"孝宣皇帝时，召通《仓颉》读者"，及《汉志》所云"《仓颉》多古字，俗师失其读，宣帝时，征齐人能正读者"，这一件事，必是刘歆所伪托，其不可信之点有四：

（1）我们知道《仓颉篇》是西汉时闾里书师所编以教学童之书，用现在的话来说，是一部"小学国文教科书"。其中所录，都是汉代通行的文字。这种学童必识之字，何以竟至无人能懂，而必特别征求这位"无名氏"的齐人来解决？

（2）《仓颉篇》一书，武帝时的司马相如既据之以作《凡将篇》，元帝时的史游又据之以作《急就篇》，成帝时的李长又据之以作《元尚篇》。可见终西汉之世，大家都把它看做一部极平凡的书，人人可以利用它的字来改编新本。何以单单在武帝后与元帝前之宣帝时，它忽然变成艰深古奥之书，只有这位"无名氏"的齐人能够了解？

（3）《仓颉篇》是西汉的书，其时只有今文经，其训诂必与今文相合而与古文经无关。这位"无名氏"的齐人既是宣帝时人，亦必仅知今文经而不知有所谓古文经。但是经他传于张敞，敞又传于其外孙杜业，业又传于其子杜林，林为传"漆书《古文尚书》"之人，是一个纯粹的古文经师，他所作《仓颉训纂》和《仓颉故》，必是古文说而非今文说。试问古文说与这位齐人有何渊源？

（4）《仓颉篇》只有三千三百字，乃经这位"无名氏"的齐人数传而至爰礼，忽然增加许多古文字，被杨雄收入《训纂篇》。试问这些古文字从何而来？如说是这位齐人所传，则宣帝之世只有今文经，何以会有古文字？如就是爰礼所增加的，则与这位齐人何涉？

所以这位"无名氏"的齐人，也与"毛公"一样，无是公而已，乌有先生而已。刘歆要说《仓颉篇》中有古文字，有古文训诂，宣帝时就有这位齐人能通之，正与说"司马迁书载《尧典》、《禹贡》、《洪范》、《微子》、《金縢》诸篇多古文说"一样，其实并无那么一回事。

康氏对于"程邈作隶书，施之于徒隶"之说也不信，他说：

> 盖皆刘歆伪撰古文，欲黜今学，故以徒隶之书比之，以重辱之。其实古无"籀"、"篆"、"隶"之名，但谓之"文"耳。

他又说：

> 文字之流变，皆因自然，非有人造之也。南北地隔则音殊，古今时隔则音亦殊，盖无时不变，无地不变，此天理也。然当其时地相接，则转变之渐可考焉。文字亦然。

这两段话，真是颠扑不破之名论。王国维氏疑"史籀"非人名，说：

> 昔人作字书者，其首句盖云"太史籀书"，以目下文，后人因取句中"史籀"二字以名其篇。"太史籀书"犹言"太史读书"。汉人不审，乃以"史籀"为著此书者之人，其官为太史，其生当宣王之世。（《史籀篇叙录》）

王氏此说，极为有见，可以作康氏"古无'籀'名"的说明。"篆"字《说文》训为"引书"，《段注》："引书者，引笔而著于竹帛也"，那么，"篆"字之义就是"写字"。窃谓"大篆"、"小篆"，犹今言"大写"、"小写"耳。康氏文中又列举从"石鼓"到"魏碑"，就是从大篆到楷书，都是自然渐变，证明它们决非一人改造，实足以摧破二千年来"某人作某书"种种不根之谈。

但康氏对于文字，又有极错误之论。他认古文经中的"古文"是刘歆所伪造，这话固然极对；可是他又认尊彝也是刘歆所伪造，那就完全错了。刘歆伪造的古文，今尚可窥见一斑，《魏三体石经》中之"古文"一体是也。《说文》中明说为"古文"者，必有大多数的字出于古文经，即《说文》之"正篆"中亦必有许多古文经中之字。此外如《汗简》、《古文四声韵》、《隶古定尚书》（存《禹贡》、《甘誓》、《五子之歌》、《胤征》、《盘庚》上中下、《说合》上中下、《高宗肜日》、《西伯戡黎》、《微子》、《泰誓》上中下、《牧誓》、《武成》、《洪范》、《旅獒》、《金縢》、《大诰》、《微子之命》、《顾命》诸篇，罗振玉均有影印本）、《书古文训》，这些书中也保存刘歆的古文字不少。拿它们来和尊彝铭文相较，大不相同，实因尊彝铭文是周代的真古字，而古文经中所用的字则是刘歆的伪古字。我以为要打倒刘歆的伪古字，尊彝铭文实在是最有效的武器。岂可反认尊彝铭文为伪字，而拿它来与刘歆的伪古字混为一谈？至于康氏所举的杨慎伪撰的《峋嵝》之碑，梦英伪作的《垂露》诸体，"吉日癸巳"之刻，《比干铜盘》之铭，这些固然都是伪器，但那上面的文字哪里有丝毫像真的尊彝铭文呢？

刘歆写古文经所用的"古文"，王氏曾考明其来源，极为精确。他说：

......近世所出，如六国兵器，数几逾百；其余若货币，若玺印，若陶器，其数乃以千计；而《魏石经》及《说文解字》所出之壁中古文，亦为当时齐、鲁间书。此数种文字皆自相似，然并讹别简率，上不合殷、周古文，下不合小篆，不能以六书求之。而同时秦之文字则颇与之异。传世秦器作于此时者，若"大良造鞅铜量"（秦孝公十八作），若"大良造鞅戟"，若"新郪虎符"（秦昭王五十四年以后所作），若"相邦吕不韦戈"（秦始皇五年作），石刻若《诅楚文》（宋王厚之考为秦惠王后十二年作），皆秦未并天下时所作。其文字之什九与篆文同，其什一与籀文同，其去殷、周古文，较之六国文字为近。（《桐乡徐氏印谱序》）

又说：

其上不合殷、周古文，下不合秦篆者，时不同也；中不合秦文者，地不同也。其讹别草率，亦如北朝文字上与魏、晋，下与隋、唐，中与江左不同。其中玺印、陶器，可比北朝碑碣；兵器、货币，则几于魏、齐小铜造像之凿款矣。（同上）

又说：

余谓欲治壁中古文，不当绳以殷、周古文，而当于同时之兵器、陶器、玺印、货币求之。惜此数种文字，世尚未有专攻之者。以余之不敏，又所见实物谱录至为狭陋，然就所见者言之，已足知此四种文字自为一系，又与昔人所传之壁中书为一系。（同上）

王氏这几段话，明明白白告诉我们三件重要的事实：

（1）壁中古文经的文字，与殷、周、秦的文字都不相合。

（2）这种文字，与六国的兵器、陶器、玺印、货币四种文字为一系。

（3）这种文字的字体讹别简率，不能以六书求之。

根据这三件事实，更可证实"孔子用古文写六经"之说之确为伪造，足为康氏考辨伪经加一重要证据。盖刘歆伪造古经，当然要用古字来写。但他那时甲骨固未发现，尊彝也极少极少，而六国的兵器、陶器、玺印、货币，时代既近，当时必尚有存者。

这些东西上面的文字，则自秦始皇"书同文字"以来悉被废除，常人必多不识，虽本是六国异体，大可冒充为"仓颉古文"。更妙在字体讹别简率，奇诡难识，拿它来写伪古文经，是很合式的。所以壁中古文经就拿这种"古文"来写了。康氏对于伪经，举凡来历之离奇，传授之臆测，年代之差舛诸端，无不知之明而辨之精。但美犹有憾，即康氏对于文字之学太不讲求，并无心得，故虽明知"古文"为刘歆所伪造，而不能知其来源，竟误认为与尊彝文字为一系，因此而反疑尊彝亦是刘歆所伪造，实为千虑之一失。王氏最精于古代文字，以其研究所得证明壁中古文经为用六国时讹别简率之字体所写，适足以补康氏之阙。且得此重要证据，更足以见康氏考辨伪经之精确。但王氏识虽甚高，胆实太小，他是决不敢"疑古"、"惑经"的，所以有那么明确的好证据，他还要说"世人……疑《魏石经》、《说文》所出之壁中古文为汉人伪作，此则惑之甚者也"这样一句话，这实在太可惜了！这实在太可惜了！

　　或曰：壁中古文经既是用六国文字写的，则经虽可目为刘歆之伪经，然字却不可目为刘歆之伪字。曰：不然。刘歆的"古文"虽源出于六国的兵器、陶器、玺印、货币上的文字，但那些东西上的文字，为数一定很少，拿来写经，是决不够用的。用近代同样的一件事作比例，便可以明白了。清吴大澂用尊彝文字写《论语》与《孝经》二书，并且也兼采兵器、陶器、玺印、货币上的文字。吴氏所见古字材料之多，过于刘歆当不止十倍，而吴氏仅写《论语》、《孝经》二书，刘歆则要写《尚书》、《仪礼》、《礼记》、《春秋》、《论语》、《孝经》这许多书，还要写《左传》（《说文序》谓左丘明用古文写《左传》，又谓张苍所献《左传》中的字与壁中古文相似），是刘歆需用的字，应该多于吴氏者当在百倍以上。可是吴氏用那样丰富的材料写那么简少的书，还是要多多的拼合偏旁，造许多假古字，又加上许多《说文》中的篆字，才勉强写成，则刘歆用那样贫乏的材料写那么繁多的书，岂能不拼合偏旁，造极多量的假古字呢？后来晋之《隶古定尚书》，宋之《书古文训》，其中十有八九都是拼合偏旁的假古字，这些假古字源出于《魏三体石经》之古文，而《魏三体石经》之古文则源出于刘歆之壁中古文。我们看《魏三体石经》、《隶古定尚书》、《书古文训》以及《汗简》、《古文四声韵》这些书中的"古文"，便可测知壁中古文之大概。据此看来，说刘歆的古文源出于六国文字，不过考明它有来历罢了。实际上壁中经的字用真六国文字写的，不知有没有百分之一，而拼合偏旁的假古字一定占了最大多数，这是无疑的。所以说刘歆的古文源出于六国文字是对的，若说它就是六国文字，那可大错了。然则目壁中古文为刘歆之伪字，不但可以，而且是应该的。

康氏辨《汉志》的小学家，还有一点也是错的，他说：

> 《六艺》之末而附以小学……此刘歆提倡训诂，抑乱至道，伪作古文之深意也。

这却冤枉刘歆了。六艺与《论语》、《孝经》、小学是汉代学校诵习的科目，故《七略》中把它们专列为一略，与今古文问题并无关系，即使今文家来编书目，也要这样排列的。这一点也是王国维氏所发见的。他说：

> 刘向父子作《七略》，六艺一百三家，于《易》、《书》、《诗》、《礼》、《乐》、《春秋》之后，附以《论语》、《孝经》（《尔雅》附）、小学三目。六艺与此三者，皆汉时学校诵习之书。以后世之制明之，小学诸书者，汉小学之科目；《论语》、《孝经》者，汉中学之科目；而六艺，则大学之科目也。……汉时教初学之所名曰"书馆"，其师名曰"书师"，其书用《仓颉》、《凡将》、《急就》、《元尚》诸篇，其旨在使学童识字习字。《论衡·自纪》篇："充八岁，出于书馆。书馆小僮百人以上，皆以过失袒谪，或以书丑得鞭。充书日进，又无过换。"《后汉书·皇后纪》："郑皇后六岁，能史书。十二，通《诗》、《论语》。梁皇后少善女工，好史书。九岁，能诵《论语》。"是汉人就学，首学书法，其业成者，得试为吏，此一级也。其进则授《尔雅》、《孝经》、《论语》，有以一师专授者，亦有由经师兼授者。（《汉魏博士考》）

案王氏此论，发前人所未发。前人研究《汉书·艺文志》，最有心得者为宋之郑樵及清之章学诚，皆未见到此点。我以为王氏所见，极为精核，惟文中提及《尔雅》，则我不以为然。我虽不主张康氏的"《尔雅》为刘歆所伪作"之说，但认为其书厕于六艺之林，则实始于刘歆，且其中亦实有刘歆增窜之部分（说见前），在刘歆以前，并非学校诵习之书也。吾友余季豫（嘉锡）先生亦极以王氏所论为是，但又有匡正之处。他于一九三一年（民国二十年）九月十八日有信给我，说：

> 王静安先生论《六艺略》语，援据精博。惟其以今世学制相譬况，以为小学者汉小学之科目，《论语》、《孝经》者中学科目，六艺则大学科目。鄙意于此尚有所疑。盖大学、小学为汉世所固有，不必以今制相况；而中学，则遍考群书，当时并无名目。大抵汉人读书，小学与《孝经》同治，为普通之平民教育；至《论语》则在

小学似随意科，在大学似预科，无意升学者，此书可不读，故有从闾里书师即已读《论语》者，有从当代经师先读《论语》后习专经者。此为弟所考与静安先生不同之处，证据亦甚多。最强有力者，莫如崔寔《四民月令》（见《齐民要术》及《玉烛宝典》），明以《孝经》、《论语》、《篇章》（原注：六甲、九九、《急就》、《三苍》）同为幼童入小学所读之书。故窃以王先生说为未安。

案：余氏此论更精。观此可知小学在汉代学校中实为人人必修之科目，就教育上说，其重要尚远过于专经也。

我所见到的《新学伪经考》中精当的和错误的部分，现在都说完了。

（Ⅴ）

古文经自康氏此书出世，先师崔君继之而作《史记探源》与《春秋复始》等书，张西堂氏又继之而作《穀梁真伪考》，伪证昭昭，无可抵赖，其为伪经，已成定谳矣。今文经对于古文经而言，固然是真经，但今文实为周、秦间儒生集合而成之书，西汉时尚有加入之篇（如《泰誓》与《说卦》等）。今文经：《诗》三百零五篇，《书》二十九篇，《礼》十七篇，《易》十二篇，《春秋》十一篇，《论语》（鲁《论》）二十篇，《孝经》一篇分为十八章。这其中，有真为古代的史实，有儒家托古的伪史；有真为孔子的思想，有后儒托于孔子的思想；有全真之书，有全伪之书；有真书之中羼入伪篇的，有书虽真而不免有阙文、误字、错简的。凡此种种，皆应一一分析，疏证明白，方能作古代种种史料之用。这类工作是"超今文"的，自唐中叶以来，常有人做，如王柏之于《诗》，刘知幾之于《书》，姚际恒、毛奇龄、崔述诸人之于《礼》，欧阳修、叶适、崔述诸人之于《易传》，啖助、赵匡、陆淳、刘敞、孙觉诸人之于《春秋》，崔述之于《论语》，姚际恒、杨椿之于《孝经》，皆能独具只眼，从事疑辨。但成绩还不甚好，比阎若璩之辨晋《古文尚书》与康有为之辨汉古文经，尚犹不逮。今人如刘节之辨《洪范》，顾颉刚之辨《尧典》、《禹贡》，李镜池之辨《易经》与《易传》等等，其方法、材料、眼光都突过前人。照这样努力下去，将来必有极丰穰之收获，这是我敢断言的。

我这篇序，意在专论康氏所辨之是非，故仍以辨古文经为主，虽偶有辨今文经的话，不过是涉及而已。

（Ⅵ）

近儒之主张应该分析经今古文的，或认今文为真而古文为伪，或认古文为优而今文为劣，虽立论相反，然皆以为今文、古文之不同在于经说，而文字之差异与篇卷之多少尚在其次。窃谓不然。我以为今文、古文之不同，最重要的是篇卷之多少，次则文字之差异，至于经说，虽有种种异义，其实是不值得注意的。略述鄙见如次。

古文经中必须摒弃的是《笙诗》六篇，逸《书》十六篇，百篇《书序》，逸《礼》三十九篇，《周礼》，因为这是全属伪造的。还有，《春秋左氏传》虽系取左丘《国语》改窜而成，并非全属伪造，但既改原书之分国为编年，又加上什么凡例书法及比年依经缘饰之语，则在"《国语》探源"之工作未完成以前，我们对于《左传》亦只能视同伪书。其凡例等等固必须摒弃，即其叙事之部分，虽非全属伪造，而伪造者亦必有之，故引用时必须审慎，与其过而存之也，宁过而废之，如此庶不至为刘歆所绐。

其文字之差异，固当以今文为正，但古文倒不是全无可取，也竟有应该用古文改今文的。因为今文虽真，却不能说没有传写之误；古文后起，遇到今文不可通的地方，往往加以修改，改错的固然不少，改对的也不能说没有。试举《春秋》为例，隐公二年之"纪子伯"，《左氏》经改为"纪子帛"，三年之"尹氏卒"，《左氏》经改为"君氏卒"，这是故意与《公羊》经立异，自不足信。但下举两事，实以改本为长。

（ㄅ）成公"六年冬，晋栾书率师侵郑"。《穀梁》经及《左氏》经皆改"侵"为"救"，是也。上文"五年冬，十有二月，己丑，公会晋侯、齐侯、宋公、卫侯、郑伯、曹伯、邾娄子、杞伯同盟于虫牢"。"六年秋，楚公子婴齐率师伐郑"。下文"七年秋，楚公子婴齐率师伐郑。公会晋侯、齐侯、宋公、卫侯、曹伯、莒子、邾娄子、杞伯救郑"。比事而观，知此数年中郑从晋，故楚伐之而晋救之。然则《穀》、《左》所改者是也。

（ㄆ）昭公"二十有一年冬，蔡侯朱出奔楚"。"二十有三年夏，六月，蔡侯东国卒于楚"。《左氏》经与《公羊》经同。《穀梁》经改"朱"为"东"，谓即"东国"，是也。不但比事而观，奔楚与卒于楚者可断其必是一人。且《史记·十二诸侯年表》明言鲁昭公二十一年奔楚者为蔡悼侯东国，悼侯立三年，卒，适为鲁昭公之二十三年。《管蔡世家》略同。是知"朱"实"东"之误字，下又脱"国"字也。《穀梁》经改"朱"为"东"，固是。但他不知增"国"字，而强为之说曰："东者，东国也。何为谓之'东'也？王父诱而杀焉，父执而用焉，奔而又奔之曰'东'，恶之而贬之也。"这又与解"纪子伯"同样为可笑之论了。又，"奔而又奔之曰东"一语，文理不通！（又疑太史公所见之《公羊》经，"朱"字盖作"东国"二字，为未误之本，故《年表》与《世家》皆只有东国而无朱。其后伪造《穀梁传》者所见之《公羊》经，脱"国"存"东"，故伪《穀梁》经作"东"，而造伪传者即望文生训，发此可笑之论。又其后伪造《左氏传》者所见之《公羊》经，"东"又误为"朱"，故伪《左氏》经作"朱"，而造伪传者遂臆撰"楚费无极取货于东国，而使蔡人出朱而立东国，朱诉于楚"之伪事。太史公所见原本左丘《国语》必无此记载，故《史记》与《左传》不同。）

古文家改今文经的文字，除因有作用而故意窜改者外，大可与郑玄、朱熹、王念孙、俞樾诸人之校改古书文字同样看待。古书传写，阙误必多，后人读之而觉其不可通，循其前后文义而增删移易其字句，此为校读古书者所应有之事。古文家造作伪经，固当排斥，然其改正今文文字之阙误，则不当一例排斥也。

至于经说，则古文家与今文家正是一丘之貉耳。两家言作《诗》本义，言古代史实，言典礼制度，同为无据之臆测，无甚优劣可言。因为两家都是要利用孔子以献媚汉帝，希冀得到高官厚禄者，故都喜欢说孔子为汉制法，都喜欢谈图谶纬候。古文家之异于今文家者，仅在孔子以前又加了一个周公。这是因为古文家的始祖刘歆欲献媚新帝王莽，因周公摄位之传说最适宜于作王莽篡汉时利用的工具，故古文经说到处要抬出周公来，且特造《周礼》一书，凡莽所更法立制，悉在其中。如此，则周公为新制法比孔子为汉制法更为亲切有用，治古文经者当然可以得到新室之高官厚禄矣。经说愈多，则立学之机会亦愈多。西汉之世，今文五经博士已逐渐增至十四家。及刘歆伪造古文经，于是《左氏春秋》、《毛诗》、逸《礼》、《古文尚书》又得立于学官矣。新室虽不久即亡，而古文经与古文经说则并不随之而皆亡。那时治古文经者方自欣其得此与今文诸家相异之经说，可以获得立学之机会，故东汉之初希望立学者甚多。范升对光武之言曰：

近有司请置《京氏易》博士，群下执事莫能据正。京氏既立，费氏怨望，《左氏春秋》复以比类，亦希置立。京、费已行，次复高氏。《春秋》之家，又有骓、夹。如今左氏、费氏得置博士，高氏、骓、夹，五经奇异，并复求立，各有所执，乖戾分争。(《后汉书·范升传》)

这几句话，把当时那些治古文经者(骓、夹之《春秋》亦系刘歆所伪造者)希望立学的情状说得很明白，为什么希望立学？因为立了学则可以得到高官厚禄也。故古文经说之异于今文经说，刘歆之目的为媚莽，东汉古文家之目的为立学。刘歆既有媚莽之目的，特造《周礼》，又伪群经以证《周礼》，其经说尚可谓有一贯之主张。至于以立学为目的之东汉古文家，则其经说只在求异于今文家，或与今文说相反，或与今文说微异，或与今文说貌异而实同，或今文本有歧说而取其一以为古文说，如是而已。其与今文经说，并非截然两派，各有系统，绝不可合，如廖平之《今古学考》所云云也。(西汉的今文家，本就是用了这种手段来争到立学的，如《书》之大夏侯与欧阳立异，小夏侯又与大夏侯立异，《易》之孟京与施、梁丘立异，所以五经博士可以分到十四家之多。)

近人或谓今文家言"微言大义"，古文家言"训故名物"这是两家最不同之点。此实大谬不然，今文家何尝不言训故名物？《汉书·艺文志》于《诗》有《鲁故》、《齐后氏故》、《齐孙氏故》、《韩故》诸书，于《书》有《大小夏侯解故》诸书，都是言训故名物的。(汉师说经，"解故"以外，尚有"章句"。《书》之欧阳、大小夏侯，《易》之施、孟、梁丘，《春秋公羊传》，《艺文志》皆著录有章句之书。章句虽非专言训故名物，然亦非绝不言训故名物也。)至于"微言"、"大义"，本是两词，近人合为一词，谓凡今文经说，专务发挥微言大义，而近代今文家亦多以发挥微言大义之责自承。其实此两词绝不见于西汉今文家的书中。最早用此两词的是古文家的始祖刘歆。他的《让太常博士书》中有云："夫子没而微言绝，七十子终而大义乖。"又《汉书·艺文志》为刘歆《七略》之要删，其篇首即云："昔仲尼没而微言绝，七十子丧而大义乖。"是当以此两词归之古文家，方为适当耳。若云微言大义即指《公羊传》所言"《春秋》之义"，则《孟子》、《公羊传》、《史记》、《春秋繁露》中言及《春秋》之义，皆无微言大义之称。且古文家之刘歆亦曾造有伪《左》的"《春秋》之义"，即所谓"五十凡"等等是也。古文家何尝不言微言大义乎？"微言"、"大义"两词既为古文家所创，则称"五十凡"等等为微言大义，更为切合，大概刘歆亦正指此耳。

或又谓古文家言"六经皆史"，今文家言"六经皆孔子所作"，此则尤与事实不合。按此两说，汉之今文家与古文家皆无之。对于经的来源及其与孔子的关系，《史记·孔子世家》及《儒林传》所言为今文说，《汉书·艺文志》及《儒林传》所言为古文说。两说固不甚相同，然亦不甚相远，而皆与"六经皆史"及"六经皆孔子所作"之说不同。考"六经皆史"之说，始于宋之陈傅良（徐得之《左氏国纪序》），其后明之王守仁（《传习录》），清之袁枚（《史学例议序》）、章学诚（《文史通义》）、龚自珍（《古史钩沉论二》）及章太炎师（《国故论衡》的《原经》）皆主此说。陈、王、袁、章四氏，不但非古文家，且非经学家。龚氏则为今文家，惟章君为古文家耳。然则云"六经皆史"之说为古文家言者，非也。至于"六经皆孔子所作"之说，始于廖平（《知圣篇》），而康有为（《孔子改制考》的《六经皆孔子改制所作考》）、皮锡瑞（《经学历史》与《经学通论》）皆从之，三氏固为近代之今文家（廖氏议论数变，实不能称为今文家，惟作《古学考》及《知圣篇》之时代尚可归入今文家耳），但前于三氏之今文家龚自珍即主"六经皆史"之说，后于三氏之崔觯甫师又反对康氏之说（《五经释要》的《孔子述作五经之大纲》）。然则云"六经皆孔子所作"之说为今文家言者，又非也。

汉之今文家言与古文家言，或墨守师说，或苟立异说，既无系统，又无见解，现在看来，可取者殊少。近代之今文家如庄述祖、刘逢禄、龚自珍、魏源、康有为诸人，古文家之章太炎师（从郑玄以后至章君以前，没有一个古文家，或目郑学者与惠、戴、段、王诸氏为古文家，则大误），虽或宗今文，或宗古文，实则他们并非仅述旧说，很多自创的新解。其精神与唐之啖助、赵匡至清之姚际恒、崔述诸氏相类，所异者，啖、赵至姚、崔诸氏不宗一家，实事求是，其见解较之庄、刘诸氏及章君更进步耳。

我以为我们今后对于过去的一切笺、注、解、疏，不管它是今文说或古文说，汉儒说或宋儒说或清儒说，正注或杂说，都可以资我们的参考及采取。例如《诗》说，不但汉刘歆之伪毛公《诗传》可以采取，即明丰坊之伪子贡《诗传》与伪申培《诗说》也可以采取。又如《书》说，伏生之《大传》，王肃之伪孔安国《传》，蔡沈之《书集传》，孙星衍之《尚书今古文注疏》，魏源之《书古微》等等都可采取，不必存歧视之见。近代经学大师俞曲园先生，说经依高邮王氏（念孙及其子引之）律令。王为戴震弟子，章君谓“凡戴学数家，分析条理，皆缜密严瑮，上溯古义而断以己之律令”，故能“研精故训而不支，博考事实而不乱；文理密察，发前修所未见；每下一义，泰山不移”（章君评俞氏及黄以周、孙诒让语）。然俞氏以前诸师，引据旧说，范围甚严，以唐为断；自宋以后，则认为不通古训，不合古义，概从摒弃。故创获最多者，仅在“依古音之通转而发明文字之假借”一端。此外则既不敢创汉、唐所无之新说，尤不敢大胆疑经。而俞氏独不然，他是能够决破这个网罗的。章君所作《俞先生传》云：“为学无常师，左右采获，深嫉守家法违实录者。”此语最能道出俞氏治学的精神。今举其解经五事为例。

（ㄅ）他对于“《周易》的上经三十卦与下经三十四卦”的说明，采清吴隆元的《易宫》之说（《经课续编》与《九九销夏录》）。因其立论允当而采之，不以其说原于宋戴师愈伪造的《麻衣正易心法》而摒弃之。

（ㄆ）他对于《尚书》的“曰若稽古”一语，谓郑玄训“稽古”为“同天”，伪孔训“若稽古”为“顺考古道”，两说都不对，惟蔡沈训“稽古帝尧”为“考古之帝尧”最是。（《达斋书说》）

（ㄇ）他说《论语·泰伯》篇“有妇人焉”之妇人，非太姒，亦非邑姜，当为戎胥轩之妻郦山女，事见《史记·秦本纪》。（《经课续编》）

（ㄈ）他解《礼记·曲礼》“医不三世，不服其药”一语，引宋孟元老《东京梦华录》所载之李生菜小儿药铺、丑婆婆药铺，吴自牧《梦粱录》所载之修义坊三不欺药铺，陈元靓《岁时广记》所载之苏州卖药朱家，谓“如此等类，皆累世相传，人所共信，其药可服无疑”，以证明《记》义。（《茶香室经说》）

（ㄪ）他说：“《中庸》盖秦书也。……吾意秦并六国之后，或孔氏之徒传述绪言而为此书。”又说：“《周礼》一书乃周衰有志之士所为……非周公之书，亦非周制也。”又说：“《左传》所载当时君大夫言语，皆左氏所撰，非其本文，故历年二百，国非一国，人非一人，而辞气之间如出一口。”（均见《湖楼笔谈》）又说：“《王制》者，孔氏之遗书，七十子后学者所记也。王者孰谓？谓素王也。孔子生衰周，不得位，乃托鲁史成《春秋》，立素王之法，垂示后世。”（《达斋丛说》）又说：“古书但有篇名。……惟《孝经》有《开宗明义章》、《天子章》、

《诸侯章》等名，则是每章各有章名，他经所无。故学者疑《孝经》为伪书，不为无见。"（《九九销夏录》）看这几条，可以知道他很能大胆疑经，与姚际恒、崔述诸氏相同。

俞氏这种解经的态度，实在是我们的好榜样。总而言之，我们今后解经，应该以"实事求是"为鹄的，而绝对破除"师说"、"家法"这些分门别户、是丹非素、出主入奴的陋见！

公历一九三一年（民国二十年）十一月十六日

方君标点本的《新学伪经考》由北平文化学社出版。出书以后，我又将此序大大的增改了一番。此篇即系增改之本，故与印在书上的不同。——玄同

以公历一六四八年岁在戊子为国语纪元议 [*]
（1933 年 3 月 14 日）

劭西、莘田①两先生：

二月二十八日，在董公鲁安给白公涤洲饯行的席上，我曾向两公谈及：劭公说公历末一数字逢"八"的，民国纪年逢"七"的，干支逢"戊"的年是国语运动的纪念年（见本刊第三十一期）；莘公说民国纪年逢"七"的年，是方言研究的纪念年（见本刊第七十三期）。我不知刘继庄撰《新韵谱》那一年，公历末一数字是否"八"字，干支是否"戊"年，如其恰好也是，那么，咱们大可以把刘继庄撰《新韵谱》那年作为国语运动与方言研究的纪元了。刘继庄的音韵学着眼于统一国语与调查方音，这是已经由莘公特撰专篇，说得很详细很明白了。（文见本刊第三十二、三、四期，写到这里不免把"心恬"即"莘田"这个秘密揭穿了。）但我以为远不止此，照刘继庄的思想与主张，结果一定会与方密之一样，认为中国文字应该"如远西因事乃合音、因音而成字"的办法。因为必须如此办，方能将"万有不齐之声无不可资母以及父，随父而归宗，因宗以归祖，由祖以归元"；必须如此办，方能"随地可谱，不三四年，九州之音毕矣"。质言之，必须用了音标，方能分析音素，方能标注任何地方之音也。关于这一点，梁任公先生早已看到，他在甲辰年（一九〇四）的《新民丛报》所载《论中国学术思想变迁之大势》一文中称述清初的大学者，特举黄梨洲、顾亭林、王船山、颜习斋、刘继庄五氏。黄、顾、王三氏是大家都知道的，颜氏，到晚清时，也有人知道他了，惟独刘氏，自王崑绳与全谢山以后，除戴子高、赵㧑

---

* 录自《国语周刊》，第 77 期。

① 劭西：黎锦熙。莘田：罗常培。

叔、潘伯寅三数人外，未必有什么人知道他了。梁先生特举他与黄、顾、王、颜四氏为伍，说他"最足以豪于我学界者有二端，一曰造新字，二曰倡地文字"，这话很对。我以为"国语"一词，涵义甚广，决非"本国现行标准语"一义所能包括，最重要的有"统一国语，研究方言，制造音字"三义（"改古文为白话文"亦是一义）。而此三义者，刘继庄均已见到，故言及国语，当托始于刘继庄也。那天与两公谈及此事以后，归即检查刘氏撰《新韵谱》之在何年，则公历一六九二年，岁在壬申，清康熙三十一年也。又查刘氏生年，是公历一六四八年，岁在戊子，明永历二年，鲁监国三年，清顺治五年，恰好公历末一数逢"八"，干支逢"戊"，为之狂喜！我主张就把刘氏生年作为"国语纪元"，因刘氏的音韵学实能兼综"国语"一词之三要义也。两公以为何如？

在刘氏以前，方密之曾主张中国应该"如远西合音成字"，咱们自然也该纪念他，他的《通雅》成于公历一六三九年，岁在己卯，明崇祯十二年，则那几句主张"合音成字"之论或作于一六三八年，戊寅，明崇祯十一年，也未可知，但此不过猜测罢了。方氏对于统一国语与调查方音之事，却未见提及。又方氏自明亡以后为僧，"其所著书，好作禅语而会通以《庄》、《易》之旨，欲以之导世。若《通雅》，已故纸视之矣"（钱田间的《通雅序》中语）。至于刘氏，其《广阳杂记》中时有关于音韵学的话，他实在是一辈子注意此事的，到了晚年，见解成熟，遂撰为能兼综国语三要义之《新韵谱》。故刘继庄与方密之之比，如朱晦庵与李延平，王阳明与陈白沙，顾亭林与陈季立之比。方氏虽也很值得纪念，但国语的纪元，终以托始于刘氏为宜也。

刘氏之《新韵谱》，撰于一六九二年，是年为壬申，至去年一九三二年，又是壬申，而莘公之《刘继庄的音韵学》一文适登于去年之《国语周刊》，相距二百四十年，甲子适为四周，亦一佳话也。今若以一六四八年刘氏之生年为国语纪元，则到今年一九三三年，已有二百八十六年，再过十四年，到一九四七年，便是国语纪元三百年纪念。我希望在此十四年之中，咱们对于国语的三要义，都有很多的贡献，则到将来举行"国语三百年大祝典"之时，国语的成绩一定斐然可观，很对得起这位国语元祖刘继庄先生了。

我在我十八岁的那年（即甲辰年）读梁先生之文而大悦刘氏之学，因改号为"掇献"，意欲"掇拾刘献廷之坠绪"也。因为我那时的号叫"德潜"，敝处吴兴读"德"与"掇"同音，"潜"与"献"亦音近，但

"潜"为浊声与平调，而"献"为清声与去调耳：

德潜　ㄉㄜ ㄑㄧㄝ　Deqzhie,
掇献　ㄉㄜ ㄑㄧㄝ　Deqzhieh。

后因字面太生硬，故不用。然改此号时，除梁先生之文以外，王昆绳所撰之《刘处士墓表》，全谢山所撰之《刘继庄传》以及《广阳杂记》，全都未曾看过，只是少年之感情冲动，对于梁先生所述刘氏之学说，觉其新奇而大悦耳。忽忽三十年以至于今，已经快到五十岁了。虽平生所志，因意志之脆薄，神经之衰弱，竟至一事无成，老大徒伤，然因积书渐多，性喜杂览，又时时得师友之启迪，深佩刘氏之卓识，时觉国语之任重，以为信能行刘氏之教，实现国语之三要义，则必能"利济天下后世"，无疑也。

噫！国难深矣！不佞既无执干戈以卫社稷之能力，只因在过去读了四十年死书，到得现在，靠了做颜习斋所讥之"林间咳嗽病猕猴"之生涯以骗钱糊口，无聊极矣！可耻极矣！因二十余年来陷溺之深，神经麻木久矣，对于国事蜩螗，外寇侵陵，熟视若无睹，虽辽宁之"九一八"与上海之"一·二八"，尚不足以刺激我顽钝之神经。乃自本年献岁发春，榆关失守，承德再陷，才感到痛楚，镇日价"魂忽忽若有亡，出不知其所往"，常常自问："我究竟该做什么事才好呢？"想来想去，还以从事国语为最宜。遵刘氏之教，努力于国语之三要义，这是我分内应做之事。而在民众教育方面厉行注音符号之普及，亦国语中之一义，在今日实为治标中唯一切要之事，我虽无此能力与手腕，然亦当尽摇旗呐喊之责也。故"掇献"之旧号当复用之，以自励自警。以前将号与名合写为"疑古玄同"，遂有许多人说我改姓"疑古"；今后有时或将写为"掇献玄同"，大概又有人要说我改姓"掇献"了。但这与我毫无关系，随他们怎么说，我都不管。

写这封信的意思，只是为了要提议以刘继庄之生年为国语纪元而已。不料正文写完以后，引起我的牢骚来了，于是刺刺不休，又写了上面一段离题万里的废话。虽然是废话，却是精神痛苦时的呻吟，决不是假话谎话。若有非笑我的，我将述王阳明之言曰："呜呼！是奚足恤哉！吾方疾痛之切体，而暇计人之非笑乎！"

刘继庄曰："人苟不能斡旋气运，徒以其知能为一身家之谋，则不得谓之人。"吾当以此语为座右铭，此又吾欲"掇献"之一义也。

弟 Dwoshiann Shyuantorny 白　22 (1933).3.14

《辞通》序*
（1934 年 3 月 24 日）

　　十年前，我看见上海《时事新报》的《学灯》（民国十一年十一月五日）所载吴文祺先生的《整理国故的利器——读〈书通〉》一文，知道海宁朱丹九先生著了这样一部语言文字学空前的好书，欢喜赞叹，不能自已，很希望早日得读此书。去年又看见《国立北平图书馆馆刊》（第七卷第二号）所载吴先生的《介绍朱丹九先生著〈辞通〉》一文，知已改定今名，不久即将出版。此文较前文详细得多，我看了以后，对于《辞通》的特色已经很明了了。本年一月十二日，吴先生来访我，并以《辞通》排印样本数卷见示，要我作序。我把它匆匆读了一过，知道此书是把一个辞的种种异形都类聚在一起，说明某为某之音近假借，某为某之义同通用（这颇像日本文中的"训读"，钱竹汀称为"义转"，见《潜揅堂文集》卷十五《答问》十二，如《诗·文王》借"躬"为"身"，《易·泰》象借"实"为"满"，《剥》与《丰》象借"用"为"以"，皆是），某为某之字形讹舛。又有本来是两个辞，因音近通写而混淆难辨者，如"君臣"与"群臣"意义不同，而"君臣"或作"群臣"，"群臣"亦或作"君臣"（卷五，页三十二），这类都把它们分开，加以诠释。凡前人"望文生训"的，此书匡正了不少；前人"不知盖阙"的，此书考明了不少。书中对于前人精当之说固然采用，但朱先生自己的创获，实在非常之多，几乎每条都有他独到的见解。释例中说："有昔贤所已发而加以阐述者，有独申己见而自具机杼者"，这两句话说得最明白了。前代关于语言文字学的著作创见最多的，不过黄扶孟（生）的《字诂》与《义府》，方密之（以智）的《通雅》，王石臞（念

　　* 录自《国语周刊》，第 131 期。

孙）的《广雅疏证》，朱允倩（骏声）的《说文通训定声》数书而已，朱先生的《辞通》创见之多，不亚于他们，或者过之。

我写此序之前，已经读了章太炎师、刘大白先生、胡适之先生的序。我觉得他们的序中已将此书佳处完全道出，现在把他们最扼要的话抄在这儿。太炎师说："若朱公之书，方以类聚，辨物当名，其度越《韵府》奚翅［啻］什佰！故知学者之作，与纂集典实以供词人捃拾者，用心深浅区以别矣。"大白先生说："《辞通》固然是勤于抄书，但是它的抄书，是曾经把它用分析综合的方法做成索引式的整理和总账式的整理，已经兼有章氏（学诚）所谓专门之精和兼览之博了。"适之先生说："因声求义是《辞通》指示我们的最重要的方法，但朱先生在这书里又指示我们一些附带的校勘学方法。"我以为《辞通》还有一件特色，就是按语的简洁，但求诠释明白而止，不以繁征博引为贵。煎代学者如段茂堂（玉裁）之注《说文》，王石瞿之疏《广雅》，都是这样。若桂未谷（馥）的《说文解字义证》，纂辑群言，发明甚少，所谓"博而寡要，劳而少功"者也。至于清圣祖爱新觉罗·玄烨的《康熙字典》与《佩文韵府》两部劣书，则瞎凑杜撰，诸恶毕备，连抄书都不会，离不通还很远，而不学之徒竟惊其博赡，奉为典要，甚至拾西人之唾余，认那两部劣书为中国辞类的宝库，以为今后编纂辞典当以那两部劣书为主要之资料。若斯之徒，是决不会了解《辞通》的价值的。他们对于朱先生的创见也许要斥为武断，对于《辞通》的按语的简洁也许要诮为耷陋呢！

我对于语言文字学上"辞形之歧异与统一"及"本字与假借字"这两个问题，略有管见，兹录如下。

（ㄅ）辞形之歧异与统一　中国文字在造字时虽用象形、指事、会意、形声之法，而至用字时则全不管字中所表示的形义，但把它看作标音的符号而已。凡同音的字都可以作为某音的音符，凡读此音的随便写这些同音字中的哪一个都可以。试举《辞通》中数字为例：如"炱煤"亦作"埃墨"（卷五，页五至六），是把"炱"、"埃"都作为ㄉㄞ（这是我假定的古音读法，下同）的音符，"煤"、"墨"都作为ㄇㄞ的音符（"煤"与"墨"有平、入之异，"煤"在阴声哈韵，音ㄇㄞ，"墨"在入声德韵，音ㄇㄛㄎ，哈德阴入对转，"墨"是"煤"之音近通用字）。"孟津"亦作"盟津"与"明津"（卷五，页五十九），是把"孟"、"盟"、"明"都作为ㄇㄤ的音符。"欧阳"亦作"殴羊"（卷九，页八），是把"欧"、"殴"都作为ㄨ的音符，"阳"、"羊"都作为ㄉㄤ的音符。

"荀卿"亦作"孙况"（卷十，页十七），是把"荀"、"孙"都作为
ㄙㄨㄣ的音符。（《史记》但称"荀卿"，不言"名况"，"卿"与"况"
古音同在溪纽与阳韵，惟"况"或是合口呼，音ㄎㄨㄤ，则与"卿"之
音ㄎㄤ者亦不过开、合小异耳。窃疑荀卿之名已佚，"况"是"卿"之
音近通用字。）现存的古器物如甲骨、彝器、秦汉碑碣，古籍如群经、
诸子、《史记》、《汉书》，这种同意通用的字触目皆是，所以一辞异形甚
多。魏、晋以后，渐趋统一，许多异形之中，有一个写的人最多，于是
渐成习惯，公认为定形，如于"包牺"、"庖牺"、"炮牺"、"虑戏"、"宓
戏"、"宓义"、"伏戏"、"伏羲"诸异形之中，公认"伏羲"为定形；于
"於戏"、"欻歔"、"乌虖"、"乌呼"、"呜呼"诸异形之中，公认"呜呼"
为定形。自五代时冯道创刻版之法，把各书校定刊木，书中辞形皆归一
致，人人重而习之，某辞必作某形，不复如前此写本之歧异，辞形从此
才算统一，以至于今。（小小歧异，也还难免。）辞形统一的标准，"名
无固宜，约之以命，约定俗成谓之宜，异于约则谓不宜"，这几句话，
很可以拿来作辞形统一的说明。所以从刻书统一辞形以后，书中的写法
就是"约定俗成"之形了。其有"异于约"者，若写《说文》"本字"，
或古人通用之字，别人就要说他写古字；若写未经前人用过的同音字，
别人就要说他写白字。对于写古字与写白字，在说者的心理上虽或有尊
敬与轻蔑之不同，然觉其"不宜"则一也。辞形统一，在应用上当然比
随便写同音字要方便得多。彼浅人俗士，不治实学而喜华辞，故意撷
取许多异形之辞以入文，变乱常行，以耀于世，彼方以古妙自诩，以
博雅自矜，不自知其庸妄，实可闵笑。顾宁人说得好："舍今日恒用
之字而借古字之通用者，文人所以自盖其俚浅也。"（《日知录》卷十
九《文人求古之病》）此等异形之辞，方密之著《通雅》，吴山夫（玉
搢）著《别雅》，已从事搜集，至朱先生著《辞通》而网罗大备。读
古书者必须常常拿它来参考，知道某为某之音近假借，某为某之义同
通用，某为某之字形讹舛，方能得其确诂，不至蹈望文生义之失。但
读古书者又当知道，辞形歧异实在是中国文字上的弊病。你想，造字
时既以形义为主，而用字时偏又抛却形义，专以音为主，凡同音之字
皆可通用。既然以音为主，又不专制音标，分析音素，写成拼音文
字，而把许多形义皆异而音同的字都认为此音的音符，以至一义一辞
可以写许多不同的字，这不是弊病吗！方密之说："字之纷也，即缘
通与借耳。若事属一字，字各一义，如远西因事乃合音，因音而成

字，不重不共，不尤愈乎！"（《通雅》卷一《疑始》）这实在是非常卓越的见解。

（夂）本字与假借字　自宋以来，语言文字学者对于普通所用之字义多与《说文》之本义及引申义没有关系，知道这是同音通用的缘故，于是有"考求本字"之主张。宋张谦中（有）的《复古编》与李肯吾（从周）的《字通》已开其端，至明赵凡夫（宧光）的《说文长笺》，则不仅求本字，是进一步而改写本字了。清段茂堂的《说文解字注》中考得了好些本字，李芍汸（富孙）的《说文辨字正俗》根据《说文》，说明某义应以某为本字。但上述诸家所考得之本字，为数尚不多，且亦未曾将群籍用字一一审核，辨其孰为本字、孰为假借字也。自钱竹汀（大昕）就《说文》中举出数百字，一一明其即某经之某字（《潜研堂文集》卷十一《答问八》），虽未明言"本字"，但实在是考求本字。其弟子朱允倩承之，著《说文通训定声》，凡普通所用之字义，其与《说文》本义及引申义没有关系者，都归入假借类中。假借类中，"托名标识字"、"单辞形况字"、"重言形况字"、"叠韵速语"、"双声速语"、"助语之词"、"发声之词"七种，皆为"依声托事"，无本字可言，其同声通写字，朱氏一一皆为之考求本字。朱氏又著《六书假借经征》，止成《四书》一种，从"大"、"学"、"之"、"道"起，一个字一个字的审核其孰为本字孰为假借字，假借字中除无本字者外，一一皆说明其本字为某。此外他还有《离骚补注》、《小尔雅约注》、《尚书学》诸书，对于假借字，也是一一皆说明其本字。朱兰坡（琦）著《说文假借义证》，也是一部考求本字的专书。章太炎师著《小学答问》，亡友刘申叔（师培）先生著《古本字考》，二者虽篇幅不多，然皆于前人所已说者外，又新考得若干本字。我于戊申年（一九〇八）从太炎师问字，最注意此事。虽识惭梼昧，毫无发明，然曾坚决主张今后文字必应统一，统一之道在乎正名，正名之事不止一端，而以复用本字为最要。太炎师说："六书本义，废置已凤，经籍仍用，通借为多。舍借用真，兹为复始。其与好书通用，正负不同。"（《检论》卷五《方言》附录《正名杂义》）我昔服膺此训，拳拳弗敢失坠。二十年来，读书略多，见解渐变，对于所谓"本字"之解释颇生疑问。若云为某义专造者为本字，则"夫容"、"遮姑"等是假借字，而"芙蓉"、"鹧鸪"等当认为本字。然自来语言文字学者对于"芙蓉"、"鹧鸪"等不但不认为本字，且目为俗字。此何故？以其造于用"夫容"、"遮姑"等假借字之后也。如此说来，先用假借字而后造专字者不得认为本字；必先有为某义专造之字，造了不用，而借用其同意之字者，此专造之字方得认为本字。然吾窃有惑焉。经典相承之假借字如"朱"（朱紫）、"専"（专壹）"然"（然否）、"華"（華山）等字，《说文》有本字作"絑"、"嫥"、"嘫"、"崋"等字，而经典中绝无用之者，虽今之经典屡经后人改写，其字不足据为典要，然如"絑"、"嫥"、"嘫"、"崋"等字，不独经典，他书亦绝无用之者。就字形言之，"絑"、"嫥"、"嘫"、"崋"之造成必在"朱"、"専"、"然"、"華"之后，后人改写古书，乃是改古字为今字，未必反改今字为古字也。我以为经典之"朱"、"専"、"然"、"華"等字，正与"夫容"、"遮姑"等字相同，本无其字之假借字也，而《说文》之"絑"、"嫥"、"嘫"、"崋"等字，则与"芙蓉"、"鹧鸪"等字相同，实后造之专字也。自来语言文字学者之考求本字，皆以《说文》为据，然《说文》有专字者，甲骨刻辞及彝器铭文诸古器物多写假借字，可知《说文》中之专字多出后造，但较"芙蓉"、"鹧鸪"等字略早耳。局于《说文》以求本字，实未得其本也。且自来学者对于一个假借字所考得之本字，彼此往往不能相同，而不相同之数字，其义与彼假借字之义皆能相通。我以为此数字只是与彼假借字同出于一个语源，而非即其本字，彼假借字乃是依声托事，只有语源，并无本字也。

因此，我现在以为本字是不必考求的。但本字虽不必考求，而专字之诠释，语源之探索，古今字之说明，这三件事却是应该做的。专字不当以《说文》为限，凡古今专字都应该一律平等看待。前乎《说文》者，如郳友父鬲铭文有"嬒"字，为郳姓"曹"之专字；见于《说文》者，如"崋"为"華山"之专字；后乎《说文》者，如"鹧鸪"为此鸟名之专字，皆应诠释。探索语源，略如太炎师的《文始》所说，甲孳乳为乙，乙又孳乳为丙，是甲为乙之语源，乙又为丙之语源。孳乳之字与语源之字，其涵义之范围并不吻合，不过有承受之关系而已。（自来学者所谓本字者，有一部分实在是语源。）古今字之变迁，有先造专字而后写同音字假借字者，有先用假借字而后造专字者，更有先用假借字，后造专字，最后又写同音假借字者。今后凡编撰词典，当一一按其所见之书之时代，依次排列，加以说明，则古今字之变迁可以一目了然。

朱先生这部《辞通》，每辞皆以最习见之形为纲，其下所列之种种异形，则按经、史、子、集之次排列，使读之者可以知道某形始用于何时何书。我窃幸上述之管见与朱先生此书不相违异，所以把它写出来，敬请朱先生指教！

  民国二十三年（一九三四）三月二十四日，吴兴钱玄同序于北平孔德学校。

古韵廿八部音读之假定[*]
（1934 年 12 月 9 日）

古韵分部，创始于宋之郑庠，郑氏作《诗古音辨》，分古韵为六部，仅就《广韵》以求古音之通合而已。明季顾宁人（炎武）作《音学五书》，分古韵为十部，始根据《诗》、《易》用韵，离析《广韵》以求古韵。清江慎修（永）作《古韵标准》，分古韵为十三部，平、上、去各为一卷，又入声八部，对于顾氏，颇有修正之功。段茂堂（玉裁）作《六书音韵表》，分古韵为十七部，古韵部分已大致就绪矣。戴东原（震）作《声类表》，分古韵为二十五部，此二十五部中，有阳声九部，阴声七部，入声九部。（戴氏尚未立"阴声"、"阳声"之名，今为称说便利计，故用后起之名名此两类之韵。）其阴、阳、入相关者为一类，二十五部共合为九类。古韵各部的性质与彼此的关系，自此炳然大明。孔㧑约（广森）作《诗声类》，分古韵为十八部，确立"阳声"、"阴声"及"对转"之名（孔氏不分入声），较戴氏益为精密。王怀祖（念孙）作《古韵谱》，分廿一部，江晋三（有诰）作《音学十书》，亦分廿一部，二家皆对段氏之分部加以修正而不全同。夏燮甫（炘）合王、江二氏之说，作《诗古韵表二十二部集说》，分古韵为二十二部，除入声尚未全分外，其阴声与阳声，应分者尽分，应合者尽合，已无遗憾矣。丁竹筠（以此）作《毛诗正韵》，亦分二十二部，与夏氏同。其它有严铁桥（可均）作《说文声类》，分十六部；姚秋农（文田）作《古音谐》，分二十六部；刘申受（逢禄）作《诗声衍》，分二十六部（书未成）；丁若士（履恒）作《形声类篇》，分十九部；朱丰芑（骏声）作《说文通训定声》，分十八部，又

---

* 录自《师大月刊》，"师大三十二周年纪念专号"。

附入声十部；张彦惟（成孙）作《说文谐声谱》，分二十一部；陈卓人（立）作《说文谐声孳生述》，分十九部；夏嗛甫（燮）作《述韵》，分二十部；龙翰臣（启瑞）作《古韵通说》，分二十部；黄元同（以周）作《六书通故》（在《礼书通故》中），分十九部，实二十一部；时吉臣（庸劢）作《声谱》，分二十部，实二十二部，若分入声则三十三部。以上诸家之分部，举不出戴、孔、王、江四家之范围。吾师章太炎先生（炳麟）作《成韵图》（在《国故论衡》上卷），分二十三部；同门黄季刚（侃）作《音略》，分二十八部。章君自谓"略依儒先所定部目，无所改作"（《二十三部音准》）。黄氏承章君之学，又参戴氏之说，将入声完全独立，故较章君多五部。玄同梼昧不学，籀前贤之遗著，聆师友之绪言，以为截至现在为止，当以黄氏二十八部之说为最当。但黄氏之分部，尚有应修正者二点：（1）黄氏"萧"部之入声尚应分出，独立为一部。关于此点，其弟子黄永镇作《古韵学源流》既修正之矣（分"萧"部之入声为"肃"部）。（2）黄氏"豪"部，实无入声，此为段氏所考明者，黄氏则分出入声"沃"部。愚对于古韵部分，用黄氏之二十八部，而分"萧"部为二，今称"幽"部与"觉"部；合"豪"部、"沃"部为一，今称"宵"部。

韵目名称，只是符号，无关弘旨。前人借用《广韵》韵目者最多，已成习惯，且甚方便，故今仍沿用之。但诸家所用之《广韵》韵目颇不一致。今参酌取用，注意者有三点：（1）入声诸部必须用《广韵》入声韵目，不用去声韵目，如"质"不称"至"，"月"不称"祭"。（2）所用之韵目，其字必须在古音本部，不用他部之字，如"微"不称"灰"（"灰"在"哈"部），"真"不称"先"（"先"在"文"部）。（3）二十八个韵目用字，必须国音读二十八个不同的音的，如此，方能便于称说，如"佳"、"微"、"哈"不称"支"、"脂"、"之"，"月"、"缉"不称"曷"、"合"。

今将愚定之古韵二十八部与夏弢甫之二十二部、章太炎师之二十三部及黄季刚之二十八部列为对照表，如下。（章君近改称"至"部为"质"部，又用严铁桥《说文声类》之说，合"冬"于"侵"，改为二十二部。有《论古韵四事》一文，见中国大学的《国学丛编》第一期第四册。今因《文始》及《国故论衡》诸书知之者多，故此表仍用他的二十三部旧说。）

古韵二十八部

阴声八部

今定	歌	微	佳	鱼	侯	幽	宵	咍
夏	歌	脂	支	鱼	侯	幽	宵	之
章	歌	脂	支	鱼	侯	幽	宵	之
黄	歌	灰	齐	模	侯	萧	豪沃	咍

入声十部

今定	月	物	质	锡	铎	烛	觉	德	缉	盍
夏	祭	(脂)	至	(支)	(鱼)	(侯)	(幽)	(之)	缉	叶
章	泰	队	至	(支)	(鱼)	(侯)	(幽)	(之)	缉	盍
黄	曷	没	屑	锡	铎	屋	(萧)	德	合	怗

注：凡入声合于阴声者，即记阴声之韵目，外加括弧为别。

阳声十部

今定	元	文	真	耕	阳	钟	冬	登	侵	谈
夏	元	文	真	耕	阳	东	中	蒸	侵	谈
章	寒	谆	真	清	阳	东	冬	蒸	侵	谈
黄	寒	痕	先	青	唐	东	冬	登	覃	添

二十八部韵目之国音读法，如下：

德ㄉㄜder　　　　登ㄉㄥdeng　　　　铎ㄉㄨㄛdwo　　　　冬ㄉㄨㄥdong

谈ㄊㄢtarn　　　　歌ㄍㄜge　　　　耕ㄍㄥgent　　　　盍ㄏㄜher

咍ㄏㄞhai　　　　侯ㄏㄡhour　　　　佳ㄐㄧㄚjia　　　　觉ㄐㄩㄝjyue

缉ㄑㄧchih　　　　侵ㄑㄧㄣchin　　　　锡ㄒㄧshyi　　　　宵ㄒㄧㄠshiau

质ㄓjyr　　　　真ㄓㄣjen　　　　烛ㄓㄨjwu　　　　钟ㄓㄨㄥjong

幽ㄧㄡiou　　　　阳ㄧㄤyang　　　　物ㄨwuh　　　　微ㄨㄟwei

文ㄨㄣwen　　　　鱼ㄩyu　　　　月ㄩㄝyueh　　　　元ㄩㄢyuan

二十八部之阴声、入声、阳声相对转，今参用章君及黄氏之说，列
为一表，如下：

（阴）	（入）	（阳）
歌＿＿＿＿＿＿	月＿＿＿＿＿＿	元
微＿＿＿＿＿＿	物＿＿＿＿＿＿	文
	质＿＿＿＿＿＿	真

佳 _____	锡 _____	耕
鱼 _____	铎 _____	阳
侯 _____	烛 _____	钟
幽 _____	觉 _____	冬
宵		
哈 _____	德 _____	登
	缉 _____	侵
	盍 _____	谈

纯元音（包单元音与复元音）为阴声，阴声加塞声〔t〕、〔k〕、〔p〕为入声，阴声加鼻声〔n〕、〔ng〕、〔m〕为阳声。阴声又可称为"纯元音之韵"，入声又可称为"塞声随之韵"，阳声又可称为"鼻声随之韵"，入声与阳声又可总称为"声随之韵"。阴声、入声、阳声元音相同者，古音常相转变，是名"对转"。

古韵分部既与后世不同，则其各部之音读自亦有异，此本极应研究者。然清代的古音学者对于古韵之音读，多数皆以现代官音读《广韵》之音为准，如"鱼"音即读ㄨ，"歌"部即读ㄛ，"阳"部即读ㄤ，甚至明知"佳"、"微"、"哈"三部必须分析，而仍从"支"、"脂"、"之"三韵的今音，一律读丨；"真"、"文"虽分为二，而仍一律读为ㄣ；"耕"、"登"二部，虽明知古音不相通，则一律读为ㄥ。此与古音真相必不能符合，可断言也。邹叔绩（汉勋）作《五韵论》，始参考方音以求古韵之音读，颇有可采之处。黄元同的《六书通故》及章太炎的《二十三部音准》（在《国故论衡》上卷）对于古韵各部的音读皆有假定，发明甚多。黄季刚的《音略》中亦言及古韵音读。近汪衮甫（荣宝）、林语堂、魏建功、罗莘田（常培）、李方桂、王静如诸氏，多能根据发音部位以说明声音转变之路径，参考方言及外国语等等以求古音之真相，时有善言，可资研究。（所举数人，皆曾见其著作者；未见其著作者，暂不举。）

本篇所论，大抵参合古今各家之说而成，间附管见，谬误必多，订正之事，俟诸异日。

	（阴）	（入）	（阳）
	歌 _____	月 _____	元
（开）〔a〕	_____	〔at〕 _____	〔an〕
（合）〔ua〕	_____	〔uat〕 _____	〔uan〕

古音"歌"部读丫，这是汪荣甫所考明的。他作《歌戈鱼虞模古读考》一文（北京大学的《国学季刊》第一卷第二号），根据日本的"吴音"与"汉音"及六朝唐人译佛经的音等等，说"歌"部古音读丫，证据甚为确凿。后来林语堂作《读汪荣宝〈歌戈鱼虞模古读考〉书后》（《国学季刊》第一卷第三号，又《语言学论丛》），唐擘黄（钺）作《〈歌戈鱼虞模古读〉管见》（《东方杂志》第二十二卷第一号，又《国故新探》），都赞同汪说。惟林氏又谓"歌"、"戈"韵读后元音之〔â〕，"麻"韵读前元音之〔a〕。高本汉（Bernhard Karlgren）所定《广韵》音读，亦是"歌"、"戈"韵读〔â〕，"麻"韵读〔a〕。按，"歌"后"麻"前，《切韵》、《广韵》或当如此分析，但先秦古音本无"歌"、"麻"之别，古音"歌"部之丫是前〔a〕，还是后〔â〕或中〔A〕，今不能确知，只因其对转之"月"部与"元"部为〔t〕与〔n〕声随，〔t〕与〔n〕是舌尖声，与前元音相拼，较为顺口（国音ㄢ读〔an〕，ㄤ读〔ang〕可证，此声音拼合自然之理，古今一也），故今假定"月"部为〔at〕，"元"部为〔an〕，因之即假定"歌"部为〔a〕。"歌"部读丫之证尚不止如汪、林、唐诸氏所言，今吴越间方音亦有可以作证者，如苏州"多日"读ㄉㄚ ㄏㄝ，绍兴"破"读ㄆㄚ，湖州"哥"读ㄍㄚ，苏、湖、绍等处"左手"读ㄗㄧㄚ ㄗㄡ或ㄐㄧㄚ ㄙㄡ，皆是。（以上所举各字中之丫音，或前或后或中，或圆唇或不圆唇，彼此方音不能一致，今一律用"丫"记之，但求得近似而已。又彼此方音之声调亦不一致，故今一律不标调号。）

古音"月"部中的元音读丫，这是黄元同与章太炎师所考明的。黄氏云："此部以入声'沫、铁、杀、伐'之类为古正音。"章君云："古之'泰'（'月'）部，如今中原呼'麻'。"又云："今吴越间呼'泰'，则与他方呼'麻'者同。"他又举古音"月"部中字通国皆读丫者"聒、刮、辖、话、挞、獭、大、达、刺、杀、萨、察、晢、刷、拔、跋、伐、罚、发、发、袜"等三十六个字，又吴越间读丫者"介、疥、界、芥、快、夏、外、带、泰、赖、癞、拜、败'，等十八字，以为通部之音准。（章君以"月"部为去、入韵，故兼举今去、入两声之字。）按："歌"、"月"为阴入对转之韵，其元音必同，"歌"部的古音既证明是丫，则黄、章二君说"月"部的古音是丫，当然很对，故今假定"月"部读〔at〕。

"歌"读〔a〕，"月"读〔at〕，则"元"自可假定读〔an〕。古音

"元"部字，今国音正读〔an〕，全国通读皆然。

元、明至今，一韵有开口、齐齿、合口、撮口四呼。隋、唐、宋之韵书中亦有四呼，据高本汉所研究，则今音撮口呼之ㄩ，隋、唐、宋之韵书中读丨ㄨ。按：丨ㄨ为丨与ㄨ所拼合，必发生于齐齿与合口两呼之后。我且以为齐齿呼亦非古音所有，可以用舌根声的ㄍ、ㄎ、ㄫ、ㄏ变为舌面声的ㄐ、ㄑ、ㄪ、ㄒ这件事来证明：ㄍ、ㄎ、ㄫ、ㄏ与开口呼之韵相拼，本极自然，如ㄍㄚ、ㄎㄤ、ㄤㄢ、ㄏㄛ诸音是也；开口呼之韵渐发展为齐齿呼，本读ㄚ、ㄤ、ㄢ、ㄎ诸韵之一部分字变读为丨ㄚ、丨ㄤ、丨ㄢ、丨ㄛ诸韵，乃产生ㄍ丨ㄚ、ㄎ丨ㄤ、ㄫ丨ㄢ、ㄒ丨ㄛ诸音。但此诸音，读起来颇不自然，于是将舌根声的ㄍ、ㄎ、ㄫ、ㄏ移到舌面，与齐齿呼的丨立在同一的地位，变为ㄐ、ㄑ、ㄪ、ㄒ，以期易读，而ㄍ丨ㄚ、ㄎ丨ㄤ、ㄫ丨ㄢ、ㄒ丨ㄛ诸音遂变为ㄐ丨ㄚ、ㄑ丨ㄤ、ㄪ丨ㄢ、ㄒ丨ㄛ诸音了。观此，可知齐齿呼与舌面声实为开口呼与舌根声之后起变音。故今所假定之古韵音读，无撮口与齐齿二呼。至于合口呼，古盖有之。考《广韵》等书中，齐齿与开口之音符（即形声字的"声"，旧称"声母"）多相同，撮口与合口之音符多相同，而合口与开口之音符则多不相同，据此，可知古无齐齿与撮口而有开口与合口也。然古音读合口呼之韵实亦不多，"歌"、"月"、"元"与"微"、"物"、"文"六部中字，《广韵》读开、齐与合、撮者各半，古音当为兼具开、合二呼之韵。"侯"之古音读〔u〕，与其对转之"烛"、"钟"皆当为合口呼之韵，余皆为开口呼之韵。

	（阴）	（入）	（阳）
	微 _____	物 _____	文
（开）	〔è〕 _____	〔èt〕 _____	〔èn〕
（合）	〔uè〕 _____	〔uèt〕 _____	〔uèn〕

黄元同以"归、葵、追、推"的今读为"微"部的古音，"璊"读"莫奔"切为"文"部的古音。章太炎师云："'脂'（微）'队'（物）合口幁呼，对转'谆'（文）亦合口幁呼。"又云："'队'部'气'字今误横口，'忾'、'钬'等字今误开口，古当如'屈'音，'四'字今误横口，古当如'碎'音。"他举了今读"归、魁、葵、危、隈、毁、韦、回、自、推、巍、追、崔、虽、水、悲、配、裴、眉、飞、妃、肥、微、雷、蕤"等九十七字为"微"部的古音，又举了今读"骨、由、兀、胃、位、尉、卉、惠、突、内、戻、出、卒、率、弗、勿、未"等

三十八声为"物"部的古音（章君以"物"部为去、入韵，故兼举今去、入两声之字；又所据之入声今音为吴越间读法，与国音不同），又谓"文"部的古音当如此读。按：黄、章二君所说大体相同，惟黄氏似谓"微"部的古音读〔ei〕与〔uei〕，"文"部的古音读〔èn〕与〔uèn〕，为兼具开、合二呼之韵。黄氏为浙江定海人，彼读"归、葵"是合口之〔uei〕，"追、推"则是开口之〔ei〕，其读"莫奔"切之音，是〔mén〕非〔muén〕；而章君则谓"微"、"物"、"文"三部皆有合无开，"微"部当读〔uei〕，"物"部的去声当读〔uei〕，入声当读〔uè〕，"文"部当读〔uèn〕。考古韵"微"、"物"、"文"三部中字，《广韵》读开、齐与合、撮者各半，似应认为兼具开、合二呼之韵；章君以为止有合口呼，疑若未谛。至于"微"部的古音，窃谓非复元音之〔ei〕，而是单元音之〔è〕，苏州读《广韵》的"咍"、"灰"诸韵及"支"、"脂"、"微"、"齐"韵中撮口呼的字皆作此音，今假定为"微"部的古音。"微"部假定读〔è〕，故其入声"物"部假定读〔èt〕，阳声"文"部假定读〔èn〕。不用〔e〕而用〔è〕者，因"微"与"歌"，"物"与"月"，"质"，"文"与"元"、"真"，皆常相通转；"歌"、"月"、"元"之元音假定读〔a〕，为前降元音，"质"、"真"之元音假定读〔ä〕，较〔a〕微升，"微"、"物"、"文"之元音假定读〔è〕，则为前半降元音，较〔ä〕又升，此三音皆密近，若用前半升元音之〔e〕，则嫌稍远。

	（入）		（阳）
	质		真
（开）	〔ät〕		〔än〕

"质"、"真"二部之古音，黄季刚以为当如今读《广韵》的"屑"、"先"二韵之音，其说近是。今国音读《广韵》的"屑"韵为〔lè〕，"先"韵为〔län〕，愚谓当以〔ä〕为此二部之元音。因"质"与"锡"、"月"、"物"，"真"与"耕"、"元"、"文"，皆常相通转，其音必密近，"锡"、"耕"之元音假定读〔à〕，"月"、"元"之元音假定读〔a〕，"物"、"文"之元音假定读〔è〕，则"质"、"真"之元音以假定读〔ä〕为最宜。古无齐齿呼，故今假定"质"、"真"读〔ät〕、〔än〕。

《广韵》的"质"、"屑"，"真"、"轸"，"先"、"铣"、"霰"诸韵中有一部分撮口呼的字，有些是从他部转来的；有些是本读开口呼而后来变为撮口呼的，如从"血"声之"恤"古与"谧"通，"冎"声之"娟"之为"姻"之籀文，"玄"声之"弦、胘、伭"等读"胡田"切（《说文》"弦"不云"玄"声，"胘、伭"等字皆云"弦"省声。其实"弦"等是从古文"玄"为声，隶、楷从小篆"玄"，并没有错），"匀"声之"酳"读"余刃"切，皆齐齿呼，可知"血"、"肙"、"玄"、"匀"诸字古本读开口呼也。

（阴）	（入）	（阳）
佳	锡	耕
〔è〕	〔èt〕	〔èn〕
（开）〔à〕	〔àk〕	〔àng〕

清代的古音学者，多数以"佳"部的古音读ㄧ（他们多称此部为"支"部），"耕"部的古音读ㄥ，而"咍"部与"登"部的古音也读ㄧ与ㄥ，所以他们虽明知古韵的"佳"与"咍"，"耕"与"登"，绝不相通，而无法分别其读音。及邹叔绩作《五韵论》，对于"佳"、"耕"二部的古读始有新的发明。《五韵论》卷下有《论支佳部旧音》及《论耕清青旧音》两篇。《论支佳部旧音》云："今天下雅读八卦（'古化'切）无作八怪，佳（'古牙'切）人无读皆人街人者，此唐以前之古音。"又云："今'麻'部之声，即唐以前'支'、'佳'部之声，故今'卦'、'佳'二字尚存古读。"按：邹氏以为"佳"部的古音是ㄚ，今音"卦"读ㄍㄨㄚ，不读ㄍㄨㄞ，"佳"读ㄐㄧㄚ，不读ㄐㄧㄞ，这是"佳"部古音之仅字者。《论耕清青旧音》云："《切韵指南》有'江'摄，'江'摄之音即古'耕'、'清'、'青'之音也。"又云："余生长南楚，南楚鄙人于'庚'、'耕'、'清'、'青'四韵，无一语不合于古音。及至城郭，则递相非笑。长沙诽曰：'入浏阳门，遇浏阳人，井呼浆，请呼抢，领呼良（上声），整呼章浆切，省呼想，影呼泱，颈呼讲。'"按：邹氏以为"耕"部古音是ㄧㄤ，浏阳语"井"读ㄗㄧㄤ，"请"读ㄑㄧㄤ，"领"读ㄌㄧㄤ，"整"读ㄓㄧㄤ，"省"读ㄙㄧㄤ，"影"读ㄧㄤ，"颈"读ㄐㄧㄤ，这是"耕"部古音之仅存者。黎劭西（锦熙）告我，"不但浏阳，湘潭也是如此，湘潭乡语'青白眼'读ㄑㄧㄤㄅㄚㄦㄢ，'请客'读ㄑㄧㄤㄎㄞ"（ㄞ＝〔à〕）"。考古"佳"部字吴越间方音亦有读ㄚ者，如"牌"读ㄅˊㄚ，"派"读ㄆㄚ，"买"读ㄇㄚ，"解"读ㄍㄚ，"懈"读ㄍˊㄚ，"蟹"读ㄏㄚ，"鞋"读ㄏˊㄚ，"钗"读ㄔㄚ，"洒"读ㄙㄚ，"柴"读ㄙˊㄚ等。又国音中除邹氏所举之"卦"、"佳"两字外，亦尚有读ㄚ者，如"蛙"读ㄨㄚ，"涯"读ㄧㄚ等。古"耕"部字，吴越间方音有读如ㄤ者，与邹氏所举南楚方音之读如ㄧㄤ者，但有开口与齐齿之异耳，如"打"读ㄉㄤ，

"冷"读ㄌㄤ，"鲠"读ㄍㄤ，"省"读ㄙㄤ，"耕"读ㄍㄤ，"争"读ㄗㄤ，"生、牲、甥"读ㄙㄤ，"樱"读ㄤ，又"成"姓、"盛"姓均读ㄙˊㄤ等；黄元同以此音为"耕"部之古读。邹、黄二氏之说大致相同，皆认"佳"、"耕"二部之元音是ㄚ。林语堂作《支脂之三部古读考》（《中央研究院历史语言研究所集刊》第二本第二分，又《语言学论丛》）说："古'佳'部的元音是 la。"亦与邹氏之说相近。今广州方音读《广韵》的"庚"、"耕"二韵（包平、上、去）中开口呼的字为〔ang〕。

入声"锡"部的元音，方音中亦有读ㄚ者，如吴越间方音"册策"读ㄘㄚ，"画"读ㄏˊㄨㄚ（国音读ㄏㄨㄚ）。又汕头读古"锡"部字为〔äk〕，音亦相近。

日本的"吴音"对于古音"锡"、"佳"二部之元音都读ㄚ。"锡"部读ヤク（yaku），如"锡"读シヤク（shyaku），"益"读ヤク（yaku），"历"读ンヤク（ryaku），"壁"读ヒヤウ（byaku）。若将此ヤク（yaku）之音还原，当为ㄧㄚㄎ（iak）；因日本无 k 音，故以ク（ku）代也。"耕"部读ヤウ（yau），如"名"读シヤウ（myau），"盈"读ヤウ（yau），"丁"读チヤウ（chyau），"宁"读ニヤウ（nyau）。若将此ヤウ（yau）之音还原，当为ㄧㄤ（iang）；因日本无 ng 音，故以ウ（u）代也（日本今音，ヤウ均变音为ヨヘ，幸其旧拼未改，故得以考见中国古音）。

按：古无齐齿呼，"佳"、"锡"、"耕"三部皆当为开口呼之韵，其元音虽略如ㄚ，但不是〔a〕，因〔a〕当为"歌"部之元音也。考"佳"部与"歌"部常相通转，晚周至两汉之韵文，"佳"、"歌"合韵者甚多，可知"佳"、"歌"之音必极相近。"耕"部与"真"部的声随不同，"耕"的声随是〔ng〕，"真"的声随是〔n〕，而晚周韵文多以"耕"、"真"合韵，《易》之《彖》、《象》及屈赋中亦皆有之，此必"耕"、"真"二部中之元音极相近也。"歌"、"元"之元音今假定为〔a〕，"真"之元音今假定为较〔a〕微升之〔ä〕，〔a〕、〔ä〕都是前元音。窃谓"佳"、"耕"之元音当是〔ȧ〕，〔ȧ〕亦较〔a〕微升，与〔ä〕同在一级而较内进，为中元音。"元"、"真"之声随为舌尖声之〔n〕，与前元音相拼较合自然，"耕"之声随为舌根声之〔ng〕，与后元音相拼较合自然，而中元音，则与〔n〕、〔ng〕相拼皆合自然。"耕"若用后元音，则与"真"中之〔ä〕距离嫌稍远，以用中元音之〔ȧ〕为宜。故今假定"佳"、"锡"、"耕"三部，古音为〔ȧ〕、〔ȧk〕、〔ȧng〕。

广州读《广韵》的"庚"、"耕"等韵开口呼的字为〔ang〕，而读《广韵》的"真"、"谆"、"文"、"欣"、"魂"、"痕"（包平、上、去）各韵的字多为〔an〕，"质"、"术"、"物"、"迄"、"没"各韵的字多为〔at〕，元音皆用〔a〕，似更可作《象》、《象》、屈赋中"耕"、"真"合韵之证，今假定"质"、"真"二部之古音不从之者，因"质"、"真"与"佳"的通转绝少，其元音未必完全相同也。

高本汉所定《广韵》之音，"庚"、"耕"都是〔ang〕，"陌"、"麦"都是〔ak〕。

古韵"佳"部为《广韵》的"支"、"纸"、"寘"，"佳"、"蟹""卦"；"锡"部为"麦"、"昔"、"锡"；"耕"部为"耕"、"耿"、"净"，"清"、"静"、"劲"，"青"、"迥"、"径"。《广韵》这些韵中有一部分合口及撮口呼的字，以今考之，多数都是从他部转来的，如"随、为、委、揣、睡、娲、麦、蛔、获"等；有几个字是本读开口呼而后来变为合口呼的，如"卦、恚"皆从"圭"声，古音当同于开口呼之"佳"也。

	（阴）		（入）		（阳）
鱼		铎		阳	
（开）〔ò〕		〔òk〕		〔òng〕	

清代的古音学者对于"鱼"部的古音，都认为是ㄨ，即《广韵》的"模"韵之今读。从顾宁人到黄季刚，全是如此主张。近汪衮甫始以为与"歌"部同读ㄚ，见《歌戈鱼虞模古读考》中。我对此说颇为怀疑，因为先秦古音之"歌"部与"鱼"部是分用画然，决不能并为一韵；既不能并为一韵，便不能说它们的元音都是ㄚ。我因日本的"汉音"读《广韵》的"模"韵为オ〔o〕，"鱼"韵为ヨ〔yo〕，广州读"鱼"韵"初、疏"等字，国音读"语"韵的"所"字，元音都是〔o〕，认为这是"鱼"部的古音，所以曾在汪氏文后写了一段"附记"，其中有"鱼"部在周代读〔o〕的话，但没有说明理由。其后林语堂作《读汪荣宝〈歌戈鱼虞模古读考〉书后》，及《再论〈歌戈鱼虞模古读〉》（此文亦载《语言学论丛》中），说"鱼"部古音普通为"开 o"音（按：即〔ò〕），有的时候因前音的影响或因方音的不同而变为"合 o"音（按：即〔òng〕）。我觉得他的话很有道理，我并且以为先秦古音只读〔ò〕而未曾变为〔o〕。今吴越间方音对于《广韵》的"江"、"唐"二韵全读〔òng〕，"阳"韵中亦有读〔òng〕者，此乃"阳"部之古音也。今江北

方音对于《广韵》的"觉"、"药"、"铎"三韵读〔òk〕,此乃"铎"部之古音也。"阳"读〔òng〕,"铎"读〔òk〕,则其对转之"鱼"自应读〔ò〕了。"鱼"部古音读〔ò〕,其后舌升而变为〔o〕,再升而变为〔u〕,再进前而变为〔y〕,遂成今读。

《广韵》的"鱼"韵只有撮口一呼,"模"韵只有合口一呼,而"阳"、"养"、"漾"及"药"韵兼齐、撮二呼,"唐"、"荡"、"宕"及"铎"韵兼开、合二呼。我以为"鱼"、"铎"、"阳"三部,古音皆只有开口一呼。"鱼"既考定为〔ò〕,自然不是合口呼了。"阳"、"唐"与"药"、"铎",《广韵》虽有合、撮等呼而字甚少,古音皆读开口呼:如"黄"古通"衡"、"珩",《广韵》"衡"、"珩"皆在"庚"韵,读开口呼,"黄"之古音盖读〔gòng〕;"荒"从亡声,当为唇声字,古盖读〔mòng〕;"况"与"卿"通,荀卿亦作荀况,《史记》但称"荀卿",不言名"况",我以为荀卿之名已佚,"况"即"卿"之同音假借字耳,"况"之古音盖读如〔khòng〕。今浙江嘉兴读"唐"韵中合口呼字皆作开口呼,如"汪"读〔òng〕,"光"读〔kòng〕;其"阳"韵中撮口呼之"王"字,亦有作齐齿呼读〔jòng〕者;吴越间读"铎"、"药"韵中合、撮等呼字皆作开、齐等呼,如"郭"读"ko"、"攫"读〔ccio〕等,其音皆近于古。"阳"部合口呼之发生,盖因〔ò〕用圆唇元音,合口呼之〔u〕与撮口呼之〔y〕亦为圆唇元音,发音时唇的状态相同,遂将一音复为二音,而〔ò〕变为〔uò〕与〔yò〕矣。《广韵》的"江"韵亦读〔òng〕,本只开口一呼,而元、明以来的等韵家把它分成开、合二呼,喉、牙、唇属开口,舌、齿属合口,此正与古韵"阳"部本只开口一呼,而《广韵》中有合、撮呼者同一演变。

(阴)	(入)	(阳)
侯	烛	钟
(合)〔u〕	〔uk〕	〔ung〕

古音"侯"部读〔u〕,有汉、魏、六朝的佛经音译字可以证明,这也是汪袞甫所考得的,见他的《歌戈鱼虞模古读考》中。按:日本的"吴音"对于"侯"部字都读ウ(u)音。吴越音方音中亦间存此音,如"喉"读厂'ㄨ,"须"读ㄙㄨ是也。"侯"部是〔u〕,则其对转之"烛"与"钟"应是〔uk〕与〔ung〕,与今国音相同。

清代的古音学者以为"侯"与"钟"的古音与今音同,读〔ou〕与〔ung〕,而〔ou〕为开口呼,〔ung〕为合口呼,开、合对转,觉得不大合适。今知"侯"部是〔u〕，则"侯"、"烛"、"钟"三部读〔u〕、〔uk〕、〔ung〕当全为合口呼。

（阴）		（入）		（阳）
幽		觉		冬
（开）〔o〕		〔ok〕		〔ong〕

占音"冬"与"钟"有别，当分二部，此孔扰约所考明者，证据确凿，不可易矣。然此两部之音读当如何分别，孔氏却未有说明。后来主张"冬"、"钟"宜分析之说者，有严铁桥、江晋三、刘申受、丁若士、夏燮甫、张彦惟、陈卓人、龙翰臣、黄元同、时吉臣、丁竹筠诸人。除严氏合"冬"于"侵"外，其他诸人皆与孔氏主张相同，将"冬"独立为一部，而亦皆未能言其音读与"钟"部如何不同。黄元同对于"冬"部以外之各部皆有假定之音读，独"冬"部阙如，可见分别"钟"、"冬"音读之不易矣。章太炎师始言"钟"、"冬"音读之异，他以为"钟"部古音当如今吴越间《广韵》的"江"韵之音，即〔òng〕，"冬"部古音当如今读《广韵》的"东"、"冬"、"钟"诸韵之音，即〔ong〕（此亦吴越间读法），而均改其声随之〔ng〕为〔m〕，故"钟"部当读〔òm〕，"冬"部当读〔om〕。按：章君对于〔ng〕声随之"耕"、"阳"、"钟"、"冬"、"登"五部，认为应归〔ng〕声随者只有一"阳"部，"耕"则应归〔n〕声随，"钟"、"冬"、"登"则应归〔m〕声随，其说疑若未允，今不从。其谓"钟"部古音当读《广韵》的"江"韵之音，其中的元音是〔ò〕，此固言之成理，因《广韵》的"东"、"钟"、"江"三韵皆为古音之"钟"部也。但愚既假定"鱼"为〔ò〕，侯为〔u〕，则〔òng〕应为"阳"部的古音，而"钟"部的古音应读〔ung〕，故不能遵用师说。至章君谓"冬"部中的元音是〔o〕，窃谓甚当，故今用之。原"钟"、"冬"两部之音读所以难于分别者，实因现在方音（据我们所知道的）读《广韵》的"东"、"钟"韵与"冬"韵皆同音也。（此在唐时已然，故李涪《刊误》以陆氏《切韵》分别"东"、"冬"为非。）但一处方音读此三韵虽无分别，而各种方音对于此三韵之读法，彼此却并不统一。除甚奇异及与他韵相混者外，极相近而实不相同者，如苏州、杭州、嘉兴、湖州等处读〔ong〕，绍兴读〔uong〕，北平读〔ung〕，皆是。考"钟"、"冬"二部固应分析，然在《诗》、《易》中亦有合韵之处，"冬"之入声"觉"与"钟"之入声"烛"亦有合韵，"冬"之阴声"幽"与"钟"之阴声"侯"亦有合韵，此可证知"冬"、"觉"、"幽"

与"钟"（烛）、"侯"两类的元音必极相近。"钟"部今既用北平之〔ung〕，则"冬"部就可用苏州等处之〔ong〕。又"侵"部今假定为〔om〕，"冬"、"侵"合韵，《诗》已屡见，《易传》尤多，盖"冬"与"侵"之元音相同，惟声随有异，"冬"为〔ng〕声随，"侵"为〔m〕声随也。"冬"与"登"亦相通转，它们的元音亦必相近，"登"部今假定为〔eng〕，〔e〕与〔o〕地位亦甚近也。以上为愚假定古音"冬"部读〔ong〕之理由。《广韵》的"屋"、"沃"、"烛"三韵，也是北平读〔u〕，苏州、杭州、嘉兴等处读〔o〕（湖州则半读〔u〕、半读〔o〕），故今假定古音"觉"部读〔ok〕。至于阴声之"幽"，读〔o〕固无证据，但"幽"部与"哈"部通转极多，与"侯"部、"宵"部亦有通转，"哈"为〔e〕，"侯"为〔u〕，"宵"为〔âu〕，〔o〕与此数元音之地位皆甚相近，故如此假定，也不算没有理由。

清代的古音学者以为"幽"与"冬"古音与今音同，读〔lou〕与〔ung〕，而〔lou〕为齐齿呼，〔ung〕为合口呼，这在等呼上又有扞格了。今假定"幽"、"觉"、"冬"三部读〔o〕、〔ok〕、〔ong〕，则全为开口呼。

高本汉所定《广韵》之音，"东"与"屋"是〔ung〕与〔uk〕，"冬"与"沃"是〔uong〕与〔uok〕。

（阴）

宵

（开）〔âu〕

"宵"部常与"幽"部相通转，亦与"鱼"部相通转。部中有一部分字后来变为入声而又分二支，一在《广韵》的"药"韵中，一在《广韵》的"锡"韵中。根据以上的通转及变迁来推测"宵"部的古音，愚谓可即依今国音读〔au〕，今说明如下："幽"部是〔o〕，"鱼"部是〔ò〕，《广韵》的"药"韵与"铎"韵皆古之"铎"部，"铎"部是〔òk〕。〔o〕、〔ò〕二音皆后元音，后元音中尚有〔u〕、〔â〕二音，此四音之顺序，则〔u〕为升音，〔o〕为半升音，〔ò〕半为降音，〔â〕为降音。"宵"部若读〔âu〕，则是由降至升之复元音，此复元音若缩短而变为单元音，稍侈即为〔ò〕，稍敛即为〔o〕，"宵"部转"鱼"、转"幽"，既是此理。其变入"铎"部与"锡"部者，"铎"部之元音是〔ò〕，"锡"部之元音是〔a〕，〔a〕较〔â〕微升，较〔a〕微降，而地位偏前，为中元音；〔â〕、〔ò〕、〔a〕三音距离甚近，复元音加声随，最易变更其原来之音，故"宵"部将〔âu〕音加〔k〕声随，不易成为〔âuk〕，不变为〔òk〕，即变为〔ak〕，于是"宵"部字混于"铎"、"锡"二字之中矣。

〔âuk〕不易成，〔âung〕亦不易成，故"宵"部无对转之韵部。戴东原以"阳"、"萧"（即"宵"）、"药"三部为一类，于音理虽可通，然"阳"部与"宵"部通转之证极少，在古韵中实不能认为对转也。

（阴）		（入）		（阳）
咍		德		登
（开）〔e〕		〔ek〕		〔eng〕

段茂堂作《六书音韵表》，分析《广韵》的"支、佳"，"脂、微、齐、皆、灰"，"之、咍"诸韵为三部，实为古音学上一大发明，其后治古音者，除苗仙麓（夔）、张乳伯（行孚）等一二妄庸人外，无不用段氏之说。然段氏能分析"佳"、"微"、"咍"为三部，而不能知其音读如何不同，仍依《广韵》的"支"、"脂"、"支"三韵之今音，三部均读为〔i〕，后来孔㧑约、江晋三、夏燮甫诸人亦皆如此读，此必非古人音读之真相也。黄元同始创新说，对于"咍"部云："此部当依《广韵》'咍'韵读之，以'该、台、才、来'为古正音。"章太炎师亦谓当读《广韵》的"咍"韵之音，并举"该、改、戒、械、埃、亥、孩、海、戴、态、台、代、来、耐、才、哉、灾、偲、采、杯、陪、备、每"等七十九字之今读，谓此乃古"咍"部之正音。近杨遇夫（树达）作《之部古韵证》（见彼所辑录之《古声韵讨论集》中）亦主张"咍"部当读《广韵》的"咍"韵之音。黄氏为定海人，章君为余杭人，其读《广韵》的"咍"韵字皆为〔è〕。（章君在所举七十九字注云："'杯'等十四字如江南音。"）此谓"杯"等诸字亦当读〔è〕，不当如国音读〔ei〕。杨氏云："窃疑古读'之'部之韵，盖以'哑'始，以'衣'终。"按："哑"即〔a〕，"衣"即〔i〕，是杨氏以为古"咍"部当读〔ai〕也。愚谓"咍"部固不应读〔i〕，然若读〔è〕读〔ai〕，则仍有不可通者。因此"咍"部古与"幽"部合韵及通转最多，"幽"部之音，无论如愚所假定之读〔o〕，或如今音读〔lou〕，皆与〔è〕、〔ai〕等音距离甚远，决难通转。"咍"部亦与"鱼"、"宵"相通，"鱼"部今音读〔y〕、〔u〕，愚假定读〔ò〕，"宵"部今音读〔âu〕，愚所假定之古音即同今音，以上诸音亦与〔è〕、〔ai〕距离甚远。总之，与"咍"部相通转的几个韵都是后元音，而〔è〕与〔ai〕则都是前元音。对于彼此相通转的韵而说

它们音读的距离这样的远，那是很难相信的。近林语堂又以为"之"古读 ü，"咍"古读 eü。（《支、脂、之三部古读考》）他认办"之"与"咍"古非一部，所以应该有两种读法。关于分部的问题，林氏的意见盖与毛大可（奇龄）相近，而与顾宁人一派不同，我是申顾绌毛者，现在且不去讨论它，只论"咍"部读 ü 与 eü 之当否。（林氏之 ü 即〔y〕，eü 则我不甚明白，只好姑且依其字母而含胡读之。）愚谓林说略胜于黄、章、杨者只有一点，即 ü 与 eü 二音与"幽"部的今音〔iou〕相近，可以解决"咍"、"幽"常相通转这个问题。但"幽"部的古音若不同于今音，则林说仍不可通。还有一层，"咍"部中之"母"字，读〔mi〕或〔mai〕，固觉不合，读 mü 或 meü，亦同样可疑；又"哉、矣、耳"等"虚字"若读 ü 音或 eü 音，亦觉在语气上不大自然。故我对于林氏之说亦以为不可从。考"咍"部的入声"德"部今通读为〔e〕，其阳声"登"部今通读为〔eng〕；国音与此通读之音亦大致相近，国音以北平为标准，北平（不仅北平，北音大抵如此）读"德"部，其音较通读内进而微升，为〔o〕之不圆唇音，即ɤ；读"登"部之元音，较通读微内进。"德"部与"觉"部，"登"部与"冬"部，皆相通转；"觉"、"冬"假定为〔ok〕、〔ong〕，则"德"、"登"可即以今音为准，其元音可即用〔e〕，因〔e〕在前后与升降之间，所占的区域较广，若粗略地标志国音，"德"与"登"亦可一律用〔e〕。故今假定"德"为〔ek〕，"登"为〔eng〕。"德"、"登"二部中之元音既假定为〔e〕，故其对转之阴声"咍"部亦即假定为〔e̍〕，"咍"部读〔e̍〕，今口语对于"虚字"尚多有之，如"之"读〔te̍〕（今作"的"），"其"读〔ke̍〕（今作"格"），"矣"、"已"读〔le̍〕（今作"了"），详章君《新方言》卷一《释词》。"咍"若读〔e̍〕，则与"幽"之〔o〕、"鱼"之〔ò〕、"宵"之〔âu〕诸音皆得相通矣。（〔e〕在前后之间，又在升降之间，故不但可与后元音相通，亦可与前元音相通；"咍"部亦间与"微"部通转，则因〔e〕与前元〔è〕亦可相通也。）

《广韵》的"之"、"止"、"志"三韵止有齐齿呼，"咍"、"海"、"代"三韵止有开口呼，"蒸"、"拯"、"证"三韵止有齐齿呼；"登"、"等"、"嶝"三韵皆开口呼，而"登"韵的喉、牙二音有合口呼；"职"韵为齐齿呼，而其喉音有撮口呼，"德"韵为开口呼，而其喉、牙二音有合口呼。总之这些韵中惟喉、牙二音间有几个合口呼与撮口呼，此皆后起之音，于古皆为开口呼也。如"登"韵"薨"字古在"明"纽，当读〔mĕng〕；"德"韵"或"字、"国"字及"职"韵"域"字，古实为一字，而与"有"字相通，当读〔gĕk〕。

（入）		（阳）
缉		侵
（开）〔op〕		〔om〕

"侵"部与"冬"部通转最多，与"冬"部之阴声"幽"部也有通转，章君以为"幽"部与"侵"、"冬"二部皆对转，其说甚是。如此，则"侵"之元音应与"幽"同；"侵"、"冬"二部之元音相同，惟声随有异，"侵"是〔m〕，"冬"是〔ng〕。"缉"、"觉"之异亦当与"侵"、"冬"相同。考日本的"吴音"，"缉"韵读オフ（ofu），"侵"韵读オン（on），如"邑"读オフ（ofu），"吸"读コフ（kofu），"阳"读オン（on），"今"读コン（kon）。若将此オフ（ofu）与オン（on）之音还原，当为ʊ̆ㄆ（op）与ʊ̆ㄇ（om）。因日本无 m 音，故以ン（n）代；无 p 音，故以フ（fu）代也。（日本今音，オフ均变音为オー。）按：此当为"缉"、"侵"二部之古音。"幽"、"觉"、"冬"已假定为〔o〕、〔ok〕、〔ong〕，今依日本的"吴音"，假定"缉"、"侵"为〔op〕、〔om〕。

（入）		（阳）
盍		谈
（开）〔âp〕		〔âm〕

"盍"、"谈"二部之古音颇难假定。章太炎师云："'谈'部古音如今广东音，收唇；初发，颐亦朵下。"（因上文有"言宵颐朵而下"之语，故此云"亦"。）这是主张"谈"部的古音当读〔am〕。考江慎修有"侵"弇"谈"侈之说，"谈"间与"阳"、"元"、"歌"、"宵"诸部相通转，"盍"亦间与"月"相通转，"阳"、"元"、"歌"、"宵"、"月"诸部中之元音皆侈音，则"盍"、"谈"中之元音亦当是侈音。今即根据师说，假定"盍"部为〔âp〕，"谈"部为〔âm〕。（章君谓"盍"亦读〔âm〕，则未允。）

高本汉所定《广韵》之音，"覃"、"谈"都是〔âm〕，"合"、"盍"都是〔âp〕。

民国二十三年　公历一九三四　十二月九日

（附言）方括弧〔〕中是国际音标，因印刷不便，所以有几个暂用罗马字母替代，如下：

〔â〕 = 〔α〕　　　〔ȧ〕 = 〔e〕　　　〔ä〕 = 〔æ〕

〔ė〕 = 〔ə〕　　　〔è〕 = 〔ɛ〕　　　〔g〕 = 〔g〕

〔ng〕 = 〔ŋ〕　　　〔ò〕 = 〔ɔ〕

我对于周豫才君之追忆与略评*
（1936 年 10 月 24 日）

现在一般人都称豫才为"鲁迅"，其实这只是他的笔名。他并没有把正式的姓、名、号废除，他的名片上刻的是"周树人"，他写给他的老朋友们的信都署"树人"或"树"（十月二十一日《世界日报》上影印他十月十二日给宋紫佩君的信，署名"树人"，是其证），他们也都叫他"豫才"。我也是他的老朋友之一，故此文称"周豫才"而不称"鲁迅"。至"鲁迅"二字之由来，则因他在民元以前所做的文章往往署名曰"迅行"，而其太夫人姓"鲁"，他撰《狂人日记》时，省"迅行"为"迅"而冠以母姓也。或误以"鲁迅"二字为其别号而冠其父姓曰"周鲁迅"，大误。

玄同附记

我与周豫才君相识，在民元前四年戊申，至今凡二十九年。我与他的交谊，头九年（民前四—民五）尚疏，中十年（民六—十五）最密，后十年（民十六—二十五）极疏——实在是没有往来。

民元前四年，我与豫才都在日本东京留学。我与几个朋友请先师章太炎（炳麟）先生讲语言文字之学（音韵、《说文》），借日本的大成中学里一间教室开讲。过了些日子，同门龚未生（宝铨，先师之长婿）君与先师商谈，说有会稽周氏兄弟及其友数人要来听讲，但希望另设一班，先师允许即在其寓所开讲。（先师寓牛込区新小川町二丁目八番地民报社中，《民报》为孙中山先生所主办，即"同盟会"之机关报也。）豫才即与其弟启明（作人）、许季茀（寿裳）、钱均甫（家治）诸君同去

---

* 录自《文化与教育》，第 106 期。

听讲，我亦与未生、朱蓬仙（宗莱）、朱逖先（希祖）诸君再去听讲。周氏兄弟那时正译《域外小说集》，志在灌输俄罗斯、波兰等国之崇高的人道主义，以药我国人卑劣、阴险、自私等等龌龊心理。他们的思想超卓，文章渊懿，取材谨严，翻译忠实，故造句选辞，十分矜慎。然犹不自满足，欲从先师了解故训，以期用字妥帖。所以《域外小说集》不仅文笔雅驯，且多古言古字，与林纾所译之小说绝异。同时他在《河南》杂志中做过几篇文章，我现在记得的有《文化偏至论》、《破恶声论》、《摩罗诗力说》等篇，斥那时浅薄新党之俗论，极多胜义。我那时虽已与他相识，但仅于每星期在先师处晤面一次而已，没有谈过多少话。

他于民元前三年己酉回国，民国元年，他在北京教育部任金事职。二年二月，教育部开"读音统一会"，他也是会员之一。会中为了注音符号的形式问题，众论纷纷，不能解决，先师门下任会员之豫才、逖先、季茀、马幼渔（裕藻）四君及舍侄钱稻孙君提议，采用先师在民元前四年所拟的一套标音的符号（以笔画极简之古字为之）。会中通过此案，把它斟酌损益，七年冬，由教育部正式颁行，就是现在推行的注音符号。（黎劭西君所著《国语运动史纲》第五十六及七十五页中有详细的记载。）

二年九月，我到北平来，从那里到民国五年，我与他常有晤面的机会。他住在南半截胡同绍兴会馆里（即《呐喊》序中之"S会馆"），他那时最喜欢买造像记，搜罗甚富，手自精抄，衰然成帙。三年，他曾用木板刻所辑的《会稽郡故书杂集》。

六年，蔡子民（元培）先生任北京大学校长，大事革新，聘陈仲甫（独秀）君为文科学长，胡适之（适）君及刘半农（复）君为教授。陈、胡、刘诸君正努力于新文化运动，主张文学革命，启明亦同时被聘为北大教授。我因为我的理智告诉我，"旧文化之不合理者应该打倒"，"文章应该用白话做"，所以我是十分赞同仲甫所办的《新青年》杂志，愿意给它当一名摇旗呐喊的小卒。我认为周氏兄弟的思想，是国内数一数二的，所以竭力怂恿他们给《新青年》写文章。七年一月起，就有启明的文章，那是《新青年》第四卷第一号，接着第二、三、四诸号都有启明的文章。但豫才则尚无文章送来，我常常到绍兴会馆去催促，于是他的《狂人日记》小说居然做成而登在第四卷第五号里了。自此以后，豫才便常有文章送来，有论文、随感录、诗、译稿等，直到《新青年》第九卷止（十年下半年）。

稍后（记不起真确的年代，约在十年到十五年），他在北大、师大、女师大等校讲授中国小说史，著有《中国小说史略》一书。此书条理明晰，论断精当，虽编成在距今十多年以前，但至今还没有第二部书比他更好的（或与他同样好的）中国小说史出现。他著此书时所见之材料，不逮后来马隅卿（廉）及孙子书（楷第）两君所见者十分之一，且为一两年中随编随印之讲义，而能做得如此之好，实可佩服。

十三年冬，孙伏园与李小峰诸君创办《语丝》，约周氏兄弟、王品青、章衣萍（洪熙）、章川岛（廷谦）诸君共任撰稿，故《语丝》中豫才的文章也很不少。十四年，他又与他的几位朋友（姓名都想不起来了）共办《莽原》。此外则徐旭生（炳昶）、李玄伯（宗侗）诸君所办的《猛进》中，也有豫才的文章。

十四年夏天，女师大学生反对校长杨荫榆的事件发生时，豫才是女师大的教员，他是站在学生一边的，被教育总长章士钊所知，于是下令免他的佥事职。十五年，"三一八"的惨案发生以后，北政府索性"一不做，二不休"，倒行逆施，竟开出所谓知识界的过激分子五十个人的名单，要通缉他们。豫才也是其中之一人，于是他不得不离开北平，上厦门去教书。

从十五年秋天他上厦门直到现在，这十年之中，他与我绝无往来。十八年五月，他到北平来过一次。因幼渔的介绍，他于二十六日到孔德学校访隅卿（隅卿那时是孔德学校的校务主任），要看孔德学校收藏的旧小说。我也在隅卿那边谈天，看见他的名片还是"周树人"三字，因笑问他："原来你还是用三个字的名片，不用两个字的。"我意谓其不用"鲁迅"也。他说："我的名片总是三个字的，没有两个字的，也没有四个字的。"他所谓四个字的，大概是指"疑古玄同"吧。我那时喜效古法，缀"号"于"名"上，朋友们往往要开玩笑，说我改姓"疑古"，其实我也没有这样四个字的名片。他自从说过这句话之后，就不再与我谈话了。我当时觉得有些古怪，就走了出去。后来看见他的《两地书》中说到这事，把"钱玄同"改为"金立因"，说："往孔德学校，去看旧书，遇金立因，胖滑有加，唠叨如故。时光可惜，默不与谈。"（第244页）我想，"胖滑有加"似乎不能算做罪名，他所讨厌的大概是"唠叨如故"吧。不错，我是爱"唠叨"的，从二年秋天我来到北平，至十五年秋天他离开北平，这十三年之中，我与他见面总在一百次以上，我的确很爱"唠叨"，但那时他似乎并不讨厌，因为我固"唠叨"，而他亦

"唠叨"也。不知何以到了十八年我"唠叨如故"，他就要讨厌而"默不与谈"。但这实在算不了什么事，他既要讨厌，就让他讨厌吧。不过这以后他又到北平来过一次，我自然只好回避他了。自从他上厦门去到现在，这十年中，我除了碰过他那次钉子以外，还偶然见过他几本著作（但没有完全看到），所以我近年对于他实在隔膜得很。

我所做的事是关于国语与国音的，我所研究的学问是"经学"与"小学"；我反对的是遗老、遗少、旧戏、读经、新旧各种"八股"，他们所谓"正体字"、辫子、小脚。……二十年来如一日，即今后亦可预先断定，还是如此。我读豫才的文章，从《河南》上的《破恶声论》等起，到最近（二十五年十月）"未名书屋"出版的《鲁迅杂文集》止，他所持论，鄙见总是或同或异，因为我是主张思想自由的，无论同意或反对，都要由我自己的理智来判断也。

至于我对于豫才的批评，却也有可说的：（1）他治学最为谨严，无论校勘古书或翻译外籍，都以求真为职志。他辑《会稽郡故书杂集》与《古小说钩沉》，他校订《嵇康集》与《唐宋传奇集》，他著《中国小说史略》，他翻译外国小说，都同样的认真。这种精神，极可钦佩，青年们是应该效法他的。（2）日前启明对我说，豫才治学，只是他自己的兴趣，绝无好名之心，所以总不大肯用自己的名字发表，如《会稽郡故书杂集》，实在是豫才辑的，序也是他做的，但是他不写"周树人"而写"周作人"，即是一例。因为如此，所以他所辑校著译的书，都很精善，从无粗制滥造的。这种"阇修"的精神，也是青年们所应该效法的。（3）他读史与观世，有极犀利的眼光，能抉发中国社会的痼疾，如《狂人日记》、《阿Q正传》、《药》等小说及《新青年》中他的《随感录》所描写、所论述的皆是。这种文章，如良医开脉案，作对症发药之根据，于改革社会是有极大的用处的。这三点，我认为是他的长处。但我认为他的短处也有三点：（1）多疑。他往往听了人家几句不经意的话，以为是有恶意的，甚而至于以为是要陷害他的，于是动了不必动的感情。（2）轻信。他又往往听了人家几句不诚意的好听话，遂认为同志，后来发觉对方的欺诈，于是由决裂而至大骂。（3）迁怒。譬如说，他本善甲而恶乙，但因甲与乙善，遂迁怒于甲而并恶之。以上所说，是我所知道的豫才的事实，我与他的关系，我个人对于他的批评。此外我所不知道的，我所不能了解的，我都不敢乱说。

中华民国二十五年十月二十四日

林尹《中国声韵学要旨》序 *
（1937 年 1 月 8 日）

瑞安林子景伊纂《中国声韵学要旨》既成，问序于余。

余惟声韵之学，本人人所当解喻者。童子入学识字，即宜教之审音正读，使不歧误。故欧文首教字母，习拼音，日本首教假名，而我国现代小学教育亦定为首教注音符号，并习拼音与声调（声调即旧日所谓四声）。盖不能审正音读，则或歧于方音，或误于俗读，甚且有望字生音、凭臆妄读者，斯大悖于国音统一之旨矣。自成童以上籀读故书，宜知小学。小学包形、义、音三端，而音为首要，因形、义之变迁多以音之通转为其枢纽，故前代之声韵学必当讲求。

世人不明此义，以研治声韵为小学家之专业，与其他诸学无涉。更有横加讥姗，称治声韵学者为能读天书，一若此乃嗜奇之士故弄狡狯以惑世人者然。此等轻诋，固可悯笑，然亦无足怪也。

夫声韵学之不明也久矣。昔之小学家虽能穷音理，明变迁，而所用术语率多函胡，所述理论每或支离，成学尚难遽瞭，何况闾里书师？则因此学之不明，上之不能供籀读故书者之取资，下又不能备从事教育者之应用，固意中事。声韵学之不行也亦久矣。以余所知，今日旧式学者之中，其谈玄学及华辞者，多不解训诂，昧于声韵；以其能考释经诂及校读群书自诩者，往往不明声韵通转之条理，但窃段、王、俞、孙诸家之形似以欺惑愚众。彼等未必不知声韵与其所学有关，而竟茫昧若此，则因声韵之学世不通行，其条理本非所谙悉也。

近年以来，锢蔽之习渐移，童子识字宜知声韵之理渐为有识者所共喻，故注音符号之推行今已见端。但愿顽梗之徒不复能假借旧势力以摧

残新事业，则因注音符号之普及，而前代之声韵学得以暗而复明，滞而复行，固可预期者矣。

或因注音符号所拼之音为现代之标准音，所用之方面为普及教育，疑其与前代之声韵学无涉，其实不然。古今声韵之异同，全由于自然之变迁，不习今音，不能明古音之演变；不考古音，无由知今音之来源。且古今音变至为繁赜，有古有而今无之音，有古无而今有之音，又有古无后有而今复无之音；有古读甲而今变为乙者，有古读乙而今变为甲者，又有古读甲后变为乙而今还复为甲者，有古今读音不变者。诸如此类，一方固宜就书册而致力于考古，一方又宜就唇吻而致力于审音。不能审音，虽明知某声某韵古今不同，但仅能知其有此变迁，而不能知其何以有此变迁。前代学者多有此病，如金坛段君著《六书音韵表》，能断定《广韵》中"之"、"脂"、"支"三韵在唐以前古音中必分为三，必不可合一，而终不能假定此三部为三种读音者，则由段君虽精于考古而实疏于审音之故。注音符号虽为现代之标准音而作，然以之说明音理，作审音之用，亦可得其大凡。余在北京大学及北平师范大学等处讲述古今声韵沿革，用注音符号以说明音理者已二十年，深知其不仅堪作今后统一国音之工具，且又堪作说明音理之工具。故注音符号实有助于前代之声韵学也。（注音符号未备之音尚多，然教育部国语推行委员会顷从事增益，将刊为总表，意在能兼注方音及假定之前代读音。此表告成，其用当益弘矣。）

如此则旧日之字母（当称"声目"或"纽目"）、韵目、韵摄、反切用字，声韵学上之一切名词，以及前代声韵学上种种条例、种种分类之法，可废弃乎？是又不然。凡此旧名旧类，承用已久，不特不可废弃，且当详释其含义，与今之新名词类比较其异同。（今虽"有作于新名"，然亦"有循于旧名"。）今言旧音虽可用新名，而旧名仍宜兼列，有时且以暂沿旧名为宜。因历史上之事，多有未易明了者，如声纽中之"正齿音"，当分二类，其"庄、初、床、疏"一类究读何音，尚难遽定，即是一例。

前代学者对于声韵学之研究，萌芽于东汉，至魏、晋、南北朝而双声迭韵之说大盛。韵书始作于魏之李登，继则有吕静、夏侯咏、李槩、阳休之、杜台卿诸人之作，至隋陆法言撰《切韵》而集其大成。唐有王仁昫、孙愐、李舟诸人增益陆书，至宋之《广韵》而刊为定本。魏、晋、南北朝之韵书集成于《切韵》，唐人增益《切韵》之书勒定于《广韵》，是《广韵》者实前代韵书之宗也。

魏、晋、南北朝人虽喜言双声，而未有为声纽作专书者。至唐末始有守温制成三十字母，后又增为三十六字母。近代学者番禺陈君及蕲春黄君，先后以三十六字母与《广韵》中之声纽比勘，审其未尽密合，重为考定，而后魏、晋至唐、宋之声纽始显。是《广韵》者又前代声纽之宗也。

今所传韵摄书之最古者，为南宋张麟之刊行之《韵镜》。此书不著撰人姓氏，余疑其出于北宋之初，因其归纳韵部而为诸图，与《广韵》系统甚为密合。是《广韵》者又韵摄之原也。

反切之兴，与韵书同时。上字表声，下字表韵，一韵之中，因开、合洪细而又区为二类、三类或四类。自番禺陈君著《切韵考》，就《广韵》中之反切用字而归纳之成《声类考》及《韵类考》两篇，于是魏、晋至唐、宋之声类若干始了如指掌。是《广韵》者又反切之宗也。

如上所述，是《广韵》一书实为前代声韵学之总汇。周、秦、两汉之世，未有韵书。自崑山顾君及嘉定钱君以来言古音者，皆就《广韵》并合离析，而定古韵与古声之部目，至言及声韵类例，更无不沿用《广韵》之成法。《广韵》以后，尚有《集韵》、《五音集韵》、《韵会》诸书，不过就《广韵》而增益字数及字音耳。（亡清之《佩文诗韵》极无价值，不足齿数。）元、明、清代之韵书，自《中原音韵》至《五方元音》，就音而言，固属于现代标准国音之系统，然就其书之体例而言，则仍为《广韵》之支流。由此可知言前代声韵学之名词类例，举无能逾越《广韵》之范围。

是故，就《广韵》而解释前代声韵学上之一切名词及其类例，更进而说明《广韵》前后各书中之声纽、韵部、韵摄及等呼之异同，勒成一编，以饷学子，实今日治声韵学者所有事也。

景伊为吾友次公君之子，公铎君之侄。两君皆受业于其舅氏瑞安大儒陈介石先生，得其真传。景伊既承家学，又师事亡友同门生蕲春黄季刚君，亦尝闻先师余杭章公之绪论。民国十有九年，景伊为北京大学研究所国学门研究生，余在本科讲述中国音韵沿革，景伊曾来听讲。黄君邃于小学，声韵尤其所专长，《广韵》一书，最所精究，日必数检，韦编三绝，故于其中义蕴阐发无遗，不独诠其名词，释其类例，且由是以稽先秦旧音，明其声韵变迁之迹，考许君训诂，得其文字孳乳之由。盖不仅限于《广韵》，且不仅限于声韵学，已遍及于小学全部矣。景伊天资渊懿，善读善悟，既受师说，复能潜心绎理，心得甚多。顷在北平民国大学讲述声韵，纂成此编。余观其书，于声韵之名称，声韵之通例，声韵之发音，韵书之起源，守温字母与涅槃字母之异同，三十字母至四十一声纽之异同，《切韵残卷》与《广韵》之异同，《广韵》之四声相承，《广韵》韵类之分析，《广韵》阴声、入声、阳声之相配，诸家韵摄之异同，反切之上下用字诸端，无不择精语详。立论多本黄君，而上及婺源江君、休宁戴君、番禺陈君，时亦采撷鄙说。景伊综合之功与组织之力，皆可赞叹。

余亦嗜声韵之学，自恨才质驽下，与黄君虽分属同门，然实无能为役。近年久病，凶力大减，衰朽余生，此后殆不能更有寸进，睹景伊之英年劬学，著作斐然，故喜而序之。

中华民国廿有六年，为公元一千九百卅有七年，岁在丁丑，春，一月八日，吴兴钱玄同饼斋氏序于北平孔德学校，时年五十有一。

《刘申叔先生遗书》序 *
（1937 年 3 月 31 日）

最近五十余年以来，为中国学术思想之革新时代。其中对于国故研究之新运动，进步最速，贡献最多，影响于社会政治思想文化者亦最巨。此新运动当分为两期：第一期始于民元前二十八年甲申（公元一八八四），第二期始于民国六年丁巳（一九一七）。第二期较第一期，研究之方法更为精密，研究之结论更为正确，以今兹方在进展之途中，且与本题无关，故不论。第一期之开始，值清政不纲，丧师蹙地，而标榜洛闽理学之伪儒，矜夸宋元椠刻之横通，方且高踞学界，风靡一世，所谓"天地闭，贤人隐"之时也。于是好学深思之硕彦，慷慨倜傥之奇材，嫉政治之腐败，痛学术之将沦，皆思出其邃密之旧学与夫深沉之新知，以启牖颛蒙，拯救危亡。在此黎明运动中，最为卓特者，以余所论，得十二人。略以其言论著述发表之先后次之，为南海康君长素（有为），平阳宋君平子（衡），浏阳谭君壮飞（嗣同），新会梁君任公（启超），闽侯严君幾道（复），杭县夏君穗卿（曾佑），先师余杭章公太炎（炳麟），瑞安孙君籀庼（诒让），绍兴蔡君孑民（元培），仪征刘君申叔（光汉），海宁王君静庵（国维），先师吴兴崔公懽甫（适）。此十二人者，或穷究历史社会之演变，或探索语言文字之本源，或论述前哲思想之异同，或阐演先秦道术之微言，或表彰南北剧曲之文章，或考辨上古文献之真赝，或抽绎商卜周彝之史值，或表彰节士义民之景行，或发抒经世致用之精义，或阐扬类族辨物之微旨。虽趋向有殊，持论多异，有一志于学术之研究者，亦有怀抱经世之志愿而兼从事于政治之活动者，然皆能发抒心得，故创获极多。此黎明运动在当时之学术界，如雷雨作

---

* 录自《刘申叔先生遗书》卷首。

而百果草木皆甲坼，方面广博，波澜壮阔，沾溉来学，实无穷极。

此黎明运动中之刘君，家传朴学，奕世载德，蕴蓄既富，思力又锐，在上列十二人中，年齿最稚。甲申（一八八四）为康君作《礼运注》之年，刘君甫于是年诞生；癸卯（一九〇三）为章公下狱之年，刘君始作《中国民约精义》及《攘书》，时章公《訄书》之改本将出版矣。（《訄书》作于戊戌，改于庚子，至民国四年乙卯而再改，更名曰《检论》。）故刘君最初发表其著述之时，对于康、梁、严、夏、章、孙诸先生之作，皆尝博观而受其影响。刘君著述之时间，凡十七年，始民元前九年癸卯，迄民国八年己未（一九〇三—一九一九）。因前后见解之不同，可别为二期，癸卯至戊申（一九〇三—一九〇八）凡六年为前期，己酉至己未（一九〇九—一九一九）凡十一年为后期。嫥较言之，前期以实事求是为鹄，近于戴学，后期以笃信古义为鹄，近于惠学；又前期趋于革新，后期趋于循旧。

刘君著述所及，方面甚多，余所能言且认为最精要者有四事：一为论古今学术思想，二为论小学，三为论经学，四为校释群书。下文就此四事分别述之。

在述刘君论古今学术思想之先，略说刘君之政治思想。

自庚子（一九〇〇）以后，爱国志士愤清廷之辱国，汉族之无权，而南明巨儒黄梨洲先生觝排君主之论，王船山先生攘斥异族之文，蕴埋已二百余年者，至是复活，爱国志士读之，大受激刺，故颠覆清廷以建立民国之运动，实为彼时最重要之时代思潮。刘君于癸卯年（一九〇三）至上海，适值此思潮澎湃汹涌之时。刘君亦即加入此运动，于是续黄氏《明夷待访录》而作《中国民约精义》，续王氏《黄书》而作《攘书》。甲辰（一九〇四）与蔡孑民、林少泉（獬）诸君撰《警钟日报》，乙巳（一九〇五）与邓秋枚、黄晦闻诸君撰《国粹学报》，虽论古之作，亦频频及此二义。丁未（一九〇七）喜鲍敬言先生之说，主张废绝人治，与前此不同。此皆刘君前期之政治思想也。后期环境改变，倡君政复古之说，则与前期绝异矣。

刘君论古今学术思想之文，皆前期所作。（后期之初自刻《左庵集》中间有论及者，皆系删剟前期之文所成，而不逮原文之精详，兹不复引。下文述小学及经学仿此。）专著有《国学发微》、《周末学术史序》、《两汉学术发微论》、《汉宋学术异同论》、《南北学派不同论》、《攘书》、《中国民约精义》诸书（后二种虽为刘君发挥其政治思想而作，然《攘书》后五篇乃专论古代学术思想者,《中国民约精义》所引皆先哲贵民思想之材料)。《左庵外集》卷八及卷九皆论学术思想之文,卷十七之《近儒学案序目》、《颜氏学案序》、《东原学案序》三篇亦为论学术思想者,卷十八自《王艮传》至《戴望传》十六篇,亦多与学术思想有关。刘君对于学术思想,最能综贯群书,推十合一,故精义极多。昔先师章公评梁君任公《论中国学术思想变迁之大势》,曰"真能洞见社会之沿革、种性之蕃变者",余于刘君诸作亦云然。上列诸作,自以《周秦学术史序》为最精。此文以外,则论古学原于宗教与由于实验,论古学出于史官,论孔学之真相,论六艺皆官书而孔门编订之为教科书,陈义并皆审谛。其推崇王阳明、王心斋及泰州学派诸杰、李卓吾、颜习斋及李恕谷、戴东原、章实斋、崔东壁、龚定庵、戴子高诸先生之学,尤为卓识。

刘君于声音训诂,最能观其会通。前期研究小学,揭橥三义:一、就字音推求字义。其说出于黄扶孟、王石臞伯申父子、焦里堂、阮伯元、黄春谷诸先生而益加恢廓。《左庵外集》卷六《正名隅论》一篇发挥此义最为详尽,《小学发微补》及《中国文学教科书》第一册中亦及此义,而《外集》卷七《物名溯源》及续补、《论前儒误解物类之原因》、《骈词无定字释例》诸篇及《尔雅虫名今释》一书,亦与此义有关。二、用中国文字证明社会学者所阐发古代社会之状况。《外集》卷六《论小学与社会学之关系》及《论中土文字有益于世界》两篇皆发挥此义,《小学发微补》中亦有言及者。三、用古语明今言,亦用今言通古语。《外集》卷十七《新方言序》中发挥此义,曾作札记三十余条,为先师章公采入其所纂《新方言》中。(见章公《自序》)此三义皆极精卓。

以上为关于考古者。其关于应用者,刘君以为宜减省少汉字点画,宜添造新字,宜改易不适用之旧训(说见《攘书·正名篇》及《外卷》集六《中国文字流弊论》),宜提倡白话文(说见《论文杂记》及外集卷六《中国文字流弊论》),宜改用拼音字,宜统一国语(说见读书随笔《音韵反切近于字母》一条)。凡此数端,甚为切要,近二十年来均次第着手进行,刘君于三十年前已能见到,可谓先知先觉矣。至后期(在民国纪元以后)主张,则多与前期相反,亦揭三义:一、对于《说文》,主张墨守,毋稍违叛。《外集》卷十六《答四川国学学校诸生问说文书》中述说此义,与前期所见相反。(前期所作之《正名隅论序》云:"以心得为主，虽或与旧说相戾，然剿说雷同之失庶几免矣。"又他文中亦有驳《说文》之语。）二、对于同音通用之字，主张于《说文》中寻求本字。《外集》卷七《古本字考》及卷十六《答四川国学学校诸生问说文书》中皆言此义，而反对前期音近义通之说，且目同音通用之字为"讹迹"。三、对于新增事物，主张于《说文》取义训相当之古字名之，而反对添造新字新词。《外集》卷十六《答江炎书》言之，此与前期主张亦相反。至于改用拼音字之说，则前期之末作《论中土文字有益于世界》一文时已表示反对矣，卷十七《中国文字问题序》中又申言之。

刘君于经学，世皆谓其尊信古文，因其家传左氏之学已四世也。（刘君之曾祖孟瞻先生，祖伯山先生，伯父恭甫先生，皆治左氏学。）此言固是，但刘君虽尊信古文之左氏，却并不摒斥今文之公羊。其前期之著述中，如《中国民约精义》第一篇，《攘书·夷裔篇》，《周末学术史序》之《社会学史序》及《哲理学史序》，皆引公羊之说而发挥其微旨。《左庵诗录》卷四之《读戴子高先生论语注》一诗，对于戴书大加赞扬（戴先生专以公羊之义诠释《论语》），可为刘君兼采公羊之证。刘君作《群经大义相通论》，谓："汉初经学，只有齐学、鲁学之别耳。齐学详于典章而鲁学详于故训，齐学多属于今文而鲁学多属于古文。后世学者拘执一经之言，昧于旁推交通之义，其于古人治经之初法去之远矣。"（《序》）又谓："仅通一经，确守家法者，小儒之学也；旁通诸经，兼取其长者，通儒之学也。"（《公羊荀子相通考》）其作《经学教科书》，谓："大约古今说经之书，每书皆有可取处，要在以己意为折衷耳。"（第一册《序例》）由是观之，刘君于经学，虽偏重古文，实亦左右采获，不欲专己守残也。即以左氏学而论，刘君前期所作之《读左劄记》及《司马迁左传义序例》（《外集》卷三）二文，皆能独抒心得，不袭陈言，实与墨守汉师家法者异撰。至刘君非难今文家之文则有三篇，一、《汉代古文学辨诬》（《外集》卷四）。驳廖君季平之《今古学考》及康君长素之《新学伪经考》。（文中驳及宋于庭、魏默深、龚定庵三先生之说，因其为康说之先河也。）二、《论孔子无改制之事》（《外集》卷五）。驳康君之《孔子改制考》，皆前期所作。三、《非古虚》上下篇，上篇驳（校者案，此处原缺数字），下篇驳廖君（此处原缺），皆后期所作。缘刘君不反对今文经说，而反对今文家目古文经为伪造及孔子改制托古之说也。又刘君对于宋、元、明人之经说亦多反对，见《汉宋学术异同论》中之《汉宋章句学异同论》。（刘君对于宋、元、明人经说亦非一笔抹杀,故《异同论》中又谓其"或义乖经旨而立说至精",《经学教科书》第一册《序例》中谓"宋、明说经之书亦多自得之言"。)但刘君释经亦有新义,如谓六经本官书而孔门编订之为教科书(见《国学发微》等),又如采拉古伯里氏释离卦之说,谓《周易》为古之字典,因即用其法释坤、屯二卦,并略及巽、乾、坤、震、睽诸卦。(见《小学发微补》等)盖刘君前期解经,喜实事求是,喜阐发经中粹言,故虽偏重古文,偏重左氏,偏重汉儒经说,实亦不专以此自限也。逮及后期,笃信汉儒经说甚坚。观《中庸问答》(《外集》卷二,同卷又有《中庸说》一篇,义与此篇同)及《春秋原名》(《外集》卷三)二篇,即可得其梗概。专著中《礼经旧说》、《西汉周官师说考》、《周礼古注集疏》、《春秋古经笺》、《春秋左氏传时月日古例考》至《春秋左氏传例略》六种。(案,此处原缺六字。)刘君论惠定宇之言曰:"确宗汉诂,所学以掇拾为主,扶植微学,笃信而不疑。"(见《外集》卷九《近儒学术统系论》)余谓取此数语以论上列诸书,最为恰当。(案,原稿此处有空白,似未完。)

刘君校释群书之著作,前后两期皆有之,而后期占大多数。两期所用之方法全同,皆赓续卢抱经先生之《群书拾补》、王石癯先生之《读书杂志》、俞曲园先生之《诸子平议》、孙籀庼先生之《札迻》,匡旧训之违失,正传写之舛讹,覃思精研,期得至当。故书雅记之疑滞,得刘君之校释,发正益多矣。

余少于刘君三龄,甲午(一八九四)余年八岁,识《说文》部首;庚子(一九〇〇),读段茂堂、王菉友、严铁桥诸先生言《说文》之书,粗谙六书大意及篆、隶变迁。辛丑(一九〇一),读庄方耕、孔㧑约、刘申受诸先生言《春秋》之书,深信《公羊》最得经意,《左传》必有讹窜,愿为卖饼家,不作太官厨。故余自成童至今,最嗜小学及经学。然彼时对于学术思想之变迁,实茫无所知也。壬寅(一九〇二),读梁君任公之《论中国学术思想变迁之大势》。甲辰(一九〇四),读章公之《訄书》及刘君之《攘书》。乙巳(一九〇五),读刘君之《国学发微》、《周末学术史序》、《两汉宋学术发微论》、《汉宋学术异同论》、《南北学派不同论》、《古政原始论》、《群经大义相通论》、《小学发微补》、《理学字义通释》、《国学教科书》及《国粹学报》中其他诸文,又读夏君穗卿之《中国古代史》(此书名为后来他人所改,原名《中国历史教科书》),于是始知国学梗概。梁、章、夏诸先生皆为前辈,惟刘君年甫逾冠,略长于余,且与余有世谊(刘君之伯父恭甫先生与先父笤仙公为友,恭甫先生之子张侯君又为先父之弟子），故愿与订交之心甚炽。丙午（一九〇六），余留学日本，始谒章公。丁未（一九〇七）阳历四月二十二日，于章公座上始识刘君，缘章公与刘君彼时皆以党祸避地日本也。自尔遂恒与刘君谈论，获益甚多，至戊申（一九〇八）秋冬间刘君归国时止。癸卯（一九〇三）至戊申（一九〇八）六年间刘君前期之著述，除芜湖之《白话报》外，余尝尽读之。最佩服其论小学诸篇，认为前期所揭三义，今后治小学者皆宜奉为埻臬；其关于应用方面各项主张，今后推行国语者皆宜一一促其实现。其校释群书诸作，皆依卢、王、俞、孙以来之律令，古书与后学胥受其益，非夫横通之校勘所能并论。其论古今学术思想诸篇，余谓其精义甚多，亦间有不同意者，如《中国哲学起源考》（《外集》卷八）及《近代汉学变迁论》（《外集》卷九）等。至其论经学，则余与刘君所见绝异。余自辛丑（一九〇一）读刘申受先生之《左氏春秋考证》及《春秋公羊经何氏释例》以后，即尊公羊而黜左氏，信今文而疑古文。辛亥（一九一一）居故乡吴兴，谒先师崔公，得读其伟著《史记探源》，系续康君之《新学伪经考》者。康书在彼时屡遭清廷焚毁，余前此未之见，因假崔公藏本读之。自读康、崔两先生之书，认为所论精确不易，乃昭然若发矇，知所谓《左氏春秋》或《春秋左氏传》者乃刘子骏氏取左丘氏《国语》所改作，易国别为编年，并窜入书法凡例，以冒充《春秋》之传。《周礼》亦刘氏伪造之书。（或战国时人所著而经刘氏所改作，冒充周公所制之礼。）不但此也，凡所谓古文经典悉为刘氏所造之赝鼎。此意至今犹然，且持之益坚。民国三年（一九一四），始读康君之《孔子改制考》，对于诸子（包孔子）改制托古之说，亦深信不疑。民国□年（一九一□）以后，读郑渔仲之《诗辨妄》（辑本），朱晦庵之《诗集传》，王鲁斋之《诗疑》，姚立方之《诗经通论》，崔东壁之《读风偶识》，方鸿濛之《诗经原始》，啖叔佐、赵伯循、刘原甫、胡康侯、陈君举诸家论《春秋》之书，及朱晦庵、叶水心、姚立方、崔东壁诸人论群经之文，乃知唐、宋以来不用汉儒旧说而自创新义者，其见解胜于汉儒者甚多。故余对于刘君论经之文如《中古文考》（《外集》卷一）、《中庸说》、《中庸问答》（卷二）、《春秋原名》（卷三）、《汉代古文辨诬》（卷四）、《论孔子无改制之事》（卷五）等，及《国学发微》、《汉宋学术异同论》、《经学教科书》中斥宋、元、明儒（案，原缺四字）者，皆不谓然。（案，原稿此节似未完。）

刘君卒于民国八年（一九一九）。卒后，余时时殷盼有人刻其著作，彰其学术。越十有五年，至民国廿三年（一九三四），其挚友南君佩兰发大愿，出巨赀，为之刊行遗书全部。余闻而欢喜赞叹，莫可名状，谓南君此举真是无量功德。南君延郑君友渔任搜集校印之事，郑君商诸吴君晓芝，吴君以告黎君劭西，黎君者，余近廿年来审订国语及商量旧学之同志也，因介余与郑君晤谈。余于刘君后期著述，所知甚希，但能举敝箧所存刘君前期著述如干篇以报郑君。郑君又广为寻访，先后得刘君之从弟容季君及他人所藏者多种，盖刘君遗著滋多于是矣。（详拙撰《全书总目后记》。）印刷之际，余仅比次《左庵外集》、《左庵诗录》、《左庵题跋》及各书之先后，写定目录，并附说明而已。至校勘之事，悉由郑君及其襄助诸君任之，余精神衰惫，头目眩瞀，愧未敢稍效绵薄也。

民国廿六年，为公元一九三七年，岁在疆圉赤奋若，三月卅一日，疑古老人钱玄同序于北平寓卢之饼斋。

附　记

先父为《刘申叔先生遗书》写序，初稿成于民国廿六年三月卅一日，稿中有数处，原拟修正补充后付印，但年来因血压高，精神衰惫，不克久坐用脑，虽于去年十二月间曾经一度续写，仍未告竣。不幸今年一月十七日突患脑溢血症逝世，此稿原阙处竟未及补，今即以付印，借存其真。

民国廿八年二月十七日棘人钱秉雄谨记。

与顾起潜书[*]
（1938 年 5 月 19 日）

　　手教敬承。先师章君之《春秋左传读》，弟于三十年前曾在师处见其自藏之本，其后向先师之兄仲铭丈乞得一部。书系缮写石印，板式及大小，略如石印《清经解》正、续编。各卷系两人分写，一字迹稍大，体较古雅，系先师自写；一字迹稍小，体较凡俗，尽抄胥所写。书签为冯梦香一梅篆书。此书出板当在戊戌以前，因戊戌年张香涛延先师至鄂督幕中，即因张氏曾读此书也。张氏痛恨《公羊》而嗜《左氏》，故喜先师此书，而恶康长素之《伪经考》等。梁任公谓廖季平受张氏贿逼而编关于《左氏》之书，贿逼与否，我所不知，至廖为张编关于《左氏》之书，则我曾见之。此亦张氏嗜《左氏》之一证也。《章氏丛书》中之《春秋左传读叙录》及《刘子政左氏说》两种，即系将此书之一小部分修改而成者。彼两种定稿于丙午、丁未间，在此书之后十余年。前后见解大异，故此书久为先师所废弃矣。又先师晚年所作之《春秋左氏疑义答问》（在《章氏丛书续编》中），则不但与此书所见绝异，即与《丛书》中之两种亦大不相同，因又在彼两种以后二十余年所作也。窃谓欲知先师治左氏学之意见之前后变迁，此三时期之四部书皆极重要。此三期之说法孰是孰非，或皆有是处，或皆未是，此为别一问题。若对于先师之左氏学为历史的研究，则此书实与后此三书同样重要。而后此三书刻于《丛书》之中，寻极甚易，此书则甚不易得，尤宜葆藏也。弟于民元、二间识仲铭丈时，虽曾乞得一部，但铭丈已云家中仅余数部。今又阅廿余年，铭丈下世亦近十年，以后恐绝难再得矣。关于图章问题，弟所见先师自藏之本亦有一章，其文似是"刘子骏私淑弟子"七字，与先

生所示之残章相较，意同而文句颇异，似一物。惟事隔三十余年，弟不敢断定弟昔年所件者必是此七字。故弟所见与先生所示是一是二，殊难臆断，兹仅就所忆者奉告而已。窃疑"长沙贾傅中垒刘公"上面所阙之三字或是"私淑于"三字，但此全是臆测，毫无根据，不过因其为三字，且似当有动词及介词也。又子陵兄所示明板韵书一册，弟尚未读。本星期一（即子陵兄见访之初翌日），弟因不慎而倾跌，致将口鼻伤破。又因跌时惊悸而头目震荡，医者嘱静养数日，故日来不敢用脑。子陵兄曾言本星期日（廿二日）将再见访，取还此书，并索跋语。弟已面允。兹缘仆病未能，请先生费神转达子陵兄，请其迟一星期再来，当可报命。惟能否略有所见，殊未敢必耳。率复，余续陈。敬颂著安。弟钱夏再拜。廿七、五、十九。

　　玄同先生自病血压高以来，谢客习静，不犹接言笑者久矣。去春检理四当斋藏书，见太炎先生旧著《春秋左氏读》，钤有小印，曰"□□□长沙贾傅中垒刘公"。龙异此本之罕觏，又欲补印文之残阙，因念先生熟于师门故事，即以原委奉询。承示复甚祥，深为感幸。又有明本韵书，亦四当斋物，残存一册，首尾不具，谁著何书，莫能辨悉。并乞先生审定，知为章黼《并音连声韵学集成》也。瞿君子陵走谒之日，先生尝自谓旧恙已稍愈。龙屡欲造访，一疏结念，而卒卒未果。今忽噩耗传来，已为先生接三之期，为之怆悼，检视遗稿，手墨如新，而音容已邈，不胜山阳邻笛之感。二十八年一月十九日顾廷龙记。

钱德潜先生之年谱稿[*]

一八八七　强圉大渊献（二七二八）七月廿五日申时　公生

公名师黄，字德潜，先子命也。因先子晚年处境多逆，欲使勉为诗人。黄，黄庭坚也；德潜，沈德潜也。公后以睹青年之无爱国心，咸务变夏于夷，毅然以明种姓为己任，因更名曰夏。以古人名字多取相应，亦有不应者，必伯仲之且字也，如（此下更须引《仲尼弟子列传》二三人）枚乘字叔，眭弘字孟，羊祜字叔子等，是虽不相应，犹有古人尚质之意。以诸兄姊中己最稚，因改字季，或以一字不便呼，故或曰子季、季子。

一八八八　著雍困敦（二七二九）　二岁

一八八九　屠维赤奋若（二七三〇）　三岁

一八九〇　上章摄提格（二七三一）　四岁

是岁先子取《尔雅·释诂》诸文，书签粘壁，指使识字。

腊月入学，李吉夫（升谦）先生也。

一八九一　重光单阏（二七三二）　五岁

读《尔雅》、《毛诗》。

一八九二　玄弋执徐（二七三三）　六岁

是年季冬，《毛诗》读毕。（家严教法极严，不许出外与市井群儿嬉，故在家中，嬉游者惟兄子稻孙、穄孙耳。家君以苏俗多无赖市井，乃学坏之地，故禁不使出门，自幼至先君见背之年，总是这样。及先君见背以后，先母与我孤儿寡妇，势不能不入交际场中，而不肖从此便变

　* 录自北京鲁迅博物馆编：《钱玄同日记》（影印本），第12册。此谱纪年首公历，次岁星，末共和纪年，月日则用阴历。

坏了。言念至此，深叹孟母三迁之不错也。）

一八九三　昭阳大荒落（二七三四）　七岁

李师归。春，延顾挹峰（名不知）先生教《周易》。春季顾先生病归，以郁先生（名△△，字△△）权馆，五月去。六月莫砚山先生来，先生年已七八十矣。冬《周易》诵毕，以六十四卦处尚生，因重取朱子复之十翼本，先子自己教之。（其时先子又以张稷若《仪礼句读》相授，读《士冠》、《士昏》两卷，《士相见礼》止读得第一节，并陈张惠言《仪礼图》指示之，口若历历演古人礼仪于目前，当时固踊跃欢喜等于婴游也。先子平时每到晚间，常以《文字蒙求》及时命检许书某部某字之字教之，不肖今日犹能不改故常者，庭训之力也。先子晚年喜复古制，每当春秋祭先及祭神之时，自洁俎豆笾箅等以祭。）

一八九四　阏逢敦牂（二七三五）　八岁

是岁请董东初先生（名祖寿）来教《尚书》。春，先子他适。从事嬉游，书甚生，董先生又口习，初不问所学。其年夏，先子归苏，痛挟之，始稍熟。季秋以后，读《礼记》郑注。十月，董先生归娶，延李夔飚（名尧栋）先生教。先生年老多病，两旬便去，由先子自教。《檀弓》读毕。（先子教《礼记》，每卷取郑目录遗文书签粘于每卷之首，使先读之。先子极不喜宋儒诂经之书，故《礼记》不读陈澔《集说》，《诗》不读朱注［因废小序也］，惟《易》则以朱子《本义》乃复十翼之旧本，较王弼所注反得其真，故读之。《尚书》不读蔡沈而读任启运约注本，盖任氏之注虽未善，而每篇之下辄书伏生本第几，其伪古文则直书梅赜本，而《尧典》、《舜典》［伪古文所分者］合为一，《皋陶谟》、《益稷》合为一，《顾命》与《康王之诰》合为一，虽未能芟夷伪书，而较蔡沈之云古文、今文莫辨真伪者，故胜之矣。四子书，以功命所定，不得不习朱注。）

一八九五　旃蒙协洽（二七三六）　九岁

是岁从朱培甫（名肇荣）先生游。冬，《礼记》读毕。先子最恶读经之删节者，故《礼记》全读，《丧记》诸篇皆不删去，陈澔《集说》，先子以为多非古训，故读郑注。冬，朱先生归娶，请冯蓝宋（名汝濂）代庖。十一月朱先生又来。

一八九六　柔兆涒滩（二七三七）　十岁

是年始读四子书。（先子以为，《大学》者，明言是大人之学，童子所不能读。今人以科举之故，开蒙即读四子书，极为无礼。故先使之读

《尔雅》、《诗》、《易》、《书》、《礼》，而后读四子书。）仍由朱师教。四月朱师病归，延张利川（名浧澂）师教，旋又归。秋后延沈鑑远（名汝明）先生来教，《论语·卫灵公》毕。

一八九七　强圉作噩（二七三八）　十一岁

是年延冯先生来教。七月四子毕。八月始读《左传》。八月间冯师赴乡试，请姚寿田（名洪畴）先生来教。秋，仲绲二姊来，甥锴孙（一字幼浦，名△△），年十三四，嬉游甚相得。（秋由大石头巷迁洄井巷。）

一八九八　著雍阉茂（二七三九）　十二岁

是岁仍请冯师教《左传》。

八月初一日，先子病痢。九日寅时，先子卒，年七十四岁。（余自毁齿以来，先子常以许书、太史公书等命检架上塾中）。呜呼痛哉！大兄嫂两侄皆自湖北来奔丧，丧服悉遵遗命也。（六月间师归，日侍先子读书，见先子日书数纸，皆言后事——衰麻之制、棺衾之饰，盖先子目睹吴下风俗之不古，纵不能即复土礼制度，而终不可徇俗，故自定身后之事。）十一月，奉生母随阿兄至鄂，寓武昌水陆街。（是年春织孙三姊来苏，先子指不肖而与言曰：“我躬不阅，皇恤我后，富贵非所望，但求免祸可耳。”呜呼！父母爱子之心固若是也。不肖自问，功名富贵年来已蛇蝎视之，决不肯以之自浼。惟免祸一事，诚使勇而有才，魂战沙场，犹足自豪，惟若好勇斗狠，以致辱及遗体，不孝莫大。数年以来交游，不择人而交，时有睚眦之怨，故比年以来，杜门不轻交游也。）是年春织孙三姊来，偕来尚声（承业，十八）、九思（承枚，十二）两甥。至鄂见兄，诣徐昭宣（颂唐，韵辉之配）、董鸿祎（恂士，润辉之配）。

一八九九　屠维大渊献（二七四〇）　十三岁

是岁仍延冯师教读，读《公羊》、《穀梁传》。（当读《公羊》时，师屡陈其失，盖师治学不汉不宋，其于《春秋》也，亦有三传束阁独抱遗经之意。《公》、《穀》之训，彼信毛大可之言驳之。《左氏》记事，又信韩退之浮夸之言不信。然不肖读《公羊》，便觉其陈义可爱，当时固不知今古文之别，然终觉夫子大圣，非常异义可怪之论必不能免，决非如《左氏》之陈陈相因者比也。《穀梁》觉其稍逊《公羊》终胜《左氏》。）十月，复奉母旋苏，途经上海，至绳正学校访两侄。租杨君砚家屋二间居之。

自先子故后，趋庭闻教时少，不肖遂喜阅说部。是年初作四五七字对。秋冬学作五绝诗。初读唐人律诗。诗初作颇觉其苦，不能成句；成句矣，又苦于诘屈不贯。（先子在日，督令作书，不准作破体俗书及无根之古字，盖先子于俗体之书深恶之。其时有陈奂所刻《毛诗》、《尔雅》、《仪礼》各疏，于俗体之过于荒谬者辄纠正之，先子慕焉，亦命不肖习之。不肖当日童昏无意识，苦其难，及先子殁，乃大放纵不复迪检。是时并喜作字典之伪古文及别体，曾有致兄信，为兄所诃，然终不少改，兼之是时朋辈不学者，多动以识古文奇字奖我，我愈甚焉。如是者将二年，始渐识其非，乃不用。两年以来稍治许书，始知凡字无论作篆必依六书，则作楷、隶其有省笔变体，悉皆非也。故自去夏以来，盛倡隶古之说。自问此说盖确有所见，决非妄言，颇加人一等，然不肖所以能致此者，犹是幼承庭训讲究字体之心耳。）

一九〇〇　上章困敦（二七四一）　十四岁

是岁冯师为丁经生家所聘，母命往附读，时同学丁乃骏（季良）、丁福佑叔侄二人。季良乃堕落少年，福佑纨袴无知，从之相处，习染轻薄，又有小厮僮仆从而诱之，大不肖矣。（幸先妣不以钱相付，故尚不至涉足北里，至婚时犹克全体耳。）

其年正月学作试帖诗，五月始作八比文，亦苦于艰涩不成句。（丁氏待师极为无理。丁经生以故人子弟视师，轻之为小世兄，责师也严，责子也恕。其子从不上学，孙资复鲁钝已极，年已十三岁，四子书尚不能诵，盖世禄之家，鲜克由礼。吾当时习染轻薄，见其野蛮自由，遂觉己幼时未尝此滋味，由今思之，不肖放荡数年，至今日犹能稍归正路，何莫非幼时先子义方之教耶！）

是年读《周礼》。丁经生乃官场中无行之人，不知尊师，师亦不能相安。师因是大愤，终日吟诗醉酒，与师兄汝璋（望如）、弟汝禧（延云）终日倡和。我见之，遂有作斗方名士之想。犹忆是时吴中青年多作诗钟对联，我见师等踊跃，遂亦从而喜之，署名曰"披蓑簦"，为师所诃。

一九〇一　重光赤奋若（二七四二）　十五岁

是年从苏州唐继盛（仲芳）学作试帖文，苦不能成，遂取《大题文府》等抄之，及今思之，自欺欺人，不德之甚。早年孤露，又远慈母，竟成如是，愧恨欲死。

同学中多浮浪少年，因喜修饰，日聒于慈母之前，欲穿好衣，此不肖之一端。时有友人常以局刻诸书来，骗我以古本。时名士思想仍未消去，乃聒母而欲购。母以书故，望不肖学成之心甚切，故不惜钱以与我焉，岂知不肖购书故非真好学，诳母之罪，万死莫赎矣。

其年秋，废八股试帖，取士以四书五经义，因改业唐师。命看《瀛环志略》、《海国图志》、《东洋史要》、《地理问答》及《纲鉴易知录》等，并命看《盛世危言》、《校邠庐抗议》诸书。维时不肖极恶新学，忆有一回，师出"赵武灵王胡服骑射以教百姓论"，吾大骂改服制之不应该。不随士趋新，似不肖微长一端，然无意识之顽固也。

一九〇二年　玄默摄提格（二七四三）　十六岁

是岁遥从冯蓝宋师受业，作四书经义。其年夏，至湖州县府试，主李丈莁旸（塏）家，六月杪旋苏。

三月，幼楞继配嫂金以产难卒，幼楞属予奉母徙居于张思良巷。时有父执陈丈辰田（名兆熊），年八十矣，自先子卒后，凡不肖延师读书等事，悉请陈丈出力。盖先子病中他无遗言，惟以不肖读书事为念。嗟乎！先子望不肖成学之心若是其至也。乃先子殁后，今已十一年，岁月侵寻，不肖犹不能稍读父书，作文则助词不中律令，罪该万死了。

赴试归来谒师，冯师亦以稍读新书为言。盖不肖幼年智昏，不知菽麦，师长愍其早年孤露，又无恒产以自给，恐其不免沟壑，故嘱其稍习时学以期应世用，稍觅菽水之赀耳。（冯师稍知算学，教以加减乘除之法，命之习《数理精蕴》。）

七月初十日，生母周患时症，急疴竟日，亥时卒。呜呼痛哉！惟时家道益落，不肖又不肖，与少年浮浪子游，畏人讥为迂执，致先母死后不复遵循古制，竟服苏人麻纬帽麻外套之陋俗，苟且如此，重父轻母，不肖诚抱恨终天矣。

九月，兄来湖扫墓，赠予以《世界地理》、《万国历史》、《国家学》、《法学通论》四种作新社之书，时不知为何物，以为东籍也。母故之后，兄来信嘱作东游，馁而不前。适李丈来函相召，遂于九日往住其家。大病，十二月始渐瘥。

时父母俱亡，主于他人之家，举目无亲，心大悲伤，遂拟稍阅新书，苦未得其门径。适有以《新民丛报》告者，因取阅焉。案昔之反对新书为无意识，今之喜读新书，亦无意识也，盖有入世想钱之心而读新书，乌克有济。（适有人以《经世文新编》贷余观之，见其中多康、梁说宗教之词，崇《公羊》，以孔子为教主，乃大好之。盖余数年前读《公》、《穀》之时，即好《公》、《穀》也。夫康、梁之言《公》、《穀》，非能真知圣人改周变制之理者，徒以国势凌夷、教祸日迫，欲崇之为教主，因取《公羊》以附会之，故每欲与欧洲新理附会，不肖盖无学者，故适成为叶公好龙而已。）

一九〇三 昭阳单阏（二七四四） 十七岁

是年春，长兄挈眷赴俄。始欲读欧文，盖虽非欲作舌人，其时固想以译书事业为糊口计，卑矣。从薛懋铎（金声）洋奴读商务书馆所译之印度读本（《华英初阶》）半年。时既读《新民报》，睹其告白，遂欲购上海新出之新书。时湖州有醉六堂书坊者，内有人寄售新书数种，因购观焉。其年七月，以与薛奴冲突，西文不读，此予稍有自立心之一端。盖见薛奴者果从之读西文，即使读成，恐不但不足以治外学，或我之心理亦将随之迁矣。缘我彼时极无宗旨，旧学根柢既然全无，新学一层亦无思想，其实彼时读欧文，也还不过洋奴思想耳。薛奴为李菘旸丈家所延，其可笑事如下：

一、每届试验学生，辄请西教士来监考。

一、学生从之学三年矣，英文程度并最浅近之小学英文地里课本等且不能看。

一、读了两年，英文文法尚未教，今年始以《英文初范》教之，讲及"狗吠"之"吠"字一自动词，数小时未讲明。

一、对于学生专事抑彼扬此，使互相有轻视之念。

一、备染许多野蛮积习。常令我开信封，其中老爷、大人、殿樣诸称，式式不同，至自己具名处"缄于△△""自△△缄"等，亦花样不一。

一、与人通信惯作英文，其添华人姓名坫号，则谐作英音，下注华字。

一、是年八月盗李氏百金而逃，自此一去不复来。

以如此可笑之人材从之，焉得不败。

我其时初看《清议报》，见其中多尊皇之论，遂有尧囚慨叹之心，盖未知真理所在。

十月方青箱（□□）来李氏教读，夐非薛氏可比，而我则不愿为英文。其时阅东籍之心极甚，故渴想读日文。方君告以朱虚侯语，始知今年四月间被束之章、邹，宗旨确乎不错，始阅章驳康书及《革命军》。其时初见曾氏《历史》，见其多民族主义之谈，甚爱之，以为史籍教科书之佳本矣，盖俭腹人未餍粱肉，乃以糠秕为佳矣。在今日平心而论，历史教科佳者首推夏氏，次则刘氏，若曾氏者专务用新名词，并造图像，不率故常，实极可笑。特首揭黄帝之像，并有民族之义之语，较之今日鉴定各种课本，实有霄壤之别矣。

一九〇四　阏逢执徐（二七四五）　十八岁

其年之春值郡试，来书坊甚多，因质故衣而买新书地图等。

其时思潮日涨，于四月廿五日断发，此亦当时思想进步之一征，然究以出门不便，只得缀假尾于草帽耳。六月渡申，制西衣，因晤孟崇年等人，其时欲往谒刘申叔、蔡子民而不可得。初读《訄书》，虽不解，然甚好之。八月在湖，究以无尾不便，因重服胡服装假辫。

是年四月与方青箱、张界定（孝曾）、潘芝生（澄鉴）等办一杂志，曰《湖州白话报》。

时阿兄屡有书来，促我速即至沪读书，盖寄人篱下终非久局也。因定于十二月望日偕徐鸿恩（逷卿）至上海，报考苏氏民立中学堂，予取焉。比返湖，汤济沧适来，言南洋中学彼较熟悉，其时以学费无着，知汤于南洋中学有素，或可为我缓颊，因决计改南洋中学。

是年冬，阿兄为予定姻于会稽徐氏，徐□□为先子龙山书院之门生也。

一九〇五　旃蒙大荒落（二七四六）　十九岁

春至上海南洋中学读书。其时初识上海之所谓教育家者，如汤济沧、王引才、许稚梅、夏行素诸人，当时固倾心，以为可资师法矣，岂知皆不足道耶。

三月杪，阿兄自俄归国，即赴杭，寓于西湖者半载，其夏我亦往。其时晤宋平子。稻孙亦来，别几六年矣，稻孙已于五年前纳妇，今春生一女名亚新，岁月真过得快哉！

八月廿七，学堂中因孔诞演剧，予不赞成，致召全体学生之反对，人人要殴我。其时学生中多喜尚武，我以柔弱而每逢校中演说等事，却又不肯让人，校中衔我久矣，至是始得报复耳。计居校中将近一年，合者仅郭成爽（景庐）、庄正权（君达）二人耳。

初思明年改入复旦，继思留学日本，遂将垂颈之种种短发悉数剃去，头秃如僧矣。是年十一月偕阿兄等东渡，此后有日记矣。

钱玄同的名、字、号[*]

近人名号之繁多，钱玄同无疑是一个突出的典型。他一生（1887—1939）不同时期择取的名、字、号及其内在涵义，为后人理解他的思想、学说、人生观念变化轨迹，开启了一扇小小的窗口。但钱氏自拟的诸多名、字、号，即便钱玄同年谱的作者亦未知晓。而各种有关钱氏的传记之作，在这方面也往往语焉不详，或存在明显错误，如认为："原名师黄，取意不明，大概是推崇黄宗羲之意；字德潜，更无法推测其含义。""他还有一个别号叫中季，也称季。"（吴锐：《钱玄同评传》，第一章，南昌，百花洲文艺出版社，1996）或称："原名德潜，字师黄，又字季、中季。"（北京鲁迅博物馆编：《钱玄同日记》（影印本），"出版说明"）钱氏日记手稿的影印面世，为理清此问题提供了准确的第一手资料，依据日记所述，结合若干书信内容，不仅能避免错误，并且可收知人论世之效。

考察钱玄同取名、改字、择号的变化节律，大致可分为四个不同阶段来概括。

自出生至 1905 年 12 月东渡留日为第一时期，可称之为"师黄、掇献"时期。

《钱玄同日记》中存有撰于 1909 年的《钱德潜先生之年谱稿》，自述出生后父亲钱振常为他取名师黄，字德潜，"因先子晚年处境多逆，欲使勉为诗人。黄，黄庭坚也；德潜，沈德潜也。"意在期望他以后成为宋代江西诗派开创者黄庭坚、清代格调说倡导者沈德潜那样的诗人。此说与其父所述略有不同，钱振常在 1894 年致缪荃孙信中提及，"稚子

---

* 拙文原载《近代史资料》第 119 辑，2009 年 9 月，此次收入略有改动。

师黄，小名德潜，取山谷嘲小德诗意，不知将来能著《潜夫论》否。"
（《艺风堂友朋书札》下册，759 页，上海，上海古籍出版社，1981）显
然不是要他成为沈德潜那样的诗人。但据此可确定"黄"非今人所指黄
宗羲，并可考知 1910 年创刊的《教育今语杂志》编辑"庭坚"即为钱
玄同，杂志中署名"庭坚"刊出的发刊辞、章程、附识及按语等均属钱
氏手笔。又因在兄姊中排行最末，"以古人名字多取相应，亦有不应者，
必伯仲之且字也，如枚乘字叔，眭弘字孟，羊祜字叔子等，是虽不相
应，犹有古人尚质之意。以诸兄姊中己最稚，因改字季，或以一字不便
呼，故或曰子季、季子。"六岁时家人还曾为他另取单名"怡"。据周作
人回忆，钱玄同留学日本早稻田大学期间，学籍上用的就是"钱
怡"名。

有关年谱和传记皆未道及钱氏早年曾取字"法梨"，取意大概是表
示效法黄宗羲（号梨洲），直到晚年他还提及，"旧字之'法梨'与
'季'亦依然可用也，惟'德潜'则不要，陶潜虽吾所最佩，而沈德潜
则深恶其人也。"（1936 年 1 月 8 日日记）他为自己 1936 年日记所署之
名即是"饼斋法梨掇献之庐日记"。"掇献"则缘起于 1904 年时阅读梁
启超《中国学术思想变迁之大势》一文，非常佩服清初学者刘继庄（字
献廷）在普及国语、研究方言上的贡献，因而改字"掇献"，既与吴兴
话"德潜"音谐，又有"掇拾刘献廷之坠绪"之意。研究者把"季"、
"掇献"等当作他的号是不对的，近人虽多不守五十始称号的古训，也
不至于出现幼年即有号的情形。

1906 年至 1916 年为第二时期，可称之为"夏、戴陈"时期。

钱氏自 1906 年年底听章太炎在国学讲习会讲学，"自是直至十六年
之春，专以保存国粹为志。"（1917 年 9 月 12 日日记）他在 1907 年加入
同盟会，先取号"汉一"，后改名"夏"，"而'怡'遂废矣"，以志反满
民族主义的信念和光复汉族文化的追求。据他晚年回忆，这一年还因受
谭嗣同影响而取别号"在宥"，"我乃酷慕自繇之一人，故卅年前曾有别
号'在宥'，彼时因读《仁学》云庄子之'在宥'义即为自由，故用
之。"（1937 年 10 月 25 日日记）

1912 年年底，已回国教书的钱玄同又自拟别号"戴陈"，其原由在
日记中有较详细的叙述，"戴子高先生于小学宗戴、段、王、郝诸家，
于经义宗庄、刘诸家，于躬行实践、昌明礼教则独敷烜颜李之学，是三
者皆为学之极轨正宗。余于乡先生中最崇拜戴子高、俞荫甫二先生，然

俞氏棣通故训，解晰经典疑义，经诂尤明，诚足媲美王氏父子，然俞氏说经虽知《公羊》之胜《左氏》、《周官》之为伪书，而议论尚有依违，未能一宗西汉经师之说，而其人太喜徇俗，故于义理之一方面所言无甚可观，固不若戴氏之能深明道断矣。戴氏天不永年，年未四十而卒，故所造或不逮俞氏之博通，然观其《论语注》则精义时见，初非率而操觚者所能望其项脊矣。因拟署一别字曰戴庼."（1912 年 12 月 8 日日记）从他对晚清戴望学术特征的阐发和推崇之语中，也可以间接考见其自身在此时期的"国粹"观内涵。

钱玄同晚年回忆，1914、1915 年间曾因酒后失言而招人讥刺，"大悔，誓从此少开口"，随即想改名字以自戒，"名卣（同讷），字勹口（《说文》'苟'下云，从勹口，犹慎言也）。因讷与慎言均为极普通之名号，我稍变之以期生硬。夜半醒时所想，定次日至高师油印一改名号信通告友朋。（彼时名夏，字中季，因此名此号对于先兄本通不过，非他反对此名此字也，他本反对我改名号耳。不但他，即稻孙来信亦必称德叔——惟'夏'名他们似已承认。）翌日即至钱粮胡同访先师告之，先师曰：'钱勹口三字一连，大不妙，盖送钱来则不多说话之意，颇不妙也。（卣则他不提。）'此后访先师，恒称我曰'勹口先生'以相戏。我亦觉太不像号，因作'勹口'则词古（见《说文》也）字奇，然恒人不识，止好写作'包口'，此二字实觉太怪，遂未用。"（1938 年 9 月 5 日日记）

1917 年至 1931 年为第三时期，可称之为"玄同、疑古"时期。

钱氏在 1916 年 9 月底请北平同古堂代刻"玄同"二字钢印，自 1917 年后即成为他最常用的号。有关传记都错将"玄同"和"疑古"并归作他的"名"，钱氏在日记里皆将其归入"号"列。他择取"玄同"二字为号，远因在于对墨子尚同思想的推崇，近因则是对无政府主义思想认识的变化，由原先的批判否定，转而赞赏张鞠普、吴稚晖等《新世纪》派无政府主义者鼓吹的世界大同论，"进斯世于极乐，万物玄同，相忘于道，即是无上之幸福矣"（1917 年 1 月 5 日日记）。

钱氏在 1921 年取别号"疑古"，并将此年日记命名为"疑古日记"，当取自刘知幾《史通·疑古》篇名。事实上他在十多年前已对此篇格外重视，1908 年在日本时初读《史通》，"先取前儒所痛斥为非圣无法之《疑古》篇而观之，觉其伟论卓识，独具眼光，钦佩无量。"（1908 年 2 月 3 日日记）但此时他定"疑古"为号，已赋予它三点新的涵义："排除旧思想，鼓吹新文字，整理国故。"有时他还利用谐声双关的手法，将此别号写作夷罟、益孤、拟古、逸梧、忆菰、籔倚、逸谷、肄籔等。

在这一时期，钱玄同提出过废姓的主张，有研究者认为"日本有一贱民阶级之著名代表作家外骨者，自称'废姓外骨'。于是钱玄同先仿'废姓外骨'，改名'废姓玄同'，继而改名'疑古玄同'。"（胡秋原：《一百三十年来中国思想史纲》，台北，学术出版社，1983）这里有两点须辨正。一是钱氏并非受日本作家启发始有废姓之议。他在 1917 年读了江瑔《诸子厄言》一书后，很赞成书中"谓墨子非姓墨，墨翟因主张兼爱上同，故废姓氏不举"的说法，进而表示："然则墨翟之思想与今之倡心社之师复（本姓刘）相同，无论废姓之理由，却是极合真理，将来大同之世，家族制度破坏，姓氏为物毫无用处，必当废灭，殆无疑义。"（1917 年 3 月 27 日日记）二是他不曾改名"废姓玄同"。1925 年 7 月他在周作人的书房初见日人废姓外骨所著书，在不久后的日记中记道："此人本姓宫武，后废姓而单称外骨，或称废姓外骨，或称半狂堂外骨，半狂堂系外骨所开之书店也。我自读师复之《心社意趣书》以来，亦想废姓了，今又见此，更增添废姓之念。但姓虽废而玄同与疑古两名则欲兼存之，因此两名我均爱之也。拟写作：①疑古玄同，②玄同疑古，③玄同，④疑古，均无不可。"（1925 年 8 月 4 日日记）他后来请同古堂刻两枚牙章，"文曰：钱玄同（仿汉印白文）、钱疑古（细朱文小篆），以便带在身边随时可取用也。"（1934 年 8 月 31 日日记）表明他实际并未以名号取代"钱"姓。有关民国前期疑古思潮缘起的研究，多用力于清代姚际恒、崔述至康有为等文献辨伪和经今文学发展的促成因素，但是从这一思潮的始倡者取号玄同、疑古的出处和依据来看，显然不应该忽视近代无政府主义思想观念的内在影响。

钱氏在这一时期里用过的名号，尚有慵斋、渊桐、泉夏、师黄、浑然、扫雪斋主人等。

1932 年至 1939 年为第四时期，可称之为"龟竞、彦均"时期。

九一八事变、"一·二八"事变以后国难加剧，促使暮年时期的钱玄同对社会、民族、人生问题作出深入思索，这在名号择取上也有所反映。

他在 20 世纪 30 年代前期取过三个别号：急就顾、龟竞、无能子。"龟竞"含有两层意思，一是黎锦熙之父撰写了《龟法颂》一文，并和他谈论"龟走"之义，"因思行年四十六矣，年来行事太像兔子之睡，从今年起当学龟走。"二是亡友单不庵曾取过此号而未用,"不庵一生龟兢,密勿勤劬,死而后已,深可效法,亦可纪念亡友。"(1932 年 1 月 4 日日记)拟号"无能子"是在 1934 年 1 月初,也有两层意思,一是,"比来深感到我之无能,一事不成,一学无成,精神、身体皆毫无能力,因自本年始自号曰无能子。"二是忆及早年读《新民丛报》上"扪虱谈虎客"(林之夏)的文章,"言唐末有无能子者,作《无能子》,有《圣过篇》,其价值当与梨洲媲美。当时阅之不解,后购得《百子全书》中有《无能子》一书,然亦未注意,今日检出阅之,上拟鲍生,下侪邓牧,与我意亦适合也。"(1934 年 1 月 26 日日记)

1937 年,钱玄同先后取了三个经仔细考量而定的号。

首先是春季所拟的"义鹄",以替代同音的"疑古"一号。"以'义'诂自由,绝非纵恣自由之谓,盖有独立不苟与俗合。我生平无他长,惟不徇俗、不阿容之精神,自己亦颇自负,故欲以'义'字为名也。'义'字之义有二:一、精神上自繇独立(孔孟说);二、行为上尽我所能(墨子说),即仁之用也。拟用'义鹄'两字,意谓以义为准也。"(1937 年 10 月 25 日日记)此后数月的日记,也被冠名为"义鹄日谱"。从中可以发现在晚年的钱氏身上,反传统的"疑古"精神已经明显淡化了。

其次是 12 月 8 日拟号"彦均"。他认为"'彦均'二字甚雅,用以治小学之别号最宜也。且此二字含有五义:一、《彦均》,小学书名(《滂熹》之异名),表示治小学。二、'彦',君子之美称,与用'倩'、'德'等字同义;'均','韵'之古字,言治音均也。音均固小学之一部分,但我最注意音均之学(包声均),而又以音均来贯形义,故特举'均'字更好。三、'彦',同上,'均'与'钧是人也'之'钧'通用。四、'彦'即'颜'之母音,颜之《存治篇》,与黄之《待访录》有些地方有同等之特色,且我最服膺颜氏者。五、借为颜钧,山农字也。王阳明之学,一进而为心斋,再进而为山农,于是有何心隐、罗近溪、李卓吾,皆王学中至上之人物,吾所最佩服者也。以古人之姓名为名,表示举扬古已有之,如扬尧舜、司马相如、颜之推皆是。"(1937 年 12 月 8 日日记)由这一别号承荷的涵义而言,不仅表明他对颜李学说的推崇始终不渝,也反映出阳明后学诸子的学术精神对他潜移默化的影响,而后一点恰恰是有关研究者都未曾注意到的。

最后是 12 月 13 日拟号"并介子"。这一别号的出典是嵇康《与山巨源绝交书》："吾昔读书，得并介之人，并谓兼善天下也，介谓自得无闷也。"钱玄同表示："我兼济事业在语言文字，而独善事业亦即是此，盖细绎语言文字之变迁历史，及考古音古字古义之真相，是我所以自娱也；用以斟酌取舍，使适用于今世，是我所以兼善天下也。我能兼济之事惟此而已，故今后拟自称为'并介子'，于是'独头'、'仁他'等号均可取消矣。"（1937 年 12 月 13 日日记）

钱氏在这一年底对以往所取的名字号作了盘点和总结，"于是我定今后所用之名号，名夏，字季，号玄同、疑古、饼斋、彦均，别号急就颂、并介子。与妻共有者：恒恍庐（此四年来挂在太太卧室之门楣者也）。"其中"饼斋"一号向来被看作他信奉经今文学的宣示，但他本人赋予它另一层涵义："饼斋亦可写为'并齐 zhai'。并，仁也；齐，恕也。若'疑古'又作'义鹄'，则义也。义、恕、仁三者备矣。'义'（用崔曵说则尚兼用墨子说，则尽我所能而为之义也）与'并'义亦相关（我尽我能之谓）。'仁他'一名虽出《急就》，而字面不甚好，远不逮'并'也。"

1938 年北平沦陷后，钱玄同即请人刻了三枚印章：钱夏玄同、吴兴钱夏玄同、扩曵，通过突出旧名"夏"以示反抗日寇的民族气节。他在这年初取了一个别号"匽佚"，又可写作燕逸、偃逸，此后用过的字号还有鲍扩、钱扩、烨、饼斋和尚等。"扩曵"一号有时合并为"瘦"字，是他上一年取号"鲍山病曵"的略写，鲍山位于他家乡湖州，"实为先六世祖发祥之地，鲍山中至今尚有一钱家浜，先世故墓皆在该浜之中。我近来忽然抒怀旧之蓄念，发思古之幽情，故拟用此二字。至于'扩曵'二字，系用《说文》及其更古之义，考《说文》'扩，倚也'，人有疾病，象倚著之形。曵，古甲骨文也，象人手持火炬在屋下也。盖我虽躺在床上，而尚思在室中寻觅光明，故觉此字甚好。"（1937 年 8 月 20 日致周作人函）时隔一年多，钱氏又觉得"扩曵"可改作"卣曵"。"卣"字原是他在 1914、1915 年间弃用之名，"今阅廿余年，忽思此卣字颇不坏，近来对社会、对朋友尚不想卣，对室人则勃谿时见，极想卣。卣、扩国音同，故又名'卣曵'以自勉焉。'曵'字义为在室中以手举火寻求光明也，朱丰芑、俞曲园皆以'曵'为古'搜'字，义亦甚好也。"（1938 年 9 月 5 日日记）同年十月所拟"籀庵"，是钱氏晚年取的最后一个别号，又可写作笨暗、籀闇。"籀"是指古人书写用的简牍或纸张，钱氏借以表示释字，他自述取号缘由："近两旬来时时翻阅段《说文》、朱《说文》、王《广雅》三书,此三书置床头,昨日又翻《字诂》及《义府》,予自此决以释籀为业矣,至于饼斋及疑古两学,当以为副业。拟请人刻一图章曰'籀庵',不作'觚盒'及'柧广'也。"(1938年10月23日日记)

综上所述,钱玄同一生取用过的名、字、号近五十个,数目之多,并世似无出其右者。他在《反对用典及其他》一文中曾表示:"人之有名,不过一种记号。夏、殷以前,人止一名,与今之西人相同。自周世尚文,于是有'幼名,冠字,五十以伯仲,死谥'种种繁称,已大可厌矣。……唐、宋以后,'峰泉溪桥楼亭轩馆'别号日繁,于是一人之记号,多乃至数十,每有众共所知之人,一易其名称,竟茫然不识为谁氏者。"这段话大可移作批评他本人,亦可知其旧式士大夫顽习颇难消除。

中国近代思想家文库

丁文江卷	宋广波　编
钱玄同卷	张荣华　编
张君劢卷	翁贺凯　编
赵紫宸卷	赵晓阳　编
李大钊卷	杨琥　编
李达卷	宋俭、宋镜明　编
张慰慈卷	李源　编
晏阳初卷	宋恩荣　编
陶行知卷	余子侠　编
戴季陶卷	桑兵、朱凤林　编
胡适卷	耿云志　编
郭沫若卷	谢保成、魏红珊、潘素龙　编
卢作孚卷	王果　编
汤用彤卷	汤一介、赵建永　编
吴耀宗卷	赵晓阳　编
顾颉刚卷	顾潮　编
张申府卷	雷颐　编
梁漱溟卷	梁培宽、王宗昱　编
恽代英卷	刘辉　编
金岳霖卷	王中江　编
冯友兰卷	李中华　编
傅斯年卷	欧阳哲生　编
罗家伦卷	张晓京　编
萧公权卷	张允起　编
常乃惪卷	查晓英　编
余家菊卷	余子侠、郑刚　编
瞿秋白卷	陈铁健　编
潘光旦卷	吕文浩　编
朱谦之卷	黄夏年　编
陶希圣卷	陈峰　编
钱端升卷	孙宏云　编
王亚南卷	夏明方、杨双利　编
黄文山卷	赵立彬　编

图书在版编目（CIP）数据

中国近代思想家文库. 钱玄同卷/张荣华编. —北京：中国人民大学出版社，2015.1
ISBN 978-7-300-20641-7

Ⅰ.①中… Ⅱ.①张… Ⅲ.①思想史-研究-中国-近代②钱玄同（1887～1939）-思想评论 Ⅳ.①B250.5

中国版本图书馆 CIP 数据核字（2015）第 015925 号

中国近代思想家文库

钱玄同卷

张荣华　编

Qian Xuantong Juan

出版发行	中国人民大学出版社			
社　　址	北京中关村大街 31 号		**邮政编码**	100080
电　　话	010 - 62511242（总编室）		010 - 62511770（质管部）	
	010 - 82501766（邮购部）		010 - 62514148（门市部）	
	010 - 62515195（发行公司）		010 - 62515275（盗版举报）	
网　　址	http://www.crup.com.cn			
经　　销	新华书店			
印　　刷	涿州市星河印刷有限公司			
开　　本	720 mm×1000 mm　1/16		**版　　次**	2015 年 2 月第 1 版
印　　张	22.75 插页 1		**印　　次**	2024 年 7 月第 3 次印刷
字　　数	361 000		**定　　价**	78.00 元